Masseverbindlichkeiten in der Eigenverwaltung

Europäische Hochschulschriften

European University Studies

Publications Universitaires Européennes

Reihe II **Rechtswissenschaft**

Series II Law

Série II Droit

Band/Volume **6055**

Georg Mitsching

Masseverbindlichkeiten in der Eigenverwaltung

Eine dogmatische Einordnung der Eigenverwaltung anhand der Begründung und Durchsetzung von Masseverbindlichkeiten

PETER LANG

Bibliografische Information der Deutschen Nationalbibliothek
Die Deutsche Nationalbibliothek verzeichnet diese Publikation in der Deutschen Nationalbibliografie; detaillierte bibliografische Daten sind im Internet über http://dnb.d-nb.de abrufbar.

Zugl.: Halle-Wittenberg, Univ., Diss., 2018

3
ISSN 0531-7312
ISBN 978-3-631-77218-8 (Print)
E-ISBN 978-3-631-77527-1 (E-PDF)
E-ISBN 978-3-631-77528-8 (EPUB)
E-ISBN 978-3-631-77529-5 (MOBI)
DOI 10.3726/b14953

Peter Lang – Berlin · Bern · Bruxelles · New York · Oxford · Warszawa · Wien

Diese Publikation wurde begutachtet.

www.peterlang.com

Meinen Eltern

Vorwort

Das Ziel der vorliegenden Arbeit ist es, die Eigenverwaltung als besonderen Modus des Insolvenzverfahrens mit einer einheitlichen, widerspruchsfreien und praxistauglichen Dogmatik zu unterlegen. Herausgearbeitet wird diese Dogmatik anhand von Rechtsproblemen im Zusammenhang mit der Begründung und Durchsetzung von Masseverbindlichkeiten, da diese insolvenzspezifische Klasse von Forderungen besonders viele Schnittpunkte mit anderen insolvenzrechtlichen Fragestellungen aufweist.

Im April 2018 wurde diese Arbeit von der Martin-Luther-Universität Halle-Wittenberg als Dissertation angenommen. Die während des Promotionsverfahrens veröffentlichte Literatur und Rechtsprechung habe ich bis zum Juli 2018 berücksichtigen können. Insbesondere wird auch das Urteil des BGH vom 26.4.2018 – IX ZR 238/17 zur Haftung der geschäftsleitenden Organe des Schuldners entsprechend den §§ 60 und 61 InsO in die Betrachtung einbezogen.

Mein besonderer Dank richtet sich an meinen Doktorvater Herrn Professor Doktor Stephan Madaus, der mir immer wieder neue Blickwinkel aufgezeigt und mich auf diese Weise zur Ergänzung und Vertiefung dieser Arbeit motiviert hat. Ferner danke ich Frau Professor Doktor Caroline Meller-Hannich für die rasche Zweitbewertung und die Hinweise, die in die abschließende Fassung dieser Arbeit eingeflossen sind.

Mein Dank gilt außerdem meinen Eltern Evelin und Rüdiger Mitsching, ohne deren Unterstützung ich nicht die Zeit und den Ehrgeiz gefunden hätte, die vorliegende Arbeit zu verwirklichen.

Darüber hinaus möchte ich mich bei meiner gesamten Familie und allen meinen Freunden bedanken, die mich während des Studiums und Referendariats, aber auch während meiner Tätigkeit als Staatsanwalt und Richter in einer Weise unterstützt haben, dass ich diese Arbeit mit dem notwendigen Engagement anfertigen konnte.

Inhaltsverzeichnis

Abkürzungsverzeichnis

aA	andere Ansicht
Abs.	Absatz
AG	Amtsgericht
AktG	Aktiengesetz vom 6. September 1965 (BGBl. I S. 1089), das zuletzt durch Artikel 9 des Gesetzes vom 17. Juli 2017 (BGBl. I S. 2446) geändert worden ist
Anm.	Anmerkung
ArbnErfG	Gesetz über Arbeitnehmererfindungen in der im Bundesgesetzblatt Teil III, Gliederungsnummer 422-1, veröffentlichten bereinigten Fassung, das zuletzt durch Artikel 7 des Gesetzes vom 31. Juli 2009 (BGBl. I S. 2521) geändert worden ist
Art.	Artikel
BAG	Bundesarbeitsgericht
BB	Betriebs-Berater
BBodSchG	Bundes-Bodenschutzgesetz vom 17. März 1998 (BGBl. I S. 502), das zuletzt durch Artikel 3 Absatz 3 der Verordnung vom 27. September 2017 (BGBl. I S. 3465) geändert worden ist
Begr.	Begründer
Bes.	Beschluss
BFH	Bundesfinanzhof
BGB	Bürgerliches Gesetzbuch in der Fassung der Bekanntmachung vom 2. Januar 2002 (BGBl. I S. 42, 2909; 2003 I S. 738), das zuletzt durch Artikel 1 des Gesetzes vom 20. Juli 2017 (BGBl. I S. 2787) geändert worden ist
BGBl.	Bundesgesetzblatt
BGH	Bundesgerichtshof
BMJ	Bundesministerium der Justiz
BR-Drs.	Drucksache des Bundesrates
Bsp.	Beispiel
bspw.	beispielsweise
BT-Drs.	Drucksache des Bundestages
bzw.	beziehungsweise
DiskE	Diskussionsentwurf
ders.	derselbe
DStR	Deutsches Steuerrecht
DZWiR	Deutsche Zeitschrift für Wirtschafts- und Insolvenzrecht
ESUG	Gesetz zur weiteren Erleichterung der Sanierung von Unternehmen vom 7. Dezember 2011 (BGBl. I S. 2582)
EuInsVO	Verordnung (EU) 2015/848 des Europäischen Parlaments und des Rates vom 20. Mai 2015 über Insolvenzverfahren

EUR	Euro
EWiR	Entscheidungen zum Wirtschaftsrecht
f.	folgende
FD-InsR	Fachdienst Insolvenzrecht
ff.	die folgenden
Fn.	Fußnote
FS	Festschrift
GBl.	Gesetzblatt der Deutschen Demokratischen Republik
GesO	Gesamtvollstreckungsordnung vom 6. Juni 1990 (GBl. I Nr. 32 S. 285), die durch Artikel 2 Nummer 7 des Gesetzes vom 5. Oktober 1994 (BGBl. I S. 2911) aufgehoben worden ist
GG	Grundgesetz für die Bundesrepublik Deutschland in der im Bundesgesetzblatt Teil III, Gliederungsnummer 100-1, veröffentlichten bereinigten Fassung, das zuletzt durch Artikel 1 des Gesetzes vom 13. Juli 2017 (BGBl. I S. 2347) geändert worden ist
ggf.	gegebenenfalls
GKG	Gerichtskostengesetz in der Fassung der Bekanntmachung vom 27. Februar 2014 (BGBl. I S. 154), das zuletzt durch Artikel 2 Absatz 7 des Gesetzes vom 18. Juli 2017 (BGBl. I S. 2739) geändert worden ist
GlRStG	Gesetz zur Verkürzung des Restschuldbefreiungsverfahrens und zur Stärkung der Gläubigerrechte vom 15. Juli 2013 (BGBl. I S. 2379)
GmbH	Gesellschaft mit beschränkter Haftung
GmbHG	Gesetz betreffend die Gesellschaften mit beschränkter Haftung in der im Bundesgesetzblatt Teil III, Gliederungsnummer 4123-1, veröffentlichten bereinigten Fassung, das zuletzt durch Artikel 10 des Gesetzes vom 17. Juli 2017 (BGBl. I S. 2446) geändert worden ist
GmbHR	GmbH-Rundschau
HGB	Handelsgesetzbuch in der im Bundesgesetzblatt Teil III, Gliederungsnummer 4100-1, veröffentlichten bereinigten Fassung, das zuletzt durch Artikel 11 Absatz 28 des Gesetzes vom 18. Juli 2017 (BGBl. I S. 2745) geändert worden ist
hL	herrschende Lehre
Hrsg.	Herausgeber
Hs.	Halbsatz
InsO	Insolvenzordnung vom 5. Oktober 1994 (BGBl. I S. 2866), die zuletzt durch Artikel 24 Absatz 3 des Gesetzes vom 23. Juni 2017 (BGBl. I S. 1693) geändert worden ist
InsVV	Insolvenzrechtliche Vergütungsverordnung vom 19. August 1998 (BGBl. I S. 2205), die zuletzt durch Artikel 3 des Gesetzes vom 13. April 2017 (BGBl. I S. 866) geändert worden ist
iSd	im Sinne des

iVm	in Verbindung mit
JR	Juristische Rundschau
JuS	Juristische Schulung
JVEG	Justizvergütungs- und -entschädigungsgesetz vom 5. Mai 2004 (BGBl. I S. 718, 776), das zuletzt durch Artikel 5 Absatz 2 des Gesetzes vom 11. Oktober 2016 (BGBl. I S. 2222) geändert worden ist
Kap.	Kapitel
KO	Konkursordnung in der im Bundesgesetzblatt Teil III, Gliederungsnummer 311-4, veröffentlichten bereinigten Fassung, die durch Artikel 2 Nummer 4 iVm Artikel 110 des Gesetzes vom 5. Oktober 1994 (BGBl. I S. 2911) aufgehoben worden ist
KonzInsoÄG	Gesetz zur Erleichterung der Bewältigung von Konzerninsolvenzen vom 13. April 2017 (BGBl. I S. 866 (Nr. 22)); das zuletzt durch Artikel 8 des Gesetzes vom 5. Juni 2017 (BGBl. I S. 1476) geändert worden ist
KTS	Zeitschrift für Insolvenzrecht
KV GKG	Kostenverzeichnis; Anlage 1 zum Gerichtskostengesetz
LG	Landgericht
lit.	Buchstabe
Mio.	Million
NJOZ	Neue Juristische Online-Zeitschrift
Nr.	Nummer
nv	nicht veröffentlicht
NZI	Neue Zeitschrift für Insolvenzrecht
OLG	Oberlandesgericht
RefE	Referentenentwurf
RegE	Regierungsentwurf
RG	Reichsgericht
RGBl.	Reichsgesetzblatt
RGZ	Entscheidungen des Reichsgerichts
Rspr.	Rechtsprechung
S.	Satz
S.	Seite
SchVG	Schuldverschreibungsgesetz vom 31. Juli 2009 (BGBl. I S. 2512), das zuletzt durch Artikel 24 Absatz 21 des Gesetzes vom 23. Juni 2017 (BGBl. I S. 1693) geändert worden ist
SGB III	Drittes Buch Sozialgesetzbuch – Arbeitsförderung – vom 24. März 1997 (BGBl. I S. 594, 595), das zuletzt durch Artikel 3 des Gesetzes vom 12. Juli 2018 (BGBl. I S. 1147) geändert worden ist
StGB	Strafgesetzbuch in der Fassung der Bekanntmachung vom 13. November 1998 (BGBl. I S. 3322), das zuletzt durch Artikel 1 des Gesetzes vom 30. Oktober 2017 (BGBl. I S. 3618) geändert worden ist

StVO	Straßenverkehrs-Ordnung vom 6. März 2013 (BGBl. I S. 367), die zuletzt durch Artikel 1 der Verordnung vom 6. Oktober 2017 (BGBl. I S. 3549) geändert worden ist
ua	unter anderem
Urt.	Urteil
U.S.C	Code of Laws of the United States of America
v.	von
Var.	Variante
VerglO	Vergleichsordnung in der im Bundesgesetzblatt Teil III, Gliederungsnummer 311-1, veröffentlichten bereinigten Fassung, die durch Artikel 2 Nummer 1 des Gesetzes vom 5. Oktober 1994 (BGBl. I S. 2911) aufgehoben worden ist
WM	Wertpapier-Mitteilungen
zB	zum Beispiel
ZGR	Zeitschrift für Unternehmens- und Gesellschaftsrecht
ZHR	Zeitschrift für das gesamte Handels- und Wirtschaftsrecht
ZInsO	Zeitschrift für Insolvenzrecht
ZIP	Zeitschrift für Wirtschaftsrecht
zit.	zitiert
ZPO	Zivilprozessordnung in der Fassung der Bekanntmachung vom 5. Dezember 2005 (BGBl. I S. 3202; 2006 I S. 431; 2007 I S. 1781), die zuletzt durch Artikel 11 Absatz 15 des Gesetzes vom 18. Juli 2017 (BGBl. I S. 2745) geändert worden ist
ZVG	Gesetz über die Zwangsversteigerung und die Zwangsverwaltung in der im Bundesgesetzblatt Teil III, Gliederungsnummer 310-14, veröffentlichten bereinigten Fassung, das zuletzt durch Artikel 9 des Gesetzes vom 24. Mai 2016 (BGBl. I S. 1217) geändert worden ist
ZZP	Zeitschrift für Zivilprozess

A. Einführung

Vorliegende Arbeit widmet sich mit der Eigenverwaltung einem Rechtsinstitut, welches in den vergangenen Jahren zunehmend Aufmerksamkeit auf sich gezogen hat. Während für die einen sprichwörtlich der Bock zum Gärtner gemacht wird,[1] erhoffen die anderen den Anbruch einer Sanierungskultur nach Vorbild des US-amerikanischen Chapter-Eleven-Verfahrens.[2] Ein Blick in die Insolvenzstatistik lässt erkennen, dass sich bislang weder Gegner noch Befürworter durchsetzen konnten. Zwar wurden im Jahr 2014 insgesamt nur 277 Unternehmensinsolvenzen in Eigenverwaltung durchgeführt, was rund 1 % aller Verfahren entspricht.[3] Jedoch betrug der Anteil bei Unternehmen mit einem Jahresumsatz von wenigstens 20,00 Mio. EUR bereits 32 %. Bei Unternehmen, die jährlich über 100,00 Mio. EUR Umsatz erzielten, wurde sogar in 35 % aller Fälle auf die Bestellung eines Insolvenzverwalters verzichtet.[4] Dies belegt, dass die Eigenverwaltung gerade in Großverfahren an Bedeutung gewonnen hat, ohne jedoch eine dominierende Rolle einzunehmen.

I. Relevanz des Themas

Ein Faktor, der den Erfolg der Eigenverwaltung maßgeblich beeinflusst, liegt in der Begründung und Durchsetzung von Masseverbindlichkeiten. Um diese Behauptung zu untermauern, soll die rechtliche und wirtschaftliche Bedeutung dieser insolvenzspezifischen Klasse von Forderungen kurz erläutert werden.

§ 53 InsO definiert Masseverbindlichkeiten als solche Verpflichtungen des Schuldners, die vorrangig vor den Insolvenzforderungen aus der um Aus- und Absonderungsrechte sowie aufrechenbare Ansprüche bereinigten Insolvenzmasse zu befriedigen sind.[5] Aufgrund dieser Vorzugsstellung sowie weiterer Privilegien wie der Durchsetzbarkeit außerhalb des Insolvenzverfahrens[6] und der strengen Haftung des Insolvenzverwalters gemäß § 61 InsO erlangen die Massegläubiger ein hohes Maß an Sicherheit, dass sie ihre Forderungen trotz Überschuldung und Zahlungsunfähigkeit des Schuldners in voller Höhe befriedigen können. In den

1 *Grub* WM 1994, 880 (880 f.); *Smid* DZWiR 2002, 493 (493).
2 *Flöther* ZInsO 2014, 465 (465); *Paulus* WM 2011, 2205 (2205); *Vallender* NZI 2010, 838 (841–844).
3 *Statistisches Bundesamt,* Unternehmensinsolvenzen nach Wirtschaftsbereichen, Alter der Unternehmen, Antragstellern, Eröffnungsgründen und Art der Verwaltung, Jahr 2014.
4 *Fröhlich* ZInsO-Aktuell Heft 9/2015, S. III.
5 Schmidt/*Thole* § 53 Rn. 7 f.; Uhlenbruck/*Sinz* § 53 Rn. 3.
6 Schmidt/*Thole* § 53 Rn. 5; Uhlenbruck/*Sinz* § 53 Rn. 7.

Genuss dieser Vorzüge gelangen jedoch nur solche Gläubiger, von deren Mitwirkung die Durchführung des Insolvenzverfahrens abhängt.[7]

Zunächst ordnet § 54 InsO die Kosten des Insolvenzverfahrens, also die Gerichtskosten sowie die Vergütung und die Auslagen des (vorläufigen) Insolvenzverwalters und des (vorläufigen) Gläubigerausschusses, als Masseverbindlichkeiten ein. Indem die §§ 26 Abs. 1 S. 1 und 207 Abs. 1 S. 1 InsO die Deckung dieser Kosten zur Voraussetzung für die Eröffnung und Fortführung des Insolvenzverfahrens erklären, verhindern sie, dass die Allgemeinheit damit belastet wird.[8] Außerdem stellen die Vorschriften sicher, dass sich hinreichend qualifizierte Personen zum (vorläufigen) Insolvenzverwalter oder zum Mitglied des (vorläufigen) Gläubigerausschusses bestellen lassen, weil die jeweilige Vergütung durch den Rückgriff auf die Insolvenzmasse abgesichert ist.[9]

Daneben erhebt § 55 Nr. 1 InsO auch Verpflichtungen aus Handlungen des Insolvenzverwalters und aus der sonstigen Verwaltung und Verwertung der Insolvenzmasse in den Rang von Masseverbindlichkeiten. Die Bedeutung dieser Forderungen hängt davon ab, wie das Insolvenzverfahren ausgestaltet wird. Im Rahmen der Zerschlagung gewährleistet § 55 Nr. 1 InsO, dass sich bestimmte Dienstleister wie Rechtsanwälte, Steuerberater, Sachverständige und Auktionatoren bereiterklären, ihre für die Verwaltung und Veräußerung der Insolvenzmasse erforderlichen Leistungen zu erbringen, weil sie im Gegenzug auf die Insolvenzmasse zugreifen dürfen.[10] Eine noch weiterreichende Bedeutung erlangen Masseverbindlichkeiten im Rahmen der Sanierung, wo sie dazu beitragen, dass der Geschäftsbetrieb aufrechterhalten werden kann.[11] So erklären sich Banken nur dann bereit, dem Schuldner Darlehen für Restrukturierungsmaßnahmen und zur Überbrückung von Finanzierungslücken zu gewähren – etwa bis zur Zahlung von Insolvenzgeld durch die Bundesagentur für Arbeit[12] – wenn der Darlehensrückzahlungsanspruch vorweg aus der Insolvenzmasse befriedigt werden kann.[13] Auch Lieferanten gehen nur dann in Vorleistung, wenn sie hinreichend abgesichert sind.[14]

Weitere Masseverbindlichkeiten resultieren gemäß § 55 Nr. 2 InsO aus gegenseitigen Verträgen des Schuldners, sofern diese kraft Gesetzes oder auf Verlangen des Insolvenzverwalters fortgeführt werden. Auf diese Weise soll das vertragliche Synallagma zugunsten derjenigen Gläubiger geschützt werden, die an den

---

7 *Becker*, Insolvenzrecht, Rn. 273; *Foerste*, Insolvenzrecht, Rn. 75.

8 Schmidt/*Thole* § 54 Rn. 2.

9 FKInsO/*Bornemann* § 53 Rn. 6, 1. Spiegelstrich.

10 FKInsO/*Bornemann* § 53 Rn. 6, 1. Spiegelstrich; Schmidt/*Thole* § 53 Rn. 3.

11 *Hill* ZInsO 2010, 1825 (1826 f.); *Klinck* ZIP 2013, 853 (854).

12 Dazu ausführlich *Geißler* ZInsO 2013, 531 (531 ff.).

13 *Hill* ZInsO 2010, 1825 (1826); *Oppermann/Smid* ZInsO 2012, 862 (862); *Pleister/Tholen* ZIP 2013, 526 (526).

14 *Flöther* ZIP 2012, 1833 (1842 Fn. 63); *ders.* ZInsO 2014, 465 (469); *Frind* ZInsO 2012, 1099 (1100); *Hill* ZInsO 2010, 1825 (1826); *Klinck* ZIP 2013, 853 (854); *Pleister/Tholen* ZIP 2013, 526 (526).

Insolvenzverwalter leisten. Gäbe es diese Gruppe von Masseverbindlichkeiten nicht, bestünde die Gefahr, dass Dauerschuldverhältnisse wie Miet- und Arbeitsverträge, die für die Verwaltung, Verwertung und Sanierung der Insolvenzmasse von Bedeutung sind, rasch gekündigt würden.[15]

Darüber hinaus erhebt § 55 Nr. 3 InsO Ansprüche aus ungerechtfertigter Bereicherung in den Rang von Masseverbindlichkeiten. Dadurch wird verhindert, dass die Insolvenzgläubiger rechtsgrundlos erlangtes Vermögen nur deshalb vereinnahmen dürfen, weil es zufällig der Insolvenzmasse zugeflossen ist.[16] Die Gefahr, bereicherungsrechtliche Ansprüche nicht durchsetzen zu können, würde außerdem potentielle Vertragspartner abschrecken, die mit dem Insolvenzverwalter in geschäftlichen Kontakt treten wollen.

Im Übrigen existieren noch zahlreiche andere Vorschriften, welche die Begründung von Masseverbindlichkeiten regeln und weitere insolvenzspezifische Zwecke erfüllen.[17] Zu nennen sind etwa die §§ 55 Abs. 2, Abs. 4, 100, 101 Abs. 1 S. 3, 115 Abs. 2 S. 3, 123 Abs. 2 S. 1, 144 Abs. 2, 169 S. 1, 172 Abs. 1 S. 1, 324 InsO sowie § 27 Nr. 2 ArbnErfG.

Alles in allem wird ersichtlich, dass die Eigenverwaltung nur dann eine echte Alternative zum Regelinsolvenzverfahren darstellen kann, wenn die Begründung und Durchsetzung von Masseverbindlichkeiten ebenso zuverlässig geklärt ist wie im Regelinsolvenzverfahren.[18]

Vorliegende Arbeit hat sich zum Ziel gesetzt, die Erkenntnisse, die Rspr. und hL im Rahmen des Regelinsolvenzverfahrens zu Masseverbindlichkeiten gewonnen haben, auf die Eigenverwaltung zu übertragen.

II. These der Arbeit

Ausgangspunkt soll die These sein, dass Masseverbindlichkeiten in der Eigenverwaltung, in der vorläufigen Eigenverwaltung und im Schutzschirmverfahren unter denselben Bedingungen begründet und durchgesetzt werden können wie im Regelinsolvenzverfahren und im regulären Insolvenzeröffnungsverfahren.

Der Grund soll darin gesucht werden, dass in beiden Verfahrensmodi dieselben materiell-rechtlichen und verfahrensrechtlichen Vorschriften zur Anwendung gelangen, wobei diese lediglich an die abweichende Kompetenzordnung des siebten Teils der InsO angepasst werden müssen. So treten der Schuldner und der (vorläufige) Sachwalter in Zuständigkeits-, Vergütungs- und Haftungsfragen als Amtsträger arbeitsteilig an die Stelle des (vorläufigen) Insolvenzverwalters. Die

---

15 FKInsO/*Bornemann* § 53 Rn. 6, 2. Spiegelstrich.

16 FKInsO/*Bornemann* § 53 Rn. 2, 3. Spiegelstrich.

17 FKInsO/*Bornemann* § 53 Rn. 6, 5. Spiegelstrich.

18 *Frind* ZInsO 2012, 1099 (1100); *Thole/Brünkmans* ZIP 2013, 1097 (1097); *Urlaub* ZIP 2011, 1040 (1040); *Willemsen/Rechel*, Kommentar zum ESUG, § 270b Rn. 27.

geschäftsleitenden Organe des Schuldners bleiben hingegen ihren gesellschaftsrechtlichen Bindungen unterworfen.

III. Gang der Untersuchung

Um diese These zu überprüfen, stellt vorliegende Arbeit zu Beginn die grammatikalischen, systematischen, historischen und teleologischen Grundlagen der Eigenverwaltung dar, damit die Auslegung des siebten Teils der InsO leichter fällt (B.).

In den darauffolgenden Kapiteln werden nacheinander die Verfahrensmodi der Eigenverwaltung (C.), der vorläufigen Eigenverwaltung und des Schutzschirmverfahrens (D.) betrachtet. Dabei soll in einem ersten Schritt jeweils untersucht werden, welche Vorschriften zur Anwendung gelangen (I.). Auf der Grundlage dieser Erkenntnisse kann anschließend erörtert werden, wie sich der Schuldner, der (vorläufige) Sachwalter und die geschäftsleitenden Organe des Schuldners dogmatisch einordnen lassen (II.), wobei sich der Meinungsstreit jeweils zwischen zwei Eckpunkten bewegt. Einerseits könnte es sich bei den Beteiligten um die Träger privater Ämter handeln. Andererseits könnten die Beteiligten ihren privatrechtlichen Bindungen unterworfen bleiben.

Nach Klärung dieser Streitfrage lässt sich überprüfen, ob Masseverbindlichkeiten in der Eigenverwaltung tatsächlich unter den gleichen Voraussetzungen wie im Regelinsolvenzverfahren begründet werden können. Hierbei ist sowohl auf die Kosten des Insolvenzverfahrens als auch auf die sonstigen Masseverbindlichkeiten aus der Verwaltung und Verwertung der Insolvenzmasse einzugehen (III.).

Im Anschluss ist zu untersuchen, unter welchen Bedingungen Masseverbindlichkeiten in der Eigenverwaltung durchgesetzt werden können (IV.). Dabei muss geklärt werden, wie die Insolvenzmasse definiert ist und welche Verfahrensvorschriften gelten.

Ferner ist zu erörtern, welche Beteiligten den Massegläubigern neben der Insolvenzmasse haften (V.). Dieser Gesichtspunkt erfordert es, auf die Verantwortlichkeit des (vorläufigen) Sachwalters, des Schuldners, der geschäftsleitenden Organe des Schuldners, des (vorläufigen) Gläubigerausschusses und des Insolvenzgerichts einzugehen. Im Zuge dessen sollen sowohl insolvenzrechtliche als auch bürgerlichrechtliche und gesellschaftsrechtliche Anspruchsgrundlagen betrachtet werden.

Damit sich vorliegende Arbeit auf eigenverwaltungsspezifische Problemstellungen konzentrieren kann, soll in den einzelnen Kapiteln die Rechtslage im Regelinsolvenzverfahren kurz dargestellt werden, um anschließend eventuelle Abweichungen in der Eigenverwaltung herauszuarbeiten. Streitstände aus dem Regelinsolvenzverfahren werden dabei nicht erschöpfend diskutiert. Vielmehr sollen nur die tragenden Argumente von Rspr. und hL aufgezeigt werden, sodass sich anschließend überprüfen lässt, ob diese Argumente auch in der Eigenverwaltung durchgreifen.

Am Ende der vorliegenden Arbeit werden die gewonnenen Erkenntnisse zusammengefasst (E.), um die Gültigkeit und Tragweite der eingangs erläuterten These zu klären.

B. Darstellung der Grundlagen

Im folgenden Kapitel werden die grammatikalischen, systematischen, historischen und teleologischen Grundlagen der Eigenverwaltung aufgezeigt.

I. Grammatikalische und systematische Grundlagen

Die Regelungen über die Eigenverwaltung finden sich im siebten Teil der InsO und damit hinter den Vorschriften über das Regelinsolvenzverfahren in den Teilen eins bis fünf und unmittelbar hinter den Vorschriften über den Insolvenzplan in Teil sechs. Innerhalb des siebten Teils der InsO lässt sich zwischen Vorschriften über die Voraussetzungen der Eigenverwaltung, über ihre Wirkungen sowie über die Besonderheiten im Insolvenzeröffnungsverfahren unterscheiden.

Internationale Rechtsnormen thematisieren die Eigenverwaltung hingegen nicht. So beschränkt sich das europäische Insolvenzrecht darauf, den Schuldner in Eigenverwaltung gemäß Art. 1 Abs. 1 EuInsVO iVm Anhang A und gemäß den Definitionen in Art. 2 Nr. 3 und Nr. 5 EuInsVO iVm Anhang B als Ausprägung des deutschen Insolvenzverfahrens anzuerkennen, ohne dass dieses Rechtsinstitut inhaltlich ausgestaltet würde.

1. Voraussetzungen der Eigenverwaltung

In den Anwendungsbereich der Eigenverwaltung fallen gemäß § 270 Abs. 1 S. 1 InsO grundsätzlich alle Insolvenzverfahren. Ausgenommen sind gemäß § 270 Abs. 1 S. 3 InsO iVm § 304 InsO lediglich Verfahren über das Vermögen natürlicher Personen, die keine selbständige wirtschaftliche Tätigkeit ausüben oder ausgeübt haben, sowie Verfahren über das Vermögen sonstiger Personen, deren Vermögensverhältnisse überschaubar sind und gegen die keine Verbindlichkeiten aus Arbeitsverhältnissen bestehen.

Die Eigenverwaltung wird gemäß § 270 Abs. 1 S. 1 InsO durch Beschluss des Insolvenzgerichts angeordnet. Auf dem Weg dorthin gibt es zwei verschiedene Verfahrensweisen.

Einerseits kann die Eigenverwaltung gemeinsam mit der Eröffnung des Insolvenzverfahrens angeordnet werden. Dazu muss der Schuldner gemäß § 270 Abs. 2 Nr. 1 InsO die Eigenverwaltung beantragen. Das Insolvenzgericht hat sodann gemäß § 270 Abs. 3 S. 1 InsO den vorläufigen Gläubigerausschuss anzuhören, sofern die dadurch entstehende Verzögerung nicht offensichtlich zu einer Verschlechterung der Vermögenslage des Schuldners führt. Von dem Ergebnis dieser Anhörung hängen die weiteren Voraussetzungen ab. Positioniert sich der vorläufige Gläubigerausschuss nicht einstimmig für die Eigenverwaltung, hat das Insolvenzgericht gemäß § 270 Abs. 2 Nr. 2 InsO festzustellen, dass „keine Umstände bekannt sind, die erwarten lassen, dass die Anordnung zu Nachteilen für die Gläubiger führen wird“. Spricht sich der vorläufige Gläubigerausschuss hingegen einstimmig für die Eigenverwaltung aus, so gilt die Anordnung gemäß § 270 Abs. 3 S. 2 InsO als nicht gläubigerbenachteiligend.

Andererseits kann die Anordnung der Eigenverwaltung auch nach Eröffnung des Insolvenzverfahrens erfolgen. Das Antragsrecht genießt gemäß § 271 S. 1 InsO die Gläubigerversammlung, die in Anwendung des § 76 Abs. 2 InsO mit der einfachen Mehrheit sowohl der anwesenden Forderungsbeträge als auch der anwesenden Insolvenzgläubiger zu beschließen hat. Daraufhin muss auch der Schuldner der Anordnung zustimmen.

Die Aufhebung der Eigenverwaltung erfolgt gemäß § 272 Abs.1 InsO ebenfalls durch Beschluss des Insolvenzgerichts. Antragsberechtigt ist gemäß § 272 Abs. 1 Nr. 1 InsO die Gläubigerversammlung, die wiederum in Anwendung des § 76 Abs. 2 InsO beschließt. Ferner antragsberechtigt sind gemäß § 272 Abs. 1 Nr. 3 InsO der Schuldner sowie gemäß § 272 Abs. 1 Nr. 2, Abs. 3 S. 1 InsO die Insolvenzgläubiger und die absonderungsberechtigten Gläubiger, sofern diese glaubhaft machen, dass gläubigerbenachteiligende Umstände iSd § 270 Abs. 2 Nr. 2 InsO bekannt geworden sind, von denen sowohl sie selbst als auch die Gesamtheit der Gläubiger betroffen sind.

Die Anordnung und die Aufhebung der Eigenverwaltung sind gemäß § 273 InsO öffentlich bekanntzumachen.

2. Wirkungen der Eigenverwaltung

Die wesentlichen Rechtsfolgen der Eigenverwaltung finden sich in der Kopfnorm des siebten Teils der InsO. So gelten gemäß § 270 Abs. 1 S. 2 InsO „für das Verfahren die allgemeinen Vorschriften, soweit in diesem Teil nichts anderes bestimmt ist“.

Etwas „anderes“ findet sich in erster Linie in § 270 Abs. 1 S. 1 InsO. Demnach ist „der Schuldner berechtigt, unter der Aufsicht eines Sachwalters die Insolvenzmasse zu verwalten und über sie zu verfügen“. Zu diesem Zweck wird gemäß § 270c S. 1 InsO „anstelle eines Insolvenzverwalters ein Sachwalter bestellt“. Für die Bestellung, Haftung, Vergütung und Beaufsichtigung des Sachwalters gelten gemäß § 274 Abs. 1 InsO die Vorschriften in den §§ 27 Abs. 2 Nr. 4, 54 Nr. 2, 56 bis 60 sowie 62 bis 65 InsO entsprechend.

Im weiteren Gesetzestext folgen detaillierte Vorschriften über die Kompetenzverteilung zwischen dem Schuldner, dem Sachwalter, dem Gläubigerausschuss und den Organen des Schuldners.

Im Verhältnis von Schuldner und Sachwalter statuiert § 274 Abs. 2 S. 1 InsO, dass der Sachwalter die wirtschaftliche Lage des Schuldners zu prüfen und seine Geschäftsführung sowie seine persönlichen Entnahmen zu überwachen hat. Stellt der Sachwalter dabei Nachteile für die Gläubiger fest, hat er gemäß § 274 Abs. 3 InsO das Insolvenzgericht und den Gläubigerausschuss, bei dessen Fehlen die Gläubigerversammlung zu unterrichten.

Ferner sieht § 275 InsO im Verhältnis von Schuldner und Sachwalter spezielle Widerspruchs- und Zustimmungsrechte vor. So soll der Schuldner Verbindlichkeiten aus gewöhnlichem Geschäftsbetrieb nicht gegen den Widerspruch des Sachwalters, außergewöhnliche Verbindlichkeiten nur mit dessen Zustimmung begründen. Darüber hinaus kann das Insolvenzgericht gemäß § 277 Abs. 1 S. 1 InsO anordnen, dass die Wirksamkeit bestimmter Rechtsgeschäfte des Schuldners von der Zustimmung des Sachwalters abhängt.

Weiterhin werden dem Schuldner insolvenzspezifische Rechte eingeräumt, die er jedoch mit dem Sachwalter abstimmen muss. So übt der Schuldner gemäß § 279 S. 1 InsO die Erfüllungswahlrechte gemäß den §§ 103 bis 128 InsO aus. Dabei soll er gemäß § 279 S. 2 InsO das Einvernehmen des Sachwalters herstellen. Bei bestimmten arbeitsrechtlichen Rechtsgeschäften ist gemäß § 279 S. 3 InsO sogar die Zustimmung des Sachwalters erforderlich. Des Weiteren verwertet der Schuldner gemäß § 282 Abs. 1 S. 1 InsO das Absonderungsgut, wobei er auch hier gemäß § 282 Abs. 2 InsO das Einvernehmen des Sachwalters suchen soll. Ferner obliegt dem Schuldner gemäß § 283 Abs. 2 S. 1 InsO die Befriedigung der Insolvenzgläubiger. Der Sachwalter hat jedoch gemäß § 283 Abs. 2 S. 2 InsO die Verteilungsverzeichnisse zu prüfen. Das Recht zum Widerspruch gegen Forderungen steht neben den Insolvenzgläubigern gemäß § 283 Abs. 1 InsO auch dem Schuldner und dem Sachwalter zu.

Andere insolvenzspezifische Rechte werden von vornherein dem Sachwalter zugeordnet, so gemäß § 270c S. 2 InsO die Führung der Insolvenztabelle, gemäß § 280 S. 1 InsO die Geltendmachung von Gesamtschäden und die Insolvenzanfechtung sowie gemäß § 285 InsO die Anzeige von Masseunzulänglichkeit.

Zur Erstellung eines Insolvenzplans kann auf Antrag der Gläubigerversammlung gemäß § 284 Abs. 1 S. 1 InsO alternativ der Sachwalter oder der vom Sachwalter zu beratende Schuldner aufgefordert werden. Die Planerfüllung ist gemäß § 284 Abs. 2 InsO vom Sachwalter zu überwachen.

Im Verhältnis von Schuldner und Gläubigerausschuss regelt § 276 InsO, dass der Schuldner für besonders bedeutsame Handlungen die Zustimmung des Gläubigerausschusses einholen soll, wobei die §§ 160 Abs. 1 S. 2, Abs. 2, 161 S. 2 und 164 InsO entsprechend gelten.

Den aufsichtführenden Organen des Schuldners werden gemäß § 276a InsO ihre Mitwirkungsrechte weitestgehend genommen. Wollen sie die geschäftsleitenden Organe auswechseln, hängt dies von der Zustimmung des Sachwalters ab.

3. Besonderheiten im Insolvenzeröffnungsverfahren

Für das Insolvenzeröffnungsverfahren hält der siebte Teil der InsO zwei spezielle Vorschriften bereit.

Beantragt der Schuldner neben dem Insolvenzverfahren die Eigenverwaltung, soll das Insolvenzgericht gemäß § 270a Abs. 1 S. 1 InsO davon absehen, die Verwaltungs- und Verfügungsbefugnis des Schuldners durch ein allgemeines Verfügungsverbot oder einen allgemeinen Zustimmungsvorbehalt zu beschränken (vorläufige Eigenverwaltung). Anstelle eines vorläufigen Insolvenzverwalters wird in diesem

Fall ein vorläufiger Sachwalter bestellt, auf den die Vorschriften für den Sachwalter in den §§ 274 und 275 InsO entsprechend anwendbar sind.

Möchte der Schuldner im Insolvenzeröffnungsverfahren einen Insolvenzplan ausarbeiten, kann er dem Insolvenzgericht durch die Bescheinigung eines Sanierungsexperten nachweisen, dass noch keine Zahlungsunfähigkeit eingetreten ist und dass die Sanierung nicht aussichtslos erscheint. Sind diese Voraussetzungen erfüllt, kommt auf Antrag des Schuldners § 270b InsO zur Anwendung, der anders als § 270a InsO detaillierte Regelungen für das Insolvenzeröffnungsverfahren enthält (Schutzschirmverfahren). So setzt das Insolvenzgericht dem Schuldner eine bis zu drei Monate währende Frist zur Ausarbeitung eines Insolvenzplans. In dieser Phase hat das Insolvenzgericht gemäß § 270b Abs. 2 S. 1 InsO den vom Schuldner vorgeschlagenen vorläufigen Sachwalter zu bestellen, sofern dieser nicht offensichtlich ungeeignet ist. Ferner hat das Insolvenzgericht auf Antrag des Schuldners anzuordnen, dass dieser gemäß § 270b Abs. 3 InsO iVm § 55 Abs. 2 InsO Masseverbindlichkeiten begründet und dass gemäß § 270b Abs. 2 S. 2, 2. Hs. InsO iVm § 21 Abs. 2 S. 1 Nr. 3 InsO die Zwangsvollstreckung in das Vermögen des Schuldners unzulässig ist. Darüber hinaus kann das Insolvenzgericht gemäß § 270b Abs. 2 S. 2, 1. Hs. InsO von Amts wegen weitere Sicherungsmaßnahmen veranlassen, nämlich gemäß § 21 Abs. 2 S. 1 Nr. 1a InsO einen vorläufigen Gläubigerausschuss einsetzen, gemäß § 21 Abs. 2 S. 1 Nr. 4 InsO eine Postsperre verhängen, gemäß § 21 Abs. 2 S. 1 Nr. 5 InsO die Verwertung von Absonderungsgut untersagen sowie gemäß § 21 Abs. 1 S. 1 InsO sonstige massesichernde Maßnahmen treffen.

II. Historische Grundlagen

Die Eigenverwaltung beruht wie das gesamte Insolvenzrecht auf einer langjährigen Rechtsgeschichte. Gleichwohl hat sie ihre heutige Gestalt erst spät erlangt.

1. Frühere Rechtsinstitute

Das Insolvenzrecht geht auf die KO vom 10.2.1877 (RGBl. S. 612) zurück. Diese sah ursprünglich kein der Eigenverwaltung vergleichbares Verfahren vor. Vielmehr wurde dem Schuldner mit Eröffnung des Konkursverfahrens gemäß § 6 Abs. 1 KO die Verwaltungs- und Verfügungsbefugnis über die Konkursmasse entzogen und gemäß § 6 Abs. 2 KO einem Konkursverwalter übertragen. Selbst bei Vorbereitung eines Zwangsvergleichs, wie ihn § 173 KO zwischen dem Schuldner und seinen Gläubigern vorsah, blieb es zwingend bei dem Übergang der Verwaltungs- und Verfügungsbefugnis.[19]

Erstmals tauchte der Gedanke der Eigenverwaltung in der Verordnung über die Geschäftsaufsicht vom 8.8.1914 (RGBl. S. 363) auf. Demnach durften solche Schuldner, die unmittelbar von den wirtschaftlichen Folgen des Ersten Weltkriegs

19 Böhle-Stammschräder/Kilger/*Kilger* Einl S. 1; Bley/Mohrbutter/*Mohrbutter* Einl Rn. 1.

betroffen waren, die Eröffnung des Konkursverfahrens für die Dauer einer gerichtlich anzuordnenden Geschäftsaufsicht aufschieben. Dabei wurde der Schuldner zwar unter die Aufsicht einer dritten Person gestellt, jedoch behielt er die Verwaltungs- und Verfügungsbefugnis über sein Vermögen inne. Auf diese Weise erlangte der Schuldner ausreichend Gelegenheit, seine Vermögensverhältnisse selbst zu ordnen und einen freiwilligen Vergleich mit seinen Gläubigern vorzubereiten.[20]

Abgelöst wurde die Geschäftsaufsicht durch das Gesetz über den Vergleich zur Abwendung des Konkurses vom 5.7.1927 (RGBl. I S. 139). Unabhängig von den historischen Ursachen seiner Konkursreife durfte der Schuldner dem Konkursgericht einen Vergleich unterbreiten, den jedoch die Mehrheit seiner Gläubiger bereits angenommen haben musste. Stimmte auch das Konkursgericht zu, wurde anstelle des Konkursverfahrens ein Vergleichsverfahren eröffnet. Dieses diente der Umsetzung des Vergleichs, wobei der Gemeinschuldner seine Verwaltungs- und Verfügungsbefugnis behielt, aber wiederum unter die Aufsicht einer dritten Person gestellt wurde. Bei Scheitern des Vergleichs schloss sich das Konkursverfahren an.[21]

Eine maßgebliche Reform erfolgte mit der VerglO vom 26.2.1935 (RGBl. I S. 321). So wurde gemäß § 11 VerglO anstelle der außergerichtlichen Erarbeitung eines Vergleichs ein vorläufiges Vergleichsverfahren eingeführt, während dessen der Schuldner seine Verwaltungs- und Verfügungsbefugnis unter der Aufsicht eines gerichtlich bestellten vorläufigen Vergleichsverwalters ausüben durfte. Auch in der darauffolgenden Phase des eröffneten Vergleichsverfahrens blieb der Schuldner verwaltungs- und verfügungsbefugt – wie allgemein im Umkehrschluss aus den §§ 46 bis 65 VerglO gefolgert wurde.[22] Er unterlag jedoch gemäß § 39 VerglO weiterhin der Aufsicht eines Vergleichsverwalters. Daneben erhielt der Schuldner vergleichsspezifische Befugnisse, bspw. das Erfüllungswahlrecht bei gegenseitigen Verträgen gemäß § 50 VerglO. Auf der anderen Seite konnten die Rechte des Schuldners auch eingeengt werden. So erlaubte § 58 VerglO dem Vergleichsgericht, Verfügungsbeschränkungen anzuordnen, die gemäß § 59 VerglO das gesamte Vermögen oder gemäß § 63 VerglO einzelne Vermögensgegenstände erfassen konnten. Dabei genoss der Vergleichsverwalter gemäß § 64 S. 1 VerglO das Recht, Verfügungsbeschränkungen durch seine Zustimmung zu überwinden.

Nach Auflösung des Deutschen Reichs blieben die KO und die VerglO in der Bundesrepublik Deutschland anwendbar (BGBl. III/FNA 311-1/4). In der Deutschen Demokratischen Republik wurde hingegen die GesO vom 6.6.1990 (GBl. I Nr. 32 S. 285) eingeführt, die der KO ähnelte, aber kein der VerglO entsprechendes Verfahren vorsah.

---

20 Böhle-Stammschräder/Kilger/*Kilger* Einl S. 1; Bley/Mohrbutter/*Mohrbutter* Einl Rn. 1.

21 Böhle-Stammschräder/Kilger/*Kilger* Einl S. 1 f.; Bley/Mohrbutter/*Mohrbutter* Einl Rn. 1.

22 Böhle-Stammschräder/Kilger/*Kilger* Vor § 46 S. 111; Bley/Mohrbutter/*Mohrbutter* § 57 Rn. 2.

In der Praxis erwies sich die Zahl der Vergleichsverfahren fortwährend als gering. Seit den 1980er Jahren machten Vergleiche nur rund 1 % aller Gesamtvollstreckungsverfahren aus.[23]

2. Einführung der InsO

Erst am 1.1.1999 wurden in der vereinigten Bundesrepublik Deutschland die KO, die VerglO und die GesO durch die InsO vom 5.10.1994 (BGBl. I S. 2866) abgelöst. Das neue Gesetz führte unter anderem die Regelungen über die Eigenverwaltung ein, wie sie heute noch weitestgehend unverändert gelten.

Zurückzuführen ist die InsO auf die Arbeit der Kommission für Insolvenzrecht, die in Leitsatz 1.3.1.1 ihres Ersten Berichts aus dem Jahr 1985 die Eigenverwaltung noch ablehnte, weil der Geschäftsleitung des Schuldners grundsätzlich mit Misstrauen zu begegnen sei und weil sich die Rolle der schuldnerischen Organe nicht mit insolvenzspezifischen Aufgaben vereinbaren lasse.[24]

Trotz dieses Berichts setzte sich in der Bundesregierung die Erkenntnis durch, dass das Konzept der Eigenverwaltung vor allem im US-amerikanischen Ausland Erfolge erzielt hatte. Das dortige Chapter-Eleven-Verfahren dient in erster Linie der Sanierung von Unternehmen und wird grundsätzlich durch den Schuldner betrieben, der gemäß 11 U.S.C. §§ 1101 (1) und 1107 (1) als „debtor in possession" Inhaber der Verwaltungs- und Verfügungsbefugnis über sein Vermögen bleibt. Einen Verwalter oder Sachwalter kennt das Chapter-Eleven-Verfahren hingegen nicht.[25]

Um diesem Vorbild zu folgen, wurde die Eigenverwaltung in den DiskE zur InsO aufgenommen, wobei zwischen einem verwalterlosen Kleinverfahren und einem Verfahren mit Sachwalter differenziert wurde. Der RegE zur InsO behielt die beiden unterschiedlichen Ausprägungen der Eigenverwaltung bei, betonte aber vor allem deren Missbrauchspotential.[26] Als Vorteile wurden der Anreiz für eine frühzeitige Stellung des Insolvenzantrags, die Abschöpfung der Kenntnisse und Erfahrungen der Geschäftsleitung sowie Zeit- und Kostenersparnisse gegenübergestellt.[27] Aufgrund dieser Vorteile sollte sich die Eigenverwaltung genauso wie das Chapter-Eleven-Verfahren zu einem Instrument der Unternehmenssanierung entwickeln.[28]

Inhaltlich unterstrich der RegE zur InsO die Parallele zum Vergleichsverfahren.[29] Im selben Atemzug betonte der Gesetzgeber aber auch, dass nicht das alte

---

23 *Friedrichs*, Das Schutzschirmverfahren, S. 4; *Vallender* NZI 2010, 838 (840).
24 Erster Bericht der Kommission für Insolvenzrecht, Jahr 1985.
25 MKInsO/*Grauke/Horwitz* Länderbericht USA Rn. 32.
26 RegE, BT-Drs. 12/2443, 222.
27 RegE, BT-Drs. 12/2443, 223.
28 RegE, BT-Drs. 12/2443, 223.
29 RegE, BT-Drs. 12/2443, 223.

Vergleichsrecht anzuwenden sei, sondern dass das „materielle Insolvenzrecht" des Regelinsolvenzverfahrens zur Anwendung gelangen solle und lediglich eine abweichende Kompetenzverteilung vorzunehmen sei.[30]

Der Vorschlag im RegE zur InsO, für Kleinverfahren eine spezielle Eigenverwaltung ohne Sachwalter zu schaffen,[31] wurde auf Empfehlung des Rechtsausschusses des Bundestages fallen gelassen.[32] Zugleich erschwerte der Rechtsausschuss den Zugang zur Eigenverwaltung dergestalt, dass sie nur bei gläubigerbegünstigender Wirkung, nicht bereits bei fehlenden Anzeichen für eine Gläubigerbenachteiligung angeordnet werden durfte.[33]

3. Einführung des ESUG

Nach ihrer Einführung blieb die Eigenverwaltung jahrelang bedeutungslos.[34] So lag ihr Anteil an sämtlichen Insolvenzverfahren im Jahr 2010 unter 1 %.[35] In der Literatur stieß diese Entwicklung zunehmend auf Kritik.[36] Praktisch kam es zu einer Abwanderung von Sanierungsverfahren in das Vereinigte Königreich.[37]

Um diesem Trend entgegenzuwirken, widmete sich der Gesetzgeber einer umfassenden Reform und führte in deren Ergebnis das ESUG vom 7.12.2011 (BGBl. I S. 2582) ein, durch welches die Eigenverwaltung ihre gegenwärtige Gestalt erhielt.

Der RegE zum ESUG zielte darauf ab, die Voraussetzungen der Eigenverwaltung abzusenken, da sich „die Eigenverwaltung in einer ganzen Reihe von Fällen in der Praxis bewährt" habe.[38] Dies wurde in der Literatur früh als Umkehrung des Regel-Ausnahme-Verhältnisses begrüßt[39] und auch deshalb im weiteren Gesetzgebungsverfahren beibehalten.

30 RegE, BT-Drs. 12/2443, 223.

31 RegE, BT-Drs. 12/2443, 227 – 232.

32 Beschlussempfehlung des Rechtsausschusses des Bundestages, BT-Drs. 12/7302, 185.

33 Beschlussempfehlung des Rechtsausschusses des Bundestages, BT-Drs. 12/7302, 185.

34 *Ehricke* ZIP 2002, 782 (782); *Hölzle* NZI 2011, 124 (125); *Klinck* ZIP 2013, 853 (853); *Madaus* KTS 2015, 115 (116); *Mönning* FS Wellensiek 2011, 641 (641); *Pape* FS Haarmeyer 2013, 219 (219).

35 Bericht des Statistischen Bundesamts zu Unternehmensinsolvenzen nach Wirtschaftsbereichen, Alter der Unternehmen, Antragstellern, Eröffnungsgründen und Art der Verwaltung, Jahr 2010.

36 *Vallender* NZI 2010, 838 (841 f.).

37 *Brinkmann/Zipperer* ZIP 2011, 1337 (1346); *Friedrichs*, Das Schutzschirmverfahren, S. 1 f.; *Vallender* GmbHR 2012, 445 (446).

38 RegE, BR-Drs. 127/11, 25.

39 *Brinkmann/Zipperer* ZIP 2011, 1337 (1338); *Hölzle* NZI 2011, 124 (130); *ders.* ZIP 2012, 158 (159); *Urlaub* ZIP 2011, 1040 (1042 f.); später bekräftigend *Frind* ZInsO 2012, 1099 (1100); *Schelo* ZIP 2012, 712 (712).

Zudem führte der RegE zum ESUG die vorläufige Eigenverwaltung und das Schutzschirmverfahren ein, um während des Insolvenzeröffnungsverfahrens einen Verlust der Verwaltungs- und Verfügungsbefugnis des Schuldners zu verhindern und dadurch die Vorbereitung eines Insolvenzplans zu erleichtern.[40] Ferner sollte der Schuldner noch stärker als bislang zur frühzeitigen Stellung des Insolvenzantrags motiviert werden.[41]

Entgegen der Kritik des Bundesrates an den weitreichenden Rechten des Schuldners, ua auf Auswahl des vorläufigen Sachwalters und auf Anordnung von Sicherungsmaßnahmen im Schutzschirmverfahren,[42] betonte die Bundesregierung in ihrer Gegenäußerung die Notwendigkeit dieser Privilegien.[43]

In letzter Sekunde nahm der Rechtsausschuss des Bundestages einige weitere Änderungen vor. Insbesondere verankerte er im Wortlaut von § 270b Abs. 3 InsO das Recht des Schuldners auf Ermächtigung zur Begründung von Masseverbindlichkeiten, was als wichtige Bedingung für eine gelungene Sanierung angesehen wurde.[44]

Nach Inkrafttreten des ESUG wurde das Insolvenzrecht noch einmal umfangreicher durch das GlRStG vom 15.7.2013 (BGBl. I S. 2379) geändert. Das Gesetz ließ die Eigenverwaltung jedoch weitestgehend unberührt. So erfolgte in § 27 Abs. 1 S. 2 InsO lediglich die Klarstellung, dass der Regelungsgehalt des § 270 InsO der Bestellung eines Insolvenzverwalters vorgeht.

Die derzeit letzte Änderung der InsO erfolgte mit dem KonzInsoÄG vom 13.4.2017 (BGBl. I S. 866), welches mit § 270d InsO eine Vorschrift für Insolvenzverfahren von gruppenangehörigen Schuldnern brachte. Demnach treffen die neuen Kooperationspflichten des § 269a InsO in der Eigenverwaltung ausdrücklich den Schuldner. Ferner ist der Schuldner dafür zuständig, Verweisungsanträge an den Gruppen-Gerichtsstand zu stellen.

III. Teleologische Grundlagen

Die Eigenverwaltung lässt sich in die gesetzlichen Aufgaben des Insolvenzrechts einordnen.

1. Ziele und Mittel des Insolvenzverfahrens

Oberstes Ziel des Insolvenzverfahrens ist gemäß § 1 S. 1, 1. Hs. InsO die gemeinschaftliche und gleichmäßige Befriedigung der Insolvenzgläubiger, die zu möglichst hohen Befriedigungsquoten führen soll. Daneben erkennt § 1 S. 2 InsO die

---

40 RegE, BR-Drs. 127/11, 25, 58.

41 RegE, BR-Drs. 127/11, 58.

42 Stellungnahme des Bundesrates, BR-Drs. 127/11, 21 f.

43 Gegenäußerung der Bundesregierung, BR-Drs. 127/11, 10 f.

44 Beschlussempfehlung des Rechtsausschusses des Bundestages, BT-Drs. 17/7511, 37.

Restschuldbefreiung als selbständigen Verfahrenszweck an. Weitere Ziele verfolgt das Insolvenzverfahren hingegen nicht.[45]

Dem muss sich auch die Eigenverwaltung unterordnen. Sie stellt lediglich einen Modus des Insolvenzverfahrens dar und dient nicht der Verwirklichung eigenständiger Zwecke wie bspw. dem Erhalt von Arbeitsplätzen, Warenvielfalt oder Wettbewerb.[46]

Die Bedeutung der Eigenverwaltung liegt darin, dass sich in geeigneten Fällen die Vorteile abschöpfen lassen, die es mit sich bringt, wenn der Schuldner die Insolvenzmasse selbstständig verwalten darf. Gleichzeitig müssen die Nachteile eingedämmt werden, die aus dieser Konstellation erwachsen können.

2. Nutzbarmachung der Vorteile

Als einen der bedeutendsten Vorteile der Eigenverwaltung lässt sich anführen, dass die Bereitschaft zur frühzeitigen Stellung des Insolvenzantrages gesteigert wird, wenn der Schuldner nicht fürchten muss, dass ihm während des Insolvenzverfahrens die Zügel aus der Hand genommen werden. Auf diese Weise lässt sich verhindern, dass die Insolvenzmasse aufgezehrt wird, weil insolvenzrechtliche Sicherungsmaßnahmen erst verspätet eingreifen.[47]

Ein weiterer Vorteil liegt in der Verringerung der Verfahrenskosten. So erhält der Sachwalter gemäß § 12 Abs. 1 InsVV nur 60 % der Vergütung, die ein Insolvenzverwalter erhielte. Zudem entfallen gemäß § 282 Abs. 1 S. 2 InsO die Kosten für die Feststellung von Absonderungsrechten.[48]

Wenn das schuldnerische Unternehmen im Zuge einer Sanierung erhalten werden soll, zeigt sich der weitere Vorteil, dass die betriebswirtschaftlichen Fähigkeiten und branchenspezifischen Kenntnisse des Schuldners und seiner geschäftsleitenden Organe abgeschöpft werden können, wobei außerdem die Einarbeitungszeit eines Insolvenzverwalters entfällt.[49] Ferner lassen sich Konzernstrukturen, die mangels

---

45 *Klinck* ZIP 2013, 853 (853); *Klöhn* ZGR 2008, 110 (155); *Landfermann* WM 2012, 821 (823); *Vallender* GmbHR 2012, 445 (450).

46 *Braun/Heinrich* NZI 2011, 505 (516); *Brinkmann/Zipperer* ZIP 2011, 1337 (1338); *Doliwa*, Die geplante Insolvenz, S. 150; *Huhn*, Die Eigenverwaltung im Insolvenzverfahren, Rn. 592.

47 *Doliwa*, Die geplante Insolvenz, S. 151; *Flöther* ZIP 2012, 1833 (1834); *Hölzle* ZIP 2012, 158 (159); *Hölzle/Pink* ZIP 2011, 360 (361); *Hübler*, Die Eigenverwaltung, S. 94 f.; *Landfermann* WM 2012, 869 (869 f.); *Madaus* KTS 2015, 115 (119); *Weinbörner*, Das neue Insolvenzrecht, Rn. B645; *Willemsen/Rechel*, Kommentar zum ESUG, § 270 Rn. 3, § 270a Rn. 2.

48 *Doliwa*, Die geplante Insolvenz, S. 151; *Flöther* ZIP 2012, 1833 (1834); *Haarmeyer/Mock*, InsVV, § 17 Rn. 3; RSI/*Herbst* § 28 Rn. 16; *Hübler*, Die Eigenverwaltung, S. 94 f.; Braun/*Riggert* § 270 Rn. 1; *Weinbörner*, Das neue Insolvenzrecht, Rn. B645.

49 *Flöther* ZIP 2012, 1833 (1834); *Hübler*, Die Eigenverwaltung, S. 90 f.; *Madaus* KTS 2015, 115 (119); *Mönning* FS Wellensiek 2011, 641 (642).

einheitlichen Konzerninsolvenzverfahrens auseinanderzubrechen drohen, leichter aufrechterhalten, wenn Kontinuität in der Konzernleitungsmacht besteht.[50] Bei freiberuflich tätigen Schuldnern können Konflikte mit dem Standes- und Berufsrecht vermieden werden, indem die Berufsträger nicht aus ihren verantwortlichen Positionen verdrängt werden.[51] Schließlich lassen sich auch personenbezogene öffentlich-rechtliche Erlaubnisse des Schuldners und seiner geschäftsleitenden Organe in der Eigenverwaltung fortwährend nutzbar machen.[52]

Einen weiteren Vorteil im Rahmen der Sanierung stellen die positiven psychologischen Effekte auf den Geschäftsverkehr dar, wenn statt eines Insolvenzverwalters nur ein Sachwalter bestellt wird[53] und wenn anstelle eines gewöhnlichen Insolvenzeröffnungsverfahren ein Schutzschirmverfahren stattfindet[54]. Zudem lassen sich die gewachsenen Geschäftsbeziehungen des Schuldners besser erhalten, wenn die Beteiligten mit ihren vertrauten Ansprechpartnern in Kontakt bleiben können.[55]

Um die eben genannten Vorteile optimal ausnutzen zu können, ist es erforderlich, dass dem Schuldner seine Handlungsfreiheit möglichst kontinuierlich und umfassend belassen wird.[56] Nur so kann man vermeiden, dass der Schuldner vor der frühzeitigen Stellung des Insolvenzantrags zurückschreckt, dass es zu Verzögerungen während der Einarbeitungszeit eines (vorläufigen) Insolvenzverwalters kommt[57] und dass die Geschäftspartner des Schuldners wegen unklarer Verhältnisse Argwohn schöpfen. Außerdem lässt sich durch eine umfassende Kontinuität in der Geschäftsleitung verhindern, dass mehrere Sanierungskonzepte parallel ausgearbeitet und widersprüchliche Entscheidungen getroffen werden.

3. Eindämmung der Nachteile

Den Vorteilen der Eigenverwaltung lassen sich gewichtige Nachteile entgegenhalten. So muss bedacht werden, dass der Schuldner schon einmal wirtschaftlich gescheitert ist und die Gefahr besteht, dass er seine verlustträchtigen Strategien nicht ändern kann oder ändern will.[58] Im schlimmsten Fall steht zu befürchten,

---

50 *Hübler*, Die Eigenverwaltung, S. 93 f.; *Schneider/Höpfner* BB 2012, 87 (88).

51 *Hess*, Sanierungshandbuch, Kap. 23 Rn. 38; Schmidt/*Undritz* Vor §§ 270 ff. Rn. 12.

52 *Brinkmann/Zipperer* ZIP 2011, 1337 (1339).

53 *Braun/Heinrich* NZI 2011, 505 (511); *Ehricke* ZIP 2002, 782 (785).

54 *Madaus* KTS 2015, 115 (121); *Schelo* ZIP 2012, 712 (715).

55 *Flöther* ZIP 2012, 1833 (1834); *Häsemeyer*, Insolvenzrecht, Rn. 8.01; *Hübler*, Die Eigenverwaltung, S. 90 f.; *Madaus* KTS 2015, 115 (119).

56 *Klinck* ZIP 2013, 853 (854); *Madaus* KTS 2015, 115 (120).

57 *Brinkmann/Zipperer* ZIP 2011, 1337 (1340); *Doliwa*, Die geplante Insolvenz, S. 150; *Hübler*, Die Eigenverwaltung, S. 90 f.; *Madaus* KTS 2015, 115 (120); *Weinbörner*, Das neue Insolvenzrecht, Rn. B645; *Willemsen/Rechel*, Kommentar zum ESUG, § 270 Rn. 3.

58 *Brinkmann/Zipperer* ZIP 2011, 1337 (1338); *Flöther* ZIP 2012, 1833 (1834, 1839); *Hölzle* ZIP 2012, 158 (159); *Hübler*, Die Eigenverwaltung, S. 98 f.; *Vallender* GmbHR 2012, 445 (450).

dass ein Schuldner, der buchstäblich nichts mehr zu verlieren hat, die Insolvenzmasse eigennützig verbraucht.[59]

Das Missbrauchspotential der Eigenverwaltung und der daraus resultierende Vertrauensverlust der Geschäftspartner können verringert werden, indem der Schuldner unter die umfassende Aufsicht eines Sachwalters gestellt wird. Regelmäßig und sachkundig unterrichtet, können die Gläubiger umgehend auf Fehlentwicklungen reagieren und die Aufhebung der Eigenverwaltung beim Insolvenzgericht beantragen. Da der Aufhebungsbeschluss nicht zurückwirkt, sollten die Beteiligten außerdem durch eine Haftung für vergangenes Fehlverhalten diszipliniert werden.[60]

Weniger zweckmäßig erscheint es hingegen, die Handlungsfreiheit des Schuldners partiell zu beschränken, denn dann werden Widersprüche zwischen dem Konzept des Schuldners und den Interventionen des Insolvenzgerichts und des (vorläufigen) Sachwalters provoziert. Sobald sich ernsthafte Fehlentwicklungen offenbaren, die Anlass für Beschränkungen der Handlungsfreiheit geben und die sich nicht mehr einvernehmlich lösen lassen, ist das Vertrauen in den Schuldner ohnehin erschüttert. Wenn damit die wesentlichen Vorteile der Eigenverwaltung entfallen sind, bringt es keinen Nutzen mehr, diesen Verfahrensmodus weiterzuführen. Zweckmäßiger ist es, zum Regelinsolvenzverfahren überzugehen.

Ein weiterer Nachteil der Eigenverwaltung ergibt sich daraus, dass das Vertrauen in den Schuldner allein durch den Insolvenzantrag gestört ist. Wird unter diesen Umständen kein Insolvenzverwalter eingesetzt, fehlt es an einem starken Zeichen für einen Neubeginn.[61] Ferner muss man befürchten, dass es dem Schuldner an insolvenzrechtlichen Kenntnissen mangelt, obwohl diese für eine rechtmäßige Verfahrensgestaltung zwingend erforderlich sind.[62]

Derlei Probleme lassen sich abfedern, indem ein unabhängiger Chief Restructuring Officer (CRO) in die Geschäftsleitung berufen wird. Ein solcher Experte bietet die Gewähr für eine effiziente Verfahrensgestaltung und bringt zusätzlich insolvenzrechtliche Kenntnisse ein.[63] Allerdings muss in diesem Fall neben der Vergütung des Sachwalters zusätzlich das Honorar des CRO aufgebracht werden, welches durch keinen gesetzlichen Regelsatz begrenzt wird.[64] Der positive Kosteneffekt der Eigenverwaltung schwindet. Schlimmstenfalls führt die Eigenverwaltung sogar zu einer Kostensteigerung, was sich als Nachteil für die Insolvenzgläubiger und damit sogar als Grund für die Aufhebung der Eigenverwaltung darstellen kann.[65] Da sich

---

59 *Hölzle* ZIP 2012, 158 (159).

60 Diesen Gedanken seiner Entscheidung maßgeblich zugrunde legend BGH ZIP 2018, 977 (977 ff.).

61 *Hölzle* ZIP 2012, 158 (159); *Madaus* KTS 2015, 115 (121).

62 Uhlenbruck/*Zipperer* § 270 Rn. 7.

63 *Mönning* FS Wellensiek 2011, 641 (642 f.); *Prütting/Huhn* ZIP 2002, 777 (781).

64 *Brinkmann/Zipperer* ZIP 2011, 1337 (1340); *Flöther* ZIP 2012, 1833 (1834).

65 AG Freiburg NZI 2015, 604 (604 f.); *Madaus*, NZI 2015, 606 (606 f.).

der CRO außerdem wie ein Insolvenzverwalter einarbeiten muss, kommt es zu potentiellen Verfahrensverzögerungen. Des Weiteren lässt sich durchaus an der Neutralität eines vom Schuldner ausgewählten und bezahlten Experten zweifeln.[66]

Als wirksameres Mittel zur Rückgewinnung von Vertrauen erweist sich auch an dieser Stelle die Aufsicht durch einen gerichtlich bestellten (vorläufigen) Sachwalter. Eine engmaschige Kontrolle ermöglicht es den Gläubigern und dem Insolvenzgericht, schnell auf Fehlentwicklungen zu reagieren, dem Schuldner nötigenfalls die Zügel aus der Hand zu nehmen und einen qualifizierten und unabhängigen Insolvenzverwalter zu bestellen.

66 *Hess/Ruppe* NZI 2002, 577 (578); *Hölzle* NZI 2011, 124 (130); *Hölzle/Pink* ZIP 2011, 360 (361).

C. Betrachtung des eröffneten Insolvenzverfahrens

Im folgenden Kapitel soll das eröffnete Insolvenzverfahren darauf untersucht werden, welche Vorschriften in der Eigenverwaltung anzuwenden sind, wie sich die Beteiligten dogmatisch einordnen lassen und unter welchen Bedingungen Masseverbindlichkeiten begründet und durchgesetzt werden können.

I. Anzuwendende Vorschriften

Zu überprüfen ist die These, dass in der Eigenverwaltung dieselben materiell-rechtlichen und verfahrensrechtlichen Vorschriften wie im Regelinsolvenzverfahren zur Anwendung gelangen und dass diese lediglich an eine abweichende Kompetenzverteilung anzupassen sind.

1. Vorrang eigenverwaltungsspezifischer Vorschriften

Zunächst stellt sich die Frage, in welchem Verhältnis die Vorschriften über die Eigenverwaltung zu den allgemeinen insolvenzrechtlichen Vorschriften stehen.

a) Grammatikalische Argumente

Die Grundlage der Diskussion bildet der Wortlaut des § 270 Abs. 1 S. 2 InsO, wonach „für das Verfahren [der Eigenverwaltung] die allgemeinen Vorschriften gelten, soweit in diesem [siebten] Teil [der InsO] nichts anderes bestimmt ist". Aus dieser Formulierung geht hervor, dass die eigenverwaltungsspezifischen Vorschriften Vorrang vor den allgemeinen Vorschriften genießen und eine Vermischung von Eigenverwaltung und Regelinsolvenzverfahren unzulässig ist. Es besteht also kein Wahlrecht, auf welche Regelungen sich die Beteiligten im Einzelfall berufen wollen. Vielmehr sind alle rechtlichen Fragen der Eigenverwaltung zuerst mithilfe des siebten Teils der InsO zu beantworten.

b) Systematische Argumente

Betrachtet man die Systematik des Gesetzes, so bestätigt sich diese Erkenntnis. Der Gesetzgeber hat die Vorschriften über die Eigenverwaltung im siebten Teil der InsO gebündelt und dadurch deutlich von den Vorschriften über das Regelinsolvenzverfahren in den anderen Teilen der InsO abgegrenzt. Daraus folgt, dass es sich um ein geschlossenes Regelwerk handelt.[67]

---

67 Dies andeutend *Hübler*, Die Eigenverwaltung, S. 85.

Ferner ist zu beachten, dass die Eigenverwaltung neben der Eröffnung des Insolvenzverfahrens gesondert beantragt werden muss und nur bei Vorliegen strenger Voraussetzungen ergänzend angeordnet werden darf, § 270 Abs. 2 InsO. Dies lässt den Schluss zu, dass die Eigenverwaltung gegenüber dem Regelinsolvenzverfahren auf einem spezielleren Normgefüge beruht, das erst bei Einhaltung qualifizierter Anforderungen eingreift.

Blickt man parallel dazu auf die Rechtsfolgen, welche die Anordnung der Eigenverwaltung nach sich zieht, so wird deutlich, dass diese beinahe jeden Aspekt des Insolvenzverfahrens berühren. So finden sich bspw. Normen über die Aufnahme gegenseitiger Verträge, die Verwertung von Absonderungsrechten, die Insolvenzanfechtung und die Aufstellung von Insolvenzplänen. Ein derart großer Regelungsumfang deutet darauf hin, dass die Vorschriften über die Eigenverwaltung keinen Raum für die Überlagerung durch allgemeine Regelungen lassen sollen.

Für diese Auslegung spricht auch die Formulierung in § 273c S. 1 InsO, wonach der für die Eigenverwaltung charakteristische Sachwalter „anstelle des Insolvenzverwalters“ und nicht etwa neben dem Insolvenzverwalter bestellt wird.

Des Weiteren ist zu bedenken, dass es an Vorschriften über die Kombination von Eigenverwaltung und Regelinsolvenzverfahren fehlt. Wäre eine solche Kombination gewollt gewesen, hätte der Gesetzgeber angesichts der Konfliktträchtigkeit dieser Konstellation entsprechende Kollisionsnormen eingeführt.

c) Historische Argumente

Dass die Vorschriften über die Eigenverwaltung Vorrang vor den Vorschriften über das Regelinsolvenzverfahren genießen, ergibt sich auch aus der Historie des Gesetzes. So bezeichnet der RegE zur InsO die Eigenverwaltung als „besondere Art des Insolvenzverfahrens“ und beruft sich dabei auf die Tradition des Vergleichsverfahrens,[68] welches das Konkursverfahren gemäß § 46 KO ebenfalls in vollem Umfang verdrängte.

d) Teleologische Argumente

Schließlich sprechen auch teleologische Gesichtspunkte gegen ein Nebeneinander von Eigenverwaltung und Regelinsolvenzverfahren. Ein solches Nebeneinander würde zu schwierigen Kompetenzstreitigkeiten zwischen Schuldner, Sachwalter und Insolvenzverwalter führen, wodurch wiederum eine zügige und einheitliche Verfahrensgestaltung behindert würde. Außerdem bestünde die Gefahr, dass die Vorzüge der Eigenverwaltung, also die umfassende Ausnutzung der Fähigkeiten, Kenntnisse, Erlaubnisse sowie der Berufsträgerschaft des Schuldners, verloren gingen.

---

68 RegE, BT-Drs. 12/2443, 222 f.

e) Ergebnis

Damit lässt sich mithilfe aller Auslegungsmethoden festhalten, dass die Vorschriften über die Eigenverwaltung Vorrang vor den Vorschriften über das Regelinsolvenzverfahren genießen und dass ein Nebeneinander von Eigenverwaltung und Regelinsolvenzverfahren nicht in Betracht kommt.[69]

2. Ergänzende Anwendbarkeit allgemeiner Vorschriften

Nunmehr stellt sich die Frage, inwieweit der siebte Teil der InsO eine ergänzende Anwendung der allgemeinen Vorschriften zulässt.

a) Grammatikalische Argumente

§ 270 Abs. 1 S. 2 InsO gestattet ausdrücklich den Rückgriff auf die allgemeinen Vorschriften, ohne jedoch zu definieren, wie weit dieser Rückgriff reicht. Fehlt es damit an einer differenzierenden Wertung, so spricht dies dafür, dass alle allgemeinen Vorschriften gleichermaßen zur Anwendung gelangen.

b) Systematische Argumente

Betrachtet man die Wirkungen der Eigenverwaltung, so finden sich lediglich Vorschriften über die Bestellung, die Kompetenzverteilung und die Haftung der Beteiligten. Dabei werden den einzelnen Beteiligten bestimmte Rechte und Pflichten zugewiesen, ohne dass ausgeführt wird, was diese Rechte und Pflichten im Einzelnen beinhalten und wie sie auszuüben sind. Materiell-rechtliche und verfahrensrechtliche Vorschriften enthält der siebte Teil der InsO nicht. Daraus lässt sich schlussfolgern, dass die Vorschriften über die Eigenverwaltung nur insoweit gegenüber den allgemeinen Vorschriften Vorrang genießen, wie es um die Bestellung, die Kompetenzen und die Haftung der Beteiligten geht.[70]

Die daraus resultierende Regelungslücke wird durch die Verweisung in § 270 Abs. 1 S. 2 InsO auf die „allgemeinen Vorschriften“ geschlossen. Um einen vollständigen Lückenschluss zu gewährleisten, ist davon auszugehen, dass die Verweisung grundsätzlich alle materiell-rechtlichen und verfahrensrechtlichen Normen außerhalb des siebten Teils der InsO erfasst.[71]

Gegen diese weite Auslegung könnte zwar sprechen, dass in den §§ 274 bis 285 InsO nur auf bestimmte insolvenzrechtliche Vorschriften Bezug genommen wird. Jedoch wäre die Verweisung in § 270 Abs. 1 S. 2 InsO überflüssig, wenn bereits die

---

69 So im Ergebnis auch Schmidt/*Undritz* § 270 Rn. 2, der § 270 Abs. 1 S. 2 InsO aber nur deklaratorische Bedeutung beimisst.

70 *Andres/Leithaus*, InsO, vor §§ 270-285 Rn. 7; *Hübler*, Die Eigenverwaltung, S. 85.

71 *Schlegel*, Die Eigenverwaltung in der Insolvenz, S. 117, 130.

§§ 274 bis 285 InsO den Rückgriff auf die allgemeinen Vorschriften abschließend regeln würden.

Dem lässt sich wiederum entgegenhalten, dass nur der erste Teil der InsO mit dem Titel „Allgemeine Vorschriften“ überschrieben ist und § 270 Abs. 1 S. 2 InsO ausdrücklich nur auf die allgemeinen Vorschriften verweist. Allerdings beinhaltet der erste Teil der InsO lediglich fragmentarische Regelungen, bspw. über Verfahrensziele, gerichtliche Zuständigkeiten oder die Stundung der Verfahrenskosten. Ein Verweis, der sich ausschließlich auf diese Vorschriften bezieht, ließe eine derart große und willkürlich ausgeformte Regelungslücke entstehen, wie sie dem Gesetzgeber nicht unterstellt werden kann.[72] Hätte der Gesetzgeber allein auf diese Vorschriften verweisen wollen, so hätte er außerdem die üblichere Formulierung gewählt, dass „die Vorschriften des ersten Teils“ entsprechend anwendbar sind.

Weiterhin lässt sich gegen eine umfassende Verweisung auf alle allgemeinen materiell-rechtlichen und verfahrensrechtlichen Vorschriften einwenden, dass viele dieser Regelungen auf den Insolvenzverwalter und nicht auf den Schuldner zugeschnitten sind.[73] Diesem Argument kann jedoch entgegengehalten werden, dass die überwiegende Zahl aller insolvenzrechtlichen Vorschriften an Rechte und Pflichten des Insolvenzverwalters anknüpft, sodass die Verweisung nahezu leer liefe, wenn man alle diese Vorschriften ausklammern würde. Eine solche Verkürzung des Anwendungsbereichs widerspräche aber der zentralen Stellung und der weiten Formulierung des § 270 Abs. 1 S. 2 InsO sowie dem Umstand, dass § 270 Abs. 1 S. 1 InsO dem Schuldner die Verwaltung der Insolvenzmasse umfassend zuweist.

c) Historische Argumente

In dieselbe Richtung weist auch die Normgeschichte. So stellt der RegE zur InsO ausdrücklich klar, dass sich der siebte Teil des Gesetzes auf eine abweichende Kompetenzverteilung beschränkt.[74] Zwar wird im selben Atemzug formuliert, dass ergänzend nur das allgemeine „materielle“ Insolvenzrecht zur Anwendung gelangen soll,[75] was im Umkehrschluss gegen eine Anwendung auch des allgemeinen Verfahrensrechts sprechen könnte. Da der RegE zur InsO aber offen lässt, wie materiell-rechtliche und verfahrensrechtliche Normen im Einzelfall voneinander abzugrenzen sind und wie verfahrensrechtliche Regelungslücken geschlossen werden können,[76] darf der Begriff des „materiellen“ Insolvenzrechts weit

---

72 *Bachmann* ZIP 2015, 101 (102 f.); *Huhn*, Die Eigenverwaltung in der Insolvenz, Rn. 21; *Schlegel*, Die Eigenverwaltung in der Insolvenz, S. 128 f.

73 So zumindest für § 55 Abs. 1 InsO *König*, Die Haftung bei der Eigenverwaltung, S. 11 f.

74 RegE, BT-Drs. 12/2443, 223.

75 RegE, BT-Drs. 12/2443, 223.

76 RegE, BT-Drs. 12/2443, 223.

verstanden und auf das Verfahrensrecht zur Durchsetzung materieller Rechte und Pflichten erstreckt werden. So heißt es im RegE zur InsO an anderer Stelle ausdrücklich, dass „außerhalb des Bereichs der Verwaltungs- und Verfügungsbefugnis [...] die gleichen Bestimmungen wie für ein Insolvenzverfahren" gelten sollen.[77]

Diese Sichtweise lässt sich auch anhand eines Vergleichs der Eigenverwaltung mit der Geschäftsaufsicht und dem Vergleichsverfahren nachweisen. Bis zur Einführung der InsO hatte der Gesetzgeber den Vorläufern der Eigenverwaltung selbständige Gesetze gewidmet, die das Konkursrecht verdrängten. Indem sich der Gesetzgeber von dieser Reglungstechnik abwendete und die Eigenverwaltung in die InsO integrierte, brachte er zugleich zum Ausdruck, dass es sich nicht um eine selbständige Verfahrensart mit eigenen materiell-rechtlichen und verfahrensrechtlichen Prinzipien handeln sollte, sondern nur um einen Modus des Insolvenzverfahrens mit eigener Kompetenzordnung.[78]

d) Teleologische Argumente

Betrachtet man schließlich den Normzweck, so darf nicht unberücksichtigt bleiben, dass die Eigenverwaltung und das Regelinsolvenzverfahren mit der bestmöglichen Befriedigung der Insolvenzgläubiger dasselbe Ziel verfolgen. Auf dieses Ziel sind sämtliche materiell-rechtlichen und verfahrensrechtlichen Vorschriften der InsO ausgerichtet. Würde man einige dieser Vorschriften in der Eigenverwaltung ausklammern, so bärge dieser Verfahrensmodus gegenüber dem Regelinsolvenzverfahren Nachteile, obwohl er die Befriedigung der Insolvenzgläubiger gerade fördern soll.

e) Ergebnis

Mithin ist nach allen Auslegungsmethoden davon auszugehen, dass der siebte Teil der InsO Vorrang hinsichtlich der Bestellung, der Kompetenzverteilung und der Haftung der Beteiligten genießt, während im Übrigen gemäß § 270 Abs. 1 S. 2 InsO alle allgemeinen materiell-rechtlichen und verfahrensrechtlichen Vorschriften der InsO zur Anwendung gelangen.[79]

3. Anpassung der allgemeinen Vorschriften

In einem weiteren Schritt müssen die allgemeinen Vorschriften an die Kompetenz- und Haftungsordnung des siebten Teils der InsO angepasst werden.

---

77 RegE, BT-Drs. 12/2443, 223.
78 *Meller-Hannich* KTS 2017, 309 (310); *Prütting/Huhn* ZIP 2002, 777 (780).
79 FKInsO/*Foltis* § 270 Rn. 25.

a) Grammatikalische Argumente

§ 270 Abs. 1 S. 2 InsO formuliert keine entsprechende oder sinngemäße, sondern eine unmittelbare Anwendung der allgemeinen Vorschriften. Daraus folgt, dass der materiell-rechtliche und verfahrensrechtliche Gehalt der allgemeinen Vorschriften möglichst unverändert zur Geltung kommen muss.

Wer für die Ausführung der allgemeinen Vorschriften zuständig ist, muss vorrangig mithilfe der §§ 274 bis 285 InsO ermittelt werden, denn diese Vorschriften enthalten detaillierte Kompetenzzuweisungen, die nicht durch den Rückgriff auf allgemeine Prinzipien umgangen werden dürfen. So obliegt bspw. die Befriedigung der Insolvenzgläubiger gemäß § 283 Abs. 2 S. 1 InsO dem Schuldner, während der Sachwalter gemäß § 280 InsO Gesamtschäden geltend zu machen hat.

Nur wenn die §§ 274 bis 285 InsO keine speziellen Regelungen treffen, darf auf die allgemeine Wertung in § 270 Abs. 1 S. 1 InsO zurückgegriffen werden. Demnach steht dem Schuldner die Verwaltungs- und Verfügungsbefugnis über die Insolvenzmasse zu. Dies beinhaltet das Recht, wirtschaftliche Entscheidungen zu treffen und nach innen und außen umzusetzen. Der Sachwalter führt hingegen die Aufsicht über den Schuldner. Das heißt, er achtet darauf, dass rechtliche Vorschriften eingehalten werden.[80] Dazu trifft er keine eigenen wirtschaftlichen Entscheidungen, sondern verschafft sich vom Schuldner Informationen, die er bewertet und an die Gläubiger und das Insolvenzgericht weitergibt.[81]

b) Systematische Argumente

Aus systematischer Sicht spricht für eine möglichst unveränderte Geltung des materiell-rechtlichen und verfahrensrechtlichen Gehalts der allgemeinen Vorschriften, dass es dem siebten Teil der InsO an eigenständigen Wertungen fehlt, die eine abweichende Auslegung des materiellen Rechts oder des Verfahrensrechts ermöglichen würden. So muss bspw. die Insolvenzanfechtung in der Eigenverwaltung unter denselben Bedingungen wie im Regelinsolvenzverfahren möglich sein, denn § 280 InsO enthält keine Anhaltspunkte, dass die Voraussetzungen strenger oder milder sein könnten.

Für die strikte Aufgabentrennung zwischen dem Schuldner und dem Sachwalter kann aus systematischer Sicht ins Feld geführt werden, dass der Sachwalter gemäß § 12 Abs. 1 InsVV regelmäßig nur 60 % der Vergütung eines Insolvenzverwalters erhält. Solch ein Abschlag lässt sich nur rechtfertigen, wenn

---

80 Duden Online, abrufbar unter www.duden.de/rechtschreibung/aufsicht, Abrufdatum 30.6.2018.

81 *Flöther* ZInsO 2014, 465 (466); *Huhn*, Die Eigenverwaltung im Insolvenzverfahren, Rn. 585; *Koch*, Die Eigenverwaltung nach der Insolvenzordnung, S. 214; *Mönning* FS Wellensiek 2011, 641 (647); *Thole/Brünkmans* ZIP 2013, 1097 (1097).

die Aufgaben des Sachwalters deutlich hinter denen eines Insolvenzverwalters zurückbleiben.[82]

Demgegenüber wird erwogen, dem Sachwalter in gesetzlich nicht besonders geregelten Fällen nicht nur die Aufsicht über den Schuldner zuzuweisen, sondern alle Rechte, die im Interesse der Gläubiger liegen.[83] Dagegen spricht aber, dass letztlich alle Normen der InsO dem Schutz der Gläubiger dienen, was eine Unterscheidung unmöglich macht. Würde man dennoch zwischen gläubigerschützenden und weniger gläubigerschützenden Normen abstufen wollen, würde dies zu erheblicher Rechtsunsicherheit führen. Genau das will § 270 Abs. 1 S. 2 InsO aber vermeiden, indem die Vorschrift bei fehlenden Sonderregelungen klar zwischen Aufsicht und Verwaltung unterscheidet.

c) Historische Argumente

Gegen die unveränderte inhaltliche Auslegung der materiell-rechtlichen und verfahrensrechtlichen Vorschriften ließe sich einwenden, dass der Gesetzgeber die Eigenverwaltung ausdrücklich als Sanierungsinstrument konzipiert hat,[84] weswegen im Gegensatz zum Regelinsolvenzverfahren eine besonders sanierungsfreundliche Auslegung geboten sein könnte. Dieser Ansatz hält jedoch einem Vergleich mit dem Insolvenzplanverfahren nicht stand. Auch bei jenem Verfahrensmodus handelt es sich um ein besonderes Sanierungsinstrument. Dennoch werden die insolvenzrechtlichen Vorschriften im Insolvenzplanverfahren genauso ausgelegt wie in Verfahren, die auf eine Zerschlagung des schuldnerischen Vermögens hinauslaufen. Es besteht kein Anlass, die Eigenverwaltung abweichend zu beurteilen.

Für die oben dargestellte Kompetenzverteilung zwischen dem Schuldner und dem Sachwalter lässt sich anführen, dass der Gesetzgeber im RegE zur InsO ausdrücklich klargestellt hat, dass der Sachwalter beaufsichtigend tätig wird, während der Schuldner die Geschäfte leitet. Lediglich in Fällen, in denen der Sachwalter „in erster Line im Interessen der Gläubiger" tätig wird, soll er aktiv handeln dürfen.[85] Wie bereits ausgeführt, sind davon aber nur diejenigen Kompetenzen betroffen, die der Gesetzgeber bereits detailliert zwischen Schuldner und Sachwalter aufgeteilt hat.

Die strikte Aufgabentrennung wurde bei Einführung des ESUG bekräftigt. Während der Gesetzgeber anfangs noch kritisch gegenüber der Eigenverwaltung eingestellt war, beabsichtigte er mit dem ESUG, das Rechtsinstitut zu stärken und vor allem für Unternehmenssanierungen attraktiver zu machen.[86] Dementsprechend

---

82 Der Verordnungsgeber kann die Auslegung von formellen Gesetzen nicht determinieren. Jedoch deutet die Wertung des Verordnungsgebers auf Vorstellungen hin, die der Gesetzgeber teilte.

83 *Huhn*, Die Eigenverwaltung im Insolvenzverfahren, Rn. 723.

84 RegE, BT-Drs. 12/2443, 223.

85 RegE, BT-Drs. 12/2443, 223.

86 RegE, BR-Drs. 127/11, 25.

erleichterte er den Zugang zur Eigenverwaltung und schuf Sondervorschriften für das Insolvenzeröffnungsverfahren. Will man dieses Anliegen respektieren, muss man dem Schuldner bei der Ausgestaltung der Eigenverwaltung gesteigertes Vertrauen entgegenbringen. Dazu ist es erforderlich, dass der Schuldner wirtschaftliche Entscheidungen eigenständig treffen und umsetzen kann, während der Sachwalter ausschließlich in den für notwendig erachteten Fällen mitbestimmen darf.[87]

d) Teleologische Argumente

An dieser Stelle kann zugleich auf den Normzweck der Eigenverwaltung Bezug genommen werden. Damit sich die branchenspezifischen Kenntnisse, die betriebswirtschaftlichen Fähigkeiten, die öffentlich-rechtlichen Erlaubnisse und die Berufsträgerschaft des Schuldners abschöpfen lassen, muss diesem die umfassende Entscheidungs- und Handlungsbefugnis über die Insolvenzmasse eingeräumt werden. Nur so kann der Schuldner ein kohärentes Konzept für eine Restrukturierung entwickeln und umsetzen. Außerdem muss der Schuldner die Beziehungen zu seinen Geschäftspartnern in vertrauensvoller Weise pflegen können. Würde er dabei bevormundet, verlöre er rasch an Glaubwürdigkeit.[88]

Andererseits gilt es zu verhindern, dass der Schuldner seine Verwaltungs- und Verfügungsbefugnis missbraucht oder zumindest bei deren Ausübung scheitert. Dazu muss der Sachwalter stetig und umfassend Informationen vom Schuldner einholen, diese zügig auswerten und an die Gläubiger und das Insolvenzgericht weiterleiten. Nur unter diesen Bedingungen kann die Eigenverwaltung rechtzeitig aufgehoben und die Insolvenzmasse vor weiteren Einbußen geschützt werden.[89]

e) Ergebnis

Damit bleibt festzuhalten, dass die allgemeinen Vorschriften lediglich an die Kompetenzverteilung zwischen dem Schuldner und dem Sachwalter anzupassen sind. Während der Schuldner wirtschaftliche Entscheidungen trifft und nach innen und außen umsetzt, führt der Sachwalter die Aufsicht über den Schuldner, um die übrigen Verfahrensbeteiligten regelmäßig unterrichten zu können. Der materiellrechtliche und verfahrensrechtliche Gehalt der allgemeinen Vorschriften bleibt dabei unverändert.[90]

---

87 So auch *Doliwa*, Die geplante Insolvenz, S. 159, die den Bedarf an eigenverwaltungsfreundlichen Sicherungsmaßnahmen im Insolvenzeröffnungsverfahren betont.

88 *Flöther* ZIP 2012, 1833 (1834); *Häsemeyer*, Insolvenzrecht, Rn. 8.01; *Hübler*, Die Eigenverwaltung, S. 90 f.; *Madaus* KTS 2015, 115 (119).

89 *Koch*, Die Eigenverwaltung nach der Insolvenzordnung, S. 248 – 250.

90 Schmidt/*Undritz* § 270 Rn. 2.

4. Ergebnis

Im Ergebnis hat sich die eingangs aufgestellte These bestätigt. In der Eigenverwaltung genießen die Vorschriften des siebten Teils der InsO Vorrang vor den allgemeinen Vorschriften über das Regelinsolvenzverfahren. Allerdings beschränkt sich dieser Vorrang auf eine abweichende Verteilung der Zuständigkeiten, weswegen in allen materiell-rechtlichen und verfahrensrechtlichen Fragen gemäß § 270 Abs. 1 S. 2 InsO auf die allgemeinen Vorschriften zurückgegriffen werden muss. Innerhalb des besonderen Kompetenzgefüges legen die §§ 274 bis 285 InsO spezielle Zuständigkeiten fest. Nur wenn diese Normen keine Aussage treffen, ist auf die allgemeine Wertung in § 270 Abs. 1 S. 1 InsO abzustellen, wonach der Schuldner berufen ist, wirtschaftliche Entscheidungen zu treffen und nach innen und außen umzusetzen, wohingegen es dem Sachwalter obliegt, den Schuldner zu beaufsichtigen und die Gläubiger und das Insolvenzgericht zeitnah zu informieren. Der materiell-rechtliche und verfahrensrechtliche Gehalt der allgemeinen Vorschriften muss dabei unverändert zur Anwendung gelangen.

II. Rechtliche Stellung der Beteiligten

Nachdem geklärt ist, welche Vorschriften in der Eigenverwaltung zur Anwendung gelangen, lassen sich der Schuldner, der Sachwalter und die geschäftsleitenden Organe des Schuldners auf dieser Grundlage dogmatisch einordnen. Dabei gilt es die These zu überprüfen, dass der Schuldner und der Sachwalter Träger privater Ämter sind, wohingegen die geschäftsleitenden Organe des Schuldners gesellschaftsrechtlich gebunden bleiben.

1. Rechtliche Stellung des Insolvenzverwalters

Bereits im Regelinsolvenzverfahren ist umstritten, welche Funktion der Insolvenzverwalter im Verhältnis zur Insolvenzmasse einnimmt.

a) Amts-Theorie

Eine Theorie versteht den Insolvenzverwalter als Träger eines privaten Amts. Durch den Beschluss des Insolvenzgerichts über die Eröffnung des Insolvenzverfahrens wird das in den §§ 35 bis 37 InsO definierte Vermögen der Verwaltungs- und Verfügungsbefugnis des Schuldners entzogen und zugleich der Verwaltungs- und Verfügungsbefugnis des Insolvenzverwalters unterstellt – so wie es sich im Wesentlichen aus dem Wortlaut des § 80 Abs. 1 InsO ergibt. Dabei ist die Rechtsmacht des Insolvenzverwalters an den Insolvenzzweck gebunden und auf die gesetzlich vorgesehenen Rechte begrenzt. Die Rechtsinhaberschaft verbleibt hingegen beim Schuldner.[91]

---

91 RGZ 29, 29 (32 ff.); BGH ZIP 1996, 1307 (1307 ff.); Uhlenbruck/*Mock* § 80 Rn. 57 f.; MKInsO/*Ott/Vuia* § 80 Rn. 35; Schmidt/*Sternal* § 80 Rn. 18, 37.

b) Vertreter-Theorie

Eine andere Theorie betrachtet den Insolvenzverwalter als Vertreter. Demnach handelt der Insolvenzverwalter im Namen der Insolvenzgläubiger und aufgrund hoheitlich eingeräumter Vertretungsmacht. Auch nach dieser Auffassung bleibt der Schuldner Inhaber seiner Rechte, kann aber nicht mehr selbständig agieren.[92]

c) Organ-Theorie

Nach der Organ-Theorie ist der Insolvenzverwalter das Organ der Insolvenzmasse, die als selbständiges Rechtssubjekt gedeutet wird. Wiederum handelt der Insolvenzverwalter im Namen der Insolvenzmasse und aufgrund hoheitlicher Ermächtigung, wohingegen der Schuldner nicht mehr eigenständig tätig werden kann.[93]

d) Diskussion

Sämtlichen Theorien ist gemeinsam, dass sie die Rechtsstellung des Insolvenzverwalters durch die Anleihe bei Begriffen wie „Amtsträger", „Vertreter" oder „Organ" verallgemeinern wollen. Diese Vorgehensweise lässt sich kritisieren, weil sie möglicherweise der Vielschichtigkeit der Aufgaben zuwiderläuft. So kann der Insolvenzverwalter mit der Verwertung des schuldnerischen Vermögens oder der Vorbereitung eines Insolvenzplans auf ganz unterschiedliche Weise tätig werden. Einmal handelt er wie ein Vollstreckungsorgan, einmal wie ein wirtschaftlich denkender Unternehmer.[94]

Unter diesem Gesichtspunkt spricht für die Amts-Theorie, dass sie die Vielschichtigkeit der Aufgaben respektiert. Sie beschränkt sich darauf, die Stellung des Insolvenzverwalters über seine gesetzlichen Kompetenzen zu definieren, ohne auf Rechtsinstitute wie die Stellvertretung oder die Organschaft zurückzugreifen, die nicht im Zwangsvollstreckungsrecht, sondern im Vertragsrecht und im Gesellschaftsrecht wurzeln.[95] So sagt die Amts-Theorie im Wesentlichen nur aus, dass der Insolvenzverwalter aufgrund hoheitlicher Ermächtigung tätig wird, dass er an den Insolvenzzweck gebunden ist und dass er im eigenen Namen mit Wirkung für die Insolvenzmasse handelt.

Diese Aussagen stehen mit dem Gesetz in Einklang. Die §§ 56 Abs. 2 S. 2, 57 S. 3 und 59 Abs. 1 S. 1 InsO gehen ausdrücklich davon aus, dass der Insolvenzverwalter in ein „Amt" bestellt wird. Auch § 116 S. 1 Nr. 1 ZPO ist auf den Insolvenzverwalter als Träger eines privaten Amts zugeschnitten. Die Bindung an den Insolvenzzweck

---

92 Zurückzuführen auf *Bley* ZZP 62 (1941), 111 (113 f.); weiterhin vertreten durch *Ballerstedt* AcP 151 (1950/1951), 501 (526 ff.).

93 Zurückzuführen auf *Hellwig*, Anspruch und Klagerecht, S. 228 ff.; weiterhin vertreten durch *Erdmann* KTS 1967, 87 (87 ff.); *Stürner* ZZP 94 (1981), 263 (263 ff.).

94 *Kluth* NZI 2000, 351 (355 f.).

95 *Foerste*, Insolvenzrecht, Rn. 176 – 180; MKInsO/*Ott/Vuia* § 80 Rn. 26 – 35.

gibt bereits § 1 S. 1 InsO vor. Das Handeln im eigenen Namen mit Wirkung für die Insolvenzmasse reglementiert § 80 Abs. 1 InsO.

Der Mehrwert der Amts-Theorie besteht darin, dass sie den Normanwender dazu auffordert, bei der Entscheidung einzelner Rechtsfragen nicht von den dargestellten Grundsätzen abzuweichen und dadurch ein kohärentes Gesamtsystem zu entwickeln.

Gegen die Vertreter-Theorie spricht, dass der Insolvenzverwalter nicht in fremdem Namen und auch nicht in Vollmacht handelt. Er setzt vielmehr in eigener Verantwortung den Insolvenzzweck durch, der in § 1 S. 1 InsO objektiv definiert ist und nicht vom Willen der Gläubiger abhängt. So kann der Insolvenzverwalter entgegen dem erklärten, aber unvernünftigen Willen der Gläubiger tätig werden, was ein Stellvertreter nicht dürfte.

Des Weiteren können durch die Vertreter-Theorie nicht die hoheitlichen Rechte des Insolvenzverwalters erklärt werden, die teilweise in den Rechtskreis Dritter eingreifen. Zu erwähnen sind etwa die Befugnisse, Absonderungsgut freihändig zu verwerten und die Durchführung gegenseitiger Verträge einseitig abzulehnen.

Ferner kann die Vertreter-Theorie nicht begründen, warum der Schuldner seine Verwaltungsbefugnis verliert. Für gewöhnlich beschneidet eine Stellvertretung nicht das Recht des Vertretenen, für sich selbst zu handeln.

Denselben Mängeln sieht sich auch die Organ-Theorie ausgesetzt. Gegen diese Auffassung spricht darüber hinaus, dass nur Rechtssubjekte Träger eigener Rechte sein können. Die Insolvenzmasse ist jedoch kein eigenständiges Rechtssubjekt, sondern lediglich die Bezeichnung für das hoheitlich beschlagnahmte Vermögen des Schuldners in seiner Gesamtheit. Dieses zu verselbständigen, sieht die InsO an keiner Stelle vor. Vielmehr ist die Insolvenzmasse von vornherein auf ihre Auflösung ausgerichtet.

Im Ergebnis erweist sich die Amts-Theorie wegen ihrer Reduktion auf die bereits gesetzlich definierte Stellung des Insolvenzverwalters als vorzugswürdig.

2. Rechtliche Stellung des Schuldners

Nunmehr kann untersucht werden, ob der Schuldner in der Eigenverwaltung eine vergleichbare Position wie der Insolvenzverwalter im Regelinsolvenzverfahren einnimmt.

Auf der einen Seite steht die Theorie, dass auch der Schuldner Träger eines privaten Amts ist, welches ihm gemäß § 270 Abs. 1 S. 2 InsO durch den Beschluss des Insolvenzgerichts über die Anordnung der Eigenverwaltung übertragen wird (Amts-Theorie). Der siebte Teil der InsO enthalte lediglich eine abweichende Kompetenzverteilung, während die allgemeinen materiell-rechtlichen und verfahrensrechtlichen Vorschriften des Regelinsolvenzverfahrens unberührt blieben. Konsequenterweise stelle die Ausübung der Verwaltungs- und Verfügungsbefugnis über die Insolvenzmasse auch in der Eigenverwaltung eine hoheitlich legitimierte

Tätigkeit dar – mit dem einzigen Unterschied, dass statt eines Insolvenzverwalters der Schuldner für deren Ausübung zuständig sei.[96]

Dem steht auf der anderen Seite die Theorie gegenüber, dass der Schuldner in der Eigenverwaltung weiterhin kraft seiner Privatautonomie handelt (privatrechtliche Theorie). Seine originäre Verwaltungs- und Verfügungsbefugnis bestehe im Insolvenzverfahren fort. Sie sei lediglich zu modifizieren: einerseits zu erweitern um insolvenzspezifische Rechte wie bspw. die Verwertung von Sicherungsgut gemäß § 282 Abs. 1 S. 1 InsO und andererseits zu verkürzen um Mitwirkungsrechte des Sachwalters wie bspw. den Zustimmungsvorbehalt gemäß § 277 Abs. 1 S. 1 InsO.[97]

a) *Grammatikalische Argumente*

Wenig Aufschluss gibt zunächst der Wortlaut von § 270 Abs. 1 S. 1 InsO, denn die Formulierung, der Schuldner sei berechtigt, die Insolvenzmasse zu verwalten und über sie zu verfügen, sagt nichts darüber aus, wo diese Berechtigung herrührt.[98]

Auch die Formulierung des § 270 Abs. 1 S. 1 InsO, dass das Insolvenzgericht die Eigenverwaltung durch Beschluss anordnet, ist mehrdeutig. So kann das Insolvenzgericht einerseits iSd privatrechtlichen Theorie anordnen, dass dem Schuldner seine originäre Verwaltungs- und Verfügungsbefugnis belassen wird. Andererseits kann es iSd Amts-Theorie bestimmen, dass dem Schuldner seine originäre Verwaltungs- und Verfügungsbefugnis entzogen und sogleich als hoheitliche Befugnis zurückübertragen wird. In beiden Fällen ist der Beschluss gleichermaßen konstitutiv, um den Verlust der Verwaltungs- und Verfügungsbefugnis gemäß § 80 Abs. 1 InsO abzuwenden.[99]

---

96 OLG Düsseldorf NZI 2018, 65 (67); *Hess/Ruppe* NZI 2011, 577 (578); *Hofmann*, Eigenverwaltung, Rn. 121; Gottwald/*Haas*, Insolvenzrechtshandbuch, § 90 Rn. 3; HRI/*Hofmann* § 7 Rn. 30; *Klinck* ZIP 2013, 853 (856); *König*, Die Haftung bei der Eigenverwaltung, S. 28; *Madaus* KTS 2015, 115 (123); *Mönning* FS Wellensiek 2011, 641 (647); KPB/*Pape* § 270 Rn 1; *Pape/Uhlenbruck*, Insolvenzrecht, Rn. 860; *Prütting/Huhn* ZIP 2002, 777 (778); *Ströhmann/Längsfeld* NZI 2013, 271 (275); *Undritz* BB 2012, 1551 (1553).

97 *Becker*, Insolvenzrecht, Rn. 881; *Binz/Hess*, Der Insolvenzverwalter, Rn. 1274 f.; *Hübler*, Die Eigenverwaltung, S. 87; *Huhn*, Die Eigenverwaltung im Insolvenzverfahren, Rn. 579 – 603; Knops/Bamberger/Maier-Reimer/Vallender, Recht der Sanierungsfinanzierung, Rn. 107; dies andeutend *Andres/Leithaus*, InsO, vor § 270 Rn. 12; *Gogger*, Insolvenzrecht, S. 127; *Keller*, Insolvenzrecht, Rn. 1803.

98 *Cadmus*, Die Haftung der GmbH und ihres Geschäftsführers in der Eigenverwaltung, S. 41; *Huhn*, Die Eigenverwaltung im Insolvenzverfahren, Rn. 584, 586.

99 *König*, Die Haftung bei der Eigenverwaltung, S. 25 f.; *Schlegel*, Die Eigenverwaltung in der Insolvenz, S. 121; aA *Huhn*, Die Eigenverwaltung im Insolvenzverfahren, Rn. 580.

Aus demselben Grund geben die amtlichen Überschriften der §§ 271 und 272 InsO keinen weiteren Aufschluss. Sie sehen zwar die Anordnung der Eigenverwaltung als Voraussetzung für die Rechtsmacht des Schuldners an. Jedoch spezifizieren sie nicht, wie diese Anordnung auszugestalten ist.[100]

Auch der Wortlaut von § 270c S. 1 InsO ist nicht ergiebig. Erörtern lässt sich allenfalls der Umstand, dass nur der Sachwalter gemäß § 270c S. 1 InsO wie ein Insolvenzverwalter „bestellt" wird, während der Schuldner gemäß § 270 Abs. 1 S. 2 InsO an sich „berechtigt" ist, die Insolvenzmasse zu verwalten und über sie zu verfügen. Daraus könnten Vertreter der privatrechtlichen Theorie folgern, dass nur der Sachwalter in ein Amt berufen wird, während dem Schuldner seine originären Rechte verbleiben. Jedoch lässt sich die unterschiedliche Formulierung genauso gut damit erklären, dass der Sachwalter noch nicht in das Insolvenzverfahren involviert ist, weswegen er erst ernannt werden muss, wohingegen der Schuldner qua definitionem am Verfahren beteiligt ist und nicht erst als Schuldner bestellt werden muss.[101]

Dem Wortlaut der maßgeblichen Vorschriften des siebten Teils der InsO lassen sich somit keine eindeutigen Argumente für eine der beiden Theorien entnehmen.

b) Systematische Argumente

Zunächst ist auf die systematischen Argumente einzugehen, die von den Vertretern der privatrechtlichen Theorie vorgebracht werden.

Es wird argumentiert, dass nur im Regelinsolvenzverfahren ein echter Übergang der Verwaltungs- und Verfügungsbefugnis vorgesehen ist. So bestimmt § 80 Abs. 1 InsO, dass die Befugnis in einem ersten Schritt beim Schuldner aufgehoben und sodann in einem zweiten Schritt beim Insolvenzverwalter neu begründet wird. In der Eigenverwaltung existiert hingegen keine Vorschrift, welche die Aufhebung und Neubegründung der Verwaltungs- und Verfügungsbefugnis beim Schuldner regelt. Insbesondere kann nicht auf § 80 Abs. 1 InsO zurückgegriffen werden, denn die §§ 270 Abs. 1 S. 1 und 270c InsO regeln ausdrücklich etwas anderes. So wird die Ermächtigung des Insolvenzverwalters in der Eigenverwaltung vollständig durch die Ermächtigung des Schuldners und des Sachwalters verdrängt, weswegen kein eigenständiger Regelungsgehalt für § 80 Abs. 1 InsO verbleibt.[102] Wenn damit die originäre Verwaltungs- und Verfügungsbefugnis des Schuldners von keiner gesetzlichen Vorschrift aufgehoben wird, wäre es denkbar, dass es bei deren Fortdauer bleiben muss.[103]

---

100 *Schlegel*, Die Eigenverwaltung in der Insolvenz, S. 122.
101 *Cadmus*, Die Haftung der GmbH und ihres Geschäftsführers in der Eigenverwaltung, S. 41.
102 *Huhn*, Die Eigenverwaltung im Insolvenzverfahren, Rn. 589.
103 *Huhn*, Die Eigenverwaltung im Insolvenzverfahren, Rn. 589 f.

Dagegen lässt sich allerdings einwenden, dass in der Begründung einer neuen Rechtsstellung zugleich die konkludente Aufhebung einer alten Rechtsstellung enthalten sein kann, ohne dass es einer ausdrücklichen Regelung bedarf. So hätte der Gesetzgeber in § 270 Abs. 1 S. 1 InsO zwar formulieren können, dass der Schuldner bei Anordnung der Eigenverwaltung die Verwaltungs- und Verfügungsbefugnis über die Insolvenzmasse verliert und sogleich hoheitlich zurückübertragen bekommt. Allerdings wäre eine solche Formulierung für die pragmatische Sprache des Gesetzes ungeeignet. Ausgeschlossen ist aber nicht, dass genau diese dogmatische Konstruktion gemeint ist.

Weiterhin wird für die Fortdauer der privatrechtlichen Verwaltungs- und Verfügungsmacht vorgebracht, dass es logisch unmöglich sei, dem Schuldner die Verwaltungs- und Verfügungsbefugnis zu entziehen und zurückzuübertragen, weil keine Person existiere, der sie zwischenzeitlich für eine logische Sekunde anvertraut werden könne.[104]

Dem wird entgegengehalten, dass auch im Regelinsolvenzverfahren zwischen der Aufhebung der Verwaltungs- und Verfügungsbefugnis beim Schuldner und deren Neubegründung beim Insolvenzverwalter eine logische Sekunde liege, ohne dass es der Zwischenschaltung einer dritten Person bedürfe.[105] Überzeugender ist es, gänzlich von der Konstruktion einer logischen Sekunde abzurücken, weil diese in einer Kette aus drei Personen den sukzessiven Erwerb einer Rechtsstellung erklären, aber nicht umgekehrt in einer Kette aus zwei Personen den Einbau eines dritten Gliedes erforderlich machen soll.[106]

Aus systematischer Sicht lässt sich ferner § 277 Abs. 3 InsO auswerten. Die Norm sieht vor, dass der Insolvenzbeschlag nur im Falle eines Zustimmungsvorbehalts in die öffentlichen Register einzutragen ist. Für die Vertreter der privatrechtlichen Theorie könnte der Grund darin zu sehen sein, dass sich nach Anordnung der Eigenverwaltung nichts an der originären Verwaltungs- und Verfügungsbefugnis des Schuldners ändert.[107] Demgegenüber ist zu bedenken, dass die Registereintragung nur dazu dient, das Vertrauen des Rechtsverkehrs in die unbeschränkte Verfügungsbefugnis des Schuldners zu beseitigen. Wenn der Schuldner in der Eigenverwaltung verfügungsbefugt bleibt, so ist die Eintragung jedoch überflüssig – und zwar unabhängig davon, woraus sich die Verfügungsbefugnis ableitet. Mehr Bedeutung kann § 277 Abs. 3 InsO nicht beigemessen werden.

Ergiebiger ist die Auslegung von § 283 Abs. 1 InsO. Die Norm weist dem Schuldner das Recht zu, selbst begründete Forderungen zu bestreiten. Dass sich der Schuldner von eigenen Handlungen distanzieren kann, lässt sich nur dadurch erklären, dass seine private Rechtsmacht endet und durch eine neue Rechtsmacht

---

104 *Schlegel*, Die Eigenverwaltung in der Insolvenz, S. 123.

105 *Schlegel*, Die Eigenverwaltung in der Insolvenz, S. 123; aA *Huhn*, Die Eigenverwaltung im Insolvenzverfahren, Rn. 588.

106 RGZ 144, 223 (223 ff.).

107 *Huhn*, Die Eigenverwaltung im Insolvenzverfahren, Rn. 590.

ersetzt wird.[108] Wenn dagegen vorgebracht wird, der Schuldner habe Forderungen schon unter der Vergleichsordnung bestreiten können, wo er eindeutig nicht als Amtsträger fungiert habe,[109] so lässt sich darauf erwidern, dass sich der Schuldner unter der Vergleichsordnung auch nicht im Rahmen eines eröffneten Insolvenzverfahrens bewegte.

Ein weiteres systematisches Argument könnte sich aus dem Vergleich der Eigenverwaltung mit der Zwangsverwaltung land- und forstwirtschaftlicher Grundstücke ziehen lassen. Auch diese Form der Verwaltung erfolgt gemäß § 150b ZVG durch den Schuldner, der gemäß § 150c ZVG von einer Aufsichtsperson überwacht wird. In diesem Zusammenhang wird argumentiert, dass der Wortlaut von § 150b Abs. 1 ZVG ausdrücklich die Bestellung des Schuldners zum Verwalter vorsehe, während § 270 Abs. 1 S. 1 InsO keine solche Bestellung erfordere. Dies könnte auf eine bewusste Differenzierung hindeuten, wonach der Schuldner nur in der Zwangsverwaltung land- und forstwirtschaftlicher Grundstücke ein Amt bekleidet, wohingegen er in der Eigenverwaltung weiterhin kraft seiner Privatautonomie handelt.[110] Gegen diese Argumentation wird eingewendet, dass die beiden Rechtsinstitute nicht miteinander verglichen werden könnten, weil der Aufsichtsperson anders als dem Sachwalter keine hoheitlichen Rechte und Pflichten zukämen, weswegen auch die Funktion des Schuldners unterschiedlich zugeschnitten werden müsse.[111] Dies überzeugt aber nicht, denn unabhängig von der konkreten Funktion der Aufsichtsperson und des Sachwalters gerät der Schuldner in beiden Fällen in den identischen Konflikt, über sein eigenes Vermögen fremdnützig disponieren zu müssen. Eben diese Parallele legt nahe, dass der Schuldner sowohl in der Zwangsverwaltung als auch in der Eigenverwaltung als Amtsträger fungiert. Der unterschiedliche Wortlaut von § 150b ZVG und § 270 Abs. 1 S. 1 InsO in Hinblick auf die „Bestellung des Schuldners" kann hinlänglich damit begründet werden, dass die Zwangsverwaltung wesentlich älter als die Eigenverwaltung ist[112] und der Wortlaut der Vorschriften bei Einführung der InsO nicht abgestimmt wurde.

Im Sinne der privatautonomen Theorie wird des Weiteren vorgebracht, dass der eigenverwaltende Schuldner bei Geltung der Amts-Theorie in Prozessstandschaft für sich selbst auftreten muss und dass er eine Vollstreckungsklausel für Titel benötigt, die er vor Eröffnung des Insolvenzverfahrens erwirkt hat.[113] Diese Argumente legen zwar eine gewisse Umständlichkeit der Amts-Theorie offen, schildern aber letztlich nur konsequent die Folge davon, dass die Eröffnung des Insolvenzverfahrens auch bei Anordnung der Eigenverwaltung eine Zäsur darstellt.

---

108 *Häsemeyer*, Insolvenzrecht, Rn. 8.13.
109 *Huhn*, Die Eigenverwaltung im Insolvenzverfahren, Rn. 597.
110 *Huhn*, Die Eigenverwaltung im Insolvenzverfahren, Rn. 585.
111 *Huhn*, Die Eigenverwaltung im Insolvenzverfahren, Rn. 585.
112 § 150b ZVG wurde durch das Gesetz vom 28.8.1953 (BGBl. I S. 952) eingeführt.
113 *Huhn*, Die Eigenverwaltung im Insolvenzverfahren, Rn. 601 f.

Damit können die systematischen Argumente der privatrechtlichen Theorie widerlegt werden. Für die Amts-Theorie lässt sich darüber hinaus ins Feld führen, dass der Schuldner in der Eigenverwaltung insolvenzspezifische Rechte wie die Verwertung von Absonderungsgut ausüben darf. Diese Rechte lassen sich nicht aus der Privatautonomie herleiten und müssen folglich durch Hoheitsakt übertragen worden sein.[114] Die privatrechtliche Theorie begründet dies mit einer Modifikation der originären Verwaltungs- und Verfügungsbefugnis des Schuldners. Dann ist aber nicht ersichtlich, warum diese hoheitliche Modifikation nur Teile der Rechtsmacht erfassen soll, weswegen es letztlich zu einer Spaltung privatautonomen und hoheitlich legitimierten Handelns käme. Der Schuldner könnte unterschiedliche Maßstäbe an seine Entscheidungen anlegen, je nachdem, ob er kraft seiner Privatautonomie einen Vertrag schließt oder kraft hoheitlicher Befugnisse Absonderungsgut veräußert. Dies widerspricht dem Grundsatz, dass sich alle Handlungen des Schuldners gemäß § 1 S. 1 InsO gleichermaßen am Insolvenzzweck auszurichten haben.[115] Damit ist die Amts-Theorie aus systematischer Sicht vorzugswürdig.

c) Historische Argumente

Demgegenüber könnte die Normgeschichte für eine Fortgeltung der originären Verwaltungs- und Verfügungsbefugnis sprechen. So stellte der Gesetzgeber die Eigenverwaltung laut RegE zur InsO in die Tradition des Vergleichsverfahrens,[116] in welchem der Schuldner seine privatautonome Verwaltungs- und Verfügungsbefugnis weiterhin ausüben durfte.[117] Allerdings greift diese Erwägung nicht durch, weil sich die beiden Rechtsinstitute grundlegend voneinander unterscheiden. Während das Vergleichsverfahren der Eröffnung des Konkursverfahrens vorgelagert war, ist die Eigenverwaltung eine Modifikation des eröffneten Insolvenzverfahrens. Dies verbietet Rückschlüsse in solchen dogmatischen Fragen, die gerade an die Wirkungen der Verfahrenseröffnung anknüpfen.[118]

Ferner heißt es im RegE zur InsO, dass der Schuldner „verfügungsbefugt bleibt".[119] Dies lässt erkennen, dass der Gesetzgeber von einer gewissen Kontinuität in der Verwaltungs- und Verfügungsbefugnis ausgeht.[120] Allerdings kann

---

114 *Cadmus*, Die Haftung der GmbH und ihres Geschäftsführers in der Eigenverwaltung, S. 42 f.; *Friedrichs*, Das Schutzschirmverfahren, S. 69; *Hess/Ruppe* NZI 2002, 577 (578); *Undritz* BB 2012, 1551 (1553).

115 *Huhn*, Die Eigenverwaltung im Insolvenzverfahren, Rn. 583; *König*, Die Haftung bei der Eigenverwaltung, S. 27; *Schlegel*, Die Eigenverwaltung, S. 114.

116 RegE, BT-Drs. 12/2443, 223.

117 *Huhn*, Die Eigenverwaltung im Insolvenzverfahren, Rn. 591.

118 *Cadmus*, Die Haftung der GmbH und ihres Geschäftsführers in der Eigenverwaltung, S. 42; *Prütting/Huhn* ZIP 2002, 777 (780).

119 RegE, BT-Drs. 12/2443, 223.

120 *König*, Die Haftung bei der Eigenverwaltung, S. 26; *Huhn*, Die Eigenverwaltung im Insolvenzverfahren, Rn. 591.

diese Kontinuität nicht nur durch den Fortbestand der originären Befugnis erreicht werden, sondern auch durch einen nahtlosen Übergang von privatautonomer zu hoheitlich übertragener Rechtsmacht.

Im Übrigen ist nicht davon auszugehen, dass der Gesetzgeber mit einer solch knappen und beiläufigen Formulierung eine endgültige Aussage dazu treffen wollte, wie sich die Verwaltungs- und Verfügungsbefugnis des Schuldners herleiten lässt. Vielmehr ist der RegE zur InsO genauso wie der Gesetzestext dogmatisch offen ausgestaltet. Damit kommt die Betrachtung der Normgeschichte zu keinem zwingenden Ergebnis.

d) Teleologische Argumente

Der Schuldner ist in der Eigenverwaltung an den Insolvenzzweck des § 1 S. 1 InsO gebunden, wonach das oberste Ziel des Insolvenzverfahrens die bestmögliche Befriedigung der Insolvenzgläubiger ist. Jede Entscheidung, die der Schuldner zu treffen hat, muss er an den Interessen der Insolvenzgläubiger und nicht an den eigenen Interessen ausrichten.[121] Mithin verbleibt kein Raum für die Entfaltung von Privatautonomie.[122]

Besonders deutlich wird dieser Punkt, wenn man sich das Problem auf verfassungsrechtlicher Ebene vergegenwärtigt. Durch das Insolvenzverfahren wird in den Schutzbereich der in Art. 2 Abs. 1 GG verbürgten Privatautonomie des Schuldners eingegriffen. Dieser Eingriff ist jedoch gerechtfertigt, da die Privatautonomie des Schuldners ihre Schranke in der in Art. 14 GG verbürgten Eigentumsfreiheit der Insolvenzgläubiger findet. Das Insolvenzverfahren ist das geeignete, erforderliche und angemessene Mittel, um die Forderungen der Insolvenzgläubiger durchzusetzen.[123] Wirkt nun der Schuldner in der Eigenverwaltung am Insolvenzverfahren mit, so handelt er nicht im Schutzbereich seiner Privatautonomie, sondern hilft den Insolvenzgläubigern, ihre Eigentumsfreiheit durchzusetzen. Eine solche Wahrnehmung fremder Interessen, gegen die sich die Insolvenzgläubiger nur unter bestimmten Bedingungen verwehren können, ist angesichts des staatlichen Gewaltmonopols nur nach hoheitlicher Legitimation gestattet.[124]

Gegen dieses Argument ließe sich vorbringen, dass die Interessen des Schuldners vorübergehend mit dem Insolvenzzweck gleichzusetzen sein könnten, da

121 *König*, Die Haftung bei der Eigenverwaltung, S. 26 f.; *Prütting/Huhn* ZIP 2002, 777 (779); *Schlegel*, Die Eigenverwaltung, S. 114; *Undritz* BB 2012, 1551 (1553); die Interessen der Gläubiger mit den Interessen der Gesellschafter gleichsetzend *Klöhn* ZGR 2008, 110 (155).

122 Dies andeutend *Mönning* FS Wellensiek 2011, 641 (656).

123 *Becker*, Insolvenzrecht, Rn. 11 – 15; MKInsO/*Ott/Vuia* § 80 Rn. 7.

124 Dies andeutend *Pape/Uhlenbruck*, Insolvenzrecht, Rn. 830, die den Schuldner als seinen eigenen „Gerichtsvollzieher“ bezeichnen.

der Schuldner erst dann wieder frei über sein Vermögen disponieren kann, wenn das Insolvenzverfahren beendet ist. Die Befriedigung der Insolvenzgläubiger könnte somit als notwendiges Zwischenziel auf dem Weg zur Wiedererlangung wirtschaftlicher Freiheit angesehen werden.[125] Allerdings greift diese Argumentation nicht durch, denn das Interesse des Schuldners kann durchaus dem Insolvenzzweck widersprechen. Wenn sich bspw. herausstellt, dass das Unternehmen einer juristischen Person oder Personengesellschaft nicht saniert werden kann, so besteht keine Aussicht darauf, dass die juristische Person oder Personengesellschaft jemals wieder werben wird. In dieser Konstellation fördert das Insolvenzverfahren nicht mehr das Ziel, dem Schuldner seine wirtschaftliche Freiheit langfristig zurückzugewähren.

Ferner lässt sich mit den Vorteilen der Eigenverwaltung argumentieren. So solle der Schuldner seine persönlichen Kenntnisse und Fähigkeiten in das Verfahren einbringen.[126] Dies könne er wegen seiner natürlichen Nähe zu der Insolvenzmasse nicht so neutral wie ein Amtsträger bewerkstelligen.[127] In diese Richtung weise auch der Umstand, dass nicht dem Schuldner, sondern dem Sachwalter Aufgaben wie die Insolvenzanfechtung zugewiesen seien, welche die besondere Neutralität eines Amtsträgers erforderten.[128]

Dem ist allerdings entgegenzuhalten, dass das Gesetz dem Schuldner sehr wohl die Neutralität eines Amtsträgers abverlangt, denn der Schuldner untersteht der Aufsicht des Sachwalters. Eine solche Aufsicht kann nur dann durchgreifen, wenn es einen objektiven Maßstab gibt, an dem sich der Schuldner messen lassen muss. Eine privatautonom handelnde Person müsste sich nicht für ihr Handeln rechtfertigen, da sie gerade von ihrer persönlichen Freiheit Gebrauch machen würde.

Alles in allem sprechen gewichtige teleologische Argumente dafür, dass der Schuldner in der Eigenverwaltung ein privates Amt bekleidet. Die privatrechtliche Theorie vermag diese Argumente nicht zu entkräften.

e) Ergebnis

Während der Wortlaut und die Historie des Gesetzes für beide Theorien offen sind, sprechen Systematik und Zweck des Gesetzes für die Amts-Theorie, der im Ergebnis zu folgen ist. Der Schuldner ist somit der Träger eines privaten Amts.

3. Rechtliche Stellung des Sachwalters

Auch für den Sachwalter stellt sich die Frage, ob dieser als Träger eines privaten Amts eingesetzt wird oder privatrechtlich handelt.

---

125 *Huhn*, Die Eigenverwaltung im Insolvenzverfahren, Rn. 593.
126 *Huhn*, Die Eigenverwaltung im Insolvenzverfahren, Rn. 593.
127 *Huhn*, Die Eigenverwaltung im Insolvenzverfahren, Rn. 594.
128 *Huhn*, Die Eigenverwaltung im Insolvenzverfahren, Rn. 595.

a) Grammatikalische Argumente

Der Sachwalter wird gemäß § 270c S. 1 InsO wie der Insolvenzverwalter „bestellt". Diese Formulierung spricht dafür, dass er ein Amt bekleidet.

b) Systematische Argumente

Aus systematischer Sicht spricht für eine Amtsträgerschaft, dass der Sachwalter bis zu seiner Bestellung noch nicht über die Insolvenzmasse verfügen kann. Damit lässt sich an keine privatautonome Stellung anknüpfen, die in der Eigenverwaltung fortgelten könnte.

Ferner ist zu beachten, dass bereits der Schuldner als Amtsträger eingeordnet wurde. Es wäre widersinnig, wenn man den Sachwalter, der bis zu seiner Bestellung noch nicht mit dem Insolvenzverfahren befasst ist, anders behandeln würde.

Weiterhin muss berücksichtigt werden, dass gemäß § 274 Abs. 1 InsO iVm § 56 Abs. 1 InsO eine neutrale und qualifizierte Person zum Sachwalter bestimmt werden soll. Mithin wird dem Sachwalter ausdrücklich die Objektivität eines Amtsträgers abverlangt.

Zudem wird dem Sachwalter gemäß § 274 Abs. 1 InsO iVm §§ 63 bis 65 InsO eine Vergütung gewährt, wie sie auch dem Insolvenzverwalter als Gegenleistung für die Erfüllung seiner Amtspflichten zusteht.

c) Historische Argumente

Der RegE zur InsO bezeichnet den Sachwalter nicht ausdrücklich als Amtsträger.[129] Allerdings wird auf die Vorschriften der VerglO Bezug genommen, unter deren Geltung bereits der Vergleichsverwalter als Träger eines privaten Amts aufgefasst wurde.[130]

d) Teleologische Argumente

Die Aufgabe des Sachwalters ist es, den Schuldner aus einer neutralen und insolvenzrechtlich geschulten Position heraus zu beaufsichtigen, um die bestmögliche Befriedigung der Insolvenzgläubiger zu gewährleisten.[131] Zu dieser Aufgabe wird der Sachwalter am ehesten angehalten, wenn er sich als Amtsträger verantworten muss.

129 RegE, BT-Drs. 12/2443, 222 – 226.
130 RegE, BT-Drs. 12/2443, 224.
131 *Ehlers* ZInsO 2015, 1417 (1419).

e) Ergebnis

Damit ist der Sachwalter nach allen Auslegungsmethoden als Amtsträger einzuordnen.[132]

4. Rechtliche Stellung der geschäftsleitenden Organe des Schuldners

Schließlich stellt sich auch bei den geschäftsleitenden Organen des Schuldners die Frage, wie diese dogmatisch zu verorten sind.

Wiederum lässt sich auf der einen Seite die Theorie vertreten, dass die geschäftsleitenden Organe als Amtsträger fungieren, wobei ihnen das Insolvenzgericht mit Anordnung der Eigenverwaltung hoheitliche Befugnisse verleiht (Amts-Theorie).[133]

Auf der anderen Seite steht die Ansicht, dass die geschäftsleitenden Organe weiterhin ihren gesellschaftsrechtlichen Bindungen unterworfen bleiben (privatrechtliche Theorie).[134]

a) Grammatikalische Argumente

Ausdrücklich werden die geschäftsleitenden Organe des Schuldners in § 276a InsO erwähnt. Die Vorschrift definiert aber nicht deren Funktion, sondern beschränkt lediglich den Einfluss der aufsichtführenden Organe auf die Geschäftsleitung und stellt die Abberufung und Neubestellung der Geschäftsleitung unter den Zustimmungsvorbehalt des Sachwalters.[135]

Im Übrigen beschreibt der siebte Teil der InsO an keiner Stelle das Verhältnis der geschäftsleitenden Organe zu anderen Beteiligten. Weder Handlungspflichten gegenüber Dritten noch interne Pflichten zur Einflussnahme auf Handlungen des Schuldners werden reglementiert.[136]

Der Wortlaut des Gesetzes deutet also darauf hin, dass die geschäftsleitenden Organe des Schuldners nicht die Adressaten eigener insolvenzspezifischer Rechte und Pflichten und damit auch keine Amtsträger sind.

---

132 *Huhn*, Die Eigenverwaltung im Insolvenzverfahren, Rn. 645.

133 *Cadmus*, Die Haftung der GmbH und ihres Geschäftsführers in der Eigenverwaltung, S. 34 – 37; dies andeutend *Madaus* KTS 2015, 115 (124).

134 *König*, Die Haftung in der Eigenverwaltung, S. 43; *Landfermann* WM 2012, 869 (872); *Ringstmeier/Homann* NZI 2002, 406 (406); *Schlegel*, Die Eigenverwaltung, S. 126; *Smid* DZWiR 2002, 493 (499 f.); indirekt *Ströhmann/Längsfeld* NZI 2013, 271 (271), die als einzige gesellschaftsrechtliche Bindungen Weisungsbefugnisse der aufsichtführenden Organe ausschließen wollen.

135 *Prütting/Huhn* ZIP 2002, 777 (778).

136 *Thole/Brünkmans* ZIP 2013, 1097 (1104).

b) Systematische Argumente

Es werden diverse systematische Erwägungen angestellt, um eine Amtsträgerschaft der geschäftsleitenden Organe des Schuldners zu konstruieren.

aa) Verlagerung der Amtsträgerschaft

Zunächst wird versucht, aus § 276a InsO den Rückschluss zu ziehen, dass sich die Amtsträgerschaft des Schuldners bei juristischen Personen und Personengesellschaften auf deren geschäftsleitende Organe verlagere. Dafür wird ins Feld geführt, dass die geschäftsleitenden Organe ihrer gesellschaftsrechtlichen Bindungen gegenüber den aufsichtführenden Organen enthoben würden, weswegen sie in Hinblick auf die Verwaltung der Insolvenzmasse nur noch insolvenzrechtlichen Bindungen unterworfen sein könnten.[137]

Zudem könnten gemäß § 56 Abs. 1 InsO nur natürliche Personen zum Insolvenzverwalter bestellt werden, was in der Eigenverwaltung gegen die Bestellung einer Personenmehrheit zum Amtsträger spreche.[138]

Diese Argumentation verkennt jedoch andere systematische Gesichtspunkte. So bezeichnet § 270 Abs. 1 S. 1 InsO ausdrücklich den Schuldner als Inhaber der Verwaltungs- und Verfügungsbefugnis.[139] Die Norm unterscheidet dabei nicht zwischen natürlichen Personen und Personenmehrheiten. § 276a InsO kann diese Grundsatzentscheidung des Gesetzgebers aus folgenden Gründen nicht durchbrechen:

Erstens ist die Vorschrift weit hinten im siebten Teil der InsO platziert und nicht, wie für eine solch bedeutsame Regelung zu erwarten wäre, innerhalb oder im Anschluss an die Kopfnorm.

Zweitens enthält die Vorschrift nur eine negative Regelung, inwieweit gesellschaftsrechtliche Bindungen aufgehoben werden. Diese negative Regelung gilt auch nicht umfassend, sondern betrifft nur das Verhältnis bestimmter Organe in bestimmten Sachlagen. Es handelt sich folglich um eine Ausnahme, von der nicht auf die Regel geschlossen werden darf.[140]

Drittens ergäben sich Probleme unter Gleichheitsgesichtspunkten. Nur bei juristischen Personen und Personengesellschaften könnte auf Organe zurückgegriffen werden, wohingegen bei natürlichen Personen ein solcher Rückgriff ausgeschlossen wäre.[141] Es entstünde daher eine Ungleichbehandlung von Gläubigern, die weder sachlich gerechtfertigt noch im Gesetz angelegt ist.[142]

---

137 BGH ZIP 2018, 977 (980); *Cadmus*, Die Haftung der GmbH und ihres Geschäftsführers in der Eigenverwaltung, S. 34 – 37.

138 *Gulde*, Die Anordnung der Eigenverwaltung, S. 37 f.

139 *König*, Die Haftung in der Eigenverwaltung, S. 257.

140 *Landfermann* WM 2012, 869 (872).

141 *Bachmann* ZIP 2015, 101 (109); *Thole/Brünkmans* ZIP 2013, 1097 (1104).

142 AA *Cadmus*, Die Haftung der GmbH und ihres Geschäftsführers in der Eigenverwaltung, S. 35.

Damit kann § 276a InsO nicht die Wertung entnommen werden, dass sich die Amtsträgerschaft vom Schuldner auf seine geschäftsleitenden Organe verlagert.

Für eine solche Verlagerung könnte aber noch § 278 Abs. 2 InsO als Argument herangezogen werden. Die Norm sieht vor, dass den vertretungsberechtigten Gesellschaftern des Schuldners Unterhalt zusteht. Daraus könnte man ableiten, dass sich bei Personenmehrheiten die geschäftsleitenden Organe als wahre Träger der Eigenverwaltung darstellen.

Allerdings verkennt diese Schlussfolgerung, dass der Unterhalt kein Entgelt für die Erfüllung von Amtspflichten darstellt, sondern eine leistungsunabhängige Beihilfe.[143] Indem das Gesetz ausdrücklich betont, dass ausnahmsweise den vertretungsberechtigten Gesellschaftern anstelle des Schuldners Unterhalt gebührt, gibt es vielmehr zu erkennen, dass die Vergabe von Rechten an die Organe des Schuldners eine Ausnahme von der Regel darstellt, wonach die innere Verfassung des Schuldners grundsätzlich unberührt bleiben soll. Des Weiteren existiert ein Unterhaltsanspruch der geschäftsleitenden Organe des Schuldners gemäß § 101 Abs. 1 InsO auch im Regelinsolvenzverfahren, sodass aus diesem Umstand keine eigenverwaltungsspezifischen Rückschlüsse gezogen werden dürfen.

Mithin ergibt sich auch aus § 278 Abs. 2 InsO keine Verlagerung der Amtsträgerschaft vom Schuldner auf seine geschäftsleitenden Organe.

bb) Doppelte Amtsträgerschaft

Wenn man dies anerkennt, stellt sich die Folgefrage, ob die geschäftsleitenden Organe neben dem Schuldner Amtsträger sein können.

Dagegen spricht aus systematischer Sicht, dass es zu der Figur des Amtsträgers hinter dem Amtsträger käme. Solch eine Konstruktion ist der Rechtsordnung fremd.[144] Andere private Ämter wie die des Betreuers, des Ergänzungspflegers oder des Testamentsvollstreckers werden ebenfalls nur von einer natürlichen Person oder einer Personenmehrheit wahrgenommen, ohne dass deren Organe ihrerseits zu Amtsträgern erhoben würden.[145] Auch im öffentlichen Recht handelt eine Körperschaft, Anstalt oder Stiftung stets durch einen konkreten Amtswalter, ohne dass es zu einer Dopplung der Amtsträgereigenschaft käme.[146]

Damit erweist sich die Überlegung, die geschäftsleitenden Organe des Schuldners neben dem Schuldner als Amtsträger einzustufen, als Fremdkörper in der Rechtsordnung.

---

143 MKInsO/*Stephan* § 100 Rn. 14.
144 *Thole/Brünkmans* ZIP 2013, 1097 (1104).
145 MKBGB/*Zimmermann* § 2197 Rn. 9.
146 *Maurer*, Allgemeines Verwaltungsrecht, § 21 Rn. 19 – 43.

cc) Gesellschaftsrechtliche Bindungen

Indessen finden sich systematische Argumente dahingehend, dass die geschäftsleitenden Organe des Schuldners ihren gesellschaftsrechtlichen Bindungen unterworfen bleiben.

So wird argumentiert, dass die Verweisung in § 270 Abs. 1 S. 2 InsO auf die allgemeinen Vorschriften auch eine Verweisung auf die Vorschriften des Gesellschaftsrechts umfasse, weswegen schon deshalb gesellschaftsrechtliche Bindungen fortbestünden.[147] Dieses Argument geht insofern fehl, als § 270 Abs. 1 S. 2 InsO nur auf das allgemeine Insolvenzrecht verweist. Jedoch ist richtig, dass der siebte Teil der InsO die interne Organisation des Schuldners nicht positiv beschreibt, weswegen mangels Verdrängungswirkung ohne weiteres auf das Gesellschaftsrecht zurückgegriffen werden darf, um zu ermitteln, über welche Organe eine Personenmehrheit verfügt, wie diese Organe bestellt und abberufen werden und welche Rechte und Pflichten diesen Organen zukommen.

Förderhin spricht aus systematischer Sicht für eine rein gesellschaftsrechtliche Bindung, dass die geschäftsleitenden Organe nicht hoheitlich ernannt werden, sondern – wie sich § 276a Abs. 2 InsO entnehmen lässt – durch die aufsichtführenden Organe unter bloßer Billigung des Sachwalters bestellt werden. Damit fehlt es an einer geschlossenen Legitimationskette, durch welche die geschäftsleitenden Organe eigene hoheitliche Befugnisse herleiten könnten. Zwar lässt sich argumentieren, dass das Insolvenzgericht die Eigenverwaltung zugunsten eines Schuldners mit einer bestimmten Geschäftsleitung anordnet, jedoch vermag diese Argumentation nicht zu erklären, wie neu bestellte Vorstände und Geschäftsführer ihre Amtsträgerschaft herleiten sollten.[148]

c) Historische Argumente

Aus historischer Sicht gilt es zu beachten, dass kein Vorläufer der Eigenverwaltung eine Amtsträgerschaft der geschäftsleitenden Organe des Schuldners vorsah. Insbesondere adressierten sich die Geschäftsaufsicht und das Vergleichsverfahren ausschließlich an den Schuldner selbst. Insolvenzrechtliche Bindungen der Organe wurden hingegen nicht diskutiert.[149]

Dies setzte sich im Ersten Bericht der Kommission für Insolvenzrecht fort. Dort heißt es, dass „bei einzelkaufmännischen Unternehmen und Personenhandelsgesellschaften [...] eine Selbstverwaltung ohnehin aus[scheidet]", weil es dann an einer zusätzlichen Haftungsmasse des Eigenverwalters fehlen würde.[150] Dies

147 *Ringstmeier/Homann* NZI 2002, 406 (406 f.).

148 Zur fehlenden Einflussmöglichkeit des Insolvenzgerichts auf die Auswahl der Organe *Mönning* FS Wellensiek 2011, 641 (645).

149 *Prütting/Huhn* ZIP 2002, 777 (780).

150 Erster Bericht der Kommission für Insolvenzrecht, Jahr 1985, S. 125 f.

bedeutet, dass man als Eigenverwalter von vornherein die Personenmehrheit, nicht aber deren Organe in Betracht zog.

Der RegE zur InsO stellte keine Überlegungen zur inneren Verfassung des Schuldners an.[151] Auch bei Einführung des ESUG betonte der RegE ausschließlich, dass ein schädlicher Einfluss der aufsichtführenden Organe eingedämmt werden müsse,[152] was letztlich durch § 276a InsO klargestellt wurde. Hätte der Gesetzgeber gewollt, dass die geschäftsleitenden Organe des Schuldners als Amtsträger fungieren, hätte er dies im selben Atemzug durch einen § 276b InsO regeln können. Indem der Gesetzgeber von dieser Möglichkeit absah, bekannte er sich zwar nicht ausdrücklich zur privatrechtlichen Theorie, ließ dogmatische Fragen aber zumindest offen.

Ein weiteres Argument lässt sich daraus ziehen, dass der Gesetzgeber bei Einführung der InsO bewusst von einer Unterscheidung zwischen Kleinverfahren und Unternehmensinsolvenzen, wie sie noch im RegE zur InsO zu finden war, abgerückt ist.[153] Tendenziell hat sich der Gesetzgeber also von der Idee zurückgezogen, unterschiedlich verfasste Schuldner unterschiedlich zu behandeln.[154] Genau das wäre aber der Fall, wenn man bei juristischen Personen und Personengesellschaften eine doppelte Amtsträgerschaft des Schuldners und seiner Organe annähme, bei natürlichen Personen indessen nicht.

d) Teleologische Argumente

Für die Amts-Theorie spricht aus teleologischer Sicht, dass die geschäftsleitenden Organe des Schuldners mittelbar den Insolvenzzweck durchsetzen müssen.[155] Um sie dabei zu disziplinieren, kann es sinnvoll sein, sie der objektiven Pflichtenbindung eines Amtsträgers auszusetzen. Insbesondere könnte ein CRO, der formell nur ein Mitglied des geschäftsleitenden Organs ist, aber faktisch wie ein Insolvenzverwalter agiert, stärker in die Verantwortung genommen werden. Gesellschaftsrechtliche Bindungen hemmen hingegen die Fokussierung auf die Gläubigerinteressen und lassen befürchten, dass die geschäftsleitenden Organe eher den Gesellschaftern loyal gegenüberstehen.[156]

Andererseits führt nicht nur die Stellung als Amtsträger zu einer Disziplinierung. Indem man die geschäftsleitenden Organe im Innenverhältnis zum Schuldner darauf verpflichtet, dessen insolvenzrechtliche Bindungen gegenüber Dritten zu wahren, kann ebenfalls ein disziplinierender Effekt erzeugt werden.

---

151 RegE, BT-Drs. 12/2443, 222, 226.
152 RegE, BR-Drs. 127/11, 62.
153 Beschlussempfehlung des Rechtsausschusses des Bundestages, BT-Drs. 12/7302, 185.
154 *König*, Die Haftung bei der Eigenverwaltung, S. 37.
155 *Jaffé* FS Vallender 2015, 281 (287); *Schlegel*, Die Eigenverwaltung, S. 114.
156 *Hill* ZInsO 2010, 1825 (1828); *Klöhn* ZGR 2008, 110 (155); *Prütting/Huhn* ZIP 2002, 777 (781); *Thole/Brünkmans* ZIP 2013, 1097 (1104); die Gefahr erkennend *Ringstmeier/Homann* NZI 2002, 406 (407).

Zu beachten ist auch, dass die Geschäftspartner des Schuldners Vertrauen in die Kontinuität des schuldnerischen Handelns gewinnen sollen. Dabei kann es förderlich sein, wenn die Geschäftspartner weiterhin mit den Vorständen oder Geschäftsführern des Schuldners verhandeln – und nicht mit Organen, die gleich einem Insolvenzverwalter im eigenen Namen als Amtsträger auftreten müssten.

Weiter wird argumentiert, dass das Vertrauen des Geschäftsverkehrs nur bewahrt werden könne, wenn sich kein Wechsel in der Geschäftsleitung vollziehe. Dies könne nur sichergestellt werden, wenn man die Eigenverwaltung unmittelbar den geschäftsleitenden Organen übertrage. Belasse man sie dem Schuldner, könne dieser seine Organe auswechseln.[157] Jedoch sieht § 276a InsO eine solche Möglichkeit inzwischen ausdrücklich vor.

e) Ergebnis

Aus grammatikalischer, systematischer und historischer Sicht ist die privatrechtliche Theorie vorzuziehen. Zwar wäre aus teleologischer Sicht eine Amtsträgerschaft begründbar, jedoch findet diese keine Anhaltspunkte im Gesetz und ist daher de lege lata abzulehnen. Die geschäftsleitenden Organe des Schuldners handeln somit auf gesellschaftsrechtlicher Grundlage.

5. Ergebnis

Im Ergebnis findet sich die These bestätigt, dass der Schuldner und der Sachwalter Träger privater Ämter sind, wohingegen die geschäftsleitenden Organe des Schuldners gesellschaftsrechtlich gebunden bleiben.

III. Begründung von Masseverbindlichkeiten

Im folgenden Kapitel ist zu diskutieren, auf welche Art und Weise Masseverbindlichkeiten in der Eigenverwaltung begründet werden können. Dabei gilt es die These zu überprüfen, dass bis auf die Kompetenzverteilung keine Abweichungen zum Regelinsolvenzverfahren bestehen. In einem ersten Schritt ist jeweils aufzuzeigen, unter welchen Bedingungen Masseverbindlichkeiten im Regelinsolvenzverfahren entstehen, um anschließend in einem zweiten Schritt zu untersuchen, welche Anpassungen der siebte Teil der InsO gebietet.

1. Gebühren und Auslagen des Insolvenzgerichts

Zunächst sind die Kosten des Insolvenzgerichts zu betrachten.

157 *König*, Die Haftung in der Eigenverwaltung, S. 38.

a) Rechtslage im Regelinsolvenzverfahren

Eingangs soll aufgezeigt werden, unter welchen Bedingungen Gerichtskosten im Regelinsolvenzverfahren entstehen, um anschließend darzustellen, welche dieser Kosten als Masseverbindlichkeiten einzustufen sind.

aa) Entstehung von Gerichtskosten

Aus § 1 Abs. 1 Nr. 2 GKG ergibt sich, dass Gerichtskosten im Insolvenzverfahren gemäß den Vorschriften des GKG erhoben werden, wobei unter die Gerichtskosten laut Legaldefinition Gebühren und Auslagen zu subsumieren sind. Die Kostentatbestände des GKG haben abschließenden Charakter, weil in das Vermögen des Kostenschuldners nur auf hinreichend bestimmter gesetzlicher Grundlage eingegriffen werden darf.[158] Für welche Sachverhalte Gebühren und Auslagen erhoben werden, ergibt sich im Einzelnen aus § 3 Abs. 2 GKG iVm Teil 2 KV GKG bzw. iVm Teil 9 KV GKG. Hängt die Höhe der Gebühren von einem Gebührenwert ab, so bemisst sich dieser gemäß § 58 GKG. Wer Kostenschuldner ist, muss den §§ 23 und 29 GKG entnommen werden.

Bei den Gebühren ist nach Antragsteller und Verfahrensstadium zu unterscheiden.

Wenn der Schuldner den Insolvenzantrag stellt, fallen im Insolvenzeröffnungsverfahren gemäß Nr. 2310 KV GKG 0,5 Gebührensätze an. Der Gebührenwert entspricht dabei gemäß § 58 Abs. 1 GKG dem Wert der Insolvenzmasse bei Beendigung des Insolvenzverfahrens, wovon jedoch der Wert der befriedigten Absonderungsrechte abzuziehen ist. Kostenpflichtig ist gemäß § 23 Abs. 1 S. 1 InsO der Schuldner als Antragsteller.[159]

Stammt der Insolvenzantrag von einem Gläubiger, so fallen im Insolvenzeröffnungsverfahren gemäß Nr. 2311 KV GKG ebenfalls 0,5 Gebührensätze, mindestens jedoch 180,00 EUR an. Der Gebührenwert bemisst sich gemäß § 58 Abs. 2 GKG nach dem Wert der Insolvenzforderung des Gläubigers oder, wenn der Wert der Insolvenzmasse geringer ist, nach deren Wert. Kostenschuldner ist gemäß § 23 Abs. 1 S. 1 GKG der antragstellende Gläubiger, es sei denn, der Gläubiger nimmt den Antrag zurück, weil er inzwischen vom Schuldner befriedigt worden ist. In diesem Fall trifft die Kostenpflicht gemäß § 23 Abs. 1 S. 4 GKG iVm § 14 Abs. 3 InsO den Schuldner.[160]

---

158 BGH NJW-RR 2006, 1003 (1003); *Hartmann*, Kostengesetze, § 1 Rn. 16; *Meyer*, GKG/FamGKG, § 1 Rn. 1; NK-GK/*Volpert/Janssen/Köpf/Schäfer* § 1 Rn. 23.

159 *Hartmann*, Kostengesetze, § 23 Rn. 2, § 58 Rn. 2 – 5, KV 2311 Rn. 9; *Meyer*, GKG/FamGKG, § 23 Rn. 2, § 58 Rn. 2, KV 2310; NK-GK/*Janssen* § 23 Rn. 4, § 58 Rn. 2 – 5, KV GKG Nr. 2310 Rn. 1.

160 *Hartmann*, Kostengesetze, § 23 Rn. 2, § 58 Rn. 6 – 8, KV 2311 Rn. 6 f.; *Meyer*, GKG/FamGKG, § 23 Rn. 2, § 58 Rn. 2, KV 2311; NK-GK/*Janssen* § 23 Rn. 4, § 58 Rn. 6 – 9, KV GKG Nr. 2311 Rn. 2.

Werden mehrere Insolvenzanträge getrennt voneinander gestellt, so verlaufen mehrere Insolvenzeröffnungsverfahren parallel. Für diese sind jeweils eigene Gebühren zu erheben.[161]

Für das auf Antrag des Schuldners eröffnete Insolvenzverfahren werden gemäß Nr. 2320 KV GKG 2,5 Gebührensätze fällig. Die Gebühren ermäßigen sich jedoch gemäß Nr. 2321 KV GKG bei Einstellung des Verfahrens vor dem Prüfungstermin auf 0,5 Gebührensätze und gemäß Nr. 2322 KV GKG bei Einstellung des Verfahrens nach dem Prüfungstermin auf 1,5 Gebührensätze. Maßgeblicher Gebührenwert ist gemäß § 58 Abs. 1 InsO der Wert der Insolvenzmasse bei Beendigung des Insolvenzverfahrens abzüglich des Wertes befriedigter Absonderungsrechte. Die Kosten trägt gemäß § 23 Abs. 3 GKG der Schuldner.[162]

Wird das Insolvenzverfahren auf Antrag eines Gläubigers eröffnet, betragen die Gebühren gemäß den Nrn. 2330 bis 2332 der Anlage 1 zum GKG entsprechend den eben genannten Ermäßigungstatbeständen 3,0 Gebührensätze, 1,0 Gebührensatz bzw. 2,0 Gebührensätze. Der Gebührenwert folgt gemäß § 58 Abs. 1 GKG auch an dieser Stelle dem Wert der Insolvenzmasse bei Verfahrensbeendigung abzüglich des Wertes befriedigter Absonderungsrechte. Die Kostenlast trifft gemäß § 23 Abs. 3 GKG den Schuldner.[163]

Für den Fall mehrerer paralleler Insolvenzanträge regeln die Vorbemerkungen 2.3.2 und 2.3.3 KV GKG, dass die Gebühr für den Schuldnerantrag etwaige Gebühren für weitere Gläubigeranträge verdrängt.[164]

Weitere Gebühren lösen die sofortige Beschwerde und die Rechtsbeschwerde gegen Entscheidungen des Insolvenzgerichts aus.

Die sofortige Beschwerde gegen die Entscheidung über die Eröffnung des Insolvenzverfahrens kostet gemäß Nr. 2360 KV GKG 1,0 Gebührensatz, die Rechtsbeschwerde gemäß Nr. 2362 KV GKG 2,0 Gebührensätze. Der Gebührenwert wird gemäß § 58 Abs. 3 GKG iVm § 58 Abs. 1, Abs. 2 GKG wie im Insolvenzeröffnungsverfahren bestimmt. Wer Kostenschuldner ist, ergibt sich für erfolglose Beschwerden aus § 29 Nr. 1 GKG iVm § 3 InsO iVm § 97 Nr. 1 ZPO, wonach dem unterliegenden Rechtsmittelführer die Kosten aufzuerlegen sind. Für erfolgreiche Beschwerden haftet in Anwendung von § 23 Abs. 1 GKG derjenige als Kostenschuldner, der den Insolvenzantrag gestellt hat, da die

---

161 *Hartmann*, Kostengesetze, KV 2311 Rn. 13; *Meyer*, GKG/FamGKG, § 23 Rn. 3; NK-GK/*Janssen* § 23 Rn. 9.

162 *Hartmann*, Kostengesetze, § 23 Rn. 10, § 58 Rn. 2 – 5, KV 2320 Rn. 1 – 8; *Meyer*, GKG/FamGKG, § 23 Rn. 5, § 58 Rn. 2; NK-GK/*Janssen* § 23 Rn. 11, § 58 Rn. 2 – 5, KV 2320 Rn. 1 f.

163 *Hartmann*, Kostengesetze, § 23 Rn. 10, § 58 Rn. 2 – 5, KV 2320 Rn. 1 – 8; *Meyer*, GKG/FamGKG § 23 Rn. 5, § 58 Rn. 2; NK-GK/*Janssen* § 23 Rn. 11, § 58 Rn. 2 – 5, KV 2330 Rn. 1 – 3.

164 *Hartmann*, Kostengesetze, KV 2320 Rn. 2; *Meyer*, GKG/FamGKG, § 1 Rn. 19, 55; NK-GK/*Janssen* KV GKG 2330 Rn. 1 f.

Beschwerde letztlich zur rechtmäßigen Entscheidung über den Insolvenzantrag führt.[165]

Für alle übrigen sofortigen Beschwerden fallen gemäß Nr. 2361 KV GKG Gebühren von 60,00 EUR an, für alle übrigen Rechtsbeschwerden gemäß Nr. 2363 KV GKG Gebühren von 120,00 EUR. Diese entstehen jedoch nur bei Erfolglosigkeit, wobei gemäß § 29 Nr. 1 GKG iVm § 3 InsO iVm § 97 ZPO der unterliegende Beschwerdeführer kostenpflichtig ist. Erfolgreiche Beschwerden lösen indessen keine Gebühren aus.

Daneben existieren zwei weitere Gebühren. Für einen besonderen Prüfungstermin werden gemäß Nr. 2340 KV GKG 20,00 EUR erhoben, wobei der jeweilige Insolvenzgläubiger gemäß § 177 Abs. 1 S. 2 InsO Kostenschuldner ist. Für Anträge auf Versagung oder Widerruf der Restschuldbefreiung werden gemäß Nr. 2350 KV GKG 35,00 EUR fällig. Diese schuldet gemäß § 23 Abs. 2 GKG der Schuldner.

Neben den Gebühren werden auch Auslagen erhoben. Von besonderer Bedeutung sind neben den gewöhnlichen Auslagen für Dokumente und Zustellungen gemäß den Nrn. 9000 und 9002 KV GKG vor allem die Auslagen des Insolvenzgerichts für die Vergütung des Gutachters, der im Insolvenzeröffnungsverfahren mit der Prüfung beauftragt wird, ob Insolvenzgründe vorliegen, ob die Verfahrenskosten gedeckt sind und ob ein Verbraucherinsolvenzverfahren in Betracht kommt. Rechtsgrundlage für deren Erhebung ist Nr. 9005 KV GKG iVm § 8 JVEG. Wird der vorläufige Insolvenzverwalter mit dem Gutachten beauftragt, ist er gemäß § 11 Abs. 4 InsVV gesondert zu vergüten. Kostenpflichtig ist gemäß § 23 Abs. 3 GKG der Schuldner. Nur wenn der Antrag auf Eröffnung des Insolvenzverfahrens abgelehnt wird, haftet gemäß § 23 Abs. 1 S. 2 InsO der Antragsteller für die entstandenen Auslagen.[166]

bb) Einordnung als Masseverbindlichkeiten

Die eben erläuterten Gerichtskosten, also Gebühren und Auslagen, werden gemäß § 54 Nr. 1 InsO nur teilweise in den Rang von Masseverbindlichkeiten erhoben.

Grundsätzlich sind diejenigen Gebühren und Auslagen als Masseverbindlichkeiten einzustufen, die der Schuldner im Insolvenzeröffnungsverfahren und im eröffneten Insolvenzverfahren zu entrichten hat. Grund dafür ist, dass gemäß § 35 Abs. 1 InsO das gesamte pfändbare Vermögen des Schuldners in der Insolvenzmasse aufgeht. Die vom Schuldner zu tragenden Gebühren und Auslagen können also nur dann erhoben werden, wenn auf die Insolvenzmasse zurückgegriffen werden darf.[167]

---

165 FKInsO/*Bornemann* § 54 Rn. 18.

166 *Hartmann*, Kostengesetze, § 23 Rn. 5 f, 11 f., KV 9005 Rn. 1; *Meyer*, GKG/FamGKG, § 23 Rn. 2, 5, KV 9005; NK-GK/*Janssen* § 23 Rn. 5, KV 9005 Rn. 3.

167 *Hartmann*, Kostengesetze, § 1 Rn. 3, 14; *Meyer*, GKG/FamGKG, § 1 Rn. 19, 55; NK-GK/*Janssen* § 23 Rn. 11, KV 2310 Rn. 3; Uhlenbruck/*Sinz* § 54 Rn. 2.

Von diesem Grundsatz gibt es jedoch einige Ausnahmen. Die Gebühren für das von einem Gläubiger beantrage Insolvenzeröffnungsverfahren sind grundsätzlich keine Masseverbindlichkeiten, da die Kostenpflicht den Gläubiger trifft. Jedoch steht dem Gläubiger für den Fall, dass sein Insolvenzantrag zur Eröffnung des Insolvenzverfahrens führt, ein Anspruch gegen den Schuldner auf Erstattung der Gerichtkosten zu, der als Masseverbindlichkeit einzuordnen ist. Dahinter steht die Argumentation, dass der Gläubiger durch Stellung des Insolvenzantrags im Interesse der gesamten Gläubigergemeinschaft tätig wird, weil diese erst im Wege des Insolvenzverfahrens gemeinschaftliche Befriedigung erfährt. Die Aufwendungen des antragstellenden Gläubigers sind auf alle Insolvenzgläubiger umzulegen, indem der Erstattungsanspruch dieselbe Vorzugstellung erhält wie die Gebühren, die der Schuldner zu entrichten hätte, wenn er den Insolvenzantrag gestellt hätte.[168]

Aus demselben Grund ist auch der Anspruch des Gläubigers gegen den Schuldner auf Erstattung eines Vorschusses für die Gerichtskosten iSd § 26 Abs. 1 S. 2, 1. Var. InsO als Masseverbindlichkeit anzusehen, denn erst der Vorschuss ermöglicht gemäß § 26 Abs. 1 S. 1 InsO die Durchführung des Insolvenzverfahrens und damit die gemeinschaftliche Befriedigung aller Insolvenzgläubiger.[169]

Weiterhin sind die Gebühren für sofortige Beschwerden und Rechtsbeschwerden gegen die Entscheidung über den Insolvenzantrag als Masseverbindlichkeiten einzuordnen, wenn es erst daraufhin zur Eröffnung des Insolvenzverfahrens kommt und die Gläubigergemeinschaft die Gelegenheit zur gemeinschaftlichen Befriedigung erhält. Der Kostenanspruch gegen den antragstellenden Schuldner ist dabei ohne weiteres eine Masseverbindlichkeit. Dem antragstellenden Gläubiger steht dagegen ein Erstattungsanspruch gegen den Schuldner zu, der ebenfalls eine Masseverbindlichkeit darstellt.[170]

Ferner sind die Gebühren für sonstige vom Insolvenzverwalter im Interesse der Insolvenzmasse eingelegte sofortige Beschwerden und Rechtsbeschwerden Masseverbindlichkeiten.[171]

Keine Masseverbindlichkeiten sind indessen die Gebühren für einen Prüfungstermin, für den Antrag auf Versagung und Widerruf der Restschuldbefreiung sowie für sonstige sofortige Beschwerden und Rechtsbeschwerden, die der Schuldner, ein Gläubiger oder der Insolvenzverwalter im eigenen Interesse einlegen, da diese Kosten für Handlungen erhoben werden, die nur Einzelnen dienen.[172]

---

168 *Hartmann*, Kostengesetze, § 1 Rn. 3, 14; *Meyer*, GKG/FamGKG, § 1 Rn. 19, 55; MKInsO/*Hefermehl* § 54 Rn. 12; NK-GK/*Janssen* § 23 Rn. 7.
169 *Foerste*, Insolvenzrecht, Rn. 76; MKInsO/*Hefermehl* § 54 Rn. 31.
170 MKInsO/*Hefermehl* § 54 Rn. 24; Uhlenbruck/*Sinz* § 54 Rn. 15.
171 MKInsO/*Hefermehl* § 54 Rn. 26; Uhlenbruck/*Sinz* § 54 Rn. 16.
172 FKInsO/*Bornemann* § 54 Rn. 15 f.

b) Anpassung an die Eigenverwaltung

Nunmehr ist zu prüfen, welche Anpassungen in der Eigenverwaltung vorzunehmen sind.

aa) Entstehung von Gerichtskosten

Der siebte Teil der InsO enthält keine speziellen Regelungen über Gerichtskosten, sodass auf die allgemeinen Vorschriften zurückgegriffen werden kann. Diese finden sich im GKG, welches gemäß § 1 Abs. 1 GKG auf alle Insolvenzverfahren und damit auch auf die Eigenverwaltung anwendbar ist.

(1) Grundsatz

Da das GKG seinerseits keine eigenverwaltungsspezifischen Regelungen enthält, verbleibt es grundsätzlich bei denselben Gerichtskosten wie im Regelinsolvenzverfahren. Diese müssen auch nicht an die Kompetenzordnung des siebten Teils der InsO angepasst werden, weil weder die Kostentatbestände noch die Vorschriften über Gebührenwerte und Kostenschuldner an die Verwaltungs- und Verfügungsbefugnis über die Insolvenzmasse anknüpfen. Vielmehr lässt sich unverändert darauf abstellen, wer den Insolvenzantrag gestellt hat und für welches Verfahrensstadium Kosten erhoben werden.

(2) Gebühren für die Anordnung der Eigenverwaltung

In Ausnahme zu diesem Grundsatz lässt sich erwägen, ob für die Prüfung, Anordnung und Aufhebung der Eigenverwaltung besondere Kosten erhoben werden können.

Der Gesetzgeber hat keine entsprechenden Kostentatbestände geschaffen. Zudem verbietet es sich, neue Kostentatbestände durch Analogie zu konstruieren, da das GKG abschließende Regelungen enthält.[173] Eine solche Analogie widerspräche auch dem Willen des Gesetzgebers, weil die Eigenverwaltung gerade durch Kostenreduktion an Attraktivität gewinnen soll.[174] Aus diesem Grund muss unberücksichtigt bleiben, dass der Prüfungsumfang des Insolvenzgerichts in der Eigenverwaltung mitunter höher als im Regelinsolvenzverfahren sein kann. Das erscheint auch nicht unbillig, da der tatsächliche Aufwand in allen Gerichtsverfahren erheblich von den vereinnahmten Gebühren abweichen kann. Nicht jeder Aufwand muss sich zwingend in den Gebühren widerspiegeln.

Damit sind für die Prüfung, Anordnung und Aufhebung der Eigenverwaltung keine besonderen Kosten zu erheben.

---

173 BGH NJW-RR 2006, 1003 (1003); *Hartmann*, Kostengesetze, § 1 Rn. 16; *Meyer*, GKG/FamGKG, § 1 Rn. 1; NK-GK/*Volpert/Janssen/Köpf/Schäfer* § 1 Rn. 23.

174 *Doliwa*, Die geplante Insolvenz, S. 151; *Flöther* ZIP 2012, 1833 (1834).

(3) Gebühren für Beschwerden des Schuldners

Eine weitere Ausnahme ist für den Fall zu erwägen, dass für die Insolvenzmasse sofortige Beschwerde oder Rechtsbeschwerde eingelegt wird. Die Beschwerdebefugnis ist Teil der Verwaltungs- und Verfügungsbefugnis über die Insolvenzmasse,[175] die in der Eigenverwaltung gemäß § 270 Abs. 1 S. 1 InsO dem Schuldner anstelle des Insolvenzverwalters zukommt. Dabei treten beide Beteiligte gleichermaßen als Amtsträger auf. Mithin ist es nur konsequent, wenn auch die erfolglose Beschwerde des Schuldners Gerichtskosten auslöst.

bb) Einordnung als Masseverbindlichkeiten

Im Folgenden soll geprüft werden, inwieweit die Gerichtskosten in der Eigenverwaltung als Masseverbindlichkeiten einzustufen sind.

(1) Grundsatz

Auch insofern existieren keine eigenverwaltungsspezifischen Regelungen, sodass auf die allgemeine Vorschrift in § 54 Nr. 1 InsO zurückgegriffen werden kann. Die Norm muss grundsätzlich nicht an die abweichende Kompetenzordnung des siebten Teils der InsO angepasst werden, denn der Grund dafür, dass die Gerichtskosten als Masseverbindlichkeiten eingeordnet werden, liegt sowohl im Regelinsolvenzverfahren[176] als auch in der Eigenverwaltung darin, dass sich das Insolvenzverfahren selbständig und auf Kosten der nachrangig zu befriedigenden Insolvenzgläubiger finanzieren soll. Anknüpfungspunkte an die Verwaltungs- und Verfügungsbefugnis über die Insolvenzmasse bestehen hingegen nicht.

(2) Gebühren des Sanierungsexperten

Eine Abweichung zum Regelinsolvenzverfahren könnte sich hinsichtlich des Sanierungsexperten ergeben, der im Schutzschirmverfahren gemäß § 270b Abs. 1 S. 3 InsO die Erfolgsaussichten der Sanierung bescheinigt. Möglicherweise stellt dessen Vergütungsanspruch eine Masseverbindlichkeit iSd § 54 Abs. 1 InsO dar.

Unmittelbar lässt sich der Vergütungsanspruch des Sanierungsexperten nicht unter die Gerichtskosten subsumieren, da gemäß Nr. 9005 KV GKG iVm §§ 1 Abs. 1 Nr. 1 und 8 JVEG allenfalls die Vergütung eines gerichtlich bestellten, nicht hingegen eines privat beauftragten Sachverständigen von den abschließend geregelten Kostentatbeständen des GKG erfasst wird.

Jedoch könnte der Begriff der Gerichtskosten in § 54 Nr. 1 InsO durch Analogie um den Vergütungsanspruch des Sanierungsexperten zu erweitern sein.

Dazu müsste eine planwidrige Regelungslücke bestehen. Aus § 270b Abs. 1 S. 3 InsO geht nicht hervor, wer für die Vergütung des Sanierungsexperten haftet.

---

175 BGH ZInsO 2006, 260 (260); Uhlenbruck/*Mock* § 80 Rn. 170.
176 Schmidt/*Thole* § 54 Rn. 2.

Allerdings kommt in Betracht, dass es sich bei dem Vergütungsanspruch des Sanierungsexperten um eine einfache Insolvenzforderung handelt. Dies widerspricht jedoch der Konzeption des § 270b Abs. 1 S. 3 InsO. Trüge der Sanierungsexperte das Insolvenzrisiko des Schuldners, so würde er sich nicht bereiterklären, mit seinem Gutachten kurz vor Stellung des Insolvenzantrags in Vorleistung zu gehen. Daher wäre der Schuldner gezwungen, die Vergütung des Sanierungsexperten vorzuschießen, was jedoch angesichts der drohenden Zahlungsunfähigkeit nur bedingt möglich wäre. Dies legt nahe, dass der Vergütungsanspruch des Sanierungsexperten keine einfache Insolvenzforderung sein kann.

Dagegen ließe sich wiederum einwenden, dass der Gesetzgeber die Einholung der Sanierungsbescheinigung bewusst in den außergerichtlichen Bereich verlagert hat. Dahinter könnte die Wertung stehen, dass der Sanierungsexperte wie jeder andere Gläubiger das Insolvenzrisiko des Schuldners tragen soll.

Allerdings hat der Gesetzgeber die Sanierungsbescheinigung nur deshalb in den außergerichtlichen Bereich verlagert, weil er das Verfahren beschleunigen und dadurch die Chancen auf eine Sanierung vergrößern wollte.[177] Das Insolvenzgericht soll nach Stellung des Insolvenzantrags keinen Gutachter mehr beauftragen müssen, sondern in diesem Zeitpunkt bereits zur Entscheidungsreife gelangt sein. Dass der Sanierungsexperte das Insolvenzrisiko des Schuldners tragen soll, hat der Gesetzgeber nicht bezweckt. Im Gegenteil, aus dem RegE zu § 270b InsO geht hervor, dass die Anforderungen an die Sanierungsbescheinigung niedrig gehalten wurden, weil kleine und mittelständische Unternehmen nicht mit den Kosten eines umfassenden Sanierungsgutachtens belasten werden sollen.[178] Der Gesetzgeber hatte also vor Augen, dass der Sanierungsexperte seine Vergütung sicher aus dem Vermögen des Schuldners erlangt. Unter diesen Umständen ist es nur konsequent, dass sich der Sanierungsexperte auch dann noch aus dem Vermögen des Schuldners Befriedigung verschaffen kann, wenn dieses bereits in der Insolvenzmasse aufgegangen ist. Damit lässt sich der Vergütungsanspruch des Sanierungsexperten nicht als einfache Insolvenzforderung einstufen. Eine planwidrige Regelungslücke ist gegeben.

Für eine vergleichbare Interessenlage spricht, dass man die Vergütung des Sanierungsexperten in der Eigenverwaltung funktionell den Gerichtskosten im Regelinsolvenzverfahrens gleichstellen kann. So bestellt das Insolvenzgericht im regulären Insolvenzeröffnungsverfahren zumeist einen Gutachter, der das Vorliegen von Insolvenzgründen, die Deckung der Verfahrenskosten und die Voraussetzungen eines Verbraucherinsolvenzverfahrens beurteilen soll. Auf Grundlage dieses Gutachtens entscheidet das Insolvenzgericht über die Eröffnung des Insolvenzverfahrens.

Dem Sanierungsexperten kommt im Schutzschirmverfahren eine ähnliche Funktion zu. Er wird vom Schuldner beauftragt, die Chancen einer Sanierung

---

177 MKInsO/*Kern* § 270b Rn. 10.
178 RegE, BR-Drs. 127/11, 59.

auszuloten und das Vorliegen von Zahlungsunfähigkeit auszuschließen. Auf dieser Grundlage trifft das Insolvenzgericht die Entscheidung, ob es den Schutzschirm anordnet oder nicht. Mithin haben der Gutachter und der Sanierungsexperte vergleichbare Funktionen, was nahe legt, dass sie gleichermaßen aus der Insolvenzmasse zu vergüten sind.

Im Ergebnis stellt sich der Vergütungsanspruch des Sanierungsexperten als gerichtskostenähnliche Masseverbindlichkeit analog § 54 Abs. 1 InsO dar.

(3) Gebühren für Beschwerden gegen die Anordnung der Eigenverwaltung

Eine weitere Abweichung könnte sich hinsichtlich der Gebühren für eigenverwaltungsspezifische Beschwerden ergeben.

Gemäß § 6 Abs. 1 InsO ist die sofortige Beschwerde nur dann statthaft, wenn die InsO dies ausdrücklich anordnet. Im siebten Teil der InsO ist das lediglich bei § 272 Abs. 2 S. 3 InsO der Fall. Demnach kann die von einem einzelnen Gläubiger beantragte Entscheidung über die Aufhebung der Eigenverwaltung vom Schuldner oder vom antragstellenden Gläubiger angegriffen werden. Gebühren entstehen gemäß Nr. 2361 KV GKG nur bei Erfolglosigkeit dieser Beschwerden, wobei die Kostenpflicht gemäß § 29 Nr. 1 GKG iVm § 3 InsO iVm § 97 ZPO den Beschwerdeführer trifft. Fraglich ist, ob diese Gebühren als Masseverbindlichkeiten einzuordnen sind.

Dafür könnte sprechen, dass die Eigenverwaltung grundsätzlich die gesamte Gläubigergemeinschaft betrifft, sodass der Versuch, eine schädliche Eigenverwaltung zu beenden oder eine nützliche Eigenverwaltung aufrechtzuerhalten, von der gesamten Gläubigergemeinschaft zu finanzieren sein könnte.

Dem muss jedoch entgegengehalten werden, dass auch im Regelinsolvenzverfahren nur die Gebühren für erfolgreiche Beschwerden als Masseverbindlichkeiten eingestuft werden, weil nur diese dem Recht und damit dem Interesse der Gläubigergemeinschaft zur Geltung verhelfen. Das Risiko, im Beschwerdeverfahren zu unterliegen, soll hingegen nicht abgesichert werden. Andernfalls würden Beteiligte verleitet, auch wenig aussichtsreiche Beschwerden zu erheben.

Somit ergeben sich für Beschwerden im Zusammenhang mit der Anordnung und Aufhebung der Eigenverwaltung keine Besonderheiten.

2. Vergütung und Auslagen des Sachwalters

Nachfolgend werden die Vergütung und die Auslagen des Sachwalters betrachtet.

a) Rechtslage im Regelinsolvenzverfahren

Wiederum muss zwischen der Entstehung des Anspruchs und dessen Einordnung als Masseverbindlichkeit unterschieden werden.

aa) Entstehung des Vergütungsanspruchs

Im Regelinsolvenzverfahren steht gemäß § 63 Abs. 1 S. 1 InsO nur dem Insolvenzverwalter ein Anspruch auf Vergütung und Erstattung seiner Auslagen zu.

Um die Vergütung zu berechnen, muss gemäß § 63 Abs. 1 S. 1 InsO zunächst der Wert der Insolvenzmasse bei Beendigung des Insolvenzverfahrens ermittelt werden. § 65 InsO iVm § 1 Abs. 1 InsVV führt dazu konkretisierend aus, dass der in der Schlussrechnung ermittelte Betrag heranzuziehen ist. Fehlt eine Schlussrechnung, ist der Betrag zu schätzen. Darüber hinaus sieht § 1 Abs. 2 InsVV bestimmte Modifikationen vor, wenn die Insolvenzmasse Aus- und Absonderungsrechte, verrechenbare Forderungen oder Kostenvorschüsse enthält. Auf diese Weise soll erreicht werden, dass sich Vermögensgegenstände nur insoweit auf die Vergütung niederschlagen, wie sie den Insolvenzgläubigern zugutekommen.[179]

Ist der Wert der Insolvenzmasse ermittelt, wird auf diesen gemäß § 63 Abs. 1 S. 1 InsO ein Regelsatz angewendet. Wie hoch der Regelsatz ist, legt im Einzelnen § 2 Abs. 1 InsVV fest, wobei die Norm eine Kostendegression vorsieht.[180] Um den Aufwand des Insolvenzverwalters auch in massearmen Verfahren zu decken, schreibt § 2 Abs. 2 InsVV eine Mindestvergütung vor, die von der Zahl der beteiligten Insolvenzgläubiger abhängt.

Die somit errechnete Vergütung ist gemäß § 63 Abs. 1 S. 2 InsO zu korrigieren, wenn der Umfang und die Schwierigkeit der Geschäftsführung dies erforderlich machen. Dementsprechend finden sich in § 3 InsVV Regelbeispiele, die Anlass für prozentuale Zu- und Abschlägen gegenüber der Regelvergütung geben. Die genannten Fälle haben keinen abschließenden Charakter,[181] lassen jedoch erkennen, dass stets eine gewisse Äquivalenz zwischen Aufwand, Haftungsrisiko und Vergütung des Insolvenzverwalters erreicht werden soll.[182] Insbesondere ist solcher Aufwand zu berücksichtigen, der sich nicht in einer Mehrung der Insolvenzmasse und damit auch nicht in der Regelvergütung widerspiegelt.[183] Nicht zu vergüten sind hingegen Handlungen, für welche der Insolvenzverwalter nicht zuständig ist, da die Vergütung nur rechtmäßige und erforderliche Anstrengungen kompensieren soll.[184]

Ferner erhält der Insolvenzverwalter gemäß § 6 InsVV eine gesonderte Vergütung, wenn er eine Nachtragsverteilung vornimmt oder die Erfüllung eines Insolvenzplans überwacht. Die Höhe der gesonderten Vergütung bemisst sich nach dem Wert des nachverteilten Vermögens bzw. nach billigem Ermessen.

Hinsichtlich der Auslagen sieht § 4 Abs. 1 InsVV vor, dass die üblichen Geschäftskosten bereits mit der Vergütung abgegolten sind. Dazu zählen vor allem

---

179 *Haarmeyer/Mock*, InsVV, § 1 Rn. 1.

180 *Haarmeyer/Mock*, InsVV, § 2 Rn. 1.

181 *Haarmeyer/Mock*, InsVV, § 3 Rn. 3.

182 BGH NZI 2006, 347 (348); *Haarmeyer/Mock*, InsVV, § 3 Rn. 6.

183 BGH NZI 2004, 251 (253); *Haarmeyer/Mock*, InsVV, § 3 Rn. 6.

184 Dies andeutend *Haarmeyer/Mock*, InsVV, § 1 Rn. 7a; MKInsO/*Riedel* § 3 InsVV Rn. 34.

Bürokosten einschließlich der Gehälter von Angestellten. Genauso abgegolten sind gemäß § 4 Abs. 3 InsVV die Prämien für Haftpflichtversicherungen.

Als eigenständige Auslagen kann der Insolvenzverwalter gemäß § 4 Abs. 2 InsVV nur besondere Kosten wie zB für Reisen geltend machen. Ferner kann er gemäß § 5 Abs. 1 und Abs. 2 InsVV den Einsatz besonderer Sachkunde als Rechtsanwalt, Wirtschaftsprüfer oder Steuerberater sowie gemäß § 7 InsVV die von ihm entrichtete Umsatzsteuer erstattet verlangen. § 9 InsVV lässt es dabei zu, dass die Auslagen nicht im Einzelnen nachgewiesen, sondern pauschal nach Jahressätzen abgerechnet werden.

bb) Einordnung als Masseverbindlichkeit

Der Anspruch des Insolvenzverwalters auf Vergütung und Erstattung seiner Auslagen gehört gemäß § 54 Nr. 2 InsO grundsätzlich zu den Kosten des Insolvenzverfahrens.

Nur einzelne Positionen werden stattdessen gemäß § 55 Abs. 1 InsO den sonstigen Masseverbindlichkeiten aus der Verwaltung und Verwertung der Insolvenzmasse zugeordnet.[185] Dies ist bei solchen Auslagen der Fall, die dem Insolvenzverwalter durch die Beauftragung externer Dienstleister anfallen, denn dabei handelt es sich nicht um eigene Vermögensopfer des Insolvenzverwalters, sondern um Vermögensopfer der Insolvenzmasse, über die der Insolvenzverwalter lediglich entscheidet.[186]

Eine weitere Ausnahme wird bei der Vergütung für besondere Sachkunde gemäß § 5 InsVV gemacht, da der Insolvenzverwalter in diesem Fall wie sein eigener externer Dienstleister fungiert.[187] Dem wird zwar entgegengehalten, dass die Vergütung für besondere Sachkunde keine konkreten Dienste, sondern die allgemeine Qualifikation des Insolvenzverwalters würdige, weswegen ein Vergleich mit der Beauftragung externer Dienstleister fehlgehe.[188] Jedoch lässt sich nicht bestreiten, dass eine zusätzliche Vergütung nur dann gerechtfertigt ist, wenn der Insolvenzverwalter eine über das durchschnittliche Maß hinausgehende Leistung erbringt, für die üblicherweise ein externer Dienstleister beauftragt worden wäre.

Eine Gegenausnahme wird nur zugelassen, wenn die Leistungen des externen Dienstleisters bzw. die besondere Sachkunde des Insolvenzverwalters erforderlich sind, damit dieser seinen gesetzlichen Pflichten nachkommen und sich einem persönlichen straf- oder steuerrechtlichen Haftungsrisiko entziehen kann. Grund dafür ist, dass die Auslagen in diesem Fall nicht in der Risikosphäre der

---

185 Die genaue Einordnung ist relevant, um gemäß § 207 InsO den Rang der Verbindlichkeiten im Falle von Masseunzulänglichkeit zu bestimmen.

186 Uhlenbruck/*Sinz* § 54 Rn. 21.

187 Uhlenbruck/*Sinz* § 54 Rn. 21; noch zur KO BGH NJW 1971, 381(381).

188 Schmidt/*Thole* § 54 Rn. 12.

Insolvenzgläubiger, sondern in derjenigen des Insolvenzverwalters getätigt werden. So handelt es sich bspw. bei Auslagen für einen Steuerberater, der die Umsatzsteuererklärung für die Insolvenzmasse erstellt, um Kosten iSd § 54 Nr. 2 InsO.[189]

b) Anpassung an die Eigenverwaltung

Die Erkenntnisse aus dem Regelinsolvenzverfahren sind an die Eigenverwaltung anzupassen.

aa) Entstehung des Vergütungsanspruchs

Zu diesem Zweck ist zu untersuchen, welchen Beteiligten in welcher Höhe ein Anspruch auf Vergütung und Erstattung von Auslagen zusteht.

(1) Anspruchsberechtigung

Es kommen mehrere Anspruchsberechtigte in Betracht.

α) Berechtigung des Sachwalters

Eine ausdrückliche Regelung zu Vergütungsansprüchen enthält der siebte Teil der InsO in § 274 Abs. 1 S. 1 InsO. Demnach sind die §§ 63 bis 65 InsO auf den Sachwalter entsprechend anwendbar.

β) Berechtigung des Schuldners

Fraglich ist, ob neben dem Sachwalter auch dem Schuldner ein Anspruch auf Vergütung und Erstattung seiner Auslagen zuzubilligen ist.

Dafür könnte sprechen, dass der Schuldner in der Eigenverwaltung gleichermaßen als Amtsträger fungiert und dass er einen Großteil derjenigen Aufgaben wahrnimmt, die im Regelinsolvenzverfahren der Insolvenzverwalter ausübt. Dementsprechend könnte für beide Beteiligte gleichermaßen ein Anspruch auf Vergütung und Erstattung von Auslagen bestehen.

Dieser Erwägung müssen jedoch systematische Gesichtspunkte entgegengehalten werden. Der Gesetzgeber hat die Regelungsbedürftigkeit der Verwaltervergütung erkannt und in § 274 Abs. 1 S. 1 InsO festgelegt, dass der Sachwalter entsprechend einem Insolvenzverwalter zu entlohnen ist. Für den Schuldner findet sich eine solche Regelung nicht, woraus im Umkehrschluss gefolgert werden muss, dass der Schuldner keine Vergütung erhalten soll.

Dafür spricht auch, dass dem Schuldner bereits auf andere Weise ein Ausgleich für seine Bemühungen gewährt wird. So darf er gemäß § 278 InsO Mittel für seinen Unterhalt aus der Insolvenzmasse entnehmen, wobei diese Mittel gegenüber

---

189 BGH ZIP 2004, 1717 (1717); Uhlenbruck/*Sinz* § 54 Rn. 22.

dem Regelinsolvenzverfahren erhöht sind, indem die bisherigen Lebensumstände des Schuldners anders als in § 100 InsO ausdrücklich Berücksichtigung finden. Durch diese Privilegierung wird der gesteigerte Aufwand des Schuldners vollständig abgegolten.

Laut RegE zur InsO wollte der Gesetzgeber auf diese Weise die Kosten des Insolvenzverfahrens senken und die Eigenverwaltung attraktiver machen.[190] Würde man dem Schuldner neben dem erhöhten Unterhalt zusätzlich eine Vergütung gewähren, würden die Kosten der Eigenverwaltung planwidrig die Kosten des Regelinsolvenzverfahrens übersteigen.

Somit steht dem Schuldner kein Anspruch auf Vergütung und Erstattung seiner Auslagen zu.

γ) Berechtigung der geschäftsleitenden Organe des Schuldners

Des Weiteren ist zu erwägen, ob die geschäftsleitenden Organe des Schuldners einen Vergütungsanspruch geltend machen können.

Diese Erwägung rechtfertigt sich daraus, dass in der Eigenverwaltung die branchenspezifischen Kenntnisse und betriebswirtschaftlichen Fähigkeiten des Schuldners abgeschöpft werden sollen. Über derlei Wissen verfügen aber nicht die juristischen Personen oder Personengesellschaften selbst, sondern nur die für sie handelnden natürlichen Personen. Im Gegenzug für die Einbringung dieses Wissens könnte eine Vergütung zu entrichten sein.

Allerdings sind die geschäftsleitenden Organe des Schuldners anders als der Insolvenzverwalter und der Sachwalter keine Amtsträger. Insolvenzspezifische Rechte und Pflichten richten sich nicht an sie, sondern unmittelbar an den Schuldner. Dementsprechend verdienen sie auch keinen besonderen Ausgleich für amtliche Pflichten und Haftungsrisiken.

Ferner ist auch in diesem Zusammenhang zu beachten, dass die Regelung der Sachwaltervergütung in § 274 Abs. 1 S. 1 InsO abschließenden Charakter hat. Den vertretungsberechtigten und persönlich haftenden Gesellschaftern des Schuldners steht außerdem gemäß § 278 Abs. 2, Abs. 1 InsO ein erhöhter Unterhalt zusteht. Dies legt die Differenzierung nahe, dass andere Organe des Schuldners keinen pekuniären Ausgleich für ihre Bemühungen erhalten sollen.[191] Bedenkt man fürderhin, dass die geschäftsleitenden Organe des Schuldners weiterhin Lohn aus dem Geschäftsbesorgungsvertrag mit dem Schuldner erhalten, erscheint dieses Ergebnis auch nicht unbillig.[192]

Somit steht den geschäftsleitenden Organen des Schuldners kein Vergütungsanspruch zu.

---

190 RegE, BT-Drs. 12/2443, 223, 225.
191 *Haarmeyer/Mock*, InsVV, § 12 Rn. 2.
192 MKInsO/*Stephan* §12 InsVV Rn. 28.

δ) Ergebnis

Alles in allem lässt sich festhalten, dass nur der Sachwalter gemäß § 274 Abs. 1 S. 1 InsO iVm §§ 63 bis 65 InsO einen Anspruch auf Vergütung und Erstattung seiner Auslagen hat.

(2) Zweistufige Ermittlung der Vergütung

Unmittelbar regeln die §§ 63 bis 65 InsO nur die Vergütung des Insolvenzverwalters. Um daraus die Vergütung des Sachwalters abzuleiten, müssen die Vorschriften an die abweichenden Kompetenzen und Haftungsrisiken der Eigenverwaltung angepasst werden. Auf Verordnungsebene enthalten die §§ 10 und 12 InsVV, die ihre Rechtsgrundlage in § 65 InsO finden, eine entsprechende Konkretisierung.

Grundsätzlich differenziert § 63 Abs. 1 InsO bei der Berechnung der Vergütung zwischen zwei Stufen. Im ersten Schritt ist gemäß § 63 Abs. 1 S. 2 InsO eine Regelvergütung zu errechnen, indem ein bestimmter Regelsatz auf den Wert der Insolvenzmasse bei Beendigung des Insolvenzverfahrens anzuwenden ist. Sodann sind im zweiten Schritt gemäß § 63 Abs. 1 S. 3 InsO Korrekturen vorzunehmen, die den Umfang und die Schwierigkeit der Geschäftsleitung im Einzelfall abbilden sollen.

Details zur Vergütung des Sachwalters enthält § 12 InsVV. Dabei nimmt die Vorschrift die beiden Stufen des § 63 Abs. 1 InsO auf. So konkretisiert § 12 Abs. 1 InsVV die Berechnung der Regelvergütung zunächst dahingehend, dass dem Sachwalter 60 % der für den Insolvenzverwalter vorgesehenen Entlohnung zustehen. Sodann bestimmt § 12 Abs. 2 InsVV, dass die Regelvergütung im Einzelfall korrigiert werden muss. Hierfür wird als Regelbeispiel die Anordnung eines Zustimmungsvorbehalts iSd § 277 Abs. 1 S. 1 InsO genannt.

(3) Berechnung der Regelvergütung

Nachfolgend soll die Berechnung der Regelvergütung näher betrachtet werden.

α) Grundsatz

§ 12 Abs. 1 InsVV definiert die Regelvergütung des Sachwalters akzessorisch zu der fiktiven Regelvergütung eines Insolvenzverwalters. Will man demnach zu der Regelvergütung des Sachwalters gelangen, muss man zunächst die fiktive Regelvergütung eines Insolvenzverwalters ermitteln, indem man über die Verweisung in § 10 InsVV auf die §§ 1 und 2 InsVV zurückgreift:

Als Erstes ist der Wert der Insolvenzmasse bei Beendigung des Insolvenzverfahrens zu bestimmen, indem man gemäß § 1 Abs. 1 InsVV auf die Schlussrechnung bzw. bei deren Fehlen auf eine Schätzung zurückgreift.[193] Danach ist dieser Wert gemäß § 1 Abs. 2 InsVV zu modifizieren, soweit die Insolvenzmasse Aus- und

---

193 *Haarmeyer/Mock*, InsVV, § 12 Rn. 5.

Absonderungsrechte, verrechenbare Forderungen und Kostenvorschüsse enthält.[194] Auf den so erhaltenen Wert sind schließlich die Regelsätze des § 2 Abs. 1 InsVV anzuwenden, wobei die Mindestsätze des § 2 Abs. 2 InsVV nicht unterschritten werden dürfen.[195] Steht im Ergebnis die fiktive Regelvergütung eines Insolvenzverwalters fest, ist diese auf 60 % zu reduzieren, um letztlich die Regelvergütung des Sachwalters zu erhalten.

β) Akzessorietät hinsichtlich Modifikationen

Allerdings ist diese Vorgehensweise nicht unbestritten. So wird vertreten, dass auf die Vergütung des Sachwalters nicht alle Modifikationen des § 1 Abs. 1 InsO anzuwenden seien. Insbesondere stehe dem Sachwalter entgegen § 1 Abs. 2 Nr. 1 InsVV keine Vergütung für die Verwertung von Vermögensgegenständen zu, die mit Absonderungsrechten belastet seien, denn gemäß § 282 Abs. 1 InsO verwerte diese Gegenstände nicht der Sachwalter, sondern der Schuldner.[196]

Jedoch verkennt diese Auffassung, dass die Vergütung des Sachwalters streng akzessorisch zur fiktiven Vergütung eines Insolvenzverwalters geregelt ist. Dahinter steht die Überlegung, dass sich der Sachwalter und der Schuldner in der Eigenverwaltung diejenigen Aufgaben teilen, die im Regelinsolvenzverfahren alleine dem Insolvenzverwalter obliegen. Dabei entspricht es der grundsätzlichen Kompetenzverteilung des § 270 Abs. 1 S. 1 InsO, dass der Schuldner die Insolvenzmasse verwaltet, während ihn der Sachwalter umfassend beaufsichtigt. Gemäß § 282 Abs. 2 InsO hat der Sachwalter insbesondere zu prüfen, ob er sein Einvernehmen zu der Verwertung von Absonderungsrechten erteilen kann. Wenn sich die Überwachung folglich auf alle Aspekte der Insolvenzverwaltung bezieht, so muss auch die Vergütung das gesamte Aufgabenspektrum abdecken.

Dass der Sachwalter dabei nicht selbst ausführend tätig wird, bildet der 40-prozentige Abschlag von der fiktiven Regelvergütung eines Insolvenzverwalters in hinreichendem Maße ab. Letztlich sollte § 1 Abs. 2 Nr. 1 InsVV bei der Berechnung der Sachwaltervergütung also angewendet werden.

Dem wird jedoch das weitere Argument entgegengebracht, dass § 1 Abs. 2 Nr. 1 S. 2 InsVV den Zufluss von Verwertungskosten zur Insolvenzmasse voraussetze, während in der Eigenverwaltung gemäß § 282 Abs. 1 S. 2 InsO keine Verwertungskosten anfielen.[197]

Dieser Einwand ist zwar berechtigt. Allerdings regelt § 1 Abs. 2 Nr. 1 S. 3 InsVV, dass neben den Verwertungskosten auch Überschüsse aus der Verwertung von Absonderungsrechten in den Wert der Insolvenzmasse einzurechnen

194 *Haarmeyer/Mock*, InsVV, § 12 Rn. 5; RSI/*Herbst* § 28 Rn. 133.
195 *Mock* ZInsO 2014, 67 (70).
196 RSI/*Herbst* § 28 Rn. 133; bezüglich des vorläufigen Sachwalters *Flöther* ZInsO 2014, 465 (472).
197 RSI/*Herbst* § 28 Rn. 133.

sind. Diese Überschüsse stehen den Insolvenzgläubigern zur Verfügung und verdienen es daher, bei der Berechnung der Sachwaltervergütung Berücksichtigung zu finden.[198]

Im Ergebnis sind die Modifikationen des § 1 Abs. 2 InsVV vollständig auf den Vergütungsanspruch des Sachwalters anwendbar.

γ) Akzessorietät hinsichtlich Zu- und Abschlägen

Problematisch ist fürderhin, an welcher Stelle die Zu- und Abschlägen iSd § 3 InsVV zu berücksichtigen sind. Es ließe sich erwägen, die Regelbeispiele bereits auf die fiktive Regelvergütung eines Insolvenzverwalters anzuwenden. Dafür spricht, dass die Vergütung des Sachwalters, wie soeben herausgearbeitet, streng akzessorisch zur fiktiven Vergütung eines Insolvenzverwalters ausgestaltet ist.

Dagegen muss jedoch eingewendet werden, dass diese strenge Akzessorietät nur für die Berechnung der Regelvergütung, nicht für deren Korrektur um Zu- und Abschläge gilt. Nur § 12 Abs. 1 InsVV verweist auf die fiktive Vergütung eines Insolvenzverwalters, während § 12 Abs. 2 InsVV eine eigenständige und auf die speziellen Aufgaben des Sachwalters zugeschnittene Vorschrift für die Korrektur der Regelvergütung um Zu- und Abschläge vorsieht.

Außerdem heißt es in § 12 Abs. 1 InsVV ausdrücklich, dass für die Berechnung der Regelvergütung des Sachwalters die „für den Insolvenzverwalter bestimmte Vergütung“ heranzuziehen ist. Derart „bestimmt“ ist nur die fiktive Regelvergütung eines Insolvenzverwalters, wie sie sich mithilfe der §§ 1 und 2 InsVV errechnen lässt, wohingegen die Zu- und Abschläge gemäß § 3 InsVV nicht „bestimmt“, sondern in das pflichtgemäße Ermessen des Insolvenzgerichts gestellt sind.

Ferner ist zu bedenken, dass das Insolvenzgericht eine doppelte Einzelfallprüfung vornehmen müsste, wenn es erst die fiktive Regelvergütung eines Insolvenzverwalters gemäß § 3 InsVV durch Zu- und Abschläge korrigieren und sodann die daraus errechnete Regelvergütung des Sachwalters nochmals gemäß § 12 Abs. 2 InsVV um Zu- und Abschläge modifizieren müsste. Eine solche Verfahrensweise wäre unnötig kompliziert und könnte zu Wertungswidersprüchen führen.

Im Ergebnis ist also nicht die fiktive Vergütung eines Insolvenzverwalters gemäß § 3 InsVV um Zu- und Abschläge zu korrigieren, sondern erst die Regelvergütung des Sachwalters.[199]

(4) Anpassung der Regelvergütung

Bei der Anpassung der Regelvergütung des Sachwalters genießt die spezielle Wertung des § 12 Abs. 2 InsVV Vorrang.

---

198 RSI/*Herbst* § 28 Rn. 133.

199 *Haarmeyer/Mock*, InsVV, § 12 Rn. 4 – 6; MKInsO/*Stephan* § 12 InsVV Rn. 5 f., 8.

α) Zuschlag bei Zustimmungsvorbehalt

Demnach kommt ein Zuschlag in Betracht, wenn das Insolvenzgericht gemäß § 277 Abs. 1 S. 1 InsO einen Zustimmungsvorbehalt angeordnet hat. Da der Zuschlag die individuelle Leistung des Sachwalters widerspiegeln soll, ist eine Anpassung der Vergütung nur dann angezeigt, wenn der Sachwalter tatsächlich mit der Ausübung des Zustimmungsvorbehalts befasst war.[200]

Wie hoch der Zuschlag ausfällt, hängt vom konkreten Mehraufwand ab. Dieser dürfte meist gering ausfallen, weil der Sachwalter die Geschäftszahlen des Schuldners ohnehin laufend zu überwachen und auf Masseunzulänglichkeit zu überprüfen hat. Neben dem Mehraufwand spielt aber auch das zusätzliche Haftungsrisiko des § 277 Abs. 1 S. 3 InsO eine Rolle, welches jedoch auf die Höhe der zu genehmigenden Verbindlichkeiten begrenzt ist.[201] Alles in allem erscheint daher ein moderater Zuschlag von 5 % angemessen.[202]

β) Zuschlag bei anderen nach außen gerichteten Pflichten

Nachfolgend ist zu untersuchen, ob es neben der Anordnung eines Zustimmungsvorbehalts weitere Konstellationen gibt, die eine Anpassung der Regelvergütung rechtfertigen.

Die Formulierung in § 12 Abs. 2 InsVV „ist insbesondere festzusetzen“ lässt erkennen, dass es sich um ein Regelbeispiel handelt. Demnach muss es auch unbenannte Fälle geben, in denen Zuschläge geboten sind. Solche unbenannten Fälle sind nur dann anzuerkennen, wenn sie der Wertung des Regelbeispiels nahestehen.[203]

Die besondere Wertung des § 12 Abs. 2 InsVV liegt darin, dass nur derartige Aufgaben einen Zuschlag rechtfertigen, die dem Sachwalter nicht schon kraft Gesetzes zugewiesen sind, sondern die ihm vom Insolvenzgericht im Einzelfall übertragen werden.

Neben der Anordnung eines Zustimmungsvorbehalts betrifft dies auch die Anordnung gemäß § 275 Abs. 2 InsO zur Übernahme der Kassenführung sowie die Anordnung gemäß § 284 Abs. 1 S. 1, Abs. 2 InsO zur Ausarbeitung und Überwachung eines Insolvenzplans. Die Höhe des Zuschlags ist dabei im Einzelfall entsprechend dem tatsächlichen Aufwand und dem gesteigerten Haftungsrisiko zu bemessen.[204]

Tendenziell wird der Sachwalter durch die Kassenführung stärker beansprucht als durch einen Zustimmungsvorbehalt, weil er regelmäßig aktiv gegenüber Dritten abrechnen muss. Dies lässt Zuschläge von 10 % bis 20 % als angemessen erscheinen.

---

200 *Haarmeyer/Mock*, InsVV, § 12 Rn. 6; RSI/*Herbst* § 28 Rn. 134.
201 Dazu C.V.1.a)aa)(2).
202 *Haarmeyer/Mock*, InsVV, § 12 Rn. 6.
203 RSI/*Herbst* § 28 Rn. 135.
204 *Haarmeyer/Mock*, InsVV, § 12 Rn. 9; RSI/*Herbst* § 28 Rn. 136.

Noch stärker wird der Sachwalter durch die Ausarbeitung und Überwachung eines Insolvenzplans belastet, denn in diesem Fall muss er mit den Gläubigern verhandeln und rechtsgestaltend tätig werden. Dies rechtfertigt Zuschläge von bis zu zwei Dritteln. Mehr als zwei Drittel sind hingegen untunlich, weil dann die Regelvergütung eines Insolvenzverwalters erreicht wäre und der positive Kosteneffekt der Eigenverwaltung eingeebnet würde. Erschiene eine derart hohe Vergütung dennoch geboten, könnte der Sachwalter, der als Urheber des Insolvenzplans ohnehin zur Zentralfigur des Insolvenzverfahrens wird, von vornherein zum Insolvenzverwalter bestellt werden.

γ) Rückgriff auf Regelbeispiele für den Insolvenzverwalter

Fraglich ist ferner, ob auf die Regelbeispiele des § 3 InsVV zurückgegriffen werden kann oder ob die Wertung des § 12 Abs. 2 InsVV abschließend ist.

Für einen abschließenden Charakter ließe sich ins Feld führen, dass § 12 Abs. 2 InsVV anders als § 12 Abs. 1 InsVV nicht ergänzend auf die Vorschriften für den Insolvenzverwalter verweist.

Dem ist jedoch entgegenzuhalten, dass bereits § 10 InsVV die erforderliche Verweisung auf den ersten Teil der InsVV und damit auch auf § 3 InsVV statuiert.[205] Ferner darf nicht außer Acht bleiben, dass die Vergütung des Sachwalters dessen Aufwand und Haftungsrisiko widerspiegeln soll. § 3 InsVV beschreibt Fälle, in denen mehr oder weniger Verwaltungshandlungen erforderlich sind als in durchschnittlichen Insolvenzverfahren. Ein Mehr oder Weniger an Verwaltungshandlungen des Schuldners geht dabei typischerweise mit einem Mehr oder Weniger an Aufsicht durch den Sachwalter einher. Mithin sind die Regelbeispiele des § 3 InsVV auch für den Sachwalter einschlägig.[206] Wird bspw. vor der Eigenverwaltung eine vorläufige Eigenverwaltung durchgeführt, so rechtfertigt sich daraus ein Abschlag gemäß § 10 InsVV iVm § 3 Abs. 2 lit. a InsVV, weil bereits der vorläufige Sachwalter die maßgeblichen Geschäftszahlen des Schuldners zusammengestellt und geprüft haben dürfte.

Aus der grundsätzlichen Anwendbarkeit des § 3 InsVV darf aber nicht der voreilige Schluss gezogen werden, dass ein Mehr oder Weniger an Verwaltungshandlungen des Schuldners in jedem Fall zu einem Zu- oder Abschlag bei der Vergütung des Sachwalters führen muss. Vielmehr sind auch an dieser Stelle der tatsächliche Aufwand und das tatsächliche Haftungsrisiko maßgeblich. Es bedarf also stets der Prüfung, ob sich ein Mehr oder Weniger an Verwaltungshandlungen im Einzelfall in einem Mehr oder Weniger an Aufsicht niederschlägt.[207]

---

205 *Haarmeyer/Mock*, InsVV, § 12 Rn. 7.

206 *Haarmeyer/Mock*, InsVV, § 12 Rn. 1; RSI/*Herbst* § 28 Rn. 136; so auch *Mock* ZInsO 2014, 67 (68 f.), der die Notwendigkeit von Abschlägen in einfachen bis durchschnittlichen Verfahren betont.

207 *Haarmeyer/Mock*, InsVV, § 12 Rn. 9.

In diesem Zusammenhang wird eingewendet, dass die Fortführung des Geschäftsbetriebs grundsätzlich keine Zuschläge rechtfertigen könne, da die Eigenverwaltung auf die Sanierung des schuldnerischen Unternehmens ausgerichtet sei und der Gesetzgeber diesen Umstand bereits bei Festsetzung der Regelvergütung berücksichtigt habe.[208] Gegen diese Argumentation spricht aber, dass die Eigenverwaltung anwendbar ist, egal ob das Insolvenzverfahren auf eine Sanierung oder Zerschlagung hinausläuft.[209] Außerdem betrachtet der Gesetzgeber die Sanierung noch immer als Ausnahme, wie sich daran erkennen lässt, dass das sanierungsvorbereitende Schutzschirmverfahren gemäß § 270b InsO den Spezialfall gegenüber der vorläufigen Eigenverwaltung gemäß § 270a InsO darstellt.[210] Die Regelvergütung deckt also nicht zwingend sanierungsspezifische Aufgaben ab, sodass Zuschläge sehr wohl geboten sein können, wenn die Sanierung den Sachwalter in besonderem Maße fordert.

Nicht mit einem Zuschlag zu honorieren sind hingegen kompetenzüberschreitende Handlungen des Sachwalters wie zB die eigenmächtige Suche nach Investoren, da der Sachwalter keine Vergütung für rechtswidrige oder nicht erforderliche Anstrengungen verdient. Andernfalls könnte er verleitet werden, seinen Aufgabenbereich zu überschreiten, wodurch wiederum Konflikte mit dem Schuldner provoziert würden.

(5) Auslagen

Ferner hat der Sachwalter gemäß § 10 InsVV iVm §§ 4 und 8 Abs. 3 InsVV einen Anspruch auf Erstattung seiner Auslagen, wobei § 12 Abs. 3 InsVV gegenüber § 8 Abs. 3 InsVV den halben Pauschbetrag vorsieht. Daraus darf aber nicht geschlussfolgert werden, dass der Sachwalter grundsätzlich nur die Hälfte seiner Auslagen erstattet bekommt. Vielmehr trägt der Verordnungsgeber mit dem halben Pauschbetrag nur dem – zweifelhaften – Umstand Rechnung, dass der Sachwalter durchschnittlich weniger Auslagen als ein Insolvenzverwalter hat.[211]

Ein weiteres Problem liegt darin, ob dem Sachwalter gemäß § 4 Abs. 1 S. 3 InsVV Auslagen für die Beauftragung sachkundiger Dritter zu erstatten sind und ob der Sachwalter gemäß § 10 InsVV iVm § 5 InsVV für den Einsatz besonderer Sachkunde zu vergüten ist.

Dagegen wird vorgebracht, dass der Sachwalter keine eigene Verwaltungsbefugnis über die Insolvenzmasse genieße und deswegen weder Sachverständige beauftragen noch sich selbst als Experten heranziehen könne. Allenfalls für die Aufgaben gemäß § 280 InsO, die der Sachwalter kraft eigener Verwaltungsbefugnis wahrnehme, könne eine Ausnahme gemacht werden.[212]

---

208 *Haarmeyer/Mock*, InsVV, § 12 Rn. 25; *Mock* ZInsO 2014, 67 (69).
209 Knops/Bamberger/Maier-Reimer/*Vallender* Rn. 86.
210 Dazu D.I.2.a)bb).
211 *Haarmeyer/Mock*, InsVV, § 17 Rn. 13; *Mock* ZInsO 2014, 67 (70).
212 *Zimmer* ZInsO 2013, 2305 (2308 f.).

Gegen diese Auffassung lässt sich einwenden, dass § 4 Abs. 1 S. 3 InsVV den Sachwalter umfassend zur Beauftragung von Sachverständigen ermächtigt.[213] Dieses Argument geht jedoch fehl, da § 4 Abs. 1 S. 3 InsVV lediglich klarstellt, dass die InsVV die gesetzlichen Regelungen über die Rechtsmacht des Sachwalters nicht berührt.

Beachtenswert ist hingegen ein anderes Argument. Dem Sachwalter ist die umfassende Aufsicht über den Schuldner zugewiesen. Ergeben sich im Zuge dieser Aufsicht Fragen, die ein durchschnittlicher Sachwalter ohne Beratung nicht lösen kann, so muss der Sachwalter die Möglichkeit haben, sich dieses Fachwissen zu verschaffen. Müsste er dazu erst den Schuldner um die Beauftragung eines Sachverständigen bitten, so könnte der Schuldner den Sachwalter in seiner Aufsicht behindern. Bei Aufgaben gemäß § 280 InsO erkennt die Gegenauffassung diese Notwendigkeit an, weswegen eine Ausweitung auf alle Aufgaben des Sachwalters nur konsequent erscheint.

Im Ergebnis ist also davon auszugehen, dass dem Sachwalter gemäß § 10 InsVV iVm § 4 Abs. 1 S. 3 InsVV die erforderlichen Auslagen für die Beauftragung sachkundiger Dritter zu erstatten sind und dass er gemäß § 10 InsVV iVm § 5 InsVV für den Einsatz besonderer Sachkunde zu vergüten ist. Dabei steht dem Sachwalter die volle Vergütung und nicht nur analog § 12 Abs. 1 InsVV ein pauschalierter Anteil von 60 % zu, denn ein extern beauftragter Dienstleister könnte für seine besondere Sachkunde ebenfalls die volle Vergütung verlangen. Außerdem wird das Risiko der Insolvenzgläubiger durch die Expertise des Sachwalters in voller Höhe und nicht nur zu 60 % gesenkt.

bb) Einordnung als Masseverbindlichkeit

§ 274 Abs. 1 InsO erklärt § 54 Nr. 2 InsO in der Eigenverwaltung für entsprechend anwendbar. Dadurch kommt zum Ausdruck, dass der Anspruch des Sachwalters auf Vergütung und Erstattung seiner Auslagen unter die Kosten des Insolvenzverfahrens zu fassen ist.[214] Dabei ergeben sich keinerlei Abweichungen zum Regelinsolvenzverfahren. Insbesondere ist es auch in der Eigenverwaltung angemessen, die vom Sachwalter verursachten Auslagen für extern beauftragte Dienstleister sowie die Vergütung des Sachwalters für besonderen Sachverstand aus den Kosten des Insolvenzverfahrens auszuklammern und den sonstigen Masseverbindlichkeiten aus der Verwaltung der Insolvenzmasse gemäß § 55 Abs. 1 Nr. 1 InsO zuzuordnen, denn auch in der Eigenverwaltung handelt es sich nicht um persönliche Vermögensopfer des Sachwalters, sondern um solche der Insolvenzgläubiger, weil diese letztlich von dem externen Sachverstand profitieren.

---

213 *Haarmeyer/Mock*, InsVV, § 17 Rn. 14 f.

214 *Huhn*, Die Eigenverwaltung im Insolvenzverfahren, Rn. 644.

3. Vergütung und Auslagen der Mitglieder des Gläubigerausschusses

Im Folgenden werden die Vergütung und die Auslagen der Mitglieder des Gläubigerausschusses erörtert.

a) Rechtslage im Regelinsolvenzverfahren

Im Regelinsolvenzverfahren richtet sich die Vergütung der Mitglieder des Gläubigerausschusses nach § 73 Abs. 1 InsO.

aa) Entstehung des Vergütungsanspruchs

Maßgeblich ist gemäß § 73 Abs. 1 InsO der konkrete Zeitaufwand und Umfang der Tätigkeit,[215] wobei sich die Einzelheiten aus § 73 Abs. 2 InsO iVm § 65 InsO iVm der InsVV ergeben. So regelt § 17 Abs. 1 InsVV, dass die Mitglieder des Gläubigerausschusses je nach Aufwand einen Regelstundensatz zwischen 35,00 EUR und 95,00 EUR erhalten. Dieser kann im Einzelfall nach oben korrigiert werden, etwa bei Einbringung besonderer Sachkunde oder Übernahme des Vorsitzes.[216]

Auslagen werden gemäß § 18 Abs. 1 InsVV nur insoweit erstattet, wie sie im Einzelfall erforderlich und tatsächlich angefallen sind. Pauschbeträge sind nicht vorgesehen.

bb) Einordnung als Masseverbindlichkeit

Der Anspruch auf Vergütung und Erstattung der Auslagen ist gemäß § 54 Nr. 2 InsO als Masseverbindlichkeit einzuordnen.

b) Anpassung an die Eigenverwaltung

In der Eigenverwaltung werden einige Anpassungen erforderlich.

aa) Entstehung des Vergütungsanspruchs

Der siebte Teil der InsO enthält keine speziellen Regelungen, wie die Mitglieder des Gläubigerausschusses zu vergüten sind.

(1) Anspruchsberechtigung

Bedenkt man, dass für den Sachwalter spezielle Vorschriften existieren, so könnte man im Umkehrschluss folgern, dass der Gesetzgeber bei den Mitgliedern des Gläubigerausschusses bewusst auf eine Vergütung verzichtet hat. Ein möglicher Grund könnte darin zu sehen sein, dass der Schuldner bereits vom Sachwalter

---

215 Uhlenbruck/*Sinz* § 54 Rn. 25.

216 *Haarmeyer/Mock*, InsVV, § 17 Rn. 25; MKInsO/*Stephan* § 17 InsVV Rn. 20.

beaufsichtigt wird, weswegen die Aufgaben des Gläubigerausschusses reduziert sein könnten.

Gegen diese Erwägungen muss jedoch eingewendet werden, dass die Vergütung des Sachwalters nur deshalb gesondert geregelt ist, weil dessen Amt im Regelinsolvenzverfahren keine Entsprechung findet. Für die Vergütung des Gläubigerausschusses kann hingegen ohne Missverständnisse über § 270 Abs. 1 S. 2 InsO auf die allgemeine Vorschrift in § 73 InsO zurückgegriffen werden.

Ferner trifft es nicht zu, dass der Sachwalter den Gläubigerausschuss aus seinen Kompetenzen verdrängt. Vielmehr stellt § 276 InsO ausdrücklich klar, dass dieselben Mitwirkungsrechte wie im Regelinsolvenzverfahren gelten. Würde man dennoch auf eine Vergütung verzichten, so wären die Mitglieder des Gläubigerausschusses weniger engagiert, den Schuldner zu beaufsichtigen, wodurch die Eigenverwaltung gegenüber dem Regelinsolvenzverfahren an Gestaltungspotential für die Insolvenzgläubiger verlöre.

Weiterhin gibt auch der RegE zum ESUG ausdrücklich zu erkennen, dass er von einer Vergütung der Mitglieder des Gläubigerausschusses entsprechend den allgemeinen Vorschriften ausgeht.[217]

Im Ergebnis steht den Mitgliedern des Gläubigerausschusses gemäß § 270 Abs. 1 S. 2 InsO iVm § 73 Abs. 1 InsO eine Vergütung sowie die Erstattung ihrer Auslagen zu.

(2) Ermittlung der Vergütung

Auf Verordnungsebene konkretisiert § 17 Abs. 1 InsVV unabhängig vom Verfahrensmodus, dass ein Stundensatz zwischen 35,00 EUR und 95,00 EUR anzusetzen ist. Da § 276 InsO dem Gläubigerausschuss dieselben Kompetenzen wie im Regelinsolvenzverfahren zuweist, rechtfertigt die Eigenverwaltung keine pauschale Erhöhung oder Absenkung des Regelsatzes. Vielmehr ist auf dieselben Kriterien wie im Regelinsolvenzverfahren zurückzugreifen.

Denkbar sind nur einzelfallbezogene Abweichungen, bspw. wenn der Gläubigerausschuss einem Konflikt zwischen dem Schuldner und dem Sachwalter begegnen muss oder wenn es eine Beschlussfassung der Gläubigerversammlung über die Aufhebung der Eigenverwaltung vorzubereiten gilt.

(3) Auslagen

Schließlich sind gemäß § 18 InsVV die tatsächlich angefallenen und erforderlichen Auslagen der Mitglieder des Gläubigerausschusses zu erstatten, wobei wie im Regelinsolvenzverfahren keine Pauschbeträge definiert sind.[218]

---

217 RegE, BT-Drs. 1757/12, 43.

218 So auch *Cranshaw* ZInsO 2012, 1151 (1159), soweit es um die Erstattungsfähigkeit von Beiträgen zu einer Haftpflichtversicherung geht; aA *Hirte* ZInsO 2012, 1151 (1151 f.).

bb) Einordnung als Masseverbindlichkeit

Der Anspruch auf Vergütung und Erstattung von Auslagen ist gemäß § 270 Abs. 1 S. 2 InsO iVm § 54 Nr. 2 InsO vollumfänglich als Masseverbindlichkeit einzuordnen. Es handelt sich um Kosten des Insolvenzverfahrens, da der Gläubigerausschuss auch in der Eigenverwaltung im Interesse aller Gläubiger tätig wird und somit vorzugsweise Befriedigung verdient.

4. Vergütung und Auslagen des gemeinsamen Vertreters der Anleihegläubiger

Weiterhin sind die Kosten des gemeinsamen Vertreters der Anleihegläubiger zu betrachten.

a) Rechtslage im Regelinsolvenzverfahren

Gemäß § 19 Abs. 2 SchVG hat das Insolvenzgericht eine Gläubigerversammlung einzuberufen, um den Anleihegläubigern die Wahl eines gemeinsamen Vertreters zu ermöglichen. Dieser nimmt im Insolvenzverfahren gemäß § 19 Abs. 3 SchVG die Rechte der Anleihegläubiger gebündelt wahr.

aa) Entstehung des Vergütungsanspruchs

§ 7 Abs. 6 SchVG regelt, dass die Kosten des gemeinsamen Vertreters durch den Schuldner zu erstatten sind.

bb) Einordnung als Masseverbindlichkeit

Rspr. und hL stufen den Anspruch des gemeinsamen Vertreters nicht als Kosten iSd § 54 Abs. 2 InsO ein, denn der gemeinsame Vertreter nimmt anders als der Insolvenzverwalter oder der Gläubigerausschuss nicht die Interessen aller Gläubiger, sondern nur die Sonderinteressen der Anleihegläubiger wahr. Im Gegenzug dürfen seine Kosten auch nicht der gesamten Gläubigergemeinschaft aufgebürdet werden. Außerdem untersteht der gemeinsame Vertreter anders als der Insolvenzverwalter oder der Gläubigerausschuss nicht der insolvenzgerichtlichen Aufsicht, er empfängt keine Vergütung auf Grundlage der InsO[219] und er fungiert auch nicht als Amtsträger, sondern nur als gesetzlich besonders geregelter Vertreter der Anleihegläubiger[220].

Entgegen einer anderen Auffassung handelt es sich bei den Kosten des gemeinsamen Vertreters auch nicht um Masseverbindlichkeiten iSd § 55 Abs. 1 Nr. 2,

219 BGH ZIP 2016, 1688 (1688 – 1691); *Antoniadis* NZI 2014, 785 (787 f.); *Hirte* FD-InsR 2016, 380874; Schmidt/*Thole* § 54 Rn. 10.
220 BGH ZIP 2016, 1684 (1684 – 1686).

2. Alt. InsO.[221] Der gemeinsame Vertreter wird nämlich nicht zur Fortführung gegenseitiger Verträge zwischen dem Schuldner und den Anleihegläubigern bestellt, sondern zur Durchsetzung insolvenzbedingter Rechte, die häufig auf den Ersatz bereits erlittener Schäden gerichtet sind.[222]

Eine weitere Ansicht ordnet den Anspruch des gemeinsamen Vertreters als Kosten aus der sonstigen Verwaltung der Insolvenzmasse iSd § 55 Abs. 1 Nr. 1, 2. Alt InsO ein.[223] Diese Argumentation verkennt jedoch, dass der gemeinsame Vertreter nicht die Insolvenzmasse verwaltet, sondern nur die Rechte eines Teils der Gläubiger. Nötigenfalls hat er diese Rechte gegenüber dem Insolvenzverwalter durchzusetzen. Er steht also in einem Spannungsfeld zur Verwaltung der Insolvenzmasse.[224]

Damit verdient die Auffassung den Vorzug, dass die Kosten des gemeinsamen Vertreters der Anleihegläubiger keine Masseverbindlichkeiten sind.

b) Anpassung an die Eigenverwaltung

Fraglich ist, ob dies auch in der Eigenverwaltung gilt.

aa) Entstehung des Vergütungsanspruchs

Es bestehen keine Bedenken, dem gemeinsamen Vertreter in der Eigenverwaltung gemäß § 7 Abs. 6 SchVG einen Vergütungsanspruch einzuräumen, da die Interessen der Anleihegläubiger in diesem Verfahrensmodus gleichermaßen schutzbedürftig sind.

bb) Einordnung als Masseverbindlichkeit

Für eine Einordnung dieses Anspruchs als Masseverbindlichkeit könnte sprechen, dass die Kosten des gemeinsamen Vertreters gemäß § 7 Abs. 6 SchVG vom Schuldner zu tragen sind und dass der Schuldner in der Eigenverwaltung anders als im Regelinsolvenzverfahren auch weiterhin der Inhaber der Verwaltungs- und Verfügungsbefugnis ist.

Dieser Ansatz verkennt aber, dass § 7 Abs. 6 SchVG nicht den eigenverwaltenden Schuldner meint, der als Amtsträger handelt, sondern den Schuldner in seiner Funktion als Insolvenz- und Anleiheschuldner, der mit seinem Vermögen für die Rückzahlung und Verzinsung der Anleihen haftet.

Zudem ist kein sachlicher Grund erkennbar, warum die Anleihegläubiger nur durch den Umstand bessergestellt werden sollten, dass das Insolvenzverfahren in Eigenverwaltung durchgeführt wird. Vielmehr greift auch an dieser Stelle

---

221 *Brenner* NZI 2014, 789 (792); *Hofmann* EWiR 2016, 599 (599 f.).
222 *Brenner* NZI 2014, 789 (793).
223 *Brenner* NZI 2014, 789 (792 f.).
224 *Antoniadis* NZI 2014, 785 (787 f.).

das Argument durch, dass der gemeinsame Vertreter nur im Sonderinteresse der Anleihegläubiger tätig wird, weswegen nicht die gesamte Gläubigergemeinschaft mit seinen Aufwendungen belastet werden darf.

Damit handelt es sich bei den Kosten des gemeinsamen Vertreters der Anleihegläubiger auch in der Eigenverwaltung nicht um Masseverbindlichkeiten.

5. Verbindlichkeiten aus der Verwaltung der Insolvenzmasse

Im Regelinsolvenzverfahren werden Masseverbindlichkeiten gemäß § 55 Abs. 1 Nr. 1, 1. Var. InsO durch Handlungen des Insolvenzverwalters und gemäß § 55 Abs. 1 Nr. 1, 2. Var. InsO in sonstiger Weise durch die Verwaltung der Insolvenzmasse begründet.

a) Rechtslage im Regelinsolvenzverfahren

Eingangs soll die Rechtslage im Regelinsolvenzverfahren aufgezeigt werden.

aa) Begründung von Masseverbindlichkeiten

Der Amts-Theorie entspricht es, dass der Insolvenzverwalter die Insolvenzmasse im eigenen Namen verwaltet. Kraft seiner hoheitlich übertragenen Befugnisse verpflichtet er dabei unmittelbar den Schuldner, soweit dieser mit der Insolvenzmasse haftet.[225]

Zu den Masseverbindlichkeiten aus Handlungen des Insolvenzverwalters gehören Ansprüche aus rechtsgeschäftlichen und rechtsgeschäftsähnlichen Handlungen.[226] Erfasst werden demnach Primär- und Sekundäransprüche aus Verträgen, die der Insolvenzverwalter nach Eröffnung des Insolvenzverfahrens eingeht.[227] Auch Ansprüche aus vertragsähnlichen Verhältnissen wie der culpa in contrahendo oder dem Vertrag mit Schutzwirkung zugunsten Dritter sind Masseverbindlichkeiten, wenn der Insolvenzverwalter sie durch seine Handlungen begründet.[228] Ferner erfasst sind Ansprüche aus einer Geschäftsführung ohne Auftrag, sofern diese nach Eröffnung des Insolvenzverfahrens im Interesse der Insolvenzmasse getätigt und vom Insolvenzverwalter genehmigt wird.[229]

Neben rechtsgeschäftlichen und rechtsgeschäftsähnlichen Handlungen lösen auch Prozesshandlungen des Insolvenzverwalters Masseverbindlichkeiten aus. Begibt sich der Insolvenzverwalter nach Eröffnung des Insolvenzverfahrens in einen Rechtsstreit oder nimmt er einen rechtshängigen Rechtsstreit gemäß den §§ 85 und

---

225 MKInsO/*Ott/Vuia* § 80 Rn. 27; Uhlenbruck/*Sinz* § 55 Rn. 8.
226 MKInsO/*Hefermehl* § 55 Rn. 21; Uhlenbruck/*Sinz* § 55 Rn. 7.
227 MKInsO/*Hefermehl* § 55 Rn. 30; Uhlenbruck/*Sinz* § 55 Rn. 8.
228 Uhlenbruck/*Sinz* § 55 Rn. 8.
229 MKInsO/*Hefermehl* § 55 Rn. 63 f.; Uhlenbruck/*Sinz* § 55 Rn. 9.

86 InsO auf, so sind die daraus resultierenden Kosten als Masseverbindlichkeiten einzustufen.[230]

Schließlich können auch aus tatsächlichen Handlungen des Insolvenzverwalters Masseverbindlichkeiten hervorgehen. Zu erwähnen sind deliktische Ansprüche, egal ob man an ein Tun oder ein pflichtwidriges Unterlassen des Insolvenzverwalters anknüpft.[231] Auch Ansprüche aus Gefährdungshaftung, etwa gemäß § 7 Abs. 1 StVG, sind eingeschlossen.[232]

Soweit ein Anspruch an eine Pflichtverletzung oder an ein Verschulden anknüpft, ist das Verhalten des Insolvenzverwalters dem Schuldner entsprechend § 31 BGB zuzurechnen.[233] Grund dafür ist, dass mangels einer eigenständigen insolvenzrechtlichen Zurechnungsnorm eine Regelungslücke besteht. Diese ist auch planwidrig, denn ein Rechtssubjekt darf nicht nur deshalb von der Haftung für solche Schäden befreit werden, die in seinem Rechts- und Interessenkreis verursacht werden, weil es nur durch andere Personen zu handeln vermag. Die vergleichbare Interessenlage zu § 31 BGB folgt daraus, dass sowohl der Schuldner als auch der eingetragene Verein nur durch den Insolvenzverwalter bzw. den Vorstand im Rechtsverkehr handeln können und dass es sich sowohl beim Insolvenzverwalter als auch beim Vorstand um selbständige Personen handelt, die für die Ausübung ihrer Amts- bzw. Organtätigkeit bestellt werden.[234]

Zu den Masseverbindlichkeiten aus der sonstigen Verwaltung der Insolvenzmasse gehören solche Ansprüche, die mittelbar an die Amtsführung des Insolvenzverwalters anknüpfen.[235] Erfasst werden öffentliche Abgaben, wenn die entsprechenden Tatbestände nach Eröffnung des Insolvenzverfahrens verwirklicht werden.[236] Ferner erfasst sind Ansprüche aus öffentlicher Gefahrenabwehr, die den Insolvenzverwalter als Verhaltensstörer oder – wegen seiner tatsächlichen Herrschaft über die Insolvenzmasse – als Zustandsstörer treffen.[237]

---

230 MKInsO/*Hefermehl* § 55 Rn. 42. Streitig ist, inwieweit Kosten, die noch der Schuldner in einem vom Insolvenzverwalter fortgeführten Rechtsstreit verursacht hat, Masseverbindlichkeiten darstellen. Wegen der Einheit der Kostenentscheidung sehen Rspr. und hL die gesamten Kosten als Masseverbindlichkeiten an; dazu näher MKInsO/*Hefermehl* § 55 Rn. 45.

231 MKInsO/*Hefermehl* § 55 Rn. 34; Uhlenbruck/*Sinz* § 55 Rn. 23.

232 MKInsO/*Hefermehl* § 55 Rn. 62; Uhlenbruck/*Sinz* § 55 Rn. 32.

233 Palandt/*Ellenberger* § 31 Rn. 3; Staudinger/*Roth* § 31 Rn. 46; *Schlegel*, Die Eigenverwaltung, S. 162; Ermann/*Westermann* § 31 Rn. 2.

234 BGH NZI 2006, 592 (592); MKInsO/*Hefermehl* § 55 Rn. 38.

235 MKInsO/*Hefermehl* § 55 Rn. 66; Uhlenbruck/*Sinz* § 55 Rn. 25.

236 MKInsO/*Hefermehl* § 55 Rn. 68 f.; Uhlenbruck/*Sinz* § 55 Rn. 26, 28, 29.

237 MKInsO/*Hefermehl* § 55 Rn. 89, 90a – 93; Uhlenbruck/*Sinz* § 55 Rn. 30, 32.

bb) Nichtigkeit insolvenzzweckwidriger Handlungen

Da der Insolvenzverwalter die Verwaltungs- und Verfügungsbefugnis über die Insolvenzmasse gemäß der Amts-Theorie ohne Beschränkungen ausüben darf, sind auch insolvenzzweckwidrige Rechtsgeschäfte wirksam.[238]

Allerdings ist zu beachten, dass das Interesse der Gläubiger im Einzelfall das Interesse der Geschäftspartner des Insolvenzverwalters überwiegen kann. So ziehen Rspr. und hL im Zusammenhang mit insolvenzzweckwidrigen Handlungen den Rechtsgedanken vom Missbrauch der Vertretungsmacht heran, der seinerseits eine Ausprägung des aus § 242 BGB fließenden Prinzips von Treu und Glauben darstellt. Insolvenzzweckwidrige Rechtsgeschäfte des Insolvenzverwalters sind folglich nichtig, wenn die Insolvenzzweckwidrigkeit für den anderen Teil offensichtlich zutage tritt. Auf diese Weise wird gewährleistet, dass der Rechtsverkehr im Umgang mit einem Amtsträger wie dem Insolvenzverwalter nicht besser oder schlechter als im Umgang mit einem Vertreter gestellt wird.[239]

cc) Abgrenzung zu Handlungen im eigenen Interesse

Ob der Insolvenzverwalter ein Rechtsgeschäft, eine rechtsgeschäftsähnliche Handlung oder eine Prozesshandlung für die Insolvenzmasse vornimmt, richtet sich nach seinem inneren Willen, denn nur der Insolvenzverwalter ist hoheitlich ermächtigt, über das Ob und Wie seiner Amtsführung zu entscheiden.[240]

Allerdings darf an dieser Stelle der Vertrauensschutz des Rechtsverkehrs nicht außer Acht gelassen werden. Legt der Insolvenzverwalter nicht offen, dass er ein Rechtsgeschäft auf sein Amt bezieht, haftet er entsprechend dem Rechtsgedanken der verdeckten Stellvertretung – also der Stellvertretung, die entgegen § 164 Abs. 1 BGB nicht offenkundig zutage tritt – neben der Insolvenzmasse subsidiär mit seinem eigenen Vermögen.[241]

Bei tatsächlichen Handlungen des Insolvenzverwalters ist darauf abzustellen, ob diese in Ausübung des Amts erfolgen oder zumindest in einem inneren Zusammenhang mit dem Amt stehen.[242] Bei pflichtwidrigem Unterlassen ist hingegen maßgeblich, ob die verletzte Handlungspflicht den Insolvenzverwalter in seiner Funktion als Inhaber der Verwaltungs- und Verfügungsbefugnis oder zumindest als Inhaber der tatsächlichen Herrschaft über die Insolvenzmasse trifft.[243]

---

238 Uhlenbruck/*Mock* § 80 Rn. 81; MKInsO/*Ott/Vuia* § 80 Rn. 60.

239 So bereits unter Geltung der KO RGZ 29, 80 (82); BGH JR 1955, 184 (184 f.); *Jauernig* FS Weber 1975, 307 (307 ff.); unter Geltung der InsO BGHZ 113, 315 (320); *Häsemeyer*, Insolvenzrecht, Rn. 14.09; Uhlenbruck/*Mock* § 80 Rn. 82 f.; MKInsO/*Ott/Vuia* § 80 Rn. 61.

240 So bereits unter Geltung der KO Jaeger/*Henckel* § 51 Rn. 6; *Jahr* FS Weber 1975, 275 (297 – 301, 303).

241 *Jacoby*, Das private Amt, S. 263.

242 FKInsO/*Bornemann* § 55 Rn. 23.

243 FKInsO/*Bornemann* § 55 Rn. 8.

b) Anpassung an die Eigenverwaltung

Die gewonnenen Erkenntnisse sind nunmehr auf die Eigenverwaltung zu übertragen.

aa) Begründung von Masseverbindlichkeiten

Eingangs ist zu untersuchen, unter welchen Bedingungen Masseverbindlichkeiten im Zuge der Verwaltung der Insolvenzmasse begründet werden können.

(1) Möglichkeit der Begründung von Masseverbindlichkeiten

Die einzige Norm des siebten Teils der InsO, die eigenständige Voraussetzungen für die Begründung sonstiger Masseverbindlichkeiten enthält, findet sich in § 278 InsO und betrifft den Unterhalt des Schuldners. Die Vorschrift hat jedoch keinen abschließenden Charakter, da ihr Anwendungsbereich begrenzt ist, wohingegen der siebte Teil der InsO an drei Stellen zu erkennen gibt, dass er von umfassenden Möglichkeiten zur Begründung sonstiger Masseverbindlichkeiten ausgeht.[244]

Erstens ordnet § 277 Abs. 1 S. 3 InsO an, dass der Sachwalter entsprechend § 61 InsO für die von ihm genehmigten Masseverbindlichkeiten einzustehen hat.[245]

Zweitens erlegt § 285 InsO die Pflicht zur Anzeige von Masseunzulänglichkeit dem Sachwalter auf. Dabei ist zu bedenken, dass Masseunzulänglichkeit gemäß § 208 Abs. 1 InsO nur dann eintritt, wenn so viele Masseverbindlichkeiten begründet wurden, dass diese nicht mehr vollständig aus der Insolvenzmasse befriedigt werden können.[246]

Drittens weist § 270 Abs. 1 S. 1 InsO das Recht, über die Insolvenzmasse zu verfügen, dem Schuldner zu. Derlei Verfügungen erfolgen nur dann mit Rechtsgrund, wenn die Insolvenzmasse zuvor verpflichtet werden konnte.

Im Ergebnis deutet der siebte Teil der InsO zwar an, dass es in der Eigenverwaltung umfangreiche Möglichkeiten zur Begründung von Masseverbindlichkeiten gibt, jedoch fehlt es an entsprechenden Regelungen.[247] Folglich muss mithilfe der Verweisung in § 270 Abs. 1 S. 2 InsO auf die allgemeinen Vorschriften zurückgegriffen werden.

(2) Anknüpfungshandlungen

In der Eigenverwaltung kann an dieselben tatbestandlichen Handlungen wie im Regelinsolvenzverfahren angeknüpft werden, weil sich lediglich die Kompetenzen

244 *König*, Die Haftung in der Eigenverwaltung, S. 12; MKInsO/*Tetzlaff* § 270 Rn. 160; Uhlenbruck/*Uhlenbruck* § 270 Rn. 33.

245 *Koch*, Die Eigenverwaltung nach der Insolvenzordnung, S. 220; *König*, Die Haftung bei der Eigenverwaltung, S. 12; *Schlegel*, Die Eigenverwaltung, S. 135.

246 *Schlegel*, Die Eigenverwaltung, S. 135.

247 MKInsO/*Tetzlaff* § 270 Rn. 160; Uhlenbruck/*Uhlenbruck* § 270 Rn. 33.

zur Ausführung dieser Handlungen ändern. Demnach entstehen Masseverbindlichkeiten auch in der Eigenverwaltung durch Rechtsgeschäfte, rechtsgeschäftsähnliche Handlungen, Prozesshandlungen und tatsächliche Handlungen der zuständigen Beteiligten. Pflichtverletzungen und Verschulden werden analog § 31 BGB zugerechnet.[248]

(3) Kompetenzverteilung

Fraglich ist, wie die allgemeinen Vorschriften an die besondere Kompetenzordnung des siebten Teils der InsO anzupassen sind.

Zunächst ist zu beachten, dass die Rechtsmacht zur Begründung von Masseverbindlichkeiten einen Ausfluss der Rechtsmacht zur Verwaltung der Insolvenzmasse darstellt. In der Eigenverwaltung sind die Befugnisse zwischen dem Schuldner und dem Sachwalter aufgespalten. Entlang dieser Trennlinie muss konsequenterweise auch die Rechtsmacht zur Begründung von Masseverbindlichkeiten verteilt werden.[249]

Dagegen lässt sich einwenden, dass nach dem Wortlaut von § 270 Abs. 1 S. 1 InsO nur der Schuldner die Insolvenzmasse „verwaltet". Wenn man diesem Argument jedoch folgen und den Sachwalter von der Begründung von Masseverbindlichkeiten ausschließen würde, wäre er daran gehindert, die ihm übertragenen Aufsichtsrechte unabhängig von der Mitwirkung des Schuldners auszuüben. Dies stünde einer effizienten Aufsicht entgegen.

Dem kann auch nicht die Wertung in § 277 Abs. 1 S. 2 InsO entgegengehalten werden, wonach zugunsten des Sachwalters nur ein Zustimmungsvorbehalt angeordnet werden kann. Zwar folgt daraus im Umkehrschluss, dass der Sachwalter nicht selbst dazu berufen ist, Masseverbindlichkeiten zu begründen. Allerdings gilt diese Schlussfolgerung nur für den Fall, dass der Schuldner von seinen originären Verwaltungsrechten Gebrauch macht. Ist dagegen von vornherein der Sachwalter zuständig, muss er sich nicht auf einen bloßen Zustimmungsvorbehalt verweisen lassen.

Damit ist die Kompetenz zur Begründung von Masseverbindlichkeiten zwischen dem Schuldner und dem Sachwalter aufzuteilen.

(4) Kompetenzen des Sachwalters

Nachfolgend soll untersucht werden, inwieweit die einzelnen Kompetenzen des Sachwalters die Möglichkeit zur Begründung von Masseverbindlichkeiten beinhalten.

Eine spezielle Kompetenzzuweisung findet sich in § 280 InsO, wonach der Sachwalter gegenüber Dritten Gesamtschäden geltend macht und die Insolvenzanfechtung betreibt. Resultieren daraus Forderungen, so sind diese als Masseverbindlichkeiten

248 *König*, Die Haftung in der Eigenverwaltung, S. 49; *Schlegel*, Die Eigenverwaltung, S. 162; ohne Bezugnahme auf § 31 BGB *Hofmann*, Eigenverwaltung, Rn. 134.

249 *Prütting/Huhn* ZIP 2002, 777 (780).

einzustufen.[250] In Betracht kommen vertragliche Ansprüche, bspw. wenn der Sachwalter einen Vergleich über die Erstattung von Gesamtschäden schließt; ferner prozessuale Ansprüche, bspw. der Kostenerstattungsanspruch der anderen Partei, wenn der Sachwalter in einem Rechtsstreit um die Geltendmachung der Insolvenzanfechtung unterliegt; weiterhin deliktische Ansprüche, etwa wenn der Sachwalter im Wege des Prozessbetrugs einen Titel über die Erstattung von Gesamtschäden erwirkt.

Des Weiteren kann der Sachwalter gemäß § 275 Abs. 2 InsO zur Kassenführung ermächtigt werden, sodass er gegenüber Dritten Aus- und Einzahlungen abzuwickeln hat. Verletzt er dabei seine Pflichten, begründet er Masseverbindlichkeiten.[251] Das ist bspw. bei Verzögerungsschäden der Fall, die aus verspäteten Zahlungen resultieren.

Die übrigen Kompetenzen des Sachwalters, die sich in den §§ 270 Abs. 1 S. 1, 274 Abs. 2, 275 Abs. 1, 279 S. 2, S. 3, 281 Abs. 1 S. 2, Abs. 2 S. 2, Abs. 3 S. 2, 282 Abs. 2, 283 Abs. 1 S. 1, Abs. 2 S. 2, 284 und 285 InsO finden, sind nur nach innen, also auf die Aufsicht über den Schuldner und die Unterrichtung der Gläubiger und des Insolvenzgerichts, gerichtet. Insofern besteht keine Kompetenz des Sachwalters, gegenüber Dritten aufzutreten, sodass sich auch keine Befugnis ergibt, Masseverbindlichkeiten zu begründen.[252]

Eine Ausnahme gilt nur dann, wenn der Sachwalter – wie oben herausgearbeitet[253] – zur ordnungsgemäßen Wahrnehmung seiner Aufsicht gemäß § 10 InsVV iVm § 5 InsVV besondere Sachkunde einbringt oder gemäß § 10 InsVV iVm § 4 Abs. 1 S. 3 InsVV sachkundige Dritte beauftragt.

Mithin bleibt festzuhalten, dass der Sachwalter Masseverbindlichkeiten begründen kann, wenn er bestimmungsgemäß gegenüber Dritten tätig wird.

(5) Kompetenzen des Schuldners

Im Folgenden ist zu prüfen, wie weit die Kompetenzen des Schuldners zur Eingehung von Masseverbindlichkeiten reichen.

Neben besonderen nach außen gerichteten Verwaltungsrechten wie der Verwertung von Sicherungsgut gemäß § 282 Abs. 1 S. 1 InsO, dem Widerspruch gegen Forderungen gemäß § 283 Abs. 1 S. 1 InsO und der Verteilung der Insolvenzmasse gemäß § 283 Abs. 2 S. 1 InsO genießt der Schuldner gemäß § 270 Abs. 1 S. 1 InsO das Recht, die Insolvenzmasse in allen übrigen, nicht besonders geregelten Fällen zu verwalten. Wiederum ist es nur konsequent, dass dieses Recht die Befugnis zur Begründung von Masseverbindlichkeiten beinhalten muss.[254]

---

250 *Mönning* FS Wellensiek 2011, 641 (652); *Smid*, Handbuch Insolvenzrecht, § 43 Rn. 19.

251 *Mönning* FS Wellensiek 2011, 641 (653).

252 *Mönning* FS Wellensiek 2011, 641 (652).

253 Dazu C.III.2.b)aa)(5).

254 *Brei/Bultmann*, Insolvenzrecht, § 14 Rn. 72; *Friedrichs*, Das Schutzschirmverfahren, S. 70; *Hofmann*, Eigenverwaltung, Rn. 153; *Klinck* ZIP 2013, 853 (855); *Koch*, Die

Dies deckt sich mit dem Zweck der Eigenverwaltung, wonach die betriebswirtschaftlichen Fähigkeiten und branchenspezifischen Kenntnisse des Schuldners abgeschöpft werden sollen. Dazu ist es erforderlich, dass der Schuldner eigenständig entscheiden darf, mit wem er Geschäftsbeziehungen pflegt und zu diesem Zweck Masseverbindlichkeiten eingeht.[255]

Zwar ergibt sich eine erhebliche Gefahr für die Insolvenzgläubiger, wenn der Schuldner die Insolvenzmasse durch die Eingehung von Masseverbindlichkeiten schmälern kann, jedoch hat der Gesetzgeber dieses Problem erkannt und als Reaktion darauf in § 277 Abs. 1 S. 1 InsO geregelt, dass das Insolvenzgericht im Einzelfall einen Zustimmungsvorbehalt anordnen kann.

Damit ist der Schuldner befugt, Masseverbindlichkeiten einzugehen, wenn er von speziellen nach außen gerichteten Verwaltungsrechten oder von seinem allgemeinen Verwaltungsrecht gemäß § 270 Abs. 1 S. 1 InsO Gebrauch macht.

(6) Kompetenzüberschreitungen

Maßen sich der Schuldner oder der Sachwalter die Verwaltungsaufgaben des jeweils anderen an, so handeln sie jenseits ihrer hoheitlich übertragenen Befugnisse und können somit keine Masseverbindlichkeiten begründen. Der Vertrauensschutz des Rechtsverkehrs spielt dabei keine Rolle, weil die Kompetenzverteilung aus dem Gesetz hervorgeht und grundsätzlich kein schutzwürdiges Vertrauen in gesetzeswidriges Verhalten bestehen kann.

(7) Organschaftliche Vertretung des Schuldners

Der Umstand, dass der Schuldner durch seine Handlungen Masseverbindlichkeiten begründet, wirft bei juristischen Personen und Personengesellschaften die Frage auf, wer in der Eigenverwaltung für sie handelt.

Auszugehen ist von der privatrechtlichen Theorie, wonach die geschäftsleitenden Organe ihren gesellschaftsrechtlichen Bindungen unterworfen bleiben. In der Konsequenz sind sie weiterhin zur Vertretung des Schuldners befugt.[256] Gesetzliche und satzungsmäßige Regelungen, die das Innenverhältnis der geschäftsleitenden Organe betreffen, bleiben anwendbar. So bestehen bspw. eine satzungsmäßig

---

Eigenverwaltung nach der Insolvenzordnung, S. 220; *Madaus* KTS 2015, 115 (123); *Mönning* FS Wellensiek 2011, 641 (647); *Obermüller*, Insolvenzrecht in der Bankpraxis, Rn. 1.512 f.; *Prütting/Huhn* ZIP 2002, 777 (780); *Schlegel*, Die Eigenverwaltung in der Insolvenz, S. 135; *Smid*, Handbuch Insolvenzrecht, § 43 Rn. 19; Schmidt/*Undritz* § 270 Rn. 17; *Vallender* GmbHR 2012, 445 (447); so auch *Weinbörner*, Das neue Insolvenzrecht Rn. B646, der sich aber nicht explizit auf Masseverbindlichkeiten bezieht.

255 *König*, Die Haftung bei der Eigenverwaltung, S. 12.

256 *Cadmus*, Die Haftung der GmbH und ihres Geschäftsführers in der Eigenverwaltung, S. 33; *Landfermann* WM 2012, 869 (872).

geregelte Gesamtvertretung zweier Geschäftsführer oder ein Vetorecht des Vorstandsvorsitzenden fort.

Für diese Auffassung spricht, dass die organisatorischen Strukturen des Schuldners bei Anordnung der Eigenverwaltung nicht abrupt zusammenbrechen dürfen, weil andernfalls Verwirrung über die Geschäftsführungsbefugnis entstünde.

Außerdem ordnet das Insolvenzgericht die Eigenverwaltung zugunsten der Geschäftsleitung in einer bestimmten personellen Zusammensetzung an. Die Machtverhältnisse innerhalb von Vorstand und Geschäftsführung müssen erhalten bleiben, um der Entscheidung des Insolvenzgerichts nicht die tatsächliche Grundlage zu entziehen.

Die aufsichtführenden Organe des Schuldners verlieren hingegen gemäß § 276a InsO ihren Einfluss auf die Geschäftsleitung. Ein Zustimmungsvorbehalt zugunsten des Aufsichtsrats oder der Gesellschafterversammlung hat folglich keine Bedeutung mehr.[257]

Diese Auslegung wird von der Normgeschichte gestützt. So weist der RegE zu § 276a InsO darauf hin, dass die geschäftsleitenden Organe des Schuldners weiterhin die wirtschaftlichen Entscheidungen treffen sollen, während die aufsichtführenden Organe ihres hemmenden und blockierenden Einflusses verlustig gehen sollen.[258]

Auch der Normzweck deutet in diese Richtung. Gerade die Kenntnisse und Fähigkeiten, welche die geschäftsleitenden Organe des Schuldners erworben haben, sollen in der Eigenverwaltung abgeschöpft werden. Die aufsichtführenden Organe treten dagegen nicht gegenüber Geschäftspartnern auf, weswegen ihre Kenntnisse und Fähigkeiten bei Vertragsverhandlungen auch nicht entscheidend sind.

Damit bleiben die geschäftsleitenden Organe unverändert vertretungsbefugt, während die aufsichtführenden Organe mögliche Zustimmungsvorbehalte verlieren.

(8) Rechtsgeschäftliche Vertretung des Schuldners

Der Schuldner kann Vollmachten zur Begründung von Masseverbindlichkeiten ausstellen, da sich jeder Amtsträger rechtsgeschäftlich vertreten lassen darf. Fraglich ist jedoch, ob bestehende Vollmachten bei Anordnung der Eigenverwaltung gemäß § 270 Abs. 1 S. 2 InsO iVm § 117 Abs. 1 InsO erlöschen.

Gegen diese Rechtsfolge spricht, dass der Schuldner anders als im Regelinsolvenzverfahren verwaltungs- und verfügungsbefugt bleibt, weswegen er an eigenhändig erteilte Vollmachten gebunden sein könnte.

Allerdings kommt es zu einer Zäsur, weil der Schuldner mit Eröffnung des Insolvenzverfahrens nicht mehr privatautonom, sondern als Amtsträger tätig wird. Wäre der Schuldner dennoch an bestehende Vollmachten gebunden, liefe er

---

257 So bereits vor Einführung von § 276a InsO *Prütting/Huhn* ZIP 2002, 777 (780).
258 RegE BR-Drs. 127/11, 62.

Gefahr, dass seine Vertreter in der kritischen Phase der Verfahrenseröffnung weiterhin Masseverbindlichkeiten begründen und dadurch die Insolvenzmasse aufzehren, bevor er neue Weisungen erteilen kann.[259]

Dagegen lässt sich einwenden, dass das Vertrauen der Geschäftspartner leiden könnte, wenn Vertreter des Schuldners plötzlich ihre Vertretungsmacht verlieren. Solch ein Vertrauensverlust lässt sich aber dadurch begrenzen, dass die erlöschenden Vollmachten unverzüglich neu erteilt werden. Dies kann auch konkludent geschehen, indem der Geschäftsbetrieb auf Geheiß des Schuldners als Ganzes fortgeführt wird.

Damit bleibt festzuhalten, dass rechtsgeschäftliche Vollmachten mit Anordnung der Eigenverwaltung erlöschen.[260]

bb) Nichtigkeit insolvenzzweckwidriger Handlungen

Weiterhin ist zu prüfen, ob insolvenzzweckwidrige Handlungen in der Eigenverwaltung nichtig sein können.

Folgt man konsequent der Amts-Theorie, so muss man auch solche Rechtsgeschäfte, rechtsgeschäftsähnlichen Handlungen und Prozesshandlungen des Schuldners für wirksam erachten, die insolvenzzweckwidrig sind. Allerdings gebietet es die Parallele zum Regelinsolvenzverfahren, dass Handlungen entsprechend dem Rechtsgedanken des Missbrauchs der Vertretungsmacht nichtig sind, wenn deren Insolvenzzweckwidrigkeit offensichtlich zutage tritt, § 242 BGB.[261]

Gegen diese Schlussfolgerung lässt sich einwenden, dass der Schuldner anders als der Insolvenzverwalter kein fremdes Vermögen, sondern sein eigenes Vermögen verwaltet, weswegen keine dritte Person existiert, die vor dem Missbrauch insolvenzrechtlicher Befugnisse geschützt werden muss.[262]

Dieses Argument trifft aber nicht zu. So ist zu beachten, dass die Insolvenzmasse wirtschaftlich nicht mehr dem Schuldner, sondern den Insolvenzgläubigern zugewiesen ist. Deren Befriedigung muss gesichert werden, indem man insolvenzweckwidrigen Handlungen des Schuldners keine Wirksamkeit zugesteht. So wäre der Insolvenzzweck erheblich gefährdet, wenn der Schuldner die Insolvenzmasse wirksam verschenken könnte, bevor das Insolvenzgericht Gelegenheit hat, über die Aufhebung der Eigenverwaltung zu entscheiden.

Für diese Auffassung spricht außerdem die Normgeschichte. Der RegE zur InsO betonte das Missbrauchspotential der Eigenverwaltung.[263] Unter diesen Umständen ist nicht davon auszugehen, dass der Gesetzgeber dem Schuldner in

259 HKInsO/*Marotzke* § 117 Rn. 2; MKInsO/*Ott/Vuia* § 117 Rn. 14.

260 HKInsO/*Marotzke* § 117 Rn. 2; MKInsO/*Ott/Vuia* § 117 Rn. 14.

261 HambKInsO/*Fiebig* § 270 Rn. 35; *Hofmann*, Eigenverwaltung, Rn. 138; *Pape/Uhlenbruck*, Insolvenzrecht, Rn. 860; *Schlegel*, Die Eigenverwaltung in der Insolvenz, S. 162; *Undritz* BB 2012, 1551 (1553); Schmidt/*Undritz* § 270 Rn. 17.

262 *König*, Die Haftung bei der Eigenverwaltung, S. 31.

263 RegE, BT-Drs. 12/2443, 222.

missbrauchsanfälligen Konstellationen weitergehende Befugnisse als einem Insolvenzverwalter einräumen wollte.

Dem ließe sich allenfalls entgegenhalten, dass die Eigenverwaltung nur dann gelingen kann, wenn der Schuldner das volle Vertrauen seiner Geschäftspartner genießt. Dieses Vertrauen könnte verspielt werden, wenn die Geschäftspartner des Schuldners mit der Nichtigkeit insolvenzzweckwidriger Rechtsgeschäfte bedroht werden.[264]

Allerdings wird dem Vertrauensschutz des Rechtsverkehrs bereits durch den Maßstab der Offensichtlichkeit hinreichend Rechnung getragen. Geschäftspartner, welche die Eigenverwaltung bewusst zur Umgehung insolvenzrechtlicher Bindungen ausnutzen wollen oder diese Umgehung grob fahrlässig übersehen, verdienen keinen Schutz.

Ferner ließe sich einwenden, dass der Schuldner nicht genauso insolvenzrechtlich geschult wie ein hauptberuflicher Insolvenzverwalter ist, weswegen insolvenzzweckwidrige Handlungen von ihm zu erwarten und zu tolerieren sein könnten.[265] Jedoch dürften Handlungen, deren Insolvenzzweckwidrigkeit offensichtlich zutage tritt, auch von einem durchschnittlichen Schuldner als solche zu identifizieren sein. Andernfalls wäre der Schuldner nicht geeignet, die Eigenverwaltung überhaupt durchzuführen.

Des Weiteren geht das Argument fehl, dass die Gläubiger durch die Möglichkeit, die Eigenverwaltung gemäß § 272 Abs. 1 Nr. 1, Nr. 2 InsO zu beenden, bereits hinreichend geschützt seien. So wirkt die Aufhebung der Eigenverwaltung nämlich nicht auf vergangene Rechtshandlungen zurück. Es ließe sich zB nicht verhindern, dass der Schuldner die Insolvenzmasse spontan verschenkt. In diesem Zusammenhang ist ferner zu beachten, dass die Insolvenzgläubiger auch im Regelinsolvenzverfahren die Bestellung eines neuen Insolvenzverwalters durchsetzen können, ohne dass darin ein Grund gesehen würde, die Nichtigkeit offensichtlich insolvenzzweckwidriger Handlungen anzuzweifeln.[266]

Im Ergebnis bleibt festzuhalten, dass offensichtlich insolvenzzweckwidrige Handlungen des eigenverwaltenden Schuldners nichtig sind.[267]

cc) Abgrenzung zu Handlungen im eigenen Interesse

Der Schuldner kann in der Eigenverwaltung nicht nur die Insolvenzmasse verpflichten, sondern Rechtshandlungen auch im privaten Interesse tätigen und dadurch Neuschulden eingehen. Diese Möglichkeit lässt sich damit begründen, dass der Schuldner – sofern er eine natürliche Person ist – gemäß § 278 Abs. 1 InsO Unterhalt bezieht. Derlei Unterhalt ergibt nur dann einen Sinn, wenn er

264 *Huhn*, Die Eigenverwaltung in der Insolvenz, Rn. 611.
265 *Huhn*, Die Eigenverwaltung in der Insolvenz, Rn. 617.
266 *Huhn*, Die Eigenverwaltung in der Insolvenz, Rn. 614.
267 AA *Koch*, Die Eigenverwaltung nach der Insolvenzordnung, S. 238.

eigennützig verwenden werden darf. Würde der Schuldner sein privates Bedürfnis nach Waren und Dienstleistungen nicht mehr durch Vertragsschluss stillen können, so würde ihm außerdem unter Verletzung von Art. 2 Abs. 1 GG die Möglichkeit genommen, seine Persönlichkeit frei zu entfalten.

(1) Wille des Schuldners

Anders als im Regelinsolvenzverfahren gewinnt in der Eigenverwaltung die Frage an Bedeutung, wie Masseverbindlichkeiten von Neuschulden abzugrenzen sind.

Folgt man auch an dieser Stelle konsequent der Amts-Theorie, so muss man wie beim Insolvenzverwalter darauf abstellen, ob der Schuldner ein Rechtsgeschäft, eine rechtsgeschäftsähnliche Handlung oder eine Prozesshandlung auf den amtlichen oder den privaten Bereich bezieht, denn nur der Schuldner ist hoheitlich ermächtigt, über das Ob und Wie seiner Amtsführung zu entscheiden.[268]

Für diese Abgrenzung spricht außerdem, dass der Schuldner die Insolvenzmasse unter Einbringung individueller Kenntnisse und Fähigkeiten verwalten soll. Mithin lässt sich eine objektive und verallgemeinerbare Regel für die Abgrenzung von Neuschulden und Masseverbindlichkeiten gar nicht definieren.[269]

Damit kommt es bei der Abgrenzung von privaten und amtlichen Handlungen grundsätzlich auf den konkreten Willen des Schuldners an.

(2) Schutzwürdiges Vertrauen auf Haftung des freien Vermögens

Zu erörtern ist ferner, inwieweit der Vertrauensschutz des Rechtsverkehrs berücksichtigt werden muss.[270] Eingangs ist die Konstellation zu betrachten, dass der Schuldner in Verwaltung der Insolvenzmasse handelt, ohne diesen Zusammenhang nach außen kenntlich zu machen. In diesem Fall könnte wie beim Insolvenzverwalter eine analoge Anwendung des Grundsatzes der verdeckten Stellvertretung in § 164 Abs. 1 BGB in Betracht kommt, sodass der Schuldner im Ergebnis subsidiär mit seinem privaten Vermögen haften würde.[271]

Eine Regelunglücke ist gegeben, da der Vertrauensschutz des Rechtsverkehrs gesetzlich nicht ausgestaltet ist. Jedoch ist diese Regelungslücke nur dann planwidrig, wenn der Vertrauensschutz des Rechtsverkehrs eine subsidiäre Haftung des Schuldners gebietet. Dazu muss eine Interessenabwägung angestellt werden.

---

268 So bereits unter Geltung der KO Jaeger/*Henckel* KO § 6 Rn. 32; aA *Klinck* ZIP 2013, 853 (857), der eine objektive Abgrenzung verlangt, aber offen lässt, wie diese festzulegen ist.

269 AA KPB/*Pape* § 275 Rn. 7, der objektiv auf die Zugehörigkeit zum Geschäftsbetrieb abstellt.

270 So auch *Klinck* ZIP 2013, 853 (857), der Vertrauensschutz als maßgebliches Kriterium benennt.

271 *Schlegel*, Die Eigenverwaltung in der Insolvenz, S. 171.

Für den Vertrauensschutz spricht, dass die Geschäftspartner des Schuldners nicht aufklären können, ob sich der Schuldner auf sein Amt bezieht. Sie sind einseitig dem Risiko ausgesetzt, dass der innere und der erklärte Wille des Schuldners auseinanderfallen.

Demgegenüber lässt sich bezweifeln, ob die persönliche Haftung des Schuldners den Gläubigern einen zusätzlichen Nutzen bringt, da das pfändbare Vermögen des Schuldners einschließlich seines Neuerwerbs ohnehin in der Insolvenzmasse aufgeht. Jedoch ergeben sich für die Gläubiger insoweit Vorteile, als der Schuldner nach Aufhebung des Insolvenzverfahrens mit seinem privaten Vermögen nachhaftet. Zudem haftet er bereits während des Insolvenzverfahrens mit demjenigen Vermögen, welches er gemäß § 278 Abs. 1 InsO über die Pfändungsfreigrenzen hinaus als Unterhalt aus der Insolvenzmasse entnehmen darf.

Gegen einen Vertrauensschutz könnte ferner eingewendet werden, dass der Schuldner gezwungen wird, seine Eigenschaft als eigenverwaltender Schuldner offenzulegen, um einer persönlichen Haftung zu entgehen. Dies könnte in Konflikt damit geraten, dass die Eigenverwaltung möglichst diskret verlaufen sollte, um den Geschäftsverkehr nicht zu verunsichern.

Allerdings wird der Beschluss über die Eröffnung des Insolvenzverfahrens ohnehin öffentlich bekanntgemacht. Zudem soll die Eigenverwaltung nur das Vertrauen der Geschäftspartner in die Sanierungsfähigkeit des schuldnerischen Unternehmens stärken, nicht aber die Geschäftspartner des Schuldners über die Tatsache der Insolvenz täuschen.

Mithin ist der Rechtsverkehr in seinem Vertrauen auf eine Haftung des Schuldners schutzbedürftig. Eine planwidrige Regelungslücke besteht.

Zudem ist die hiesige Interessenlage mit der verdeckten Stellvertretung vergleichbar. § 164 Abs. 1 BGB gewährleistet, dass sich derjenige durch eine Willenserklärung verpflichtet, der die Erklärung nach dem objektiven Empfängerhorizont im eigenen Namen abgibt. Dementsprechend muss sich auch der Schuldner eine Willenserklärung persönlich zurechnen lassen, wenn er den Anschein erweckt, dass er diese auf sein privates Vermögen und nicht auf die Insolvenzmasse bezieht.

Im Ergebnis haftet der Schuldner analog § 164 Abs. 1 BGB persönlich, wenn er eine Willenserklärung zwar auf die Insolvenzmasse bezieht, nach dem objektiven Empfängerhorizont aber sich selbst verpflichtet.[272]

(3) Schutzwürdiges Vertrauen auf Haftung der Insolvenzmasse

In der umgekehrten Konstellation tätigt der Schuldner ein Rechtsgeschäft im privaten Interesse, ohne offenzulegen, dass er nicht in Verwaltung der Insolvenzmasse handelt. Möglicherweise genießt der Rechtsverkehr in diesem Fall analog dem Grundsatz der verdeckten Stellvertretung in § 164 Abs. 1 BGB ein schutzwürdiges Vertrauen darauf, dass er auf die Insolvenzmasse zugreifen darf.

Im Regelinsolvenzverfahren wird diese Konstellation nicht relevant, da der Insolvenzverwalter ohne weiteres als Privatperson handeln kann und dementsprechend

---

272 AA *Huhn*, Die Eigenverwaltung in der Insolvenz, Rn. 610, die bereits die Amts-Theorie ablehnt.

mit seinem privaten Vermögen haftet. Der privat handelnde Schuldner haftet hingegen nur sehr eingeschränkt, weil sein pfändbares Vermögen einschließlich seines Neuerwerbs in der Insolvenzmasse aufgeht. Es fragt sich deshalb, ob die Geschäftspartner des privat handelnden Schuldners, die auf ein amtliches Handeln vertrauen, ausnahmsweise auf die Insolvenzmasse zugreifen dürfen.

Eine Regelungslücke ist gegeben, da der Vertrauensschutz des Rechtsverkehrs im siebten Teil der InsO nicht betrachtet wird. Um zu klären, ob diese Regelungslücke planwidrig ist, muss der Vertrauensschutz des Rechtsverkehrs gegen das Interesse der Insolvenzgläubiger an der Erhaltung der Insolvenzmasse abgewogen werden.

Für einen Vertrauensschutz streitet, dass die Neugläubiger in der Eigenverwaltung nicht zwischen dem Schuldner als Amtsträger und dem Schuldner als Privatperson unterscheiden können. Legt der Schuldner nicht offen, in welcher Funktion er handelt, und geht der Rechtsverkehr ohne Verschulden davon aus, dass der Schuldner als Amtsträger auftritt, so ist der Rechtsverkehr schutzwürdig.

Dem gegenlaufenden Interesse der Insolvenzgläubiger am Erhalt der Insolvenzmasse wird bereits dadurch genüge getan, dass offensichtlich insolvenzzweckwidrige Handlungen des Schuldners nichtig sind. Außerdem müssen sich die Insolvenzgläubiger zurechnen lassen, dass sie dem Verhalten des Schuldners nicht schutzlos ausgeliefert sind, weil sie die Eigenverwaltung durch Mehrheitsbeschluss beenden können.

Damit überwiegt das Interesse am Vertrauensschutz des Rechtsverkehrs gegenüber dem Interesse an der Erhaltung der Insolvenzmasse, sodass eine planwidrige Regelungslücke gegeben ist. Ferner besteht auch an dieser Stelle eine vergleichbare Interessenlage zu § 164 Abs. 1 BGB, da es um ein Handeln des Schuldners in einem fremden Rechtskreis geht.

Im Ergebnis haftet die Insolvenzmasse analog § 164 Abs. 1 BGB für private Verbindlichkeiten des Schuldners, wenn dieser bei Abgabe einer Willenserklärung nicht offenlegt, dass er als Privatperson handelt.

dd) Zustimmungsvorbehalt

§ 277 InsO sieht die Anordnung des Insolvenzgerichts vor, dass bestimmte Rechtsgeschäfte des Schuldners nur wirksam sind, wenn der Sachwalter ihnen zustimmt.

(1) Antragsberechtigung

Zunächst stellt sich die Frage, wer den Zustimmungsvorbehalt beantragen kann.

α) Antragsberechtigung der Gläubiger

Antragsberechtigt ist gemäß § 277 Abs. 1 InsO die Gläubigerversammlung, die einen entsprechenden Beschluss fassen muss.[273]

---

273 *Koch*, Die Eigenverwaltung nach der Insolvenzordnung, S. 224.

Ferner sind gemäß § 277 Abs. 2 InsO einzelne absonderungsberechtigte Gläubiger und Insolvenzgläubiger antragsberechtigt, sofern diese glaubhaft machen, dass der Zustimmungsvorbehalt unaufschiebbar und erforderlich ist, um Nachteile abzuwenden. Mit Nachteilen sind dabei nur solche Umstände gemeint, die durch den Zustimmungsvorbehalt beseitigt werden können, also bestimmte Rechtsgeschäfte des Schuldners, welche die Insolvenzmasse schmälern oder einen Zuwachs der Insolvenzmasse vereiteln.[274] Unaufschiebbar ist der Zustimmungsvorbehalt, wenn ein Antrag der Gläubigerversammlung nicht mehr abgewartet werden kann, ohne dass sich die Nachteile realisieren würden. Das schädliche Rechtsgeschäft muss also unmittelbar bevorstehen.[275] Für diese strenge Auslegung spricht, dass das Antragsrecht einzelner Gläubiger ausweislich des RegE zur InsO nur für „Eilfälle" gedacht ist.[276] Einzelne Gläubiger sollen die Eigenverwaltung nur bei akuter Gefahr obstruieren können.

β) Anordnung von Amts wegen

Fraglich ist, wie es sich mit dem Antragsrecht verhält, bevor die Gläubigerversammlung erstmals zusammenkommt.

Dazu wird vertreten, dass das Insolvenzgericht den Zustimmungsvorbehalt analog den §§ 21 Abs. 2 Nr. 2 und 22 InsO auch von Amts wegen anordnen dürfe. Eine planwidrige Regelungslücke sei gegeben, weil der Gesetzgeber die Situation bis zum Zusammentritt der ersten Gläubigerversammlung nicht geregelt habe, obwohl in dieser Phase die Missbrauchsgefahr besonders groß sei.[277] Außerdem bestehe eine vergleichbare Interessenlage zum Insolvenzeröffnungsverfahren, weil sich die Gläubigerversammlung in beiden Fällen noch nicht konstituiert habe.[278]

Dieser Erwägung steht jedoch entgegen, dass der Gesetzgeber in § 277 Abs. 2 InsO auch absonderungsberechtigte Gläubiger und Insolvenzgläubiger mit einem Antragsrecht ausgestattet hat. Der Zustimmungsvorbehalt wird damit grundsätzlich zur Disposition der Gläubiger, nicht zur Disposition des Insolvenzgerichts gestellt. Diese Wertung würde unterlaufen, wenn das Insolvenzgericht den Zustimmungsvorbehalt analog den §§ 21 Abs. 2 Nr. 2 und 22 InsO nach freiem Ermessen anordnen könnte, ohne dass ein absonderungsberechtigter Gläubiger oder ein Insolvenzgläubiger die Hürden eines Antrags gemäß § 277 Abs. 2 InsO überwunden haben müsste.

Weiterhin ist zu berücksichtigen, dass der Gesetzgeber einen von Amts wegen angeordneten Zustimmungsvorbehalt, wie ihn noch § 58 VerglO vorsah, bei

---

274 MKInsO/*Tetzlaff/Kern* § 277 Rn. 6; Uhlenbruck/*Zipperer* § 277 Rn. 8.

275 MKInsO/*Tetzlaff/Kern* § 277 Rn. 6; Uhlenbruck/*Zipperer* § 277 Rn. 8.

276 RegE, BT-Drs. 12/2443, 225.

277 *Gundlach/Schmidt* DStR 2002, 2092 (2092).

278 AG Duisburg DStR 2002, 2092 (2092); FKInsO/*Foltis* § 277 Rn. 2; *Gundlach/Müller* ZInsO 2010, 2181 (2182); *Hess/Ruppe* NZI 2002, 577 (578 f.).

Einführung der InsO nicht aufgegriffen hat.[279] Zudem hat der Gesetzgeber bei Implementierung des ESUG keine Änderungen an § 277 InsO vorgenommen, obwohl in der Literatur bereits ein amtsseitig veranlasster Zustimmungsvorbehalt diskutiert wurde.[280]

Soweit gegen diese Auffassung eingewendet wird, dass die Insolvenzmasse vor Zusammenkunft der ersten Gläubigerversammlung nicht hinreichend vor Missbrauch geschützt werden könne,[281] sei darauf verwiesen, dass das Insolvenzgericht von der Anordnung der Eigenverwaltung insgesamt abzusehen hat, wenn Nachteile für die Gläubiger zu erwarten sind. Diese Entscheidung ist konsequenter, als die Eigenverwaltung durch einen globalen Zustimmungsvorbehalt in ein Regelinsolvenzverfahren umzudeuten.

Damit scheidet ein von Amts wegen veranlasster Zustimmungsvorbehalt entsprechend den §§ 21 Abs. 2 Nr. 2 und 22 InsO aus.[282]

(2) Gegenstand des Antrags

Der Antrag und der daraufhin erlassene Beschluss des Insolvenzgerichts müssen sich gemäß § 277 Abs. 1 S. 1 InsO auf bestimmte Rechtsgeschäfte beziehen.[283] Fraglich ist, welche Kriterien eingehalten werden müssen, um diesem Erfordernis gerecht zu werden.

α) Bestimmtheit des Umfangs

Zum einen muss Rechtssicherheit hergestellt werden. Diese ist nur gegeben, wenn der Rechtsverkehr erkennen kann, worauf sich der Zustimmungsvorbehalt bezieht. Insoweit kann auf die Prinzipien zurückgegriffen werden, die im Rahmen des sachenrechtlichen Bestimmtheitsgrundsatzes[284] entwickelt wurden, denn auch dieser hat zum Ziel, die eindeutige Zuordnung von Rechtsgeschäften zu Rechtsobjekten sicherzustellen.

Demnach ist es erforderlich, dass der Gegenstand des Zustimmungsvorbehalts bestimmt oder zumindest unzweideutig bestimmbar ist. So müssen der Antrag und der Beschluss aus sich heraus erkennen lassen, welche Rechtsgeschäfte sie erfassen. Dabei genügt es, wenn Rechtsgeschäfte mit bestimmten Vertragspartnern, bspw. Zulieferern, oder bestimmte Vertragstypen, bspw. Darlehensverträge, bezeichnet werden.[285]

---

279 *Koch*, Die Eigenverwaltung nach der Insolvenzordnung, S. 215.
280 MKInsO/*Tetzlaff/Kern* § 277 Rn. 7.
281 AG Duisburg DStR 2002, 2092 (2092); *Gundlach/Schmidt* DStR 2002, 2092 (2092).
282 So im Ergebnis *Andres/Leithaus*, InsO, vor § 277 Rn. 9.
283 Kritisch *Koch*, Die Eigenverwaltung nach der Insolvenzordnung, S. 223 f.
284 BGH NJW 1986, 1985 (1686); *Lorenz* JuS 2011, 493 (493 f.).
285 MKInsO/*Tetzlaff/Kern* § 277 Rn. 16; Uhlenbruck/*Zipperer* § 277 Rn. 2.

β) Begrenztheit des Umfangs

Zum anderen könnte der Begriff „bestimmt" auch so zu verstehen sein, dass sich der Antrag und der Beschluss nicht auf alle, sondern nur auf eine bestimmte Gruppe von Rechtsgeschäften beziehen dürfen.

Dafür spricht, dass andernfalls die Handlungsfreiheit des Schuldners übermäßig eingeengt würde, obwohl diese erforderlich ist, damit der Schuldner seine branchenspezifischen Kenntnisse und betriebswirtschaftlichen Fähigkeiten einbringen kann.[286] Außerdem würde die Eigenverwaltung schwerfällig, wenn die Umsetzung jeder Entscheidung des Schuldners bis zur Zustimmung durch den Sachwalter verzögert würde.

Zwar wird argumentiert, dass ein umfassender Zustimmungsvorbehalt als milderes gleich geeignetes Mittel im Verhältnis zur Aufhebung der Eigenverwaltung zulässig sein müsse.[287] Jedoch entstünde durch einen umfassenden Zustimmungsvorbehalt ein Mischverfahren zwischen Regelinsolvenzverfahren und Eigenverwaltung, welches im siebten Teil der InsO nicht angelegt ist. Wenn das Vertrauen in den Schuldner so sehr gelitten hat, dass ein umfassender Zustimmungsvorbehalt erforderlich erscheint, ist die Eigenverwaltung angesichts des Wegfalls ihrer Vorteile insgesamt aufzuheben.

Damit ist es unzulässig, sämtliche Rechtsgeschäfte des Schuldners unter einen Zustimmungsvorbehalt zu stellen. Genauso unzulässig muss es sein, dieses Kriterium zu umgehen, indem möglichst viele Rechtsgeschäfte in dem Beschluss über den Zustimmungsvorbehalt aufgezählt werden. Fraglich ist, wo die Grenze verläuft.

Den Ausgangspunkt sollte die Überlegung bilden, dass der Schuldner weiterhin unternehmerische Freiheit genießen muss, während die Aufgaben des Sachwalters nicht über eine Aufsicht hinausgehen dürfen. Nähert sich der Zustimmungsvorbehalt einer Gesamtvertretung von Schuldner und Sachwalter an, ist dies unzulässig. Vielmehr muss die Zahl der zustimmungspflichtigen Rechtsgeschäfte überschaubar bleiben.

Eine Orientierung bietet die Wertung in § 275 Abs. 1 InsO, wonach zwischen Verbindlichkeiten aus dem gewöhnlichen Geschäftsbetrieb und sonstigen Verbindlichkeiten abgestuft wird. Ein Zustimmungsvorbehalt, der zu einem nicht unerheblichen Teil Verbindlichkeiten aus dem gewöhnlichen Geschäftsbetrieb erfasst, dürfte in der Regel unzulässig sein, weil der Schuldner solche Verbindlichkeiten im Normalfall ohne das Einvernehmen des Sachwalters eingehen darf. Ein Zustimmungsvorbehalt für Verbindlichkeiten, die nicht aus dem gewöhnlichen Geschäftsbetrieb resultieren, dürfte hingegen statthaft sein, weil der Schuldner auch im Normalfall das Votum des Sachwalters abwarten soll. Als Mittelweg kommt auch

---

286 *Häsemeyer*, Insolvenzrecht, Rn. 8.18; MKInsO/*Tetzlaff/Kern* § 277 Rn. 15; Uhlenbruck/*Zipperer* § 277 Rn. 2; kritisch *Koch*, Die Eigenverwaltung nach der Insolvenzordnung, S. 230.

287 HambKInsO/*Fiebig*, § 277 Rn. 5.

ein Zustimmungsvorbehalt in Betracht, der alle bedeutsamen Rechtsgeschäfte iSd § 160 InsO erfasst.[288]

Im Ergebnis darf der Zustimmungsvorbehalt jedenfalls nicht so weit reichen, dass er eine erhebliche Zahl von Verbindlichkeiten aus dem gewöhnlichen Geschäftsbetrieb erfasst.

(3) Bindungswirkung des Antrags

Weiterhin ist zu untersuchen, ob der Antrag auf Anordnung eines Zustimmungsvorbehalts für das Insolvenzgericht bindend ist.

Bei einem Antrag der Gläubigerversammlung ergibt sich die Bindungswirkung schon aus der Formulierung „ordnet an" in § 277 Abs. 1 InsO. Bei einem Antrag einzelner Gläubiger heißt es dagegen in § 277 Abs. 2 InsO, dass der Zustimmungsvorbehalt angeordnet werden „kann". Jedoch sprechen auch in diesem Fall gewichtige Argumente gegen richterliches Ermessen.[289] So sind die Anforderungen an den Antrag eines einzelnen Gläubigers streng. Überwindet der Gläubiger diese Hürde, darf ihm der wohlverdiente Schutz nicht versagt werden.

Dafür spricht auch die Parallele zu § 272 Abs. 1 InsO, wonach sowohl der Antrag der Gläubigerversammlung als auch der Antrag eines einzelnen Gläubigers auf Aufhebung der Eigenverwaltung bindend sind. Wenn ein einzelner Gläubiger die Aufhebung der Eigenverwaltung erzwingen kann, so muss er als milderes gleich geeignetes Mittel erst recht einen Zustimmungsvorbehalt erzwingen können.

Damit ist der Antrag auf Anordnung der Eigenverwaltung stets bindend.[290]

(4) Entscheidung des Insolvenzgerichts

Das Insolvenzgericht hat den Zustimmungsvorbehalt durch Beschluss anzuordnen. Sodann ist der Beschluss gemäß § 277 Abs. 3 InsO öffentlich bekanntzumachen bzw. in die betroffenen öffentlichen Register einzutragen.

(5) Folgen fehlender Zustimmung

Gemäß § 277 Abs. 1 InsO sind zustimmungsbedürftige Rechtsgeschäfte ohne die Billigung des Sachwalters unwirksam. Gemeint ist damit eine absolute Unwirksamkeit, wie sich schon daraus ergibt, dass § 277 Abs. 1 InsO anders als § 275 InsO ausdrücklich den Begriff „Unwirksamkeit" verwendet.[291] Zudem verweist § 277 Abs. 1 S. 2 InsO auf den Gutglaubensschutz gemäß den §§ 81 Abs. 1 S. 2, S. 3 und 82 InsO, so wie er auch im Falle absoluter Unwirksamkeit gemäß § 80 Abs. 1 S. 1 InsO zum Tragen kommt. Eine nur relative Unwirksamkeit von Rechtsgeschäften wäre der InsO fremd.

---

288 MKInsO/*Tetzlaff/Kern* § 277 Rn. 15; Uhlenbruck/*Zipperer* § 277 Rn. 2.
289 MKInsO/*Tetzlaff/Kern* § 277 Rn. 22; Uhlenbruck/*Zipperer* § 277 Rn. 9.
290 MKInsO/*Tetzlaff/Kern* § 277 Rn. 21; Uhlenbruck/*Zipperer* § 277 Rn. 9.
291 *Doliwa*, Die geplante Insolvenz, S. 163; *Koch*, Die Eigenverwaltung nach der Insolvenzordnung, S. 228.

Freilich ergeben sich für Masseverbindlichkeiten keine Unterschiede zwischen absoluter und relativer Unwirksamkeit, da alle Forderungen nur im Verhältnis zwischen Gläubiger und Schuldner Wirkung entfalten. Auch Gutglaubensschutz spielt im Rahmen von Verpflichtungsgeschäften keine Rolle.

(6) Erteilung der Zustimmung

§ 277 InsO regelt nicht, wie die Zustimmung zu erteilen ist. Jedoch kann auf die allgemeinen Regelungen in den §§ 182 bis 185 BGB zurückgegriffen werden, da diese für alle privatrechtlichen Willenserklärungen gelten.[292] Demnach kann die Zustimmung gegenüber dem Schuldner oder dem anderen Teil erfolgen. Zudem kann sie im Vorfeld des Rechtsgeschäfts als Einwilligung oder im Anschluss als Genehmigung erteilt werden. Bis zur Genehmigung ist das Rechtsgeschäft schwebend unwirksam; bei Verweigerung der Genehmigung wird es endgültig unwirksam. Für Verfügungsgeschäfte wird dabei § 185 BGB herangezogen. Für Verpflichtungsgeschäfte ist die Norm nicht anwendbar. Jedoch greift insoweit der Rechtsgedanke des § 177 BGB entsprechend.[293]

6. Verbindlichkeiten aus gegenseitigen Verträgen

Zu den sonstigen Masseverbindlichkeiten gehören gemäß § 55 Abs. 1 Nr. 2 InsO auch Verbindlichkeiten aus gegenseitigen Verträgen.

a) Rechtslage im Regelinsolvenzverfahren

Dabei lässt sich zwischen Verträgen unterscheiden, die der Insolvenzverwalter wahlweise aufnehmen kann, und solchen, die von Gesetzes wegen weiter durchzuführen sind.

aa) Aufnahme von Verträgen

Mit Eröffnung des Insolvenzverfahrens können die Insolvenzgläubiger ihre Forderungen gemäß den §§ 38 und 174 ff. InsO nur noch durch Anmeldung beim Insolvenzverwalter durchsetzen. Im Rahmen von gegenseitigen Verträgen führt die eingeschränkte Durchsetzbarkeit gemäß den §§ 320 Abs. 1 und 273 BGB dazu, dass die Insolvenzgläubiger die vertraglich vereinbarte Gegenleistung zurückbehalten dürfen.[294] Unter wirtschaftlichen Gesichtspunkten kann es jedoch nützlich sein, dass die Gegenleistung zur Insolvenzmasse erbracht wird. Aus diesem Grund regelt § 103 Abs. 1 InsO, dass gegenseitige Verträge, die weder der Schuldner noch der andere Teil vollständig erfüllt haben, auf Verlangen des Insolvenzverwalters

---

292 Palandt/*Ellenberger* Einf v § 182 Rn. 1, 3.

293 HeidKInsO/*Landfermann* § 277 Rn. 9; HRI/*Minuth* § 6 Rn. 65; MKInsO/*Tetzlaff/Kern* § 277 Rn. 40.

294 MKInsO/*Kreft* § 103 Rn. 16; Uhlenbruck/*Wegener* § 103 Rn. 11.

weiter durchzuführen sind. Dieses Verlangen bewirkt, dass die Forderungen des anderen Teils gemäß § 55 Abs. 1 Nr. 2 InsO zu Masseverbindlichkeiten erhoben und dadurch wieder uneingeschränkt durchsetzbar werden.[295] Auf diese Weise entfällt das Zurückbehaltungsrecht des anderen Teils und der Insolvenzverwalter kann die Gegenleistung beanspruchen.[296]

Konkretisierend führt § 105 Abs. 1 S. 1 InsO aus, dass die Forderung des anderen Teils im Falle ihrer Teilbarkeit nur insoweit zur Masseverbindlichkeit erhoben wird, wie sie sich auf denjenigen Teil der Gegenleistung bezieht, der nach Eröffnung des Insolvenzverfahrens zu erbringen ist. Forderungen des anderen Teils, die bereits erfüllte Gegenleistungen vergüten, bleiben hingegen Insolvenzforderungen.[297]

§ 103 Abs. 2 InsO stellt klar, dass bei Ablehnung der Vertragsaufnahme alle Forderungen des anderen Teils, vor allem Schadensersatzansprüche wegen Nichtleistung oder verspäteter Leistung, Insolvenzforderungen sind.[298]

bb) Fortgeltung von Verträgen

Das eben skizzierte Wahlrecht des Insolvenzverwalters über die Fortsetzung von gegenseitigen Verträgen wird in einigen Fällen dahingehend eingeschränkt, dass der Insolvenzverwalter die Verträge zwingend fortsetzen muss. Dies betrifft gemäß § 108 Abs. 1 InsO Dienstverhältnisse sowie Miet- und Pachtverhältnisse über Immobilien, ferner gemäß § 108 Abs. 2 InsO Darlehen, die der Schuldner valutiert hat.

Wie § 108 Abs. 3 InsO klarstellt, gilt auch hier das Prinzip, dass Forderungen des anderen Teils, die sich auf bereits erbrachte Gegenleistungen beziehen, Insolvenzforderungen bleiben.[299]

b) Anpassung an die Eigenverwaltung

Wiederum ist auf die Besonderheiten in der Eigenverwaltung einzugehen.

aa) Aufnahme von Verträgen

Zunächst soll die Aufnahme von gegenseitigen Verträgen betrachtet werden.

(1) Möglichkeit zur Begründung von Masseverbindlichkeiten

Es fragt sich, ob in der Eigenverwaltung Masseverbindlichkeiten durch die Aufnahme von gegenseitigen Verträgen begründet werden können.

---

295 MKInsO/*Hefermehl* § 55 Rn. 147; Uhlenbruck/*Sinz* § 55 Rn. 48.
296 MKInsO/*Hefermehl* § 55 Rn. 147; Uhlenbruck/*Sinz* § 55 Rn. 48.
297 HKInsO/*Marotzke* § 105 Rn. 17; Uhlenbruck/*Wegener* § 103 Rn. 14.
298 HKInsO/*Marotzke* § 103 Rn. 93; Uhlenbruck/*Wegener* § 103 Rn. 17 f.
299 HKInsO/*Marotzke* § 108 Rn. 58; Uhlenbruck/*Wegener* § 108 Rn. 4.

Der siebte Teil der InsO enthält in § 279 S. 1 InsO eine spezielle Regelung über die Aufnahme von gegenseitigen Verträgen. Demnach sind die §§ 103 bis 128 InsO entsprechend anwendbar. Dass aus der Fortsetzung gegenseitiger Verträge Masseverbindlichkeiten resultieren, ergibt sich hingegen nicht ausdrücklich aus dem Gesetz, da § 279 S. 1 InsO den § 55 Abs. 1 Nr. 2 InsO nicht in Bezug nimmt.

Jedoch lässt sich argumentieren, dass die Aufnahme von gegenseitigen Verträgen keinen Sinn ergäbe, wenn sie nicht zugleich die Begründung von Masseverbindlichkeiten nach sich zöge. Würde nämlich der andere Teil keine Masseverbindlichkeiten erwerben, könnte er weiterhin ein Zurückbehaltungsrecht einwenden und der Vertrag bliebe undurchführbar.[300] Dies widerspräche nicht zuletzt dem RegE zur InsO, der eine Sanierung unter Aufrechterhaltung bestehender Geschäftsbeziehungen anstrebt.[301]

Damit können in der Eigenverwaltung Masseverbindlichkeiten durch die Aufnahme von gegenseitigen Verträgen begründet werden.

(2) Kompetenzen des Schuldners

Die allgemeinen Vorschriften müssen nur insoweit an die Eigenverwaltung angepasst werden, als zu klären ist, welche Beteiligten die Fortsetzung gegenseitiger Verträge verlangen dürfen.

§ 279 S. 1 InsO sieht vor, dass der Schuldner an die Stelle des Insolvenzverwalters tritt.[302] Gegen ein freies Wahlrecht des Schuldners ließe sich allenfalls vorbringen, dass dieser die Verträge selbst geschlossen hat, über deren Fortsetzung er nun entscheiden soll. Auf diese Weise könnte er gegen das in § 242 BGB verankerte Verbot des venire contra factum proprium[303] verstoßen.

Jedoch handelt der Schuldner mit Anordnung der Eigenverwaltung nicht mehr privatautonom, sondern als Amtsträger. Ihm muss es möglich sein, sein Verhalten an den Insolvenzweck anzupassen und dementsprechend von bestehenden Verträgen Abstand zu nehmen, um die von ihm vertretenen Interessen der Insolvenzgläubiger zu schützen.[304]

Mithin steht dem Schuldner das freie Wahlrecht über die Aufnahme von gegenseitigen Verträgen zu.

(3) Kompetenzen des Sachwalters

Fraglich ist, ob sich auch für den Sachwalter ein Wahlrecht über die Aufnahme gegenseitiger Verträge begründen lässt.

---

300 Dazu C.III.6.a)aa).

301 RegE, BT-Drs. 12/2443, 223.

302 *Hübler*, Die Eigenverwaltung, S. 87; *Koch*, Die Eigenverwaltung nach der Insolvenzordnung, S. 237; *Schlegel*, Die Eigenverwaltung in der Insolvenz, S. 143 f.

303 Ermann/*Böttcher/Hohloch* § 242 Rn. 123; Jauernig/*Mansel* § 242 Rn. 48.

304 *Mönning* FS Wellensiek 2011, 641 (647).

Dagegen spricht, dass die Aufgaben des Sachwalters entweder nach innen gerichtet sind oder insolvenzspezifische Verwaltungsrechte wie die Insolvenzanfechtung oder die Geltendmachung von Gesamtschäden betreffen, die erst nach Eröffnung des Insolvenzverfahrens relevant werden. Damit bleibt für den Sachwalter kein Raum, über die Fortsetzung von Verträgen zu entscheiden, die bereits vor Eröffnung des Insolvenzverfahrens zustande gekommen sind.

§ 279 S. 2 InsO sieht aber vor, dass der Schuldner das Einvernehmen des Sachwalters suchen soll. Über die Bedeutung des Einvernehmens lässt sich streiten. Denkbar ist, darin eine Voraussetzung für die wirksame Ausübung des Wahlrechts zu erblicken. Gegen diese Auffassung spricht aber die Formulierung, dass der Schuldner das Einvernehmen nur herstellen „soll“, aber nicht muss. Zudem stuft das Gesetz bewusst zwischen einer außenwirksamen Zustimmung im Sinne der §§ 279 S. 3 und 277 Abs. 1 S. 1 InsO und einem Einvernehmen im Sinne des § 279 S. 2 InsO ab.[305]

Im Ergebnis hat der Sachwalter keine Befugnis zur Ausübung oder Mitausübung des Wahlrechts.

(4) Abgrenzung zu Handlungen im eigenen Interesse

Zu klären ist weiterhin, wie sich im Einzelnen voneinander abgrenzen lässt, ob der Schuldner gegenseitige Verträge als Amtsträger mit Wirkung für die Insolvenzmasse oder als Privatperson mit Wirkung für sein beschlagnahmefreies Vermögen fortsetzt.

Die Frage stellt sich im Regelinsolvenzverfahren nicht, da ein Insolvenzverwalter, der sich auf gegenseitige Verträge des Schuldners bezieht, zwangsläufig nur in amtlicher Funktion handeln kann. Beim Schuldner ergeben sich hingegen Abgrenzungsfragen. Diese lassen sich durch einen Rückgriff auf die oben entwickelten Prinzipien[306] beantworten.

Grundsätzlich muss darauf abgestellt werden, ob der Schuldner sein Verlangen zur Fortsetzung gegenseitiger Verträge auf den amtlichen oder den privaten Bereich bezieht, da nur er über das Ob und Wie seiner Amtsführung entscheiden darf. Wenn der Schuldner jedoch im Unklaren lässt, ob er als Amtsträger oder als Privatperson handelt, muss ausnahmsweise entsprechend dem Rechtsgedanken der verdeckten Stellvertretung in § 164 Abs. 1 BGB das Vertrauen des anderen Teils geschützt werden. Nur auf diese Weise wird einerseits der Amts-Theorie Genüge getan und andererseits ein billiger Ausgleich zwischen dem Schutz der Insolvenzgläubiger vor Masseaufzehrung und dem Vertrauensschutz des Rechtsverkehrs erreicht.

Wenn der Schuldner bspw. die Belieferung seines insolventen Unternehmens mit Rohstoffen fortsetzen will, bezieht er das Verlangen auf sein Amt. Da der

---

305 *Mönning* FS Wellensiek 2011, 641 (654); *Schlegel*, Die Eigenverwaltung, S. 144.

306 Dazu C.III.5.b)cc).

Liefervertrag erkennbar im Zusammenhang mit der Insolvenzmasse steht, wird der andere Teil kein abweichendes schutzwürdiges Vertrauen bilden können. Will der Schuldner hingegen die Belieferung seines Wohnsitzes mit Strom fortsetzen, bezieht er sein Verlangen auf seine private Funktion, was für den anderen Teil auch erkennbar sein dürfte.

Problematisch ist der Fall, dass der Schuldner eine doppeldeutige Belieferung fortsetzen will, bspw. das Abonnement einer Tageszeitung, deren Wirtschaftsteil seinem Unternehmen und deren Sportteil seinem privaten Interesse dient. Macht der Schuldner nicht deutlich, dass er den Vertrag für die Insolvenzmasse fortsetzen will, und vertraut der andere Teil aufgrund der für ihn erkennbaren Umstände darauf, dass der Schuldner privat handelt, so haftet der Schuldner neben der Insolvenzmasse ergänzend mit seinem Privatvermögen. Umgekehrt haftet die Insolvenzmasse, wenn der andere Teil aufgrund der für ihn erkennbaren Umstände darauf vertraut, dass der Schuldner als Amtsträger auftritt, obwohl er eigentlich privat handeln will – es sei denn, die Aufnahme des Vertrags ist offensichtlich insolvenzzweckwidrig.

Mithin kommt es bei der Abgrenzung von privaten und amtlichen Handlungen des Schuldners auf dessen inneren Willen an, wobei der Geschäftsverkehr jedoch Vertrauensschutz genießt.

(5) Zustimmungsvorbehalt

Auch die Aufnahme von Verträgen kann einem Zustimmungsvorbehalt gemäß § 277 Abs. 1 InsO unterworfen werden. So hielt es bereits der RegE zur InsO für erforderlich, um die Insolvenzgläubiger vor der Aufzehrung der Insolvenzmasse zu schützen.[307]

bb) Fortgeltung von Verträgen

Soweit es um die Fortsetzung von Verträgen kraft Gesetzes geht, ist mangels abweichender Regelungen im siebten Teil der InsO vermittels § 270 Abs. 1 S. 2 InsO auf die allgemeinen Vorschriften, insbesondere auf die §§ 55 Abs. 1 Nr. 2 und 108 InsO, zurückzugreifen. Einer Anpassung an die eigenverwaltungsspezifische Kompetenzordnung bedarf es nicht, da die Verträge kraft Gesetzes und nicht aufgrund des Rechtsgeschäfts eines Beteiligten fortgelten.

7. Verbindlichkeiten aus einer Bereicherung der Insolvenzmasse

Weiterhin sind gemäß § 55 Abs. 1 Nr. 3 InsO bestimmte Ansprüche aus ungerechtfertigter Bereicherung als sonstige Masseverbindlichkeiten einzuordnen.

307 *Koch*, Die Eigenverwaltung nach der Insolvenzordnung, S. 239.

a) Rechtslage im Regelinsolvenzverfahren

Dem Grunde nach können alle Ansprüche, die in den §§ 812 bis 822 BGB geregelt sind, in den Rang von Masseverbindlichkeiten erhoben werden.[308] Problematisch ist jedoch die Abgrenzung zu einfachen Insolvenzforderungen.

aa) Bereicherung nach Eröffnung des Insolvenzverfahrens

Im Regelinsolvenzverfahren werden Ansprüche gegen den Schuldner aus ungerechtfertigter Bereicherung nur dann zu den Masseverbindlichkeiten gezählt, wenn der Vermögenswert erst nach Eröffnung des Insolvenzverfahrens der Insolvenzmasse zugeflossen ist. Diese zeitliche Abgrenzung ergibt sich schon daraus, dass § 55 Abs. 1 Nr. 3 InsO nicht auf die Bereicherung des Schuldners, sondern auf die Bereicherung der Insolvenzmasse abstellt.[309] Unerheblich ist indessen, wann der Rechtsgrund weggefallen ist, denn darauf nimmt der Wortlaut von § 55 Abs. 1 Nr. 3 InsO gerade keinen Bezug.[310] Sinn und Zweck dieser Abgrenzung ist es, dass diejenigen Personen, die freiwillig an den Insolvenzverwalter leisten oder in deren Vermögen der Insolvenzverwalter eingreift, nicht benachteiligt werden sollen. Andernfalls könnte sich der Geschäftsverkehr aus Furcht vor unumkehrbaren Vermögensverschiebungen vom Insolvenzverwalter abwenden, wodurch eine Verwaltung, Verwertung und Sanierung der Insolvenzmasse erschwert würde. Wer hingegen mit dem Schuldner in Kontakt getreten ist, trägt auch bei rechtsgrundlosen Vermögensverschiebungen dessen Insolvenzrisiko.[311]

bb) Unmittelbare Bereicherung der Insolvenzmasse

Ferner setzt § 55 Abs. 1 Nr. 3 InsO voraus, dass der Vermögensvorteil der Insolvenzmasse unmittelbar zugeflossen ist.[312] Wird ein Insolvenzgläubiger durch einen Dritten befriedigt, so ist die Insolvenzmasse zwar um die Befreiung von der Insolvenzforderung bereichert, jedoch widerspräche es dem Grundsatz der Gleichbehandlung der Insolvenzgläubiger, wenn einerseits der begünstigte Insolvenzgläubiger volle Befriedigung erlangen und andererseits der leistende Dritte vollen Rückgriff auf die Insolvenzmasse nehmen dürfte.[313]

b) Anpassung an die Eigenverwaltung

Der siebte Teil der InsO enthält keine besonderen Regelungen oder Wertungen zur Bereicherung der Insolvenzmasse. Daher ist mittels der Verweisung in § 270 Abs. 1

---

308 MKInsO/*Hefermehl* § 55 Rn. 209; Uhlenbruck/*Sinz* § 55 Rn. 85.
309 BGH ZIP 2015, 434 (434); Uhlenbruck/*Sinz* § 55 Rn. 85; noch zur KO RGZ 94, 20 (25).
310 BGH NZI 2009, 475 (476); Schmidt/*Thole* § 55 Rn. 37.
311 MKInsO/*Hefermehl* § 55 Rn. 214; Uhlenbruck/*Sinz* § 55 Rn. 85.
312 MKInsO/*Hefermehl* § 55 Rn. 211; Uhlenbruck/*Sinz* § 55 Rn. 87.
313 BGH NJW 1962, 1200 (1200); Uhlenbruck/*Sinz* § 55 Rn. 87; Schmidt/*Thole* § 55 Rn. 39.

S. 2 InsO auch an dieser Stelle auf § 55 Abs. 1 Nr. 3 InsO zurückzugreifen, wonach alle Ansprüche gemäß den §§ 812 bis 822 BGB potentielle Masseverbindlichkeiten sein können.

aa) Bereicherung nach Eröffnung des Insolvenzverfahrens

Bei der zeitlichen Abgrenzung von Masseverbindlichkeiten und Insolvenzforderungen ergeben sich keine Unterschiede zum Regelinsolvenzverfahren. Auch in der Eigenverwaltung stehen solche Vermögensvorteile nicht für die Befriedigung der Insolvenzgläubiger bereit, die erst nach Eröffnung des Insolvenzverfahrens rechtsgrundlos zur Insolvenzmasse geflossen sind.

Problematisch ist jedoch die Abgrenzung, ob ein Vermögensvorteil in die Insolvenzmasse oder das pfändungsfreie Vermögen des Schuldners gelangt ist. Hierbei müssen die bereicherungsrechtlichen Wertungen eingehalten werden.

Im Rahmen der Leistungskondiktion bestimmt sich die Frage, wer bereichert ist, entsprechend den §§ 133 und 156 BGB nach dem objektiven Empfängerhorizont des Adressaten der Leistungsbestimmung, denn bei der Leistungsbestimmung handelt es sich um eine erklärungsähnliche Handlung.[314]

Dementsprechend kommt es in der Eigenverwaltung darauf an, ob der Schuldner unter Berücksichtigung der Verkehrsanschauung davon ausgehen kann, dass eine Leistung an die Insolvenzmasse oder an ihn persönlich bewirkt wird. Als Bsp. sei angeführt, dass dem Schuldner ein Mietshaus gehört, das Teil der Insolvenzmasse ist. Entrichtet ein Mieter versehentlich einen zu hohen Zins, so hat der Schuldner nach der Verkehrsanschauung davon auszugehen, dass das Geld der Insolvenzmasse zufließen soll. So will der Mieter erkennbar an den Schuldner als Verwalter des massezugehörigen Mietshauses leisten, um eventuellen Kündigungs- und Zurückbehaltungsrechten zu entgehen. Nimmt man in einem anderen Bsp. an, dass der Schuldner den Kaufvertrag über einen Fernseher für sein Wohnzimmer anficht, so richtet sich der Anspruch auf Rückgabe des Gerätes und auf Nutzungsersatz gegen den Schuldner persönlich.

Im Rahmen der Eingriffskondiktion kommt es wie bei Masseverbindlichkeiten aus der Verwaltung der Insolvenzmasse[315] darauf an, ob der Schuldner die Handlung, durch die er in fremdes Vermögen eingreift, auf sein Amt bezieht. Vertrauensschutz des anderen Teils spielt keine Rolle, da es um keine rechtsgeschäftlichen Verbindlichkeiten geht. Tankt der Schuldner bspw. auf einer Fahrt zu einem Geschäftspartner, ohne den Kraftstoff zu bezahlen, so ist der Anspruch des Tankstellenpächters auf Wertersatz eine Masseverbindlichkeit. Tankt der Schuldner hingegen auf dem Weg in den Urlaub, handelt es sich um eine Neuschuld.

---

314 BGHZ 106, 163 (166 f.); Jauernig/*Stadler* § 812 Rn. 4.

315 Dazu C.III.5.b)aa)(3).

Bei der Verwendungskondiktion ist darauf abzustellen, ob die Verwendungen auf einen massezugehörigen Gegenstand oder auf einen beschlagnahmefreien Gegenstand getätigt werden.

bb) Unmittelbare Bereicherung der Insolvenzmasse

Keine Abweichungen ergeben sich in der Hinsicht, dass bereicherungsrechtliche Ansprüche nur dann Masseverbindlichkeiten sind, wenn die Insolvenzmasse unmittelbar bereichert ist, denn auch in der Eigenverwaltung gilt der Grundsatz der Gläubigergleichbehandlung.

8. Unterhalt des Schuldners

Auch bei dem Unterhalt des Schuldners handelt es sich um eine Masseverbindlichkeit.

a) Rechtslage im Regelinsolvenzverfahren

Für das Regelinsolvenzverfahren wird der Unterhalt des Schuldners in den §§ 100 und 101 Abs. 1 S. 3 InsO bestimmt.

aa) Anspruchsberechtigung

Sofern es sich beim Schuldner um eine natürliche Person handelt, sind gemäß § 100 Abs. 1 InsO er selbst und seine Familie zum Bezug von Unterhalt berechtigt. Vom Familienbegriff erfasst sind gemäß § 100 Abs. 2 S. 2 InsO insbesondere die minderjährigen unverheirateten Kinder des Schuldners, seine gegenwärtigen und früheren Ehegatten und Lebenspartner sowie die anderen Elternteile seiner Kinder hinsichtlich der Ansprüche gemäß den §§ 1615l und 1615n BGB. Die Aufzählung ist nicht abschließend und lässt die Einbeziehung bspw. von unehelichen Lebensgefährten zu.[316]

Handelt es sich beim Schuldner eine juristische Person oder eine Personengesellschaft, so sind gemäß § 101 Abs. 1 S. 3 InsO die persönlich haftenden vertretungsberechtigten Gesellschafter und deren Familien unterhaltsberechtigt. Der Personenkreis ist so ausgestaltet, dass alle diejenigen versorgt werden, die das wirtschaftliche Risiko des schuldnerischen Unternehmens tragen und ihre Arbeitskraft investieren, ohne im Gegenzug eine Vergütung aus einem Geschäftsbesorgungsvertrag zu erlangen.[317] Erfasst werden bspw. die Gesellschafter einer GbR und einer OHG sowie die Komplementäre einer KG.[318] Demgegenüber fallen Kommanditisten einer KG, Kommanditaktionäre einer KGaA, Mitglieder und Vorstände eines eingetragenen Vereins, Aktionäre,

---

316 MKInsO/*Stephan* § 100 Rn. 17; Uhlenbruck/*Zipperer* § 100 Rn. 6.
317 MKInsO/*Stephan* § 101 Rn. 26; Uhlenbruck/*Zipperer* § 101 Rn. 21.
318 MKInsO/*Stephan* § 101 Rn. 26; Uhlenbruck/*Zipperer* § 101 Rn. 21.

Vorstände und Aufsichtsräte einer AG sowie Gesellschafter und Geschäftsführer einer GmbH nicht darunter.[319]

bb) Ermessen der Gläubigerversammlung

Die Gewährung von Unterhalt liegt gemäß § 100 Abs. 1 InsO im Ermessen der Gläubigerversammlung, weswegen dem Schuldner kein klagbarer Anspruch zusteht. Diese Regelung rechtfertigt sich dadurch, dass dem Schuldner als Unterhalt bereits sein Neuerwerb innerhalb der Pfändungsfreigrenzen verbleibt.[320]

cc) Höhe des Unterhalts

In der Regel garantiert die Gläubigerversammlung dem Schuldner keinen zusätzlichen Unterhalt, denn die Pfändungsfreigrenzen berücksichtigen sein Existenzminimum hinreichend. In Betracht kommen vor allem Sachleistungen wie die Überlassung einer Wohnung.[321]

b) Anpassung an die Eigenverwaltung

Für die Eigenverwaltung enthält § 278 InsO eine spezielle Unterhaltsregelung.

aa) Anspruchsberechtigung

Zu erörtern ist, wie sich der Kreis der Anspruchsberechtigten zusammensetzt.

Ist der Schuldner eine natürliche Person, räumt § 278 Abs. 1 InsO iVm § 100 Abs. 2 S. 2 InsO ihm selbst und seiner Familie Unterhalt ein. Überdies wiederholt § 278 Abs. 2 InsO den Wortlaut von § 101 Abs. 1 S. 3 InsO, sodass auch die vertretungsberechtigten persönlich haftenden Gesellschafter einer juristischen Person oder einer Personengesellschaft unterhaltsberechtigt sind.

Der Gleichlauf von Regelinsolvenzverfahren und Eigenverwaltung wird durch die Normgeschichte bestätigt. So betont der RegE zur InsO ausdrücklich, dass der Kreis der Begünstigten in beiden Verfahrensmodi derselbe sein soll.[322]

Für diese Auslegung spricht ferner der Normzweck von § 278 InsO, da gerade in der Eigenverwaltung der persönliche Einsatz von geschäftsleitenden Personen honoriert werden muss. Nur so wird ein Anreiz geschaffen, branchenspezifische Kenntnisse und betriebswirtschaftliche Fähigkeiten gewissenhaft einzubringen.

Fraglich ist, ob der Kreis der Anspruchsberechtigten über die genannten Personen hinaus erweitert werden kann. Der Gleichlauf von Regelinsolvenzverfahren und Eigenverwaltung könnte in diese Richtung weisen. Allerdings ist zu beachten, dass in der Eigenverwaltung anders als im Regelinsolvenzverfahren ein echter

---

319 MKInsO/*Stephan* § 100 Rn. 26; Uhlenbruck/*Zipperer* § 101 Rn. 21.
320 MKInsO/*Stephan* § 100 Rn. 13; Uhlenbruck/*Zipperer* § 101 Rn. 4.
321 OLG Nürnberg NZI 2006, 44 (45); HKInsO/*Kayser/Thole* § 100 Rn. 11.
322 RegE, BT-Drs. 12/2443, 225.

Anspruch auf Unterhalt besteht. Es wäre eine erhebliche Gefahr für die Insolvenzmasse, wenn der Schuldner Unterhalt für einen nicht genau definierbaren und möglicherweise nicht vorab erkennbaren Personenkreis erzwingen könnte.[323]

Damit steht in der Eigenverwaltung nur den ausdrücklich im Gesetz genannten Personen ein Unterhaltsanspruch zu.

bb) Ermessen der Gläubigerversammlung

§ 278 Abs. 1 InsO räumt dem begünstigten Personenkreis durch die Formulierung „ist berechtigt" einen klagbaren Anspruch auf Unterhalt ein, der anders als im Regelinsolvenzverfahren dem Ermessen der Gläubigerversammlung entzogen ist. Dementsprechend geht auch der RegE zur InsO von einem echten „Recht" auf Unterhalt aus.[324] Betrachtet man die Normgeschichte eingehender, so wird deutlich, dass sich der Gesetzgeber auf diese Weise in die Tradition des Vergleichsverfahrens gestellt hat. Auch gemäß § 56 VerglO genoss der Schuldner einen klagbaren Anspruch auf Unterhalt.[325] Im Ergebnis soll ihm ein besonders zuverlässiger Anreiz geboten werden, seine Kenntnisse und Fähigkeiten in das Verfahren einzubringen.

cc) Höhe des Unterhalts

Zur Höhe des Unterhalts enthält der Wortlaut des § 278 Abs. 1 InsO zwei gegenläufige Kriterien. Zum einen soll der Unterhalt nur eine „bescheidene Lebensführung" ermöglichen. Zum anderen sollen auch die „bisherigen Lebensverhältnisse des Schuldners" berücksichtigt werden. Fraglich ist, wie die beiden Kriterien harmonisiert werden können.

(1) Zweistufige Ermittlung des Unterhalts

Hinsichtlich des Wortlauts der beiden Kriterien fällt auf, dass die „bescheidene Lebensführung" objektiv geprägt ist, weil sich jedem Unterhaltsberechtigten dieselben Bedingungen bieten, um nach der Verkehrsanschauung ein Leben in Bescheidenheit zu führen. Die „bisherige Lebensführung" ist hingegen subjektiv geprägt, da jeder Unterhaltsberechtigte vor Eröffnung des Insolvenzverfahrens einen anderen Lebensstil gepflegt hat.

Wenn man nun bedenkt, dass es logisch unmöglich ist, gleichzeitig eine objektive und subjektive Betrachtung vorzunehmen, so gelangt man zu der Erkenntnis, dass der Unterhalt in zwei Stufen ermittelt werden muss. Zunächst ist objektiv zu bestimmen, wie viel ein durchschnittlicher Unterhaltsberechtigter zur bescheidenen Lebensführung benötigt. Sodann ist dieser Wert um die individuellen Verhältnisse des Schuldners zu korrigieren.

---

323 Nerlich/Römermann/*Riggert* § 278 Rn. 2; MKInsO/*Tetzlaff/Kern* § 278 Rn. 25.
324 RegE, BT-Drs. 12/2443,225.
325 MKInsO/*Tetzlaff/Kern* § 278 Rn. 25.

Für eine solche Zweistufigkeit spricht auch die Formulierung in § 278 InsO, wonach es grundsätzlich auf die bescheidene Lebensführung ankommt und die bisherigen Lebensverhältnisse nur zu „berücksichtigen" sind.

Ferner spricht für eine gestufte Unterhaltsermittlung die Parallele zur Vergütung von Insolvenzverwalter und Sachwalter. Auch für diese Verfahrensbeteiligten wird eine Regelvergütung bestimmt, die jeweils um Zu- oder Abschläge zu korrigieren ist. Dementsprechend ist auch der Unterhalt des Schuldners in zwei getrennten Schritten zu ermitteln.

(2) Berechnung der bescheidenen Lebensführung

In einem ersten Schritt ist zu untersuchen, was unter einer „bescheidenen Lebensführung" zu verstehen ist. Keine Rolle spielt insofern die Eigenschaft des Schuldners als Amtsträger, da ihm der Unterhalt nicht als Gegenleistung für seine Verwaltertätigkeit gewährt wird, sondern als Beihilfe für seine Lebensführung.[326]

Nach dem natürlichen Wortsinn versteht man unter einer bescheidenen Lebensführung ein weder ärmliches noch luxuriöses Auskommen, wie man es der Mehrheit aller Bürger zugestehen würde. Näher eingrenzen lässt sich der Begriff nicht, zumal er keine Anleihe an sozialrechtlichen oder prozesskostenhilferechtlichen Definitionen nimmt.

Jedoch fällt auf, dass der Gesetzgeber auf § 56 VerglO Bezug nimmt. Schon jene Vorschrift stellte in ihrer amtlichen Überschrift auf eine bescheidene Lebensführung ab. Nach damaliger Auffassung stand dem Schuldner ein Unterhalt in der Nähe, aber dennoch oberhalb der Pfändungsfreigrenzen zu.[327]

Auch der RegE zu § 278 InsO rekurriert auf § 56 VerglO. Allerdings führt die Gesetzesbegründung schon im nächsten Atemzug wesentlich restriktiver aus, dass der Unterhalt des eigenverwaltenden Schuldners „häufig [...] ganz oder überwiegend" aus dem pfändungsfreien Neuerwerb bestritten werden kann.[328] Diese Formulierung entspricht der Gepflogenheit, die sich im Rahmen von § 100 Abs. 1 InsO etabliert hat. Demnach wird dem Schuldner oberhalb des pfändungsfreien Neuerwerbs regelmäßig kein zusätzlicher Unterhalt gewährt.[329]

Damit in Einklang steht die Erwägung, dass das Insolvenzverfahren ausschließlich der Befriedigung der Insolvenzgläubiger und nicht der Finanzierung des Schuldners dient, weswegen die Schmälerung der Insolvenzmasse zu minimieren ist.

Im Ergebnis sind die Pfändungsfreigrenzen für eine bescheidene Lebensführung hinreichend bemessen.

---

326 MKInsO/*Stephan* § 100 Rn. 14.
327 MKInsO/*Tetlaff/Kern* § 278 Rn. 5.
328 RegE, BT-Drs. 12/2443, 225.
329 HKInsO/*Kayser/Thole* § 100 Rn. 13.

(3) Anpassung an bisherige Lebensverhältnisse

In einem zweiten Schritt sind die „bisherigen Lebensverhältnisse des Schuldners" zu berücksichtigen.[330]

α) Gewährung von Anreizen

Wie diese Berücksichtigung im Einzelfall umgesetzt werden kann, bleibt nach dem Wortlaut des § 278 InsO und dem zugehörigen RegE offen.[331]

Demgegenüber lässt sich teleologisch argumentieren, dass die Gewährung von Unterhalt keinen Selbstzweck darstellt, sondern wie das gesamte Insolvenzverfahren die Befriedigung der Insolvenzgläubiger fördern soll. Um diese Wirkung zu erzielen, ist es erforderlich, dem Schuldner hinreichende Anreize für ein Engagement in der Eigenverwaltung zu bieten.

Es ließe sich erwägen, einen Anreiz zu schaffen, indem man die Höhe des Unterhalts vom Erfolg der Eigenverwaltung abhängig macht, etwa von der prognostizierten Befriedigungsquote der Insolvenzgläubiger. Dies ist aber unzulässig, weil es sich bei dem Unterhalt um keine Vergütung für eine geleistete Tätigkeit handelt, sondern um bedingungslos gewährte Mittel zur Sicherung der Lebensgrundlage. Somit kann der Unterhalt nicht erfolgsabhängig gewährt werden.[332]

Ein gewichtiger Anreiz für ein Engagement in der Eigenverwaltung besteht darin, dass der Schuldner nach erfolgreicher Sanierung wieder auf eigene Rechnung wirtschaften und seinen früheren Lebensstandard zurückgewinnen kann. Vor dem Hintergrund dieser langfristigen Chancen ist es dem Schuldner kurzfristig zuzumuten, dass er sich während des Insolvenzverfahrens mit Lebensverhältnissen entlang der Pfändungsfreigrenzen begnügt. Die bisherigen Lebensverhältnisse müssen kaum berücksichtigt werden. Zu unterbleiben haben nur solche Einschnitte, die den Schuldner über das Insolvenzverfahren hinaus irreversibel beeinträchtigen und dadurch den Anreiz auf einen Rückgewinn des früheren Lebensstandards unterlaufen würden. So muss dem Schuldner bspw. eher zugestanden werden, dass er Mitgliedschaften in Vereinen aufrechterhalten und so seinen gesellschaftlichen Status wahren kann. Der Umzug in eine kleinere Wohnung kann hingegen nach erfolgreicher Sanierung ohne weiteres rückgängig gemacht werden.

Anders verhält es sich, wenn keine Sanierung, sondern nur eine übertragende Sanierung oder gar eine Zerschlagung des schuldnerischen Unternehmens angestrebt wird, denn dann hat der Schuldner keine Aussicht, sein Unternehmen langfristig wieder auf eigene Rechnung bewirtschaften und so seinen alten Lebensstandard zurückgewinnen zu können. Dieses Defizit kann nur dadurch ausgeglichen werden, dass dem Schuldner bereits während des Insolvenzverfahrens ein Unterhalt deutlich oberhalb der Pfändungsfreigrenzen zugestanden wird.

---

330 AA *Mönning* FS Wellensiek 2011, 641 (653).
331 RegE, BT-Drs. 12/2443, 225.
332 MKInsO/*Stephan* § 100 Rn. 14.

β) Obergrenze durch Kostenvergleich mit Regelinsolvenzverfahren

Eine absolute Obergrenze für den Unterhalt des Schuldners könnte sich daraus ergeben, dass die Eigenverwaltung gemäß § 270 Abs. 2 Nr. 2 InsO nur dann statthaft ist, wenn sie die Insolvenzgläubiger nicht benachteiligt.

Ob eine solche Benachteiligung vorliegt, lässt sich durch einen Vergleich der Eigenverwaltung mit einem fiktiven Regelinsolvenzverfahren ermitteln.[333] Während in der Eigenverwaltung der Sachwalter eine Vergütung erhält und der Schuldner Unterhalt bezieht, wird im Regelinsolvenzverfahren nur der Insolvenzverwalter vergütet. Dies legt nahe, dass die Summe aus der Vergütung des Sachwalters und dem Unterhalt des Schuldners die fiktive Vergütung eines Insolvenzverwalters nicht übersteigen darf.

Dieser Vergleichsrechnung muss jedoch entgegengehalten werden, dass Nachteile für die Insolvenzgläubiger nur für die Entscheidung relevant sind, ob die Eigenverwaltung anzuordnen oder aufzuheben ist. Wenn sich herausstellt, dass der Unterhaltsanspruch des Schuldners übermäßig hoch ausfällt, dann handelt es sich lediglich um einen von mehreren Gründen, die Eigenverwaltung zu beenden. Eine Verknüpfung dieser Rechtsfrage mit der Berechnung des Unterhalts für den Schuldner ist nicht gesetzlich angelegt.

Ferner berücksichtigt die gesetzlich angelegt Vergleichsrechnung nicht, inwieweit die besonderen Fähigkeiten und Kenntnisse des Schuldners zu einer Erhöhung der Insolvenzmasse beitragen. Dieser positive Effekt muss mit den Nachteilen eines erhöhten Unterhaltsanspruchs verrechnet werden.

Damit ergibt sich aus einem Vergleich mit den Kosten eines fiktiven Regelinsolvenzverfahrens keine Obergrenze für den Unterhalt des Schuldners.

γ) Obergrenze durch liquide Mittel

Eine weitere Obergrenze könnte sich aus dem Wert der zur Insolvenzmasse gehörenden liquiden Mittel ergeben.

So wurde unter Geltung von § 56 VerglO vertreten, dass der Schuldner keine Darlehen aufnehmen dürfe, nur um aus den eingehenden Mitteln seinen Unterhalt zu bestreiten. Das tragende Argument dafür lautet, dass das Vergleichsverfahren der Tilgung von Schulden gedient habe. Hätte man dem Gemeinschuldner das Recht zugestanden, sich weiter zu verschulden, wäre der Vergleichszweck unterlaufen worden.[334]

Gegen eine Übertragung dieser Auffassung auf die Eigenverwaltung spricht aber, dass die Aufnahme von Darlehen üblich ist, um die erforderliche Liquidität für die Fortführung des Geschäftsbetriebs zu schaffen. Die Aufnahme weiterer

---

333 Ähnlich Gottwald/*Haas*, Insolvenzrechtshandbuch, § 90 Rn. 11, der aber auf einen Vergleich mit Managergehältern abstellt.

334 *Kilger/Schmidt*, Insolvenzgesetze, § 56 VerglO Rn. 1; Bley/Mohrbutter/*Mohrbutter* § 56 Anm. 5.

Schulden ist also notwendiges Mittel zur Erreichung des Insolvenzzwecks. Dabei spielt es keine Rolle, ob die aufgenommenen Mittel dem Schuldner oder einem Dritten zugutekommen, denn die Gewährung eines angemessenen Unterhalts soll den Schuldner gerade zur Mitwirkung am Insolvenzverfahren und damit zur Förderung des Insolvenzzwecks bewegen.

Dem lässt sich auch nicht der Wortlaut von § 278 Abs. 1 InsO entgegenhalten, wonach der Schuldner nur „Mittel aus der Insolvenzmasse entnehmen" darf, denn diese Formulierung lässt offen, ob die zu entnehmenden Mittel bereits vor Aufnahme eines Darlehens in der Insolvenzmasse vorhanden sein müssen oder ob es genügt, wenn sie erst danach vorhanden sind.[335]

Damit ergibt sich auch aus der Begrenztheit der liquiden Mittel keine Obergrenze für den Unterhalt des Schuldners.

dd) Verhältnis zu den §§ 100 und 101 InsO

Über die Verweisung in § 270 Abs. 1 S. 2 InsO sind auch die allgemeinen Unterhaltsvorschriften in den §§ 100 und 101 InsO anwendbar. Die Vorschriften werden nicht von § 278 InsO verdrängt,[336] weil letztere Norm den Schuldner durch ein Mindestmaß an Unterhalt für seine Mitwirkung belohnen und ihm nicht zusätzliche Mittel verwehren soll.[337] Wenn die Gläubigerversammlung meint, freiwillig über § 278 InsO hinausgehen zu wollen, bspw. weil der Schuldner dies zur Bedingung für seine Mitwirkung macht, so ist dies zulässig.[338] Die Gläubiger werden schon dadurch hinlänglich geschützt, dass ihre Vertreter über den Unterhalt bestimmen und dass jederzeit ins Regelinsolvenzverfahren gewechselt werden kann.

IV. Durchsetzung von Masseverbindlichkeiten

Nunmehr ist zu untersuchen, wie die Massegläubiger ihre Forderungen gegenüber der Insolvenzmasse durchsetzen können. Wiederum gilt es die These zu überprüfen, dass dieselben Bedingungen wie im Regelinsolvenzverfahren gelten, wobei nur eine Anpassung an die besondere Kompetenzordnung des siebten Teils der InsO erforderlich ist.

1. Haftungsmasse

Zunächst ist zu prüfen, aus welchem Vermögen Masseverbindlichkeiten in der Eigenverwaltung zu befriedigen sind.

---

335 Gottwald/*Haas*, Insolvenzrechtshandbuch, § 90 Rn. 11; *Mönning* FS Wellensiek 2011, 641 (653.).
336 AA *Schlegel*, Die Eigenverwaltung in der Insolvenz, S. 140.
337 Braun/*Riggert* § 278 Rn. 1.
338 MKInsO/*Tetlaff/Kern* § 278 Rn. 20.

a) Rechtslage im Regelinsolvenzverfahren

Im Regelinsolvenzverfahren wird die Insolvenzmasse durch die §§ 35 ff. InsO definiert.

aa) Befriedigung aus bereinigter Insolvenzmasse

Die Massegläubiger können aus der gesamten Insolvenzmasse Befriedigung verlangen.[339] Zu dieser gehört gemäß § 35 Abs. 1 InsO das Vermögen des Schuldners, welches ihm im Zeitpunkt der Eröffnung des Insolvenzverfahrens gehört und welches er im Laufe des Insolvenzverfahrens erwirbt.

Vermögengegenstände, die Dritten gehören, werden hingegen gemäß § 47 InsO ausgesondert. Sind derlei Vermögengegenstände bereits veräußert worden, unterliegt gemäß § 48 InsO die empfangene Gegenleistung der Ersatzaussonderung, soweit diese noch unterscheidbar im Vermögen des Schuldners vorhanden ist. Demgegenüber sind die Rechte der Massegläubiger nachrangig. Das heißt, dass die fremden Vermögengegenstände bzw. die empfangene Gegenleistung an die Aussonderungsberechtigten herauszugeben sind, bevor die Insolvenzmasse veräußert und der Erlös an die Massegläubiger ausgekehrt wird.[340]

Auch die absonderungsberechtigten Gläubiger genießen gemäß den §§ 49 bis 51 InsO Vorrang vor den Massegläubigern.[341] Entweder dürfen sie die mit ihren Rechten belasteten Vermögensgegenstände gemäß § 173 InsO selbst verwerten und den Erlös einbehalten oder sie müssen die Vermögensgegenstände vom Insolvenzverwalter gemäß den §§ 165 bis 172 InsO verwerten lassen, um den Erlös vorrangig vor den übrigen Gläubigern einzuziehen.

Schließlich dürfen sich auch die aufrechnungsberechtigten Insolvenzgläubiger gemäß den §§ 94 bis 96 InsO vor den Massegläubigern Befriedigung verschaffen, indem sie Forderungen des Schuldners durch Aufrechnung mit eigenen Forderungen zum Erlöschen bringen.[342]

bb) Pfändungsfreies Vermögen

Nicht zur Insolvenzmasse gehören gemäß § 36 Abs. 1 InsO das Vermögen des Schuldners, welches nicht der Zwangsvollstreckung unterliegt, sowie gemäß § 36 Abs. 2 InsO der gewöhnliche Hausrat des Schuldners, sofern der Erlös aus der Verwertung unverhältnismäßig gering wäre.

cc) Freigabe von Vermögen

Weiterhin ist anerkannt, dass der Insolvenzverwalter einzelne Vermögensgegenstände durch Willenserklärung gegenüber dem Schuldner aus der Insolvenzmasse

---

339 MKInsO/*Hefermehl* § 53 Rn. 12; Uhlenbruck/*Sinz* § 53 Rn. 3.
340 MKInsO/*Hefermehl* § 53 Rn. 14; Uhlenbruck/*Sinz* § 53 Rn. 3.
341 MKInsO/*Hefermehl* § 53 Rn. 15; Uhlenbruck/*Sinz* § 53 Rn. 3.
342 MKInsO/*Hefermehl* § 53 Rn. 16; Uhlenbruck/*Sinz* § 53 Rn. 3.

freigeben kann. Grund dafür ist, dass wertlose oder mit öffentlichen Lasten beschwerte Vermögensgegenstände der Insolvenzmasse keinen Nutzen bringen, sodass es unschädlich ist, wenn der Schuldner wieder frei über sie verfügen kann.[343] Rspr. und hL gehen davon aus, dass auch juristische Personen und Personengesellschaften trotz ihrer Auflösung Vermögen freigeben können.[344]

Eine Sondervorschrift findet sich in § 35 Abs. 2 S. 1 InsO. Demnach hat der Insolvenzverwalter dem Schuldner zu erklären, ob er dessen selbständige Tätigkeit und die daraus resultierenden Ansprüche freigibt. Dies hat zur Folge, dass sämtlicher Neuerwerb, den der Schuldner durch seine selbständige Tätigkeit erzielt, nicht mehr in die Insolvenzmasse fällt. Zudem werden alle Vermögensgegenstände, die der Ausübung der selbständigen Tätigkeit dienen, ebenfalls aus der Insolvenzmasse gelöst.[345]

dd) Beschränkte Nachhaftung

Schließlich stellt sich die Frage der Haftung des Schuldners nach Beendigung des Insolvenzverfahrens. Es entspricht der hL, dass der Schuldner als Inhaber der Insolvenzmasse weiterhin haftet. Da der Insolvenzverwalter aufgrund seiner hoheitlich übertragenen Befugnisse aber nur das beschlagnahmte Vermögen des Schuldners verpflichten kann, haftet der Schuldner auch nur mit demjenigen Vermögen, welches bereits zur Insolvenzmasse gehörte.[346]

b) Anpassung an die Eigenverwaltung

Der siebte Teil der InsO enthält keine Regelungen, aus welchem Vermögen Masseverbindlichkeiten in der Eigenverwaltung zu befriedigen sind. Daher kann über die Verweisung in § 270 Abs. 1 S. 2 InsO auf die allgemeinen Regelungen der §§ 35 ff. InsO zurückgegriffen werden.

aa) Befriedigung aus bereinigter Insolvenzmasse

Die Eigenverwaltung modifiziert nur die Verwaltungs- und Verfügungsbefugnis über die Insolvenzmasse. Sie verändert hingegen nicht das Rangverhältnis derjenigen Gläubiger, die bereits vor der Eröffnung des Insolvenzverfahrens Rechte am Vermögen des Schuldners erworben haben. Daher sind auch in der Eigenverwaltung zunächst Aus- und Absonderungsrechte sowie aufrechenbare Forderungen

---

343 MKInsO/*Hirte* § 35 Rn. 71, 73; Uhlenbruck/*Peters* § 35 Rn. 84.

344 BGH ZIP 2005, 1034 (1034); *Hörnig*, Fortbestand akzessorischer Sicherheiten, S. 104; Uhlenbruck/*Peters* § 35 Rn. 84; aA MKInsO/*Hirte* § 35 Rn. 72.

345 HKInsO/*Kayser/Thole* § 35 Rn. 68.

346 MKInsO/*Hintzen* § 209 Rn. 8; *Keller*, Insolvenzrecht, Rn. 347; Nerlich/Römermann/*Westphal* § 206 Rn. 4; Uhlenbruck/*Wegener* § 206 Rn. 12; aA *Häsemeyer*, Insolvenzrecht, Rn. 25.28.

zu berücksichtigen, bevor die Massegläubiger auf die derart bereinigte Insolvenzmasse zugreifen können.[347]

bb) Pfändungsfreies Vermögen

Fraglich ist, ob die Massegläubiger darüber hinaus das pfändungsfreie Vermögen des Schuldners vereinnahmen dürfen.

(1) Geltung des Pfändungsschutzes

Für einen Pfändungsschutz spricht das Argument, dass sich die Eigenverwaltung auf eine modifizierte Kompetenzordnung beschränkt. Der Schuldner ist dazu berufen, die Insolvenzmasse als Amtsträger zu verwalten. Das ändert nichts daran, dass er als Privatperson ein schutzwürdiges Interesse am Erhalt seiner Lebensgrundlage genießt.

Einwenden ließe sich nur, dass der Schuldner die Verbindlichkeiten, derentwegen in sein Vermögen vollstreckt wird, selbst eingegangen ist. Daher könnte sich ein Verstoß gegen das aus § 242 BGB fließende Verbot des venire contra factum proprium[348] ergeben, wenn der Schuldner einerseits besonderes Vertrauen in Anspruch nimmt, aber andererseits nicht bereit ist, für die selbst begründeten Forderungen vollumfänglich einzustehen.[349]

Allerdings erübrigt sich dieses Argument, wenn man streng zwischen dem Schuldner in seiner Funktion als Amtsträger und als Privatperson unterscheidet und sich gleichzeitig vor Augen hält, dass auch eine Privatperson Pfändungsschutz genießt, egal ob sie sich freiwillig verschuldet oder nicht.

Außerdem ist zu bedenken, dass dem eigenverwaltenden Schuldner gemäß § 278 InsO ein erhöhter Unterhalt zusteht. Diese Wertung würde unterlaufen, wenn man den Schuldner seines Pfändungsschutzes entheben und ihm somit seinen Unterhalt streitig machen würde.

In diese Richtung weist auch das Argument, dass man dem Schuldner Anreize geben muss, damit er seine branchenspezifischen Kenntnisse und betriebswirtschaftlichen Fähigkeiten in die Eigenverwaltung einbringt. Der Verlust des Pfändungsschutzes würde den Schuldner von der Übernahme insolvenzspezifischer Pflichten abschrecken.

Damit sind die Pfändungsschutzvorschriften auf den eigenverwaltenden Schuldner anwendbar.

(2) Umfang des Pfändungsschutzes

Das Argument des Anreizes darf andererseits nicht dazu genutzt werden, eine großzügigere Auslegung der Pfändungsschutzvorschriften als im Regelinsolvenzverfahren zu vertreten. Der Gesetzgeber hat erkannt, dass der Schuldner privilegiert

---

347 Dies andeutend *Schlegel*, Die Eigenverwaltung, S. 134 f.

348 Ermann/*Böttcher/Hohloch* § 242 Rn. 123; Jauernig/*Mansel* § 242 Rn. 48.

349 HeidKInsO/*Kreft* § 270 Rn. 26.

werden muss. Entsprechende Vorkehrungen hat er mit dem gesteigerten Unterhalt gemäß § 278 InsO getroffen. Zum Pfändungsschutz hat sich der Gesetzgeber hingegen nicht geäußert. Das rechtfertigt den Umkehrschluss, dass insoweit keine Abweichungen gelten sollen.

cc) Freigabe von Vermögen

Weiterhin fragt sich, ob der Schuldner den Massegläubigern Haftungsmasse entziehen kann, indem er Vermögensgegenstände freigibt.

(1) Zulässigkeit der Freigabe

Zunächst ist zu klären, ob eine Freigabe grundsätzlich zulässig ist. Ausdrückliche Regelungen zu dieser Problematik hält der siebte Teil der InsO nicht bereit.

Für eine Freigabe spricht, dass der Schuldner als Amtsträger fungiert und den Umfang seiner Verwaltungstätigkeit unter dem Gesichtspunkt der Zweckmäßigkeit eigenständig bestimmen können muss.

Gegen eine Freigabe streitet indessen der Umstand, dass sich der Schuldner diese selbst erklären müsste.[350] So würde er die entsprechende Willenserklärung als Amtsträger abgeben und gleichzeitig als Privatperson empfangen. Allerdings ist diese Konstellation dem Gesetz nicht unbekannt. So erkennt § 181 BGB an, dass In-Sich-Geschäfte unter bestimmten Umständen zulässig sein können.

Weitere Argumente gegen eine Freigabe lassen sich aus der Normgeschichte und dem Normzweck ziehen. So wollte der Gesetzgeber durch Einführung der Eigenverwaltung erreichen, dass der Schuldner seine Kenntnisse und Fähigkeiten in das Insolvenzverfahren einbringt, um die sachgerechte Bewirtschaftung der Insolvenzmasse zu fördern. Würden wesentliche Vermögengegenstände durch Freigabe der Insolvenzmasse entzogen, so brächte die Eigenverwaltung gegenüber dem Regelinsolvenzverfahren keinen Mehrwert.[351] Gegen diese Auffassung spricht aber, dass es letztlich keine Rolle spielt, ob der Schuldner seine Kenntnisse und Fähigkeiten im Rahmen der Eigenverwaltung oder im Rahmen einer freigegebenen selbständigen Tätigkeit einbringt.

Ferner ist zu bedenken, dass die Freigabe Missbrauchspotential birgt. Der Schuldner könnte Vermögensgegenstände freigeben, um sie eigennützig zu verwenden. Allerdings werden die Insolvenzgläubiger gegen diese Gefahr bereits hinreichend geschützt. Zum einen haftet der Schuldner bei Missbrauch der Freigabe gemäß § 60 InsO persönlich.[352] Zum anderen sind offensichtlich insolvenzzweckwidrige Rechtshandlungen des Schuldners nichtig. Davon erfasst werden auch missbräuchliche Fälle der Freigabe. Wenn nämlich die Begründung von

---

350 *Cadmus*, Die Haftung der GmbH und ihres Geschäftsführers in der Eigenverwaltung, S. 45; *Hofmann*, Eigenverwaltung, Rn. 125.
351 MKInsO/*Tetzlaff* § 270 Rn. 185.
352 Dazu C.V.2.bb).

bestimmten Masseverbindlichkeiten unzulässig ist, dann muss auch eine Freigabe unzulässig sein, die der Befriedigung dieser Verbindlichkeiten außerhalb des Insolvenzverfahrens dient.

Für eine Freigabe spricht weiterhin, dass es möglich sein muss, die Insolvenzmasse von nutzlosen oder kostenbehafteten Vermögensgegenständen zu entlasten. Bestünde diese Option in der Eigenverwaltung nicht, wäre dieser Verfahrensmodus gegenüber dem Regelinsolvenzverfahren nachteilig. Zwar schließt eine Freigabe nicht aus, dass die Belastung des schuldnerischen Vermögens nach Beendigung des Insolvenzverfahrens wieder auflebt und die angestrebte Sanierung deswegen scheitern könnte.[353] Jedoch erhält der Schuldner bis dahin die Gelegenheit, sich genügend Liquidität zu verschaffen. Außerdem kommt die Eigenverwaltung auch bei einer Zerschlagung des schuldnerischen Vermögens in Betracht. In dieser Konstellation ist eine spätere Belastung irrelevant.

Sofern vertreten wird, dass statt der Freigabe auch eine Dereliktion ausreiche, um die Insolvenzmasse von Lasten zu befreien,[354] ist einzuwenden, dass zumindest die öffentlich-rechtliche Verantwortung für gefährliche Sachen nicht durch Dereliktion beseitigt werden kann, so bspw. geregelt in § 4 Abs. 3 S. 4, 2. Var. BBodSchG. In diesen Fällen ist die Freigabe wirtschaftlich unumgänglich.

Im Ergebnis sprechen die besseren Argumente für die Zulässigkeit der Freigabe.

(2) Voraussetzungen der Freigabe

Damit stellt sich die Folgefrage, auf welche Art und Weise die Freigabe in der Eigenverwaltung vollzogen werden kann.

Weder der siebte Teil der InsO noch die allgemeinen insolvenzrechtlichen Vorschriften enthalten entsprechende Regelungen. Auch § 181 BGB kann nicht unmittelbar angewendet werden, weil der Schuldner nicht im fremden Namen als Vertreter handelt, sondern im eigenen Namen als Amtsträger.

In Betracht kommt aber eine analoge Anwendung von § 181 BGB. Eine planwidrige Regelungslücke ist gegeben, da die Freigabe möglich ist, ihre Voraussetzungen aber nicht geregelt sind. Zudem besteht eine vergleichbare Interessenlage, denn sowohl bei dem In-Sich-Geschäft eines Vertreters als auch bei der Freigabe durch einen eigenverwaltenden Schuldner gibt eine Person eine Willenserklärung im fremden Interessenkreis ab und begründet durch dieselbe Handlung eigene Rechte. Beide Konstellationen sind gleichermaßen missbrauchsanfällig, sodass es einschränkender Zulässigkeitsvoraussetzungen bedarf, wie sie nur § 181 BGB bereithält.

Ein In-Sich-Geschäft ist zulässig, wenn es lediglich in der Erfüllung einer bereits wirksam begründeten und durchsetzbaren Verbindlichkeit besteht.[355] Die Freigabe

---

353 *Cadmus*, Die Haftung der GmbH und ihres Geschäftsführers in der Eigenverwaltung, S. 46.

354 *Hofmann*, Eigenverwaltung, Rn. 126.

355 Jauernig/*Mansel* § 181 Rn. 10; MKBGB/*Schubert* § 181 Rn. 84

geht lässt sich jedoch auf keine schuldrechtliche Verpflichtung zurück, sondern stellt eine Verwaltungshandlung dar, die dem Ermessen des Schuldners anheimgestellt ist.

Daneben ist ein In-Sich-Geschäft auch dann zulässig, wenn es vom Vertretenen genehmigt wird.[356] Fraglich ist, wer die Freigabe in der Eigenverwaltung als „Vertretener" gestatten darf. Wiederum enthalten ist siebte Teil der InsO und die allgemeinen insolvenzrechtlichen Vorschriften keine entsprechende Regelung, sodass eine Analogie zu erwägen ist. Eine planwidrige Regelungslücke ist gegeben, da die Vorschriften über In-Sich-Geschäfte anwendbar sind, aber angepasst werden müssen. Eine vergleichbare Interessenlage könnte zu der Wertung in § 277 Abs. 1 InsO bestehen.

In direkter Anwendung sieht § 277 Abs. 1 InsO vor, dass der Schuldner selbständig Masseverbindlichkeiten begründen kann, obwohl die Gefahr besteht, dass er die Insolvenzmasse durch missbräuchliche oder unsachgerechte Verträge erheblich schmälert. Das Vertrauen in die Kenntnisse und Fähigkeiten des Schuldners wird grundsätzlich höher bewertet. Nur ausnahmsweise kann das Insolvenzgericht einen Zustimmungsvorbehalt anordnen.

Auch die Freigabe ist ein Rechtsgeschäft, welches die Insolvenzmasse bei missbräuchlicher oder unsachgerechter Anwendung erheblich schmälern kann. Folgt man der Wertung von § 277 Abs. 1 InsO, muss man dem Schuldner trotzdem Vertrauen entgegenbringen. Das spricht dafür, dass die Gestattung der Freigabe grundsätzlich in der Anordnung der Eigenverwaltung enthalten ist. Nur ausnahmsweise kann der Schuldner einem Zustimmungsvorbehalt unterworfen werden. Dieser ist entsprechend § 277 Abs. 1 InsO von der Gläubigerversammlung zu beantragen und durch Beschluss des Insolvenzgerichts anzuordnen.

Im Ergebnis lässt sich festhalten, dass der Schuldner Vermögensgegenstände grundsätzlich freigegeben darf, aber im Einzelfall analog § 277 Abs. 1 InsO mit einem Zustimmungsvorbehalt belegt werden kann.

dd) Beschränkte Nachhaftung

Im Folgenden soll die Nachhaftung des Schuldners mit seinem Privatvermögen untersucht werden.

Auch an dieser Stelle ist die Amts-Theorie maßgeblich. Der Schuldner verpflichtet die Insolvenzmasse als Amtsträger. Dementsprechend haftet er auch nur insoweit, wie seine hoheitlich übertragenen Befugnisse reichen, also mit denjenigen Vermögengegenständen, die bereits zur Insolvenzmasse gehörten.

Es lässt sich jedoch erwägen, den Schuldner mit dem aus § 242 BGB fließenden Argument des venire contra factum proprium[357] zu einer umfassenden Nachhaftung zu verpflichten. So könnte es widersprüchlich sein, wenn sich der Schuldner wegen Verbindlichkeiten, die er selbst begründet hat, später auf eine

356 Jauernig/*Mansel* § 181 Rn. 9; MKBGB/*Schubert* § 181 Rn. 63.
357 Ermann/*Böttcher/Hohloch* § 242 Rn. 123; Jauernig/*Mansel* § 242 Rn. 48.

Haftungsbeschränkung beruft.[358] Allerdings verkennt dieses Argument auch an dieser Stelle die strikte Trennung der Funktion des Schuldners als Amtsträger und als Privatperson.

Aus systematischer und historischer Sicht könnte man wiederum vorbringen, dass weder der siebte Teil der InsO noch der zugehörige RegE[359] die Haftung des Schuldners thematisieren. Der Grund könnte darin zu sehen sein, dass der Gesetzgeber wie selbstverständlich davon ausgeht, dass der Schuldner mit seinem Vermögen umfassend und damit auch zeitlich unbegrenzt haftet.

Dieser Argumentation ist jedoch mit der teleologischen Erwägung entgegenzutreten, dass dem Schuldner nicht der Anreiz genommen werden darf, sich in die Eigenverwaltung einzubringen. Dazu käme es aber, wenn er nach Aufhebung des Insolvenzverfahrens mit seinem Privatvermögen für Verbindlichkeiten einstehen müsste, die er als Amtsträger im Interesse der Insolvenzgläubiger eingegangen ist. Der Schuldner stünde folglich schlechter als im Regelinsolvenzverfahren.

Damit ergeben sich auch hinsichtlich der beschränkten Nachhaftung des Schuldners keine eigenverwaltungsspezifischen Abweichungen.

2. Rangfolge

Weiterhin ist zu klären, in welcher Reihenfolge die Masseverbindlichkeiten zu befriedigen sind.

a) Rechtslage im Regelinsolvenzverfahren

Grundsätzlich sind alle Massegläubiger vollständig aus der Insolvenzmasse zu bedienen. Reicht die Insolvenzmasse dafür nicht aus, lebt die Pflicht des Insolvenzverwalters auf, gemäß § 208 InsO Masseunzulänglichkeit oder gemäß § 207 Abs. 1 InsO Masselosigkeit beim Insolvenzgericht anzuzeigen. In beiden Fällen sind die Masseverbindlichkeiten gestuft zu befriedigen, wobei die §§ 207 Abs. 3 und 209 Abs. 1 InsO eine bestimmte Rangfolge vorschreiben.

aa) Masseunzulänglichkeit

Masseunzulänglichkeit liegt gemäß § 208 Abs. 1 InsO vor, wenn die Insolvenzmasse zwar ausreicht, um die Kosten des Insolvenzverfahrens zu begleichen, nicht aber, um auch die sonstigen Masseverbindlichkeiten im Zeitpunkt ihrer jeweiligen Fälligkeit vollständig zu bedienen.[360] Zu den Kosten des Insolvenzverfahrens zählen dabei die Masseverbindlichkeiten iSd § 54 Nr. 1 und Nr. 2 InsO, also die

---

358 So auch *Bachmann* ZIP 2015, 101 (103), der jedoch nicht auf die Rechtsfigur des venire contra factum proprium verweist.

359 RegE, BT-Drs. 12/2443, 222 – 226.

360 *Koch*, Die Eigenverwaltung nach der Insolvenzordnung, S. 263; Uhlenbruck/*Ries* § 208 Rn. 5.

Gerichtskosten sowie die Vergütung und die Auslagen des Insolvenzverwalters, des vorläufigen Insolvenzverwalters und der Mitglieder des Gläubigerausschusses. Weiter darf der Kostenbegriff nicht ausgelegt werden, da ihn der Gesetzgeber bei Einführung der InsO bewusst eng umrissen hat, um die Nichteröffnung oder Einstellung des Insolvenzverfahrens wegen Masselosigkeit zu begrenzen.[361]

Damit die Rechtsfolgen der Masseunzulänglichkeit durchgreifen, bedarf es lediglich der Anzeige des Insolvenzverwalters beim Insolvenzgericht. Ein Beschluss ist nicht erforderlich.[362]

§ 209 InsO legt auf Rechtsfolgenseite die gestufte Befriedigung der Massegläubiger fest. Zuerst sind gemäß § 209 Abs. 1 Nr. 1 InsO die Kosten des Insolvenzverfahrens zu begleichen. Danach folgen gemäß § 209 Abs. 1 Nr. 2 InsO die sonstigen Masseverbindlichkeiten, soweit diese nach Anzeige der Masseunzulänglichkeit entstanden sind (Neu-Masseverbindlichkeiten). § 209 Abs. 2 InsO führt präzisierend aus, dass dazu auch Gegenleistungen aus Verträgen gehören, sofern der Insolvenzverwalter deren Erfüllung erst nach Anzeige der Masseunzulänglichkeit verlangt hat, wenn er erst dann die Gegenleistung in Anspruch genommen hat oder wenn er die Verträge nicht schnellstmöglich nach Anzeige der Masseunzulänglichkeit gekündigt hat, um eine Fortführung kraft Gesetzes zu verhindern. Im letzten Rang sind gemäß § 209 Abs. 1 Nr. 3 InsO die sonstigen Masseverbindlichkeiten zu begleichen (Alt-Masseverbindlichkeiten), wobei unter diesen Verbindlichkeiten der Unterhalt des Schuldners gemäß § 209 Abs. 1 Nr. 3, 2. Hs. InsO nochmals nachrangig ist.

Können mehrere gleichrangige Gläubiger nicht vollständig befriedigt werden, so werden sie untereinander gleichmäßig quotal bedient.[363]

bb) Masselosigkeit

Masselosigkeit liegt gemäß § 207 Abs. 1 InsO vor, wenn selbst die Kosten des Insolvenzverfahrens nicht gedeckt sind und weder ein Vorschuss zu erlangen noch eine Kostenstundung zu gewähren ist.

In diesem Fall werden gemäß § 207 Abs. 3 InsO nur die Kostengläubiger befriedigt, wobei lediglich die vorhandenen Barmittel auszukehren sind.[364] Die Erstattung von Auslagen genießt Vorrang vor der Entrichtung von Gebühren.[365] Gleichrangige Gläubiger werden untereinander gleichmäßig quotal bedient.[366]

b) Anpassung an die Eigenverwaltung

Die Erkenntnisse sind an die Eigenverwaltung anzupassen.

---

361 RegE, BT-Drs. 12/2443, 180.
362 Uhlenbruck/*Ries* § 208 Rn. 10.
363 MKInsO/*Hefermehl*, § 208 Rn. 36; Uhlenbruck/*Ries* § 208 Rn. 43.
364 BGH NZI 2009, 602 (602); MKInsO/*Hefermehl* § 207 Rn. 58.
365 MKInsO/*Hefermehl* § 207 Rn. 59.
366 MKInsO/*Hefermehl* § 207 Rn. 56.

aa) Masseunzulänglichkeit

Der siebte Teil der InsO regelt in § 285 InsO, dass der Sachwalter dem Insolvenzgericht die Masseunzulänglichkeit anzuzeigen hat. Daraus lässt sich ableiten, dass es dieses Rechtsinstitut auch in der Eigenverwaltung geben muss.

(1) Voraussetzungen

Da die Voraussetzungen der Masseunzulänglichkeit von § 285 InsO nicht näher umschrieben werden, kann auf die allgemeinen Vorschriften zurückgegriffen werden. Folglich tritt Masseunzulänglichkeit auch in der Eigenverwaltung dann ein, wenn die Kosten des Insolvenzverfahrens gedeckt sind, die sonstigen Masseverbindlichkeiten im Zeitpunkt ihrer jeweiligen Fälligkeit aber nicht.

(2) Zuständigkeit für die Anzeige

Zuständig für die Anzeige von Masseunzulänglichkeit ist nach dem Wortlaut von § 285 InsO der Sachwalter.[367] Es stellt sich jedoch die Frage, ob neben dem Sachwalter auch der Schuldner berechtigt ist, die Masseunzulänglichkeit verbindlich anzuzeigen.

Dafür könnte sprechen, dass der Schuldner grundsätzlich die Verwaltungs- und Verfügungsbefugnis über die Insolvenzmasse innehat. Andererseits genießen die Kompetenzzuweisungen in den §§ 274 bis 285 InsO Vorrang vor § 270 Abs. 1 S. 1 InsO und verdrängen in ihrem Anwendungsbereich die Auffangkompetenz des Schuldners.

Dagegen kann wiederum vorgebracht werden, dass § 285 InsO keine abschließende Regelung enthalte, sondern lediglich die Befugnis des Schuldners zur Anzeige von Masseunzulänglichkeit um die entsprechende Befugnis des Sachwalters ergänze.[368]

Diese Auslegung wäre aber systemwidrig, denn alle Kompetenzzuweisungen in den §§ 274 bis 285 InsO sind abschließend geregelt. So hat der Gesetzgeber mit der Alleinzuständigkeit des Sachwalters jeweils den Zweck verfolgt, den Schuldner wirksam zu beaufsichtigen. Stünde dem Schuldner das Recht zu, selbst Masseunzulänglichkeit anzuzeigen, so dürfte er durch die gestufte Befriedigungsreihenfolge des § 209 InsO eigenmächtig Alt-Massegläubiger gegenüber Neu-Massegläubigern zurücksetzen. Zwar ließe sich erwägen, dass man dem Schuldner dieses Recht zugestehen muss, wenn man ihm ohnehin die Insolvenzverwaltung anvertraut, jedoch handelt es sich bei der Anzeige von Masseunzulänglichkeit um eine besonders missbrauchsanfällige Konstellation. Der Schuldner könnte versucht sein, scheiternde Sanierungsbemühungen zu retten, indem er willkürlich Neu-Massegläubigern Vorzug vor Alt-Massegläubigern einräumt und ihnen auf diese Weise rechtswidrig größere Sicherheit verspricht.[369]

---

367 *Koch*, Die Eigenverwaltung nach der Insolvenzordnung, S. 263.
368 So auch FKInsO/*Foltis* § 285 Rn. 2, der sich in Rn. 1 aber widersprüchlich äußert.
369 MKInsO/*Tetlaff/Kern* § 285 Rn. 10.

Außerdem würde es zu schwer auflösbaren Widersprüchen führen, wenn der Schuldner und der Sachwalter gegensätzliche Auffassungen zum Eintritt von Masseunzulänglichkeit vertreten. Da das Gesetz diesen Konflikt nicht thematisiert, ist davon auszugehen, dass es ihn gar nicht zulassen will. So rückte der Gesetzgeber von dem im RegE zur InsO ursprünglich vorgesehenen Anzeigerecht des Schuldners[370] im weiteren Verlauf des Gesetzgebungsverfahrens bewusst ab.[371]

Mithin ist nur der Sachwalter zur verbindlichen Anzeige von Masseunzulänglichkeit befugt.[372]

(3) Rechtsfolgen

Mangels abweichender Wertungen hat Masseunzulänglichkeit gemäß § 209 InsO auch in der Eigenverwaltung zur Folge, dass zuerst die Kosten des Insolvenzverfahrens, dann die Neu-Masseverbindlichkeiten und zuletzt die Alt-Masseverbindlichkeiten zu bedienen sind.[373]

α) Vergütung des Sachwalters

Eine Besonderheit besteht darin, dass anstelle der Kosten des Insolvenzverwalters die Gebühren und Auslagen des Sachwalters zu den Kosten des Insolvenzverfahrens gehören, denn bei beiden Beteiligten handelt es sich um gerichtlich bestellte Amtsträger, die keine persönlichen Rechte an der Insolvenzmasse haben und daher für ihre Mitwirkung am Insolvenzverfahren zuverlässig im ersten Rang entlohnt werden müssen.

β) Unterhalt des Schuldners

Eine weitere Besonderheit könnte sich in Hinblick auf den Unterhalt des Schuldners ergeben.

Nach dem Wortlaut von § 209 Abs. 1 Nr. 3, 2. Hs. InsO fällt der Unterhaltsanspruch in den letzten Rang. Dadurch wird der Schuldner stärker als die übrigen Massegläubiger, insbesondere stärker als der Sachwalter, der Gefahr ausgesetzt, mit seinen Forderungen auszufallen. Dies dürfte seinen Anreiz verringern, sich engagiert in das Insolvenzverfahren einzubringen, sobald sich Masseunzulänglichkeit abzeichnet. Aus diesem Umstand könnte man schlussfolgern, dass der Unterhaltsanspruch des Schuldners ausnahmsweise in den privilegierteren Rang der Kosten des Insolvenzverfahrens zu erheben ist.

---

370 RegE, BT-Drs. 12/2443, 63.

371 Uhlenbruck/*Zipperer* § 285 Rn. 1.

372 *Andres/Leithaus*, InsO, § 285 Rn. 1; *Keller*, Insolvenzrecht, Rn. 1829; HKInsO/*Landfermann* § 285 Rn. 1; Braun/*Riggert* § 285 Rn. 1; MKInsO/*Tetlaff/Kern* § 285 Rn. 10; Uhlenbruck/*Zipperer* § 285 Rn. 1.

373 MKInsO/*Tetlaff/Kern* § 285 Rn. 13; Uhlenbruck/*Zipperer* § 285 Rn. 3.

Für diese Ansicht spricht auch, dass der Unterhalt des Schuldners in gewisser Weise an die Stelle der Vergütung eines Insolvenzverwalters tritt und dass der Schuldner und der Insolvenzverwalter gleichermaßen als Amtsträger fungieren.

Demgegenüber stellt der Unterhalt des Schuldners anders als die Vergütung eines Insolvenzverwalters keine Gegenleistung für die Ausübung eines Amts dar, sondern eine leistungsunabhängige Beihilfe zur Sicherung der privaten Lebensgrundlage.[374] Ferner ist zu bedenken, dass der Anreiz, Masseunzulänglichkeit zu vermeiden, für den Schuldner umso größer ist, je stärker er befürchten muss, seine Unterhaltsansprüche zu verlieren. Wenn jedoch Masseunzulänglichkeit einmal eingetreten ist, muss ohnehin über die Aufhebung der Eigenverwaltung nachgedacht werden, weswegen dem Schuldner kein weiter Anreiz geboten werden muss.

Im Ergebnis ist es sachgerecht, dass der Unterhalt des Schuldners in der Eigenverwaltung genauso wie im Regelinsolvenzverfahren in den letzten Rang fällt.

bb) Masselosigkeit

Zu Masselosigkeit enthält der siebte Teil der InsO keine Regelungen.[375] Daraus darf aber nicht der Schluss gezogen werden, dass es Masselosigkeit in der Eigenverwaltung nicht gibt, denn auch in diesem Verfahrensmodus greift der Gedanke durch, dass die Allgemeinheit nicht mit Kosten belastet werden darf, wenn sich das Insolvenzverfahren nicht selbst finanzieren kann. Für die Reihenfolge der Befriedigung gilt § 207 Abs. 3 InsO unverändert, da die Vorschrift nicht an eigenverwaltungsspezifische Kompetenzzuweisungen anknüpft.

3. Verfahren

Ferner ist zu untersuchen, auf welchem Wege die Massegläubiger ihre Forderungen gegenüber der Insolvenzmasse durchsetzen können.

a) Rechtslage im Regelinsolvenzverfahren

Bei Verfahrensfragen muss zwischen den Gerichtskosten und den übrigen Masseverbindlichkeiten unterschieden werden.

aa) Gerichtskosten

Die Gerichtskosten werden vom Insolvenzgericht gemäß § 19 Abs. 1 GKG in Ansatz gebracht und durch Kostenrechnung gegenüber dem Insolvenzverwalter geltend gemacht. Die Kostenrechnung stellt einen vollstreckbaren Verwaltungsakt dar.[376]

---

374 MKInsO/*Stephan* § 100 Rn. 14.
375 HKInsO/*Landfermann* § 285 Rn. 5; Uhlenbruck/*Zipperer* § 285 Rn. 3.
376 Binz/*Zimmer* § 19 Rn. 2.

In diesem Zusammenhang macht § 33 GKG deutlich, dass es im Insolvenzverfahren keine Besonderheiten gibt.[377]

bb) Gebühren und Auslagen von Insolvenzverwalter und Gläubigerausschuss

Die Kosten des Insolvenzverwalters und des Gläubigerausschusses werden gemäß § 64 Abs. 1 InsO bzw. gemäß § 73 Abs. 2 InsO iVm § 64 Abs. 1 InsO durch Beschluss des Insolvenzgerichts festgesetzt.

cc) Übrige Masseverbindlichkeiten

Die übrigen Masseverbindlichkeiten sind gegenüber dem Insolvenzverwalter durch Klage vor den allgemeinen Gerichten geltend zu machen.[378]

(1) Parteien

Dabei ist der Insolvenzverwalter in seiner Funktion als Amtsträger zu verklagen.[379] Die gebräuchliche Parteibezeichnung lautet exemplarisch „Erika Mustermann als Insolvenzverwalterin über das Vermögen von Thomas Müller".[380]

(2) Schonfrist

Für bestimmte Verbindlichkeiten gilt gemäß § 90 InsO eine sechsmonatige Schonfrist, vor deren Ablauf nicht in die Insolvenzmasse vollstreckt werden darf. Dies betrifft jedoch nur solche Masseverbindlichkeiten, die ohne Zutun des Insolvenzverwalters entstanden sind (oktroyierte Masseverbindlichkeiten), etwa Forderungen aus gegenseitigen Verträgen, die kraft Gesetzes fortbestehen.[381]

(3) Prozesskostenhilfe

Sofern die Massegläubiger ihre Ansprüche gegen den Insolvenzverwalter gerichtlich geltend machen, kann dieser gemäß § 116 Abs. 1 S. 1 Nr. 1 ZPO Prozesskostenhilfe beantragen. Die finanzielle Unterstützung wird gewährt, wenn die Insolvenzmasse nicht ausreicht, um die Prozesskosten aufzubringen, und wenn den Insolvenzgläubigern als den wirtschaftlich Beteiligten nicht zumutbar ist, die Prozesskosten vorzuschießen. Bei letzterer Voraussetzung bedarf es einer Abwägung. Insbesondere sind die zu erwartende Quotenverbesserung im Falle des Obsiegens, das Prozess- und Vollstreckungsrisiko sowie die Gläubigerstruktur zu berücksichtigen.[382]

---

377 Binz/*Zimmer* § 33 Rn. 1.
378 MKInsO/*Hefermehl* § 53 Rn. 53; Uhlenbruck/*Sinz* § 53 Rn. 3.
379 Zöller/*Vollkommer* § 50 Rn. 21; Musielak/Voit/*Werth* § 51 Rn. 19a.
380 *Anders/Gehle*, Das Assessorexamen im Zivilrecht, Kap. 2 Rn. 13.
381 MKInsO/*Breuer* § 90 Rn. 6; Uhlenbruck/*Mock* § 90 Rn. 3.
382 BGH ZIP 2011, 98 (98 f.); Musielak/Voit/*Fischer* § 116 Rn. 6; aA Zöller/*Geimer* § 116 Rn. 18.

b) Anpassung an die Eigenverwaltung

Auch insoweit sind Anpassungen an die Eigenverwaltung notwendig.

aa) Gerichtskosten

Da der siebte Teil der InsO keine abweichenden Regelungen enthält und das GKG gemäß § 1 Abs. 1 Nr. 2 GKG für das gesamte Insolvenzverfahren gilt, werden Gerichtskosten auch in der Eigenverwaltung gemäß § 19 GKG in Ansatz gebracht und durch Kostenrechnung eingefordert. Adressat ist der Schuldner, der als Amtsträger Inhaber der Verwaltungs- und Verfügungsbefugnis über die Insolvenzmasse ist.

bb) Gebühren und Auslagen von Sachwalter und Gläubigerausschuss

Die Gebühren und Auslagen des Sachwalters und des Gläubigerausschusses werden gemäß § 274 Abs. 1 InsO iVm § 64 Abs. 1 InsO bzw. gemäß § 270 Abs. 1 S. 2 InsO iVm § 73 Abs. 2 InsO iVm § 64 Abs. 1 InsO durch Beschluss des Insolvenzgerichts festgesetzt.[383]

cc) Übrige Masseverbindlichkeiten

Die übrigen Masseverbindlichkeiten sind wiederum durch Klage vor den allgemeinen Gerichten durchzusetzen.

(1) Parteien

Führt man die Amts-Theorie konsequent zu Ende, so muss der Schuldner ausdrücklich als Amtsträger verklagt werden, um Verwechslungen mit seiner Funktion als Inhaber seines Privatvermögens zu vermeiden. Wie beim Insolvenzverwalter macht dies eine eindeutige Kennzeichnung erforderlich. So könnte als Partei exemplarisch „Erika Mustermann als Verwalterin im Insolvenzverfahren über ihr eigenes Vermögen“ oder eleganter „als Eigenverwalterin“ oder „in Eigenverwaltung“ auftreten.

(2) Schonfrist

Ein weiterer Aspekt ist die Schonfrist gemäß § 90 InsO. Mangels gegenteiliger Wertungen im siebten Teil der InsO könnte diese gemäß § 270 Abs. 1 S. 2 InsO auch in der Eigenverwaltung anwendbar sein.

Dem lässt sich entgegenhalten, dass die Eigenverwaltung gerade die Kontinuität des Geschäftsverkehrs absichern soll. Dieses Ziel könnte bedroht sein, wenn die Vollstreckung von Masseverbindlichkeiten sechs Monate unterbrochen wird. Allerdings nimmt § 90 Abs. 1 Hs. 2, Abs. 2 InsO Verbindlichkeiten aus der laufenden unternehmerischen Tätigkeit des Schuldners ohnehin von der Schonfrist aus.

---

383 Uhlenbruck/*Zipperer* § 274 Rn. 10.

Weiterhin lässt sich gegen die Schonfrist ins Feld führen, dass der Schuldner anders als ein Insolvenzverwalter keine Einarbeitungszeit benötigt, um sich über den Stand der Aktiva und Passiva Klarheit zu verschaffen. Jedoch dient § 90 InsO nicht nur dem Schutz der ungestörten Einarbeitung, sondern auch der ungestörten Finanzierung des Insolvenzverfahrens.[384]

Damit ist die Schonfrist für oktroyierte Masseverbindlichkeiten auch in der Eigenverwaltung anwendbar.

(3) Prozesskostenhilfe

Weiterhin ist zu untersuchen, ob dem Schuldner, der durch die Massegläubiger verklagt wird, gemäß § 116 Abs. 1 S. 1 Nr. 1 ZPO Prozesskostenhilfe zu gewähren ist.

Die Vorschrift setzt voraus, dass eine Partei kraft ihres Amts für eine von ihr verwaltete Vermögensmasse prozessiert. Soweit der Schuldner nicht nur persönliche Rechte geltend macht,[385] sondern die Insolvenzmasse im Interesse der gesamten Gläubigergemeinschaft verwaltet, handelt er als Amtsträger. So verhält es sich auch, wenn der Schuldner Forderungen vermeintlicher Massegläubiger abwehrt, um die Insolvenzmasse vor einer Verringerung zu schützen. § 116 Abs. 1 S. 1 Nr. 1 ZPO ist damit einschlägig.

Prozesskostenhilfe wird nur gewährt, wenn die Insolvenzmasse nicht ausreicht, um die Prozesskosten zu tragen, und wenn den Insolvenzgläubigern als den wirtschaftlich Beteiligten nicht zugemutet werden kann, die Kosten selbst aufzubringen.

Fraglich ist, ob auch der Schuldner ein wirtschaftlich Beteiligter ist und zumutbare Vermögensoper erbringen muss. Dagegen spricht, dass die Insolvenzmasse wirtschaftlich den Gläubigern zugewiesen ist und die klagenden Massegläubiger nur aus der Insolvenzmasse und nicht aus dem privaten Vermögen des Schuldners Befriedigung verlangen können.[386] Zwar hat der Schuldner auch eigene wirtschaftliche Interessen an der Insolvenzmasse, da er die Aussicht genießt, nach erfolgreicher Sanierung seine Handlungsfreiheit zurückzugewinnen. Jedoch dient das Insolvenzverfahren nicht den Interessen des Schuldners, sondern der Befriedigung der Insolvenzgläubiger. Diese müssen in den Genuss von Prozesskostenhilfe unabhängig davon kommen, ob der Schuldner bereit ist, pfändungsfreies Vermögen einzusetzen oder auf Unterhalt zu verzichten. Den Prozesskostenhilfeanspruch macht er als Amtsträger, nicht als Privatperson geltend.

Damit ergeben sich in Fragen der Prozesskostenhilfe keine Besonderheiten gegenüber dem Regelinsolvenzverfahren.

---

384 MKInsO/*Breuer* § 90 Rn. 3; Uhlenbruck/*Mock* § 90 Rn. 1.

385 Diese Konstellation betrachtend BGH NZI 2015, 413 (413); *Madaus* NZI 2015, 413 (414 f.).

386 MKInsO/*Tetlaff* § 270 Rn. 193.

V. Haftung für Masseverbindlichkeiten

Im vorhergehenden Kapitel wurde bereits aufgezeigt, dass die Massegläubiger aus der Insolvenzmasse Befriedigung verlangen können. Im Falle von Masseunzulänglichkeit stellt sich darüber hinaus die Frage, welche anderen Beteiligten für die Erfüllung von Masseverbindlichkeiten haftbar gemacht werden können. Im Zuge dessen soll wiederum die These überprüft werden, dass sich die Haftung in der Eigenverwaltung genauso wie im Regelinsolvenzverfahren gestaltet, wobei der Schuldner und der Sachwalter als Amtsträger in die Position des Insolvenzverwalters einrücken.

1. Haftung des Sachwalters

Zunächst ist auf die Haftung des Sachwalters einzugehen.

a) Rechtslage im Regelinsolvenzverfahren

Um die Haftung des Sachwalters besser untersuchen zu können, soll zunächst die Haftung des Insolvenzverwalters dargestellt werden, weil dieser im Regelinsolvenzverfahren anstelle des Sachwalters und des Schuldners mit der Verwaltung der Insolvenzmasse betraut ist. Außerdem verweisen die Vorschriften über die Haftung des Sachwalters teilweise auf die Vorschriften über die Haftung des Insolvenzverwalters.

aa) Haftung gemäß § 61 InsO

Der Insolvenzverwalter haftet gemäß § 61 InsO für Masseverbindlichkeiten, die er durch eine Rechtshandlung begründet und zu deren Erfüllung die Insolvenzmasse nicht ausreicht.

(1) Rechtshandlung

Mit Rechtshandlungen sind alle solchen Handlungen gemeint, die unmittelbar auf die Bewirkung einer Rechtsfolge gerichtet sind, also Rechtsgeschäfte im engeren Sinne, rechtsgeschäftsähnliche Handlungen und Prozesshandlungen. Erfasst werden damit vertragliche Masseverbindlichkeiten, soweit der Insolvenzverwalter den Vertrag selbst schließt[387] oder soweit er die Fortsetzung eines bestehenden gegenseitigen Vertrags wählt[388]. Für Verbindlichkeiten aus gegenseitigen Verträgen, die kraft Gesetzes fortbestehen, haftet der Insolvenzverwalter indessen nur, soweit er den frühestmöglichen Kündigungstermin wissentlich verstreichen lässt.[389]

---

387 MKInsO/*Schoppmeyer* § 61 Rn. 8; Uhlenbruck/Sinz § 61 Rn. 5.
388 BGH NZI 2005, 157 (157 f.); Uhlenbruck/*Sinz* § 61 Rn. 5.
389 MKInsO/*Schoppmeyer* § 61 Rn. 8; Uhlenbruck/*Sinz* § 61 Rn. 6.

Nicht erfasst werden Verbindlichkeiten, die auf Pflichtverletzungen des Insolvenzverwalters im Rahmen bereits bestehender Verträge beruhen und die aus der Aufnahme anhängiger Gerichtsverfahren resultieren, da von § 61 InsO – ausweislich des RegE zur InsO[390] – nur diejenigen Geschäftspartner geschützt werden sollen, die nach Eröffnung des Insolvenzverfahrens mit der Insolvenzmasse in Kontakt treten.[391]

Genauso wenig werden deliktische Masseverbindlichkeiten erfasst, da diese auf tatsächlichen Handlungen beruhen oder nur die mittelbare Folge von Rechtshandlungen darstellen.

(2) Eintritt von Masseunzulänglichkeit

Die Haftung setzt des Weiteren einen Schaden voraus. Dieser ist gegeben, wenn Masseunzulänglichkeit eintritt und die Insolvenzmasse in absehbarer Zeit insuffizient bleiben wird.[392] Unabhängig vom tatsächlichen Eintritt der Masseunzulänglichkeit ist ein Schaden auch dann gegeben, wenn der Insolvenzverwalter die Masseunzulänglichkeit beim Insolvenzgericht anzeigt, denn in diesem Fall darf man davon ausgehen, dass der Insolvenzverwalter die Masseverbindlichkeiten nur noch quotal in den Stufen des § 209 InsO befriedigen wird.[393]

Erstattungsfähig ist jeweils das negative Interesse. Demnach sind die Massegläubiger so zu stellen, als wäre es nicht zur Pflichtverletzung gekommen; das heißt, als wäre der Vertrag nicht geschlossen worden.[394]

Ferner ist zu beachten, dass § 61 InsO die Geschäftspartner nur vor insolvenzspezifischen Risiken schützt. Kommt es zu Leistungsstörungen, die auch im allgemeinen Geschäftsverkehr drohen können, bspw. zu mangelhaften Leistungen, die Schadensersatz- und Rückgewähransprüche nach sich ziehen, so wird der Insolvenzverwalter nicht mit der Haftung belastet. Vielmehr hat er nur für die Primäransprüche einzustehen.[395]

(3) Kein Haftungsausschluss

Das Vertretenmüssen des Insolvenzverwalters wird gemäß § 61 S. 2 InsO vermutet. Entlasten kann er sich nur, wenn er bei Vornahme der Rechtshandlung nicht erkennen konnte, dass die Insolvenzmasse nicht ausreichen wird, um alle

390 RegE, BT-Drs. 12/2443, 129.

391 BAG NZI 2007, 124 (124); Uhlenbruck/*Sinz* § 61 Rn. 5.

392 BGH NZI 2004, 435 (435); *Seidel/Hinderer* NZI 2010, 745 (745); Uhlenbruck/*Sinz* § 61 Rn. 14.

393 BGH NZI 2005, 222 (222); Uhlenbruck/*Sinz* § 61 Rn. 14.

394 BGH ZIP 1994, 46 (46); *Seidel/Hinderer* NZI 2010, 745 (745); Uhlenbruck/*Sinz* § 61 Rn. 16.

395 BGH NZI 2004, 435 (438 f.); *Seidel/Hinderer* NZI 2010, 745 (747); Uhlenbruck/*Sinz* § 61 Rn. 15.

Masseverbindlichkeiten im Zeitpunkt ihrer jeweiligen Fälligkeit zu befriedigen. Der Insolvenzverwalter hat also eine Prognose anzustellen, ob die Erfüllungswahrscheinlichkeit überwiegt.[396] Dieser Prognose muss er einen Liquiditätsplan zugrunde legen, in welchen regelmäßig alle Aktiva und Passiva der Insolvenzmasse einzupflegen sind.[397] Der Maßstab ist insofern gegenüber dem eines Kaufmanns herabgesetzt, als der Insolvenzverwalter teilweise nur auf ungeordnete Geschäftsunterlagen und falsche Auskünfte zurückgreifen kann.[398]

bb) Haftung gemäß § 60 InsO

Des Weiteren haftet der Insolvenzverwalter gemäß § 60 InsO, wenn er schuldhaft Pflichten verletzt, die ihm durch die InsO auferlegt werden. Soweit es um die Begründung von Masseverbindlichkeiten geht, ist freilich der Vorrang von § 61 InsO zu beachten. Dieser gilt aber nur insoweit, wie der Anwendungsbereich von § 61 InsO eröffnet ist, also wie es um die rechtsgeschäftliche Begründung von Masseverbindlichkeiten geht.

(1) Pflichtverletzung

Der Insolvenzverwalter muss insolvenzspezifische Pflichten verletzt haben.[399] Zu unterscheiden ist dabei zwischen Pflichtverletzungen, die zu Einzelschäden bestimmter Gläubiger führen, und solchen, die Gesamtschäden aller Gläubiger verursachen.

Einzelschäden können Massegläubigern vor allem dann entstehen, wenn der Insolvenzverwalter Pflichten im Zusammenhang mit der Befriedigung von Masseverbindlichkeiten nicht nachkommt. Das ist der Fall, wenn er entgegen § 53 InsO den Vorrang der Massegläubiger vor den Insolvenzgläubigern und bei Masseunzulänglichkeit entgegen § 209 InsO die gestufte und quotale Befriedigung der Massegläubiger untereinander missachtet. Fallen vorrangige Gläubiger aus, weil ihnen nachrangige Gläubiger vorgezogen werden, hat der Insolvenzverwalter den Schaden zu ersetzen.[400] Dies gilt auch, wenn er nicht ausreichend Mittel für prozessuale Kostenerstattungsansprüche zurückstellt.[401]

Weitere Einzelschäden entstehen den Massegläubigern im Falle der verfrühten Anzeige von Masseunzulänglichkeit, weil sie dann in den Rang von Alt-Massegläubigern zurückgeworfen werden, obwohl sie in voller Höhe hätten befriedigt werden können.[402] Demgegenüber löst die verspätete Anzeige von Masseunzulänglichkeit

---

396 OLG Brandenburg NZI 2003, 552 (553); *Seidel/Hinderer* NZI 2010, 745 (746).
397 BGH NZI 2005, 222 (223); *Seidel/Hinderer* NZI 2010, 745 (746).
398 MKInsO/*Schoppmeyer* § 61 Rn. 43; Uhlenbruck/*Sinz* § 61 Rn. 28.
399 BGH NZI 2007, 286 (286); MKInsO/*Brandes/Schoppmeyer* § 60 Rn. 10; Uhlenbruck/*Sinz* § 60 Rn. 12.
400 BGH ZIP 2010, 2356 (2356); MKInsO/*Brandes/Schoppmeyer* § 60 Rn. 45a, 47.
401 BGH NZI 2001, 533 (533); MKInsO/*Brandes/Schoppmeyer* § 60 Rn. 45b.
402 BGH EWiR 2011, 123 (124); MKInsO/*Brandes/Schoppmeyer* § 60 Rn. 46.

nach Rspr. und hL keine Haftung aus, da die Anzeigepflicht nicht dem Interesse einzelner Gläubiger dient.[403] Genauso wenig ist der Insolvenzverwalter verpflichtet, seine Geschäftspartner über drohende Masseunzulänglichkeit aufzuklären, denn er bekleidet sein Amt ausschließlich im Interesse der Insolvenzmasse.[404]

Gesamtschäden entstehen den Gläubigern, wenn die Insolvenzmasse insgesamt verkürzt wird, also wenn sie verringert wird, weil der Insolvenzverwalter bspw. Vermögen unter Wert veräußert, oder wenn sie nicht gemehrt wird, etwa weil es der Insolvenzverwalter versäumt, Ansprüche aus Insolvenzanfechtung geltend zu machen.[405] Da alle Gläubiger gleichermaßen von der Verkürzung der Insolvenzmasse betroffen sind, dürfen sie daraus resultierende Schäden gemäß § 92 S. 1 InsO nicht selbständig geltend machen. Vielmehr muss der Insolvenzverwalter die Schäden zugunsten der gesamten Insolvenzmasse durchsetzen. Da sich die Ansprüche gegen ihn selbst richten, ist gemäß § 92 S. 2 InsO ein neuer Insolvenzverwalter für ihre Durchsetzung zu bestellen.

Eine Ausnahme gilt insoweit für Massegläubiger. Gesamtschäden der Insolvenzmasse stellen regelmäßig auch Einzelschäden der Massegläubiger dar. Der Grund dafür ist, dass Massegläubiger einen Anspruch unmittelbar gegen die Insolvenzmasse erwerben. Wird diese verkürzt, erleiden sie einen individuellen Nachteil in voller Höhe und nicht nur eine Verschlechterung ihrer Befriedigungsquote. Daher können Massegläubiger bei Verkürzung der Insolvenzmasse ihren Einzelschaden selbständig gegenüber dem Insolvenzverwalter geltend machen.

Etwas anderes gilt erst ab Anzeige der Masseunzulänglichkeit. Von diesem Zeitpunkt an werden die Massegläubiger auf eine gestufte und quotale Befriedigung verwiesen, sodass sie ihre Schäden entsprechend § 92 InsO nur noch kollektiv durchsetzen können.[406]

(2) Verschulden

Gemäß § 60 Abs. 1 S. 1 InsO muss der Insolvenzverwalter schuldhaft handeln, wobei § 60 Abs. 1 S. 2 InsO auf die Pflichten eines ordentlichen Insolvenzverwalters abstellt. Insoweit kann mit der Maßgabe auf das zu § 61 InsO Ausgeführte verwiesen werden, dass die Darlegungs- und Beweislast den Anspruchssteller trifft.

Zu beachten ist, dass das Verhalten von Erfüllungsgehilfen dem Insolvenzverwalter gemäß § 278 BGB zuzurechnen ist. § 60 Abs. 2 InsO durchbricht diese Zurechnung aber dann, wenn sich der Insolvenzverwalter der Angestellten des Schuldners bedient und diese nicht offensichtlich ungeeignet sind. Der Rückgriff auf das fremde Personal ist aus wirtschaftlichen Gründen unausweichlich und

403 BGH WM 2010, 2321 (2322); MKInsO/*Brandes/Schoppmeyer* § 60 Rn. 45; aA Uhlenbruck/*Sinz* § 60 Rn. 27.

404 BGH ZIP 2010, 2356 (2356); MKInsO/*Brandes/Schoppmeyer* § 60 Rn. 45; *Friedrichs*, Das Schutzschirmverfahren, S. 120; aA Uhlenbruck/*Sinz* § 60 Rn. 27.

405 MKInsO/*Brandes/Schoppmeyer* § 60 Rn. 11 – 34; Uhlenbruck/*Sinz* § 60 Rn. 13.

406 BGH NZI 2004, 435 (439); *Seidel/Hinderer* NJOZ 2010, 2048 (2056).

kann dem Insolvenzverwalter nicht angelastet werden. Verlangt wird nur, dass der Insolvenzverwalter die Angestellten des Schuldners ordnungsgemäß überwacht und sich besonders bedeutsame Entscheidungen vorbehält.[407]

(3) Schaden

Ein Schaden liegt schon dann vor, wenn die Insolvenzmasse nicht ausreicht, um einen Massegläubiger vollständig zu befriedigen.[408]

cc) Haftung gemäß §§ 280 Abs. 1, 311 Abs. 3 und 241 Abs. 2 BGB

Weiterhin haftet der Insolvenzverwalter gemäß den §§ 280 Abs. 1, 311 Abs. 3 und 241 Abs. 2 BGB aus culpa in contrahendo, wenn er beim Vertragsschluss mit Geschäftspartnern besonderes Vertrauen in Anspruch nimmt und dabei schuldhaft seine Pflichten verletzt.[409]

(1) Inanspruchnahme besonderen Vertrauens

Es haben sich im Wesentlichen zwei Fallgruppen herausgebildet, unter welchen Umständen aufgrund der Inanspruchnahme besonderen Vertrauens ein Schuldverhältnis zu einer dritten Person entstehen kann.

Zum einen ist das der Fall, wenn der Dritte eigene wirtschaftliche Interessen am Vertragsschluss hegt.[410] Dies ist beim Insolvenzverwalter, der als Amtsträger und ohne wirtschaftliche Beteiligung an der Insolvenzmasse handelt, kaum denkbar.[411]

Zum anderen soll besonderes Vertrauen begründet werden, wenn der Dritte aufgrund seiner besonderen Nähe zu einem der Vertragspartner und seines daraus resultierenden überlegenen Wissens wie ein „Sachwalter“[412] auftritt.[413] Insoweit liegen die Hürden hoch, da der Insolvenzverwalter als sachkundiger und unabhängiger Amtsträger stets ein gewisses Maß an Vertrauen genießt. Von der besonderen Inanspruchnahme von Vertrauen kann man daher nur ausgehen, wenn der

---

407 MKInsO/*Brandes/Schoppmeyer* § 60 Rn. 93; Uhlenbruck/*Sinz* § 60 Rn. 100.

408 MKInsO/*Brandes/Schoppmeyer* § 60 Rn. 108; Uhlenbruck/*Sinz* § 60 Rn. 123.

409 Abzugrenzen ist diese Haftung von der echten Garantie, mit der sich der Insolvenzverwalter durch Rechtsgeschäft selbst verpflichtet. Die Abgrenzung ist bislang noch nicht überzeugend gelungen; dazu *Seidel/Hinderer* NJOZ 2010, 2048 (2056). Daher soll im Rahmen der vorliegenden Arbeit nur von einer Haftung aus culpa in contrahendo ausgegangen werden, wobei die Inanspruchnahme besonderen Vertrauens mit guten Argumenten jeweils auch als echte Garantie ausgelegt werden kann.

410 MKBGB/*Emmerich* § 311 Rn. 175; Jauernig/*Stadler* BGB § 311 Rn. 49.

411 Palandt/*Grüneberg* § 311 Rn. 64; Erman/*Kindl* § 311 Rn. 91.

412 Der Begriff meint nicht den Sachwalter iSd Insolvenzrechts, sondern den Begriff, den die Rspr. im Zusammenhang mit der Haftung aus culpa in contrahendo geprägt hat.

413 BGH NJW 1997, 1233 (1233); MKBGB/*Emmerich* § 311 Rn. 177.

Insolvenzverwalter seine Pflichten freiwillig überschreitet und sich für seine Aussagen persönlich gutsagt.[414]

(2) Pflichtverletzung

Eine relevante Pflichtverletzung liegt vor, wenn der Insolvenzverwalter entgegen den §§ 280 Abs. 1 und 241 Abs. 2 BGB keine Rücksicht auf die Rechte und Interessen der Geschäftspartner nimmt. Davon ist auszugehen, wenn er falsche Angaben zum Vertragsgegenstand, zum Zustand der Insolvenzmasse[415] oder zu möglichen Sanierungschancen macht. Dagegen reicht es nicht aus, wenn es der Insolvenzverwalter unterlässt, über insolvenzspezifische Haftungsrisiken aufzuklären, denn Dritten gegenüber ist er zu keiner insolvenzrechtlichen Beratung verpflichtet.[416]

(3) Vertretenmüssen

Das Vertretenmüssen wird gemäß § 280 Abs. 1 S. 2 BGB vermutet. Der Insolvenzverwalter kann sich nur dann entlasten, wenn er gemäß § 276 Abs. 1 BGB weder vorsätzlich noch fahrlässig gehandelt hat.

(4) Schaden

Ein kausaler Schaden tritt wiederum dann ein, wenn Masseverbindlichkeiten aufgrund von Masseunzulänglichkeit nicht oder nicht vollständig aus der Insolvenzmasse befriedigt werden können, obwohl der Insolvenzverwalter dieses Risiko geleugnet hat. Ferner tritt ein kausaler Schaden ein, wenn sich der Vertragsgegenstand entgegen entsprechenden Zusagen als minderwertig erweist. Erstattungsfähig ist jeweils nur das negative Interesse.[417]

dd) Haftung gemäß § 823 Abs. 2 BGB

Ferner kann der Insolvenzverwalter gemäß § 823 Abs. 2 BGB iVm einem Schutzgesetz in Anspruch genommen werden. Insoweit geht es aber nicht um eine Haftung für Masseverbindlichkeiten, sondern um eine originäre Haftung des Insolvenzverwalters für eigene Pflichtverletzungen, denn, wie oben dargestellt,[418] wird ein pflichtwidriges Handeln des Insolvenzverwalters während der Ausübung seines Amts analog § 31 BGB der Insolvenzmasse zugerechnet. Die Insolvenzmasse haftet also für den Insolvenzverwalter, nicht umgekehrt der Insolvenzverwalter für die Insolvenzmasse.

---

414 OLG Rostock ZIP 2005, 220 (220); OLG Schleswig NZI 2005, 92 (92); LG Trier ZInsO 2009, 1208 (1208); *Seidel/Hinderer* NJOZ 2010, 2048 (2055 f.).

415 Staudinger/*Feldmann/Löwisch* § 311 Rn. 176.

416 HeidKInsO/*Lohmann* § 60 Rn. 42.

417 Staudinger/*Feldmann/Löwisch* § 311 Rn. 176.

418 Dazu C.III.5.a)aa).

Dabei entbindet die Zurechnung über § 31 BGB den Insolvenzverwalter auch nicht von seiner persönlichen Verantwortung. Vielmehr hat der Repräsentant neben dem Repräsentierten gemäß § 840 Abs. 1 BGB gesamtschuldnerisch einzustehen. Grund dafür ist, dass der Repräsentant im Außenverhältnis zu Dritten keine Haftungsfreistellung verdient, nur weil er im Innenverhältnis für den Repräsentierten tätig wird.[419]

Der Insolvenzverwalter muss ein Schutzgesetz verletzen, also eine Rechtsnorm, die auch dem Schutz von Individualinteressen zu dienen bestimmt ist.[420] Dabei kommen nur solche Schutzgesetze in Betracht, in deren Schutzbereich die Massegläubiger fallen.

Im Zusammenhang mit der Eingehung vertraglicher Masseverbindlichkeiten gewinnt insbesondere § 263 Abs. 1 StGB an Bedeutung. Der Straftatbestand des Betrugs stellt ein Schutzgesetz dar, denn die Rechtsnorm dient neben generalpräventiven strafrechtlichen Erwägungen auch dem Vermögensschutz des Einzelnen.[421] Zur Erfüllung des Tatbestands muss der Insolvenzverwalter die Massegläubiger derart täuschen, dass diese einem Irrtum erliegen und deswegen eine selbstschädigende Vermögensverfügung treffen. Außerdem muss der Insolvenzverwalter vorsätzlich und mit der Absicht handeln, die Insolvenzmasse rechtswidrig zu bereichern. Die Täuschung kann dabei durch ausdrückliches oder konkludentes Tun, aber auch durch garantenpflichtwidriges Unterlassen erfolgen.[422] Eine Täuschung durch aktives Tun liegt vor, wenn der Insolvenzverwalter gegenüber den Geschäftspartnern bei Vertragsschluss bewusst falsche Angaben bezüglich der Insolvenzmasse, dem Vertragsgegenstand oder möglichen Sanierungschancen macht;[423] eine Täuschung durch Unterlassen ist gegeben, wenn der Insolvenzverwalter Informationen trotz Garantenpflicht, etwa wegen Ingerenz aufgrund früherer Äußerungen, verschweigt.[424] § 263 Abs. 1 StGB ist in diesen Fällen verletzt, wenn die Massegläubiger erstens die Chancen des Geschäfts irrtümlich für besser halten, als es der Realität entspricht, wenn sie zweitens aufgrund dieses Glaubens eine Verbindlichkeit eingehen oder unter Verzicht auf Zurückbehaltungsrechte an die Insolvenzmasse leisten und wenn sie drittens aufgrund von Masseunzulänglichkeit mit ihren Forderungen ausfallen.

Als weiteres Schutzgesetz im Zusammenhang mit der Begründung vertraglicher Masseverbindlichkeiten kommt der Straftatbestand der Untreue gemäß § 266 Abs. 1 StGB in Betracht. Auch diese Norm dient dem Schutz individueller Rechtsgüter, nämlich dem Erhalt des Vermögens, welches veruntreut wird.[425]

---

419 Staudinger/*Vieweg* § 840 Rn. 23.

420 Jauernig/*Teichmann* § 823 Rn. 43; MKBGB/*Wagner* § 823 Rn. 498.

421 BGHZ 57, 137 (137 ff.); Erman/*Schiemann* § 823 Rn. 160; Palandt/*Sprau* § 823 Rn. 70.

422 Schönke/Schröder/*Perron* § 263 Rn. 12, 18.

423 Im Zusammenhang mit der culpa in contrahendo Staudinger/*Feldmann/Löwisch* § 311 Rn. 176.

424 Schönke/Schröder/*Perron* § 263 Rn. 20.

425 BGHZ 8, 276 (276 ff.); Erman/*Schiemann* § 823 Rn. 160; Palandt/*Sprau* § 823 Rn. 70.

Zum Tatbestand gehört es, dass eine Vermögensbetreuungspflicht vorsätzlich verletzt wird.[426] Der Insolvenzverwalter nimmt grundsätzlich nur die Interessen des Schuldners sowie der Insolvenz- und Geschäftspartner wahr, nicht jedoch die Interessen der Geschäftspartner, mit denen er in Kontakt tritt.[427] Eine Verletzung von § 266 Abs. 1 StGB, die im Zuge von Vertragsverhandlungen zu Einzelschäden der Geschäftspartner führt, ist damit nicht erkennbar.

Daneben kommen alle übrigen Schutzgesetze in Betracht, bspw. verbotene Eigenmacht gemäß § 858 BGB oder die allgemeine Rücksichtnahmepflicht im Straßenverkehr gemäß § 1 Abs. 1 StVO. Schädigt der Insolvenzverwalter Dritte, indem er solche Schutzgesetze verletzt, muss er den Schaden persönlich ersetzen. Umstritten ist dabei, ob Pflichten, die nur die Insolvenzmasse treffen, zugleich persönliche Pflichten des Insolvenzverwalters sind. Gemeint sind bspw. Verkehrssicherungspflichten für massezugehörige Vermögensgegenstände. Rspr. und hL bejahen dies mit dem Argument, dass der Insolvenzverwalter die Insolvenzmasse in Besitz nimmt und im eigenen Namen als Amtsträger verwaltet.[428]

ee) Haftung gemäß § 823 Abs. 1 BGB

In Hinblick auf eine Haftung des Insolvenzverwalters gemäß § 823 Abs. 1 BGB lässt sich das zu § 823 Abs. 2 BGB Ausgeführte übertragen. Verletzt der Insolvenzverwalter in Ausübung seines Amts rechtswidrig sowie vorsätzlich oder fahrlässig fremde Rechtsgüter oder Rechte, so begründet er über die Zurechnung analog § 31 BGB zugleich Masseverbindlichkeiten und persönliche Verbindlichkeiten. Grund dafür ist, dass die Pflicht zum sorgfältigen Umgang mit fremden Rechtsgütern und Rechten jedermann gleichermaßen trifft und kein Grund besteht, den Insolvenzverwalter davon freizustellen.[429]

ff) Haftung gemäß § 826 BGB

Der Insolvenzverwalter haftet aus einem deliktischen Rechtsverhältnis gemäß § 826 BGB, wenn er die Geschäftspartner vorsätzlich sittenwidrig schädigt. Sittenwidrigkeit ist erst dann anzunehmen, wenn sich der Insolvenzverwalter in verwerflicher Weise über die Rechte und Interessen seiner Geschäftspartner hinwegsetzt. Dies ist zB bei den oben dargestellten Täuschungshandlungen während der Eingehung von Masseverbindlichkeiten der Fall, aber auch, wenn der Insolvenzverwalter Geschäftspartner mutwillig in einen Rechtsstreit zieht, obwohl er den Kostenerstattungsanspruch

---

426 Schönke/Schröder/*Perron* § 266 Rn. 2.

427 MKInsO/*Ott/Vuia* § 80 Rn. 146; indirekt *König*, Die Haftung in der Eigenverwaltung, S. 59 f., der nur umgekehrt davon ausgeht, dass die Begründung von Masseverbindlichkeiten eine Treuepflichtverletzung gegenüber den Insolvenzgläubigern darstellt.

428 BGH NZI 2002, 425 (425); Uhlenbruck/*Mock* § 80 Rn. 72, 247 f.; MKInsO/*Ott/Vuia* § 80 Rn. 46.

429 BGHZ 65, 211 (212); HeidKInsO/*Lohmann* § 60 Rn. 44.

des anderen Teils nicht aus der Insolvenzmasse befriedigen kann[430] oder wenn er bewusst die Befriedigungsreihenfolge der Gläubiger missachtet[431].

b) Anpassung an die Eigenverwaltung

Die Erkenntnisse über die Haftung des Insolvenzverwalters lassen sich auf die Haftung des Sachwalters übertragen.

aa) Haftung gemäß § 277 Abs. 1 S. 3 InsO iVm § 61 InsO

Eine insolvenzspezifische Haftungsvorschrift findet sich in § 277 Abs. 1 S. 3 InsO iVm § 61 InsO. Zu beachten ist, dass § 277 Abs. 1 S. 3 InsO aufgrund seiner systematischen Stellung einerseits auf § 277 Abs. 1 S. 1 InsO Bezug nimmt, sodass die dort genannten Voraussetzungen erfüllt sein müssen. Andererseits erklärt § 277 Abs. 1 S. 1 InsO den § 61 InsO für entsprechend anwendbar, sodass auch dessen Tatbestandsmerkmale heranzuziehen sind.

(1) Anordnung der Zustimmungsbedürftigkeit

Das Insolvenzgericht muss gemäß § 277 Abs. 1 S. 1 InsO anordnen, dass bestimmte Rechtsgeschäfte des Schuldners nur mit Zustimmung des Sachwalters wirksam sind. Fraglich ist, ob die Anordnung rechtmäßig sein muss oder ob es ausreicht, wenn sie wirksam ist.

Für das Ausreichen von Wirksamkeit spricht, dass das Vertrauen des Rechtsverkehrs in die Haftung des zustimmenden Sachwalters das Interesse des Sachwalters an einer Haftungsbefreiung bei unrechtmäßiger Belastung mit einem Zustimmungsvorbehalt überwiegt, denn der Sachwalter hat als Träger eines privaten Amts die Gewähr für die ordnungsgemäße Durchführung des Verfahrens zu bieten.[432] Unrechtmäßige Zustände hat er kraft seiner Informationsrechte aufzuklären und auf deren Beseitigung hinzuwirken. Die Gläubiger hingegen haben anders als der Sachwalter keine hoheitlichen Befugnisse und auch keinen Einblick in die wirtschaftlichen Belange des Schuldners. Damit sind sie auf eine Haftung des zustimmenden Sachwalters angewiesen, wohingegen der Sachwalter nach eigenem Ermessen von seinem Zustimmungsvorbehalt Gebrauch machen kann.

Dagegen lässt sich einwenden, dass der Sachwalter bei unrechtmäßiger Anordnung des Zustimmungsvorbehalts in einen Konflikt gerät. Stimmt er einem zweckmäßigen Rechtsgeschäft nicht zu, schadet er der Insolvenzmasse, was zu einer Haftung gemäß § 274 Abs. 1 InsO iVm § 60 InsO führen könnte. Stimmt er hingegen zu, setzt er sich dem Haftungsrisiko des § 277 Abs. 1 S. 3 InsO iVm § 61 InsO aus, mit dem er ohne die unrechtmäßige Anordnung des Zustimmungsvorbehalts nicht konfrontiert wäre.

---

430 MKInsO/*Brandes/Schoppmeyer* § 60 Rn. 45a, 47.
431 *König*, Die Haftung in der Eigenverwaltung, S. 64 f.
432 *Ehlers* ZInsO 2015, 1417 (1421).

Ferner ist zu bedenken, dass das Gesetz keine Beschwerde des Sachwalters gegen die unrechtmäßige Belastung mit einem Zustimmungsvorbehalt vorsieht, sodass der Sachwalter keine Möglichkeit hat, die Erhöhung seines Haftungsrisikos anderweitig abzuwenden.

Jedoch muss den Ausschlag geben, dass der Gesetzgeber dem Sachwalter in § 277 Abs. 1 S. 3 InsO iVm § 61 InsO bewusst ein Haftungsrisiko aufbürdet, um den Rechtsverkehr zu schützen. Wären die Geschäftspartner des Schuldners dem Risiko ausgesetzt, dass sich der Sachwalter seiner Haftung entzieht, indem er sich auf die bislang unentdeckte Rechtswidrigkeit des Zustimmungsvorbehalts beruft, wäre der vertrauensbildende Effekt der Haftung beeinträchtigt.

Daher reicht es im Ergebnis aus, wenn das Insolvenzgericht den Zustimmungsvorbehalt wirksam angeordnet hat.

(2) Rechtshandlung

Der Schuldner muss gemäß § 277 Abs. 1 S. 1 InsO eine Masseverbindlichkeit durch „Rechtsgeschäft" begründet haben. Insoweit bestehen keine Besonderheiten gegenüber dem Begriff der Rechtshandlung, der für die Haftung des Insolvenzverwalters gilt. Erfasst werden demnach Rechtsgeschäfte, rechtsgeschäftsähnliche Handlungen und Prozesshandlungen.[433]

(3) Zustimmung

Der Sachwalter muss seine Zustimmung zu dem Rechtsgeschäft erklärt haben. Erneut fragt sich, ob es ausreicht, wenn die Einwilligung wirksam ist, oder ob es auf die Rechtsmäßigkeit oder gar die Zweckmäßigkeit der Einwilligung ankommt.

Auch an dieser Stelle bleibt festzuhalten, dass das Vertrauen des anderen Teils auf die Haftung des zustimmenden Sachwalters das Interesse des Sachwalters an einer Haftungsbefreiung überwiegt, weil der Sachwalter anders als der andere Teil der Träger eines privaten Amts ist. Dies verpflichtet ihn, eine rechtmäßige als der andere Teil zu gewährleisten.[434]

Zudem soll die Haftung des Sachwalters gerade sicherstellen, dass der andere Teil geschützt wird, wenn der Sachwalter durch die unzweckmäßige Erteilung seiner Zustimmung den Eintritt von Masseunzulänglichkeit fördert.

Damit reicht die wirksame Erteilung der Zustimmung aus.

(4) Eintritt von Masseunzulänglichkeit

§ 61 S. 1 InsO erfordert den Eintritt eines Schadens aufgrund der Unzulänglichkeit der Insolvenzmasse. Dabei kann ohne weiteres auf das zur Haftung des Insolvenzverwalters Ausgeführte zurückgegriffen werden, da Masseunzulänglichkeit in der

433 MKInsO/*TetzlafMf/Kern* § 277 Rn. 14.
434 *Ehlers* ZInsO 2015, 1417 (1421).

Eigenverwaltung dieselben Voraussetzungen hat und dieselben Anzeigepflichten auslöst wie im Regelinsolvenzverfahren. Ein Schaden liegt somit vor, wenn Masseunzulänglichkeit tatsächlich eintritt oder der – nach § 285 InsO zuständige – Sachwalter diese anzeigt.

(5) Kein Haftungsausschluss

Gemäß § 277 Abs. 1 S. 3 InsO kann sich der Sachwalter in entsprechender Anwendung von § 61 S. 2 InsO von seiner Haftung befreien, wenn er im Zeitpunkt der Zustimmung nicht erkennen konnte, dass die Insolvenzmasse nicht ausreichen wird, um die Masseverbindlichkeit zu erfüllen.

Da der Sachwalter genauso wie der Insolvenzverwalter ein Amtsträger ist, könnte man meinen, dass von beiden Beteiligten derselbe Grad an Sorgfalt zu erwarten ist. Jedoch sieht das Gesetz ausdrücklich eine entsprechende Anwendung des § 61 InsO vor. Dadurch kommt zum Ausdruck, dass der Haftungsmaßstab für den Insolvenzverwalter an den abweichenden Kompetenzzuschnitt des Sachwalters angepasst werden muss.[435] Diese Anpassung rechtfertigt sich schon daraus, dass eine Haftung nur soweit reichen kann, wie der Haftende in der Lage ist, den Schadenseintritt zu beeinflussen.

α) Grundsatz

Die Kompetenzen des Sachwalters bleiben hinter denen eines Insolvenzverwalters zurück. Außerdem stehen dem Sachwalter gemäß § 12 Abs. 1 InsVV nur 60 % der Vergütung eines Insolvenzverwalters zu, auch wenn gemäß § 12 Abs. 2 InsVV ein Zuschlag im Falle der Anordnung eines Zustimmungsvorbehalts gerechtfertigt ist. Dieses Weniger an Kompetenzen und Vergütung muss sich in einem Weniger an Haftung niederschlagen.

Um zu klären, welche Anforderungen an den Sachwalter zu stellen sind, muss zwischen den einzelnen Phasen auf dem Weg zur Erteilung oder Versagung der Zustimmung unterschieden werden. So hat der Sachwalter erstens alle erforderlichen Informationen einzuholen, zweitens hat er diese auf ihre Plausibilität zu überprüfen und drittens hat er anhand dieser Informationen zu prognostizieren, ob die Insolvenzmasse zur Erfüllung der Masseverbindlichkeiten ausreichen wird.

β) Einholen von Informationen

Soweit es um den Sorgfaltsmaßstab bei Einholung der erforderlichen Informationen geht, ist dieser in besonderem Maße an die Kompetenzen des Sachwalters anzupassen.

Gemäß § 270 Abs. 1 S. 1 InsO hat der Sachwalter den Schuldner zu beaufsichtigen. Diese Pflicht wird in § 274 Abs. 2 S. 1 InsO dahingehend konkretisiert, dass der Sachwalter die wirtschaftliche Lage des Schuldners zu prüfen sowie dessen

435 Uhlenbruck/*Zipperer* § 277 Rn. 7.

Geschäftsführung und private Ausgaben zu überwachen hat. Ferner hat der Sachwalter gemäß § 281 Abs. 1 S. 2 InsO das Verzeichnis der Massegegenstände, das Gläubigerverzeichnis und die Vermögensübersicht zu kontrollieren.

Als Mittel zur Verwirklichung dieser Pflichten gibt ihm § 274 Abs. 2 S. 2 InsO iVm § 22 Abs. 3 InsO das Recht an die Hand, die Geschäftsräume des Schuldners zu betreten, Geschäftsbücher und -papiere des Schuldners einzusehen und Auskünfte vom Schuldner einzuholen. Nötigenfalls kann der Sachwalter diese Rechte gemäß § 274 Abs. 2 S. 2 InsO iVm § 22 Abs. 3 S. 3, 2. Hs. InsO iVm §§ 98 und 101 Abs. 1 S. 1, S. 2, Abs. 2 InsO gegenüber dem Schuldner und dessen organschaftlichen Vertretern zwangsweise durchsetzen. Zusammenfassend lässt sich festhalten, dass der Sachwalter alle Informationen aus der Sphäre des Schuldners abschöpfen kann.[436]

Das Gesetz sieht dagegen nicht vor, dass der Sachwalter Dritte, etwa Angestellte und Geschäftspartner des Schuldners sowie Behörden und Gerichte, um Auskunft ersuchen muss.[437] Besonders deutlich geht diese Wertung aus § 281 Abs. 1 S. 1 InsO hervor, wonach der Schuldner das Verzeichnis der Massegegenstände, das Gläubigerverzeichnis und die Vermögensübersicht selbständig und ohne Mitwirkung des Sachwalters zu erstellen hat. Die maßgeblichen Daten erhebt also der Schuldner und nicht der Sachwalter. In diese Richtung weist auch der RegE zur InsO, der an die §§ 39 und 40 VerglO anknüpft und in der Tradition des Vergleichsverfahrens eine reine „Aufsichtsfunktion" des Sachwalters konstatiert.[438] Zudem entspricht es dem Normzweck, wenn der Sachwalter das Vertrauen des Rechtsverkehrs in den Schuldner schont, indem er davon absieht, bei Dritten „gegen" den Schuldner zu ermitteln.

Im Ergebnis muss der Sachwalter also nur Informationen aus der Sphäre des Schuldners einholen, aber nicht Dritte um Informationen ersuchen.

γ) Plausibilitätsprüfung

Sodann hat der Sachwalter die gewonnen Informationen auf ihre Plausibilität zu überprüfen.[439] Ergeben sich Widersprüche, Unwahrscheinlichkeiten oder Unklarheiten, so hat der Sachwalter den Schuldner um weitere Auskunft zu ersuchen. Kann der Schuldner die Widersprüche nicht auflösen, Unwahrscheinlichkeiten substantiieren und Unklarheiten beseitigen, muss der Sachwalter seine Zustimmung versagen.

---

436 *Ehlers* ZInsO 2015, 1417 (1418); HRI/*Minuth* § 6 Rn. 26 – 34; indirekt MKInsO/*Tetzlaff/Kern* § 277 Rn. 38, die allgemeine Schwierigkeiten des Sachwalters bei der Erlangung von Informationen anerkennen.

437 So auch HRI/*Minuth* § 6 Rn. 26 – 34, der interne Auskunftspflichten aufführt; so ferner *Ehlers* ZInsO 2015, 1417 (1419), der meint, dass der Sachwalter die Herausgabe von Informationen faktisch kaum erzwingen könne.

438 RegE, BT-Drs. 12/2443, 224.

439 Uhlenbruck/*Zipperer* § 277 Rn. 7.

δ) Liquiditätsplan

Sind die gewonnen Informationen plausibel, hat der Sachwalter auf deren Grundlage den Liquiditätsplan des Schuldners, also die vergleichende Darstellung der Entwicklung der Insolvenzmasse und der Masseverbindlichkeiten, zu überprüfen.[440] Dabei muss er zu dem Ergebnis gelangen, dass von dem Zeitpunkt an, in dem die zustimmungsbedürftige Masseverbindlichkeit fällig wird, die Insolvenzmasse fortwährend ausreichen wird, um sämtliche Masseverbindlichkeiten dauerhaft zu decken.[441] Fraglich ist, ob der Sorgfaltsmaßstab insoweit von dem abweicht, was ein Insolvenzverwalter zu leisten hat.

Dagegen spricht, dass nach der Vorstellung des Gesetzgebers zwar das Instrumentarium zur Sachverhaltsaufklärung, nicht aber die Fachkunde des Sachwalters hinter derjenigen eines Insolvenzverwalters zurückbleiben darf.[442] So verweist § 274 Abs. 1 InsO explizit auf § 56 Abs. 1 S. 1 InsO, der die Anforderungen an die Qualifikation eines Insolvenzverwalters vorgibt. Zwar wird die Norm nur für entsprechend anwendbar erklärt, sodass sich einwenden ließe, die Fachkunde des Sachwalters sei eine andere als die Fachkunde eines Insolvenzverwalters. Jedoch vertrüge sich diese Differenzierung nicht mit den umfassenden Informationspflichten, die den Sachwalter gegenüber dem Insolvenzgericht und den Insolvenzgläubigern gemäß § 274 Abs. 3 InsO treffen. Nur ein qualifizierter Sachwalter, der aus dem Kreis der potentiellen Insolvenzverwalter ausgesucht wird, kann diese Informationspflichten so effizient erfüllen, dass gläubigergefährdende Missstände rechtzeitig aufgedeckt werden.

Zudem heißt es auch im RegE zur InsO, dass der Sachwalter nur in seinem „Tätigkeitsbereich", nicht jedoch in seinen Fähigkeiten beschränkt sein soll.[443] Dieser strenge Haftungsmaßstab ist auch deshalb gerechtfertigt, weil der Sachwalter durch die Anordnung des Zustimmungsvorbehalts bereits hinreichend für die Bedeutung seiner Zustimmung sensibilisiert ist.

Damit muss der Sachwalter den Liquiditätsplan des Schuldners ebenso sorgfältig prüfen wie ein Insolvenzverwalter.

(6) Zusammenfassung

Stimmt der Sachwalter einer Masseverbindlichkeit, für die das Insolvenzgericht wirksam einen Zustimmungsvorbehalt angeordnet hat, ebenso wirksam zu und erweist sich die Insolvenzmasse bei Fälligkeit dieser Masseverbindlichkeit als unzulänglich, so haftet der Sachwalter dem Massegläubiger für dessen Ausfall.

---

440 HRI/*Flöther* § 18 Rn. 51; HKInsO/*Landfermann* § 277 Rn. 10; Uhlenbruck/*Zipperer* § 277 Rn. 7.

441 FKInsO/*Foltis* § 277 Rn. 13; HKInsO/*Landfermann* § 277 Rn. 10; Uhlenbruck/*Zipperer* § 277 Rn. 7.

442 *Ehlers* ZInsO 2015, 1417 (1421).

443 RegE, BT-Drs. 12/2443, 224.

Entlasten kann er sich nur, wenn er vor Erteilung seiner Zustimmung alle erforderlichen Informationen aus der Sphäre des Schuldners abgeschöpft und auf ihre Plausibilität überprüft sowie anschließend auf dieser Grundlage mit der Sorgfalt eines erfahrenen Sachwalters bzw. Insolvenzverwalters den Liquiditätsplan des Schuldners kontrolliert hat.

bb) Haftung gemäß § 270 Abs. 1 S. 2 InsO iVm § 61 InsO

Weiterhin ist zu untersuchen, inwieweit § 61 InsO auch über die Verweisung in § 270 Abs. 1 S. 2 InsO zur Anwendung gebracht werden kann.

(1) Anwendbarkeit der Vorschrift

Zunächst ist zu klären, ob die Wertungen des siebten Teils der InsO eine Anwendung des § 61 InsO überhaupt zulassen.

Dafür spricht in erster Linie, dass der Sachwalter als Amtsträger handelt. Macht er von seiner hoheitlich eingeräumten Befugnis zur Begründung von Masseverbindlichkeiten Gebrauch und empfängt er für seine Bemühungen eine Vergütung, so muss er sich auch der Haftung aussetzen, die für diese Konstellation vorgesehen ist.[444]

Gegen eine Haftung wird eingewendet, dass diese grundsätzlich nicht durch Analogiebildung begründet werden dürfe.[445] Dieses Argument lässt sich aber durch die Erkenntnis entkräften, dass es in vorliegendem Fall um keine Analogiebildung geht, sondern darum, den Umfang der Verweisung in § 270 Abs. 1 S. 2 InsO zu definieren.

Dagegen wird wiederum vorgebracht, dass die Haftung in der Eigenverwaltung nicht mithilfe der allgemeinen Verweisung in § 270 Abs. 1 S. 2 InsO über die Haftung gemäß den spezielleren Verweisungsnormen hinaus erweitert werden dürfe. Als Grund wird angegeben, dass der Gesetzgeber bei Einführung des ESUG gewusst habe, dass sich Haftungslücken auftun könnten, und dass er dennoch bewusst davon abgesehen habe, diese zu schließen. So habe der Gesetzgeber bei Einführung des ESUG gewissen Änderungsbedarf bei § 274 InsO erkannt und die Vorschrift um eine Verweisung auf § 27 Abs. 2 Nr. 5 InsO erweitert. Eine weitere Verweisung etwa auf § 61 InsO habe er bewusst nicht eingefügt.[446]

Gegen diese Argumentation spricht jedoch, dass der RegE zum ESUG die Haftung des Sachwalters an keiner Stelle thematisiert.[447] Durch sein Schweigen überlässt der Gesetzgeber die Klärung von Haftungsfragen der Auslegung. So kann insbesondere nicht davon ausgegangen werden, dass der Gesetzgeber die mit Einführung des ESUG erstrebte Erleichterung der Sanierung dadurch gefährden wollte, dass bislang noch unerkannte Haftungslücken zementiert werden.

---

444 HRI/*Flöther* § 18 Rn. 52; *Hofmann*, Eigenverwaltung, Rn. 527.
445 Uhlenbruck/*Zipperer* § 270 Rn. 19.
446 Uhlenbruck/*Zipperer* § 274 Rn. 9.
447 RegE, BR-Drs. 127/11, 25, 56 – 62.

Einer Anwendung von § 61 InsO über die allgemeine Verweisung in § 270 Abs. 1 S. 2 InsO steht ferner nicht entgegen, dass bereits § 277 Abs. 1 S. 3 InsO auf § 61 InsO verweist,[448] denn diese Verweisung hat keinen abschließenden Charakter. § 277 Abs. 1 S. 3 InsO regelt den speziellen Fall, dass das Insolvenzgericht einen Zustimmungsvorbehalt angeordnet hat. Daraus lassen sich keine Rückschlüsse auf diejenigen Fälle ziehen, in denen es keinen Zustimmungsvorbehalt gibt. Auch aus dem RegE zur InsO geht hervor, dass der Gesetzgeber in § 277 Abs. 1 S. 3 InsO nur die Rechtsfolgen des Zustimmungsvorbehalts regeln wollte, ohne mit dieser Vorschrift eine weiterreichenden Haftung ausschließen zu wollen.[449]

Schließlich steht einer Anwendung von § 61 InsO auch nicht entgegen, dass § 274 Abs. 1 InsO nur auf die Haftungsvorschrift des § 60 InsO Bezug nimmt,[450] denn auch dieser Verweisung kommt kein abschließender Charakter zu. Sie betrifft nämlich nur den allgemeinen Fall, dass der Sachwalter gegen insolvenzspezifische Pflichten verstößt und dadurch einem Beteiligten schadet. Den speziellen Fall, dass der Sachwalter rechtsgeschäftliche Masseverbindlichkeiten begründet, hatte der Gesetzgeber grundsätzlich nicht im Blick. Genauso wenig hat er in § 274 Abs. 1 InsO eine Aussage über die Haftung in dieser besonderen Konstellation treffen wollen.

Damit verbleibt ausreichend Raum, um mithilfe von § 270 Abs. 1 S. 2 InsO auf die Haftungsvorschrift in § 61 InsO zurückzugreifen.[451]

(2) Rechtshandlung

Unmittelbar regelt § 61 InsO nur die Begründung von Masseverbindlichkeiten durch Rechtshandlungen des Insolvenzverwalters. Passt man die Vorschrift an die eigenverwaltungsspezifische Kompetenzverteilung an, so tritt an die Stelle des Insolvenzverwalters derjenige Beteiligte, der in der Eigenverwaltung durch seine Rechtshandlungen Masseverbindlichkeiten begründet. Dies ist in der Regel der Schuldner. In den oben herausgearbeiteten Fällen, in denen der Sachwalter gegenüber Dritten für die Insolvenzmasse handelt, etwa indem er die Insolvenzanfechtung oder die Kassenführung betreibt oder Gesamtschäden geltend macht, begründet auch er Masseverbindlichkeiten.[452] Für diese muss er im Gegenzug einstehen.

Möglicherweise handelt es sich um ein weiteres haftungsrelevantes Rechtgeschäft wenn der Sachwalter dem Schuldner die Zustimmung zu einem besonderen iSd § 275 Abs. 1 S. 1 InsO erteilt. Dabei muss jedoch bedacht werden, dass die Wirksamkeit des Rechtsgeschäfts in diesem Fall anders als bei § 277 Abs. 1 S. 1 InsO nicht von der Zustimmung abhängt. Vielmehr ist die Erklärung des

---

448 AA *Bachmann* ZIP 2015, 101 (102).
449 RegE, BT-Drs. 12/2443, 225.
450 *Madaus* KTS 2015, 115 (127); *Vallender* GmbHR 2012, 445 (447).
451 MKInsO/*Brandes/Schoppmeyer* § 60 Rn. 44a; Uhlenbruck/*Sinz* § 60 Rn. 27.
452 Dazu C.III.5.b)aa)(4).

Sachwalters nur für das Innenverhältnis zum Schuldner und zu den Insolvenzgläubigern von Bedeutung. Der Geschäftsverkehr ist nicht der bestimmungsgemäße Adressat der Erklärung und kann daher kein schutzwürdiges Vertrauen geltend machen. Der RegE zur InsO verweist in dieser Frage auf § 57 VerglO. Auch diese Norm sah keine Haftung des Vergleichsverwalters vor.[453] Damit reicht eine Zustimmung iSd § 275 Abs. 1 S. 1 InsO nicht als Rechtsgeschäft aus.

(3) Masseunzulänglichkeit

Ein Schaden liegt vor, wenn Masseunzulänglichkeit tatsächlich eingetreten oder vom Sachwalter beim Insolvenzgericht angezeigt worden ist.

(4) Kein Haftungsausschluss

Der Sachwalter kann sich entsprechend § 61 S. 2 InsO von der Haftung befreien, wenn er die drohende Masseunzulänglichkeit nicht erkennen konnte. Insoweit muss auf den oben herausgearbeiteten und gegenüber einem Insolvenzverwalter abgeschwächten Haftungsmaßstab[454] zurückgegriffen werden, denn auch wenn der Sachwalter selbst Verbindlichkeiten begründet, stehen ihm nur begrenzte Erkenntnisquellen zur Verfügung.

(5) Zusammenfassung

Im Ergebnis haftet der Sachwalter bei Eintritt von Masseunzulänglichkeit auch dann für die Erfüllung von Masseverbindlichkeiten, wenn er diese selbst begründet hat, es sei denn, er hat vor der maßgeblichen Rechtshandlung alle erforderlichen Informationen aus der Sphäre des Schuldners abgeschöpft, deren Plausibilität geprüft und auf dieser Grundlage einen Liquiditätsplan erstellt, aus dem sich fortwährende Massezulänglichkeit ergibt.

cc) Haftung gemäß § 274 Abs. 1 InsO iVm § 60 InsO

Eine weitere potentielle Anspruchsgrundlage stellt § 274 Abs. 1 InsO iVm § 60 InsO dar.

(1) Anwendbarkeit der Vorschrift

Zu beachten ist, dass § 61 InsO in seinem Anwendungsbereich § 60 InsO verdrängt. Soweit es um die Haftung des Sachwalters für rechtgeschäftlich begründete Masseverbindlichkeiten geht, wird § 274 Abs. 1 InsO iVm § 60 InsO damit als Anspruchsgrundlage von § 270 Abs. 1 S. 2 InsO iVm § 61 InsO gesperrt. Dieser Vorrang wird auch nicht dadurch ausgehebelt, dass die Verweisungsnorm in § 274 Abs. 1 InsO grundsätzlich spezieller als die in § 270 Abs. 1 S. 2 InsO ist, denn wie oben

453 RegE, BT-Drs. 12/2443, 224.
454 Dazu C.V.1.b)aa)(5).

dargestellt,[455] hat der Gesetzgeber mit der Verweisung in § 274 Abs. 1 InsO nicht die spezielle Konstellation der vom Sachwalter rechtsgeschäftlich begründeten Masseverbindlichkeiten regeln wollen.

In allen übrigen Fällen greift die Sperrwirkung des § 61 InsO nicht durch, sodass der Sachwalter entsprechend § 60 InsO haftet. Dies ist auch konsequent, wenn man bedenkt, dass der RegE zur InsO die Eigenverwaltung in die Tradition des Vergleichsverfahrens gestellt hat.[456] Bereits § 42 VerglO sah eine umfassende Haftung des Vergleichsverwalters für die Verletzung seiner gesetzlichen Pflichten vor. Eine solche Haftung ist auch in Hinblick auf den Sachwalter geboten, um diesen zu einer ordnungsgemäßen Amtsführung anzuhalten.

In der Konsequenz ist der Sachwalter gemäß § 274 Abs. 1 InsO iVm § 60 InsO verantwortlich, sofern es nicht um Pflichtverletzungen im Zusammenhang mit der rechtsgeschäftlichen Begründung von Masseverbindlichkeiten geht.[457]

(2) Pflichtverletzung

Der Sachwalter muss eine insolvenzspezifische Pflicht verletzt haben, die zu Einzelschäden der Massegläubiger oder zu Gesamtschäden aller Gläubiger führt.

Im Regelinsolvenzverfahren haftet der Insolvenzverwalter den Massegläubigern dann für Einzelschäden, wenn er die Befriedigungsreihenfolge in den §§ 53 und 209 InsO nicht beachtet. Fraglich ist, ob diese Haftung auf den Sachwalter übertragen werden kann. Dabei ist zu berücksichtigen, dass die Gläubiger in der Eigenverwaltung gemäß § 283 Abs. 2 S. 1 InsO durch den Schuldner befriedigt werden, während der Sachwalter gemäß § 283 Abs. 2 S. 1 InsO nur die Verteilungsverzeichnisse zu prüfen hat. Ausweislich des RegE zu § 283 InsO soll diese Prüfung zwar die ordnungsgemäße Befriedigung aller Gläubiger gewährleisten,[458] jedoch hat die Mitwirkung des Sachwalters keinen Einfluss auf die Wirksamkeit der Erfüllungshandlungen. Vielmehr dient sie nur dazu, den Schuldner im Innenverhältnis zu disziplinieren. Dementsprechend kommt eine Außenhaftung des Sachwalters in diesem Zusammenhang nicht in Betracht.

Zeigt der Insolvenzverwalter im Regelinsolvenzverfahren vorzeitig Masseunzulänglichkeit an, haftet er den Massegläubigern für Einzelschäden, soweit diese ungerechtfertigt in den Rang von Alt-Massegläubigern zurückgesetzt werden und dadurch Ausfälle erleiden. Auch der Sachwalter ist gemäß § 285 InsO zur Anzeige von Masseunzulänglichkeit verpflichtet, weswegen eine verfrühte Anzeige zu seiner Haftung führen kann. Indessen löst eine verspätete Anzeige keine Haftung aus, weil die Anzeigepflicht auch in der Eigenverwaltung nicht dem Schutz einzelner Gläubiger dient. Ferner ist der Sachwalter nicht verpflichtet, seine Geschäftspartner

---

455 Dazu C.V.1.b)bb)(1).

456 RegE, BT-Drs. 12/2443, 223.

457 *Vallender* GmbHR 2012, 445 (447).

458 RegE, BT-Drs. 12/2443, 226.

auf drohende Masseunzulänglichkeit hinzuweisen, denn im Zuge seiner Amtsführung hat er genauso wie ein Insolvenzverwalter nur die Interessen der Gläubiger wahrzunehmen.[459] Ergänzend sei darauf hingewiesen, dass der Gesetzgeber das Bedürfnis nach Weitergabe von Informationen in der Eigenverwaltung erkannt und dementsprechend in § 274 Abs. 3 InsO die Pflicht des Sachwalters statuiert hat, den Gläubigerausschuss und das Insolvenzgericht über eigenverwaltungsspezifische Nachteile zu unterrichten. Gegenüber den Geschäftspartnern hat der Gesetzgeber unterdessen keine besonderen Informationspflichten für notwendig erachtet. Folglich sind in diesem Zusammenhang auch keine haftungsträchtigen Konstellationen denkbar.

Eine eigenverwaltungsspezifische Pflicht des Sachwalters bei der Begründung von Masseverbindlichkeiten liegt darin, dass er bei bestimmten Rechtsgeschäften gemäß § 275 Abs. 1 S. 1 InsO zustimmen oder gemäß § 275 Abs. 1 S. 2 InsO widersprechen muss. Auch diese Pflicht löst keine Haftung für Einzelschäden aus, denn sie dient nicht dem Schutz der Massegläubiger. So haben die Zustimmung und der Widerspruch anders als im Falle des § 277 Abs. 1 S. 1 InsO keinen Einfluss auf die Wirksamkeit der Masseverbindlichkeiten. Vielmehr sollen sie den Schuldner im Innenverhältnis davon abhalten, die Insolvenzmasse zu schmälern. Dafür spricht auch, dass die Zustimmung und der Widerspruch dem anderen Teil nicht offenbart werden müssen, sodass kein schutzwürdiges Vertrauen des Geschäftsverkehrs in die Entscheidung des Sachwalters entstehen kann. Des Weiteren muss bedacht werden, dass der Sachwalter in einen unauflösbaren Interessenkonflikt geriete, wenn er die Zustimmung und den Widerspruch sowohl am Interesse der Insolvenzmasse als auch am Interesse der Geschäftspartner ausrichten müsste. So ist denkbar, dass ein für die Geschäftspartner unsicheres Geschäft gleichzeitig existenznotwendig für die Insolvenzmasse ist. In einem solchen Fall darf sich der Sachwalter nur der Insolvenzmasse verpflichtet fühlen.

Darüber hinaus kommen zahlreiche Pflichten des Sachwalters in Betracht, die für die Begründung von Gesamtschäden relevant sind. So hat der Sachwalter gemäß § 280 InsO die Pflicht, die Insolvenzanfechtung zu betreiben und Gesamtschäden geltend zu machen, damit die Insolvenzmasse zugunsten aller Gläubiger gemehrt wird. Ferner hat der Sachwalter gemäß § 275 Abs. 1 InsO an der Begründung von Masseverbindlichkeiten mitzuwirken und in diesem Zusammenhang darauf zu achten, dass der Schuldner nur erforderliche Masseverbindlichkeiten eingeht, sodass die Insolvenzmasse nicht zulasten aller Gläubiger geschmälert wird. Gemäß § 275 Abs. 2 InsO kann der Sachwalter die Kassenführung an sich ziehen, um ungerechtfertigte Auszahlungen zu verhindern. Weiterhin sieht § 279 S. 2 InsO vor, dass der Sachwalter sein Einvernehmen zur Fortsetzung gegenseitiger Verträge erteilen soll. Gemäß § 281 Abs. 1 S. 2 InsO muss der Sachwalter die Verzeichnisse und die Vermögensübersicht prüfen, damit keine Vermögensgegenstände unterschlagen

---

459 HKInsO/*Landfermann* § 274 Rn. 9; aA Uhlenbruck/*Zipperer* § 274 Rn. 8.

werden. Alle diese Pflichten haben gemeinsam, dass sie die Insolvenzmasse als Ganzes schützen.[460]

Kommt es aufgrund der Verletzung dieser Pflichten zu einer Verkürzung der Insolvenzmasse, so muss gemäß § 280 InsO iVm § 92 InsO ein neu zu bestellender Sachwalter den Schadensersatzanspruch geltend machen.[461] Dabei steht den Massegläubigern wie im Regelinsolvenzverfahren das Privileg zu, ihre bis zur Anzeige der Masseunzulänglichkeit entstandenen Einbußen weiterhin individuell durchzusetzen. An dieser Stelle greift das Argument durch, dass die Massegläubiger keinen Quotenschaden, sondern einen Verlust in voller Höhe erleiden.

(3) Verschulden

Der Sachwalter muss die Pflichtverletzung verschuldet haben. Bezüglich des Haftungsmaßstabes gilt dasselbe wie bei der Haftung entsprechend § 61 InsO, wobei jedoch der Anspruchsteller die Darlegungs- und Beweislast trägt. Grund für den reduzierten Haftungsmaßstab ist auch an dieser Stelle, dass dem Sachwalter nur eingeschränkte Erkenntnisquellen zur Verfügung stehen.

(4) Schaden

Ein Schaden liegt vor, wenn die Massegläubiger aufgrund von angezeigter oder tatsächlich eingetretener Masseunzulänglichkeit mit einem Teil ihrer Forderungen ausfallen.

(5) Zusammenfassung

Der Sachwalter haftet den Massegläubigern gemäß § 274 Abs. 1 InsO iVm § 60 InsO für Einzel- und Gesamtschäden, wenn er schuldhaft insolvenzspezifische Pflichten verletzt und dadurch die Massegläubiger individuell gegenüber anderen Gläubigern benachteiligt oder die Insolvenzmasse bis zur Anzeige von Masseunzulänglichkeit als Ganzes verkürzt hat. Dabei muss der Haftungsmaßstab die begrenzten Erkenntnisquellen des Sachwalters berücksichtigen.

dd) Haftung gemäß §§ 280 Abs. 1, 311 Abs. 3, 241 Abs. 2 BGB

Nachfolgend ist eine Haftung des Sachwalters aus culpa in contrahendo gemäß den §§ 280 Abs. 1, 311 Abs. 3 und 241 Abs. 2 BGB zu untersuchen. Eine solche Haftung kommt in Betracht, wenn der Sachwalter pflichtwidrig und schuldhaft an der Begründung von Masseverbindlichkeiten mitgewirkt hat.

---

460 HKInsO/*Landfermann* § 274 Rn. 9; MKInsO/*Tetlaff/Kern* § 274 Rn. 67 – 70, Uhlenbruck/*Zipperer* § 274 Rn. 8.

461 MKInsO/*Tetlaff/Kern* § 274 Rn. 71.

(1) Inanspruchnahme besonderen Vertrauens

Zwischen dem Sachwalter und den Massegläubigern muss ein rechtgeschäftsähnliches Schuldverhältnis zustande gekommen sein. Dies geschieht gemäß § 311 Abs. 2 S. 2 BGB nur dann, wenn der Sachwalter besonderes Vertrauen für sich in Anspruch nimmt.

In jedem Fall ist erforderlich, dass der Sachwalter bei den Vertragsverhandlungen persönlich gegenüber den Massegläubigern auftritt.[462] Ein rechtsgeschäftsähnliches Schuldverhältnis kommt nicht schon dadurch zustande, dass der Sachwalter gemäß den §§ 275 Abs. 1 InsO und 277 Abs. 1 S. 1 InsO im Innenverhältnis zum Schuldner seine Zustimmung zur Begründung von Masseverbindlichkeiten erklärt bzw. keinen Widerspruch erhebt. Selbst wenn der Schuldner diese Umstände den Massegläubigern mitteilt, hat der Sachwalter kein besonderes Vertrauen in Anspruch genommen, sondern nur seine gesetzlichen Pflichten erfüllt. Bloße Pflichterfüllung kann ihm nicht zu seinem Nachteil ausgelegt werden.

Dasselbe gilt, wenn der Sachwalter gemäß § 280 InsO die Insolvenzanfechtung betreibt und Gesamtschäden geltend macht oder wenn er gemäß § 275 Abs. 2 InsO die Kassenführung übernimmt. In diesen Fällen tritt er zwar aktiv gegenüber potentiellen Massegläubigern auf, jedoch nimmt er dabei nur seine insolvenzspezifischen Pflichten wahr.

Greift der Sachwalter hingegen in die Vertragsverhandlungen des Schuldners ein, so fragt sich, ob er allein deshalb besonderes Vertrauen in Anspruch nimmt.

Dafür spricht, dass der Sachwalter seinen Kompetenzbereich freiwillig überschreitet. Indem er sich gegenüber dem Geschäftsverkehr zum Ansprechpartner aufschwingt, obwohl ihn nur interne Aufsichtspflichten treffen, bekundet er ein überobligatorisches Interesse am Erfolg der Vertragsverhandlungen.

Dass der Sachwalter unter diesen Umständen stets ein rechtsgeschäftsähnliches Vertrauensverhältnis begründet, wird durch das historische Argument gestützt, dass die Rspr. eine Haftung des privat agierenden Sanierungsabwicklers bereits vor Einführung der Eigenverwaltung anerkannte,[463] während sie eine Haftung des in Ausübung seiner Pflichten handelnden Insolvenzverwalters ablehnte.[464] Dieser Wertung hat sich der Gesetzgeber bei Einführung der InsO und des ESUG nicht entgegengestellt. Sie lässt sich daher auf überobligatorisches Handeln des Sachwalters übertragen.

Andererseits ist zu bedenken, dass es der Insolvenzmasse nützen kann, wenn sich der Sachwalter überobligatorisch einbringt. Solch ein Engagement wird jedoch gehemmt, wenn der Sachwalter im Gegenzug befürchten muss, selbst in Haftung genommen zu werden.

Allerdings wird der Sachwalter nicht daran gehindert, den Schuldner bei seinen Vertragsverhandlungen intern zu beraten. Er muss es lediglich dem Schuldner überlassen, den vermittelten Sachverstand nach außen zu tragen. Diese klare

462 MKBGB/*Emmerich* § 311 Rn. 172.
463 BGH NJW 1990, 1907 (1907).
464 BGH NJW-RR 2005, 1137 (1137).

Kompetenzverteilung ist zu befürworten, um Widersprüche bei den Vertragsverhandlungen zu vermeiden.

Folglich begründet der Sachwalter ein rechtsgeschäftsähnliches Schuldverhältnis schon dann, wenn er sich aktiv in Vertragsverhandlungen des Schuldners einmischt.

(2) Pflichtverletzung

Eine Pflichtverletzung liegt vor, wenn der Sachwalter entgegen den §§ 280 Abs. 1 und 241 Abs. 2 BGB keine Rücksicht auf die Rechte und Interessen der Massegläubiger nimmt. Wie bei einem Insolvenzverwalter ist das der Fall, wenn der Sachwalter die Geschäftspartner durch fehlerhafte Angaben zum Vertragsschluss verleitet. Relevant können Angaben insbesondere zu der Liquidität der Insolvenzmasse, den Aussichten auf eine Sanierung oder den Eigenschaften des Vertragsgegenstands sein.

(3) Vertretenmüssen

Das Vertretenmüssen des Sachwalters wird gemäß § 280 Abs. 1 S. 2 BGB vermutet. Der Sachwalter kann sich jedoch entlasten, wenn er bei Vertragsschluss die im Verkehr erforderliche Sorgfalt eingehalten hat. Der Sorgfaltsmaßstab ist dabei strenger als im Rahmen des § 60 InsO, weil sich der Sachwalter in der hier beschriebenen Konstellation bewusst über seine Amtspflichten hinausbegibt und sich damit auch nicht auf die insolvenzspezifischen Haftungserleichterungen berufen kann. Letztlich ist derselbe Maßstab anzusetzen, als würde der Sachwalter als Privatperson im Geschäftsverkehr tätig werden.

(4) Schaden

Ein kausaler Schaden liegt vor, wenn sich die Insolvenzmasse als unzulänglich erweist und die Massegläubiger ihre Verbindlichkeiten nicht durchsetzen können, gleichwohl der Sachwalter dieses Risiko verneint hat. Ferner besteht ein kausaler Schaden, wenn der Vertragsgegenstand entgegen den Versicherungen des Sachwalters mangelhaft ist.

(5) Zusammenfassung

Der Sachwalter haftet gemäß den §§ 280 Abs. 1, 311 Abs. 3 und 241 Abs. 2 BGB, wenn er bei Vertragsverhandlungen des Schuldners aktiv auftritt und die Geschäftspartner durch falsche Angaben zum Vertragsschluss verleitet.

ee) Haftung gemäß § 823 Abs. 2 BGB

Ferner ist zu untersuchen, ob der Sachwalter gemäß § 823 Abs. 2 BGB haftet. Dazu muss er ein Schutzgesetz verletzt haben.

Zu beachten ist, dass es sich um keine Haftung für Masseverbindlichkeiten handelt, sondern um eine Haftung für eigene Pflichtverletzungen, die entsprechend § 31 BGB der Insolvenzmasse zugerechnet werden. Grund dafür ist, dass der Sachwalter genauso wie ein Insolvenzverwalter als Amtsträger fungiert, der im eigenen Namen für eine fremde Vermögensmasse handelt.

Eine Zurechnung analog § 31 BGB erfolgt nur, wenn der Sachwalter die Pflichtverletzung im Zusammenhang mit seinem Amt verübt.[465] Im Wesentlichen ist der Sachwalter nur dann befugt, gegenüber Dritten aufzutreten, wenn er die Insolvenzanfechtung betreibt, Gesamtschäden geltend macht oder die Kasse führt. Ist er zum Handeln gegenüber Dritten nicht befugt, entfernt er sich von seinen gesetzlich definierten Kompetenzen. Eine Zurechnung seines Verhaltens zur Insolvenzmasse analog § 31 InsO erfolgt in diesem Fall nicht. Der Sachwalter haftet allein.

Sofern das Verhalten des Sachwalters der Insolvenzmasse zugerechnet wird, haftet er mit dieser gemäß § 840 Abs. 1 InsO gesamtschuldnerisch, weil dasselbe Interesse durch dieselbe deliktischer Handlung beeinträchtig wird.

Als Schutzgesetz im Zusammenhang mit der Begründung von Masseverbindlichkeiten kommt wie bei einem Insolvenzverwalter der Straftatbestand des Betrugs gemäß § 263 Abs. 1 StGB in Betracht, soweit der Sachwalter bei Vertragsschluss falsche Angaben macht.

Der Straftatbestand der Untreue gemäß § 266 StGB spielt bei der Begründung von Masseverbindlichkeiten keine Rolle für Einzelschäden der Geschäftspartner, denn der Sachwalter ist nur damit betraut, die Interessen der Gläubigergemeinschaft zu vertreten.

Dafür kommen wie beim Insolvenzverwalter allgemeine zivilrechtliche Schutzgesetze wie die verbotene Eigenmacht gemäß § 858 BGB oder die allgemeine Rücksichtnahmepflicht im Straßenverkehr gemäß § 1 Abs. 1 StVO in Betracht.

Im Ergebnis haftet der Sachwalter gemäß § 823 Abs. 2 BGB persönlich für die Verletzung von Schutzgesetzen, in deren Schutzbereich die Massegläubiger fallen.

ff) Haftung gemäß § 823 Abs. 1 BGB

In Hinblick auf eine Haftung des Sachwalters gemäß § 823 Abs. 1 BGB können die Ausführungen zu § 823 Abs. 2 BGB herangezogen werden. Wenn der Sachwalter in Ausübung seines Amts rechtswidrig und vorsätzlich oder fahrlässig fremde Rechtsgüter oder Rechte beeinträchtigt, begründet er einen persönlichen Schadensersatzanspruch und über die Zurechnung analog § 31 BGB zugleich eine deliktische Masseverbindlichkeit, mit der er als Gesamtschuldner iSd § 840 BGB verbunden ist. Dies ist aber nur der Fall, wenn der Sachwalter befugt ist, gegenüber Dritten aufzutreten. Fehlt ihm diese Befugnis, scheidet eine Zurechnung seines Verhaltens analog § 31 InsO aus. Er haftet allein.

---

465 RGZ 162, 129 (169); MKBGB/*Arnold* § 31 Rn. 33 f.; Jauernig/*Mansel* § 31 Rn. 5.

gg) Haftung gemäß § 826 BGB

Eine Haftung des Sachwalters wegen vorsätzlicher sittenwidriger Schädigung gemäß § 826 BGB kommt unter den gleichen Voraussetzungen wie bei einem Insolvenzverwalter in Betracht, nämlich wenn der Sachwalter die Geschäftspartner des Schuldners wissentlich und willentlich täuscht, bspw. über die Liquidität der Insolvenzmasse, über die Aussichten auf eine Sanierung oder über die Eigenschaften des Vertragsgegenstands. Gehen die Geschäftspartner aufgrund der falschen Angaben Vermögensopfer ein, ist ihnen der daraus resultierende Schaden vom Sachwalter und – sofern dieser befugt ist, nach außen aufzutreten – gesamtschuldnerisch aus der Insolvenzmasse zu ersetzen, §§ 31 und 840 Abs. 1 BGB.

Ferner kommt wie bei einem Insolvenzverwalter die Konstellation in Betracht, dass der Sachwalter Geschäftspartner mutwillig in einen Rechtsstreit über Anfechtungsansprüche oder Gesamtschäden zieht, obwohl er den Kostenerstattungsanspruch des anderen Teils nicht aus der Insolvenzmasse befriedigen kann.

2. Haftung des Schuldners

Im Folgenden soll der Frage nachgegangen werden, ob der Schuldner neben dem Sachwalter persönlich für Masseverbindlichkeiten haftet. Dass er mit der Insolvenzmasse einzustehen hat, wurde bereits herausgearbeitet. Zu erwägen ist jedoch, ob die Massegläubiger unter bestimmten Bedingungen auch auf das pfändungsfreie Vermögen des Schuldners zugreifen und damit insbesondere eine unbeschränkte Nachhaftung erreichen können.

a) Rechtslage im Regelinsolvenzverfahren

Im Regelinsolvenzverfahren ist der Schuldner nicht mit der Verwaltung der Insolvenzmasse betraut, weswegen es auch keine besonderen Haftungsvorschriften gibt. Möglicherweise können aber auch an dieser Stelle die Vorschriften über die Haftung des Insolvenzverwalters fruchtbar gemacht werden.

b) Anpassung an die Eigenverwaltung

Die Vorschriften über die Haftung des Insolvenzverwalters sind im Falle ihrer Anwendbarkeit an die Haftung des eigenverwaltenden Schuldners anzupassen.

aa) Haftung gemäß § 270 Abs. 1 S. 2 InsO iVm § 61 InsO

Eingangs ist zu prüfen, ob der Schuldner vermittels der Verweisung in § 270 Abs. 1 InsO entsprechend § 61 InsO in Haftung genommen werden kann.

(1) Anwendbarkeit der Vorschrift

Zunächst ist zu prüfen, ob § 61 InsO überhaupt anwendbar ist.

α) Grammatikalische Argumente

Der siebte Teil der InsO enthält keine spezielle Vorschrift über die Haftung des Schuldners. Auch die Verweisung in § 270 Abs. 1 S. 2 InsO gibt keine sprachlichen Anhaltspunkte.

β) Systematische Argumente

Daher muss durch systematische Auslegung ermittelt werden, ob die Wertungen des siebten Teils der InsO vermittels der Verweisung in § 270 Abs. 1 S. 2 InsO einen Rückgriff auf die Vorschriften über die Haftung des Insolvenzverwalters zulassen.[466]

Für eine solche Haftung spricht, dass der Schuldner und der Sachwalter in der Eigenverwaltung als Amtsträger arbeitsteilig an die Stelle des Insolvenzverwalters treten.[467] Der Sachwalter haftet für Pflichtverletzungen im Zusammenhang mit seiner hoheitlichen Befugnis zur Begründung von Masseverbindlichkeiten entsprechend § 61 InsO. Konsequenterweise muss auch der Schuldner entsprechend § 61 InsO haften, denn andernfalls würde man beide Beteiligte trotz ihrer vergleichbaren Funktion unterschiedlich behandeln und darüber hinaus eine Haftungslücke im Verhältnis zum Regelinsolvenzverfahren aufreißen.[468]

Diese Schlussfolgerung ist aber nicht zwingend. Die §§ 274 Abs. 1 und 277 Abs. 1 S. 2 InsO ordnen eine Haftung des Sachwalters entsprechend den §§ 60 und 61 InsO ausdrücklich an. Die Haftung des Schuldners wird hingegen nicht gesondert geregelt. Daraus lässt sich möglicherweise der Umkehrschluss ziehen, dass der Gesetzgeber von einer Haftung des Schuldners bewusst abgesehen hat.[469]

Gegen diesen Umkehrschluss spricht jedoch, dass der Gesetzgeber die Haftung des Schuldners genauso gut übersehen haben könnte, denn der Schuldner haftet ohnehin mit der Insolvenzmasse, weswegen eine Haftung mit seinem beschlagnahmefreien Vermögen in vielen Fällen praktisch vernachlässigbar ist.[470] Es ist also denkbar, dass der Gesetzgeber keine Notwendigkeit gesehen hat, sich explizit mit der Haftung des Schuldners zu befassen. Aus dem bloßen Fehlen einer Haftungsvorschrift kann daher keine zwingende Schlussfolgerung gezogen werden.

Weiter wird argumentiert, dass die Verweisung in den §§ 277 Abs. 1 S. 2 und § 274 Abs. 1 InsO auf die §§ 60 und 61 InsO überflüssig wäre, wenn bereits § 270

---

466 *Gulde*, Die Anordnung der Eigenverwaltung, S. 36 f.

467 *König*, Die Haftung in der Eigenverwaltung, S. 73.

468 *Madaus* KTS 2015, 115 (123); *Schlegel*, Die Eigenverwaltung, S. 176; Schmidt/*Undritz* § 270 Rn. 17; dieses Argument im Ergebnis ablehnend *Bachmann* ZIP 2015, 101 (102 f.); dieses Argument zur Begründung des Gegenteils nutzend *König*, Die Haftung in der Eigenverwaltung, S. 75.

469 *Bachmann* ZIP 2015, 101 (103); Gottwald/*Haas*, Insolvenzrechtshandbuch, § 90 Rn. 18; *König*, Die Haftung in der Eigenverwaltung, S. 73.

470 *Bachmann* ZIP 2015, 101 (103); HKInsO/*Kreft* § 270 Rn. 26; *Undritz* BB 2012, 1551 (1554).

Abs. 1 S. 2 InsO eine Verweisung auf sämtliche Haftungsvorschriften enthielte.[471] Dieses Argument greift aber nicht durch. Das Gesetz präzisiert die Haftung des Sachwalters in den §§ 277 Abs. 1 S. 2 und 274 Abs. 1 InsO vor allem deshalb, weil der Sachwalter anders als der Schuldner und der Insolvenzverwalter nicht selbst die Insolvenzmasse verwaltet. Die Rechtsstellung des Schuldners ist dagegen mit der des Insolvenzverwalters stärker vergleichbar, weswegen die allgemeine Verweisung in § 270 Abs. 1 S. 2 InsO ausreicht, um die §§ 60 und 61 InsO in Bezug zu nehmen.

Weiterhin wird gegen eine Haftung des Schuldners eingewendet, dass das Gesetz bereits ein anderes Konzept für dessen Disziplinierung geschaffen habe: So wird der Schuldner gemäß § 274 Abs. 2 S. 1 InsO umfassend vom Sachwalter beaufsichtigt.[472] Mit dem Zustimmungsvorbehalt gemäß § 277 Abs. 1 InsO sieht das Gesetz einen weiteren Schutzmechanismus vor. Außerdem kann die Eigenverwaltung jederzeit gemäß § 272 Abs. 1 InsO auf Antrag der Gläubigerversammlung oder bestimmter absonderungsberechtigter Gläubiger aufgehoben werden. Der Schuldner befindet sich damit in einem streng überwachten Raum. Sobald er pflichtwidrig handelt, droht ihm der rasche Entzug der Verwaltungs- und Verfügungsbefugnis. Scheinbar bedarf es also keiner Haftung des Schuldners mehr, um die Insolvenz- und Massegläubiger zu schützen.[473]

Diese Argumentation verkennt jedoch, dass die InsO immer von einem zweispurigen System ausgeht, um die Beteiligten zu disziplinieren. Auch der Insolvenzverwalter befindet sich in einem überwachten Raum und kann gemäß § 59 InsO abberufen werden. Gleichwohl ordnen die §§ 60 und 61 InsO an, dass er persönlich haftet. Diese Wertung lässt sich ohne weiteres übertragen. Auch wenn der Schuldner bereits der Aufsicht des Sachwalters untersteht und die Eigenverwaltung jederzeit aus seinen Händen genommen werden kann, sollte er zusätzlich durch eine persönliche Haftung diszipliniert werden. Das gilt schon deshalb, weil die Aufhebung der Eigenverwaltung nicht zurückwirkt. Um bereits eingetretene Schäden zu kompensieren, muss der Schuldner so wie ein Insolvenzverwalter und ein Sachwalter persönlich zur Verantwortung gezogen werden können.

Gegen eine solche Haftung könnte man ferner einwenden, dass das Haftungsrisiko des Schuldners nicht durch eine Vergütung kompensiert wird. Während der Insolvenzverwalter und der Sachwalter als Gegenleistung für die pflichtgemäße Erfüllung ihrer Aufgaben und die Eingehung eines gewissen Haftungsrisikos eine Vergütung erhalten, empfängt der Schuldner lediglich Unterhalt. Dieser stellt eine aufwandsunabhängige Beihilfe dar[474] und ist mithin nicht geeignet, ein insolvenzspezifisches Haftungsrisiko zu kompensieren.

---

471 *König*, Die Haftung in der Eigenverwaltung, S. 73.

472 *Schlegel*, Die Eigenverwaltung, S. 114.

473 *König*, Die Haftung in der Eigenverwaltung, S. 77 – 80; *Zipperer* EWiR 2012, 361 (362).

474 MKInsO/*Stephan* § 100 Rn. 14.

Andererseits ist zu bedenken, dass der Schuldner in der Eigenverwaltung freiwillig Risiken auf sich nimmt, die außerdem durch die Chance auf Rückerlangung seiner wirtschaftlichen Freiheit hinreichend ausgeglichen werden. Das unternehmerische Risiko, welches den Schuldner von jeher trifft, setzt sich in der Eigenverwaltung gewissermaßen fort. Daher bedarf es keiner weiteren Vergütung.

Schließlich ist aus systematischer Sicht zu bedenken, dass es ein Problem darstellen könnte, für eine Haftung des Schuldners einen geeigneten Maßstab zu entwickeln.[475] Das Gesetz definiert den Haftungsmaßstab nicht selbst, weswegen in anderen Vorschriften nach Anhaltspunkten gesucht werden muss. Der Maßstab für den Insolvenzverwalter erweist sich als ungeeignet, denn der Schuldner soll seine individuellen Kenntnisse und Fähigkeiten in das Verfahren einbringen. Davon muss die Möglichkeit umfasst sein, bestimmte unternehmerische Risiken einzugehen. Wäre dies nicht gestattet, so brächte die Eigenverwaltung gegenüber dem Regelinsolvenzverfahren keinen Mehrwert. Des Weiteren kann auch nicht auf den Maßstab für den Sachwalter zurückgegriffen werden, weil dieser nur beaufsichtigend tätig wird und selbst keine wirtschaftlichen Entscheidungen treffen muss. Es zeigt sich somit, dass die Kombination unternehmerischer und verwaltender Aufgaben die Definition eines hinreichend bestimmten Haftungsmaßstabs für den Schuldner erschwert.

Dieses Argument lässt sich jedoch dadurch entkräften, dass der Schuldner letztlich dem Insolvenzzweck unterworfen ist. Seine individuellen Kenntnisse und Fähigkeiten soll er an der bestmöglichen Befriedigung der Insolvenzgläubiger ausrichten, so wie es auch ein Insolvenzverwalter täte, der bei Betriebsfortführungen häufig genauso intensiv mit unternehmerischen Entscheidungen konfrontiert ist.

Weiterhin sei das Argument angeführt, dass der Schuldner ähnlich wie ein Miterbe eigenes Vermögen verwaltet, welches zugunsten Dritter gebunden ist. Der Miterbe haftet für eine mangelhafte Verwaltung des Nachlasses gemäß § 2038 Abs. 1 BGB mit seinem Privatvermögen.[476] Diese Wertung legt nahe, dass auch der Schuldner für insolvenzspezifische Pflichtverletzungen einstehen sollte.[477]

Die Systematik des Gesetzes spricht damit für eine Haftung des Schuldners.

γ) Historische Argumente

Zieht man die Normgeschichte heran, so lässt sich eine Parallele zum Vergleichsverfahren feststellen. Auch dort war eine insolvenzspezifische Haftung des Schuldners nicht vorgesehen. Von diesem Prinzip hat sich der Gesetzgeber bei Einführung der InsO nicht bewusst abgekehrt. Auch bei Implementierung des ESUG, als bereits eine Haftung des Schuldners diskutiert wurde,[478] hat der Gesetzgeber

475 *Undritz* BB 2012, 1551 (1554).
476 MKBGB/*Gergen* § 2038 Rn. 45.
477 *Schlegel*, Die Eigenverwaltung, S. 119 f.
478 *Schlegel*, Die Eigenverwaltung, S. 114 ff.

keine Notwendigkeit gesehen, spezielle Haftungsvorschriften in den siebten Teil der InsO aufzunehmen.

Allerdings kann die Passivität des Gesetzgebers auch dadurch hinlänglich erklärt werden, dass die Haftung des Schuldners praktisch kaum relevant ist, weil dessen pfändbares Vermögen ohnehin in der Insolvenzmasse aufgeht. Wegen eines so geringen Nutzens eine dogmatisch schwierig einzuordnende Regelung zu schaffen, könnte aus Sicht des Gesetzgebers die Mühe nicht gelohnt haben.[479]

δ) Teleologische Argumente

Schließlich ist der Normzweck zu berücksichtigen. Der Schuldner soll einen Anreiz erhalten, seine branchenspezifischen Kenntnisse und betriebswirtschaftlichen Fähigkeiten in die Eigenverwaltung einzubringen. Dieses Engagement wird gehemmt, wenn der Schuldner insolvenzspezifischen Haftungsrisiken ausgesetzt ist.[480] Aus genau diesem Grund hat das Gesetz den Schuldner von der Wahrnehmung besonders sensibler insolvenzspezifischer Pflichten wie der Insolvenzanfechtung entbunden und diese gemäß § 280 InsO dem Sachwalter übertragen. Der Schuldner soll sich also unbefangen wirtschaftlichen Entscheidungen widmen können.

Auf der anderen Seite muss man bei Betrachtung des Normzwecks auch den effektiven Schutz der Massegläubiger berücksichtigen. Diesen entgeht in der Eigenverwaltung im Vergleich zum Regelinsolvenzverfahren erheblich an Haftungsmasse. Während den Massegläubigern im Regelinsolvenzverfahren die Insolvenzmasse und im Falle des § 61 InsO zusätzlich das Vermögen des Insolvenzverwalters zur Verfügung steht, müssen sie sich in der Eigenverwaltung mit der Insolvenzmasse begnügen. Auch eine Haftung des Sachwalters kommt nur in den wenigen oben aufgezeigten Fällen in Betracht. Es erscheint daher angemessen, dieses Defizit durch eine Haftung des Schuldners mit dessen pfändungsfreiem Vermögen auszugleichen.[481] Ferner kann der Schuldner durch eine insolvenzspezifische Haftung diszipliniert werden.[482]

Alles in allem wird man unter teleologischen Gesichtspunkten jedoch konstatieren müssen, dass weder der disziplinierende noch der lähmende Effekt einer Haftung des Schuldners erheblich sein dürfte, weil dessen Vermögen ohnehin zum größten Teil in der Insolvenzmasse aufgeht.[483] Andererseits wäre es verfehlt, eine Haftung des Schuldners nur deshalb nicht zur Anwendung zu bringen, weil ihr Nutzen insgesamt gering ist.

---

479 *Schlegel*, Die Eigenverwaltung, S. 114.

480 *König*, Die Haftung in der Eigenverwaltung, S. 81.

481 *Brinkmann* BB 2012, 1369 (1371).

482 *Schlegel*, Die Eigenverwaltung, S. 174.

483 *Bachmann* ZIP 2015, 101 (103); HRI/*Flöther* § 18 Rn. 5; Gottwald/*Haas*, Insolvenzrechtshandbuch, § 90 Rn. 18.

ε) Ergebnis

Der Wortlaut, die Historie und der Telos des Gesetzes sind offen. Im Ergebnis sprechen die besseren systematischen Argumente dafür, dass der Schuldner den Massegläubigern in konsequenter Anwendung der Amts-Theorie gemäß § 270 Abs. 1 S. 2 InsO iVm § 61 InsO haftet.[484]

(2) Rechtshandlung

Der Schuldner muss eine wirksame Rechtshandlung vorgenommen haben. Insofern gilt dasselbe wie für den Insolvenzverwalter und den Sachwalter.

(3) Eintritt von Masseunzulänglichkeit

Ferner muss Masseunzulänglichkeit tatsächlich eingetreten oder angezeigt worden sein. Auch insoweit ergeben sich keine Abweichungen.

(4) Kein Haftungsausschluss

Der Schuldner kann sich entsprechend § 61 S. 2 InsO von der Haftung befreien, wenn er bei Vornahme der Rechtshandlung nicht erkannt hat und auch nicht erkennen konnte, dass die Insolvenzmasse nicht ausreichen wird, die Masseverbindlichkeit im Zeitpunkt ihrer Fälligkeit vollständig zu erfüllen.

Da der Schuldner die Insolvenzmasse selbst verwaltet, kann er sich nicht auf die Haftungserleichterungen berufen, die dem Sachwalter bei der Einholung von Informationen zugebilligt werden. Ferner ist der Schuldner von jeher für seine eigene Buchführung verantwortlich, sodass er anders als ein Insolvenzverwalter auch nicht ins Feld führen kann, dass ihm nur ungeordnete Unterlagen zur Verfügung stehen. Vielmehr ist zu erwarten, dass dem Schuldner alle erforderlichen Zahlen und Fakten zu seinem Unternehmen bekannt sind.

Soweit es um die Bewertung der Informationen im Zuge einer Liquiditätsplanung geht, ist zu beachten, dass die Eigenverwaltung für die Insolvenzgläubiger gemäß § 270 Abs. 1 S. 1 InsO nicht nachteilig sein darf. Daraus geht hervor, dass der Schuldner die ihm zur Verfügung stehenden Informationen mit dem gleichen Sachverstand wie ein Insolvenzverwalter auswerten muss, um eine ebenso rechtmäßige und effiziente Verfahrensgestaltung wie in einem Regelinsolvenzverfahren zu gewährleisten. Zwar ist der Schuldner in der überwiegenden Zahl der Fälle kein Insolvenzexperte. Jedoch übernimmt er mit dem Amt des Eigenverwalters die Pflicht, sich die notwendige Expertise zu verschaffen.

---

484 RSI/*Herbst* § 28 Rn. 146; MKInsO/*Tetzlaff* § 270 Rn. 167; *Thole/Brünkmans* ZIP 2013, 1097 (1001 – 1004); aA *Bachmann* ZIP 2015, 101 (102 – 104); HRI/*Flöther* § 17 Rn. 1, 2; Gottwald/*Haas*, Insolvenzrechtshandbuch, § 90 Rn. 18; *Madaus* KTS 2015, 115 (124); *Schlegel*, Die Eigenverwaltung in der Insolvenz, S. 170.

(5) Haftungsmasse

Klarzustellen ist, dass der Schuldner gemäß § 61 InsO mit seinem Privatvermögen und nicht mit der Insolvenzmasse haftet.[485] Als Amtsträger soll er für die Verletzung von hoheitlichen Pflichten gegenüber und nicht mit der von ihm verwalteten Insolvenzmasse einstehen. Auch im Regelinsolvenzverfahren haftet der Insolvenzverwalter gemäß § 61 InsO nur mit seinem Privatvermögen und nicht mit der Insolvenzmasse.

Sähe man dies anders, entstünde ein Zirkelschluss. Macht ein Massegläubiger gemäß § 61 InsO einen Einzelschaden geltend, weil die Insolvenzmasse nicht zur Erfüllung seiner Ansprüche ausreicht, so würde dieser Anspruch wiederum die Insolvenzmasse belasten, die weiter geschmälert würde.[486] Dieses Paradoxon lässt sich durch die Einsicht auflösen, dass man eine defizitäre Menge nicht dadurch vergrößern kann, dass man von ihr denselben Betrag abzieht und sogleich wieder zugibt.[487]

(6) Zusammenfassung

Damit haftet der Schuldner den Massegläubigern im Falle von Masseunzulänglichkeit gemäß § 270 Abs. 1 S. 2 InsO iVm § 61 InsO mit seinem Privatvermögen, wobei er sich unter denselben Bedingungen wie ein vollumfänglich informierter Insolvenzverwalter von der Haftung befreien kann.

---

485 *Schaal*, Die Haftung der Geschäftsführungsorgane einer insolvenzrechtlich eigenverwaltenden GmbH oder AG, S. 144 f.; aA *König*, Die Haftung in der Eigenverwaltung, S. 94 – 111.

486 So bezüglich der Haftung gegenüber den Insolvenzgläubigern *Schlegel*, Die Eigenverwaltung, S. 166.

487 AA *König*, Die Haftung in der Eigenverwaltung, S. 96 – 100, der diverse Vergleichsrechnungen anstellt, wie sich die Befriedigungsquoten bei Gesamt-, Einzel- und Teileinzelschäden verschieben. Dabei kommt es jedoch zu einem Fehler, wie folgendes Rechenbeispiel belegen soll: Die Insolvenzmasse beträgt 100,00 EUR. Es gibt 10 Insolvenzgläubiger mit Forderungen von jeweils 10,00 EUR. Der Schuldner verkürzt die Insolvenzmasse durch Verschleuderung eines Vermögengegenstandes um 20,00 EUR auf 80,00 EUR. Dadurch erleidet jeder Insolvenzgläubiger einen Quotenschaden von 2,00 EUR, der als Gesamtschaden von 20,00 EUR durch den Sachwalter vom Schuldner einzufordern ist. Würde der Betrag von 20,00 EUR aus der Insolvenzmasse entnommen, würde sich diese von 80,00 EUR um 20,00 EUR auf 60,00 EUR verkürzen. Es ergäbe sich ein erneuter Quotenschaden je Gläubiger von 2,00 EUR und ein neuer Gesamtschaden von 20,00 EUR, der dem Schuldner auch zuzurechnen ist, weil dieser die Umverteilung der Insolvenzmasse durch sein pflichtwidriges Verhalten erst erforderlich gemacht hat. *König* belässt es dabei, nur einmal einen Gesamtschaden von 20,00 EUR anzusetzen, der nach einmaliger Begleichung aus der Insolvenzmasse abgegolten sein soll. In Wahrheit bleibt die Insolvenzmasse aber dauerhaft um 20,00 EUR geschmälert.

bb) Haftung gemäß § 270 Abs. 1 S. 2 InsO iVm § 60 InsO

Weiterhin kommt eine Haftung gemäß § 270 Abs. 1 S. 2 InsO iVm § 60 InsO in Betracht.

(1) Anwendbarkeit der Vorschrift

Wegen der Anwendbarkeit der Vorschrift lässt sich das zur Haftung gemäß § 270 Abs. 1 S. 2 InsO iVm § 61 InsO Ausgeführte entsprechend heranziehen. Der Schuldner muss als Inhaber hoheitlich übertragener Befugnisse für die Verletzung von Amtspflichten einstehen. Zu beachten ist wiederum der Vorrang von § 61 InsO, weshalb die rechtsgeschäftliche Begründung von Masseverbindlichkeiten als Pflichtverletzung ausscheidet.

(2) Pflichtverletzung

Der Schuldner muss eine insolvenzspezifische Pflicht verletzt haben. Da er gemäß § 270 Abs. 1 S. 1 InsO Inhaber der Verwaltungs- und Verfügungsbefugnis über die Insolvenzmasse ist, kommen die gleichen Pflichtverletzungen wie bei einem Insolvenzverwalter in Betracht.

Pflichtverletzungen, die zu Einzelschäden der Massegläubiger führen, liegen vor, wenn der Schuldner bei der Gläubigerbefriedigung, die ihm gemäß § 283 Abs. 2 S. 1 InsO obliegt, den Vorrang der Massegläubiger gemäß § 56 InsO und bei Masseunzulänglichkeit die Befriedigungsreihenfolge gemäß § 209 InsO nicht einhält.

Daneben kommen zahlreiche Pflichtverletzungen in Betracht, welche die gesamte Insolvenzmasse verkürzen. Die daraus resultierenden Gesamtschäden können gemäß § 280 InsO iVm § 92 InsO grundsätzlich nur vom Sachwalter geltend gemacht werden, wobei die Massegläubiger jedoch privilegiert werden. Gesamtschäden aller Gläubiger stellen regelmäßig auch Einzelschäden der Massegläubiger dar, welche diese bis zur Anzeige von Masseunzulänglichkeit individuell durchsetzen dürfen.

(3) Verschulden

Wie bereits im Zusammenhang mit der Haftung gemäß § 270 Abs. 1 S. 2 InsO iVm § 61 InsO ausgeführt, trifft den Schuldner aufgrund seiner umfassenden Erkenntnis- und Einflussmöglichkeiten derselbe Haftungsmaßstab wie einen vollständig informierten Insolvenzverwalter. Die Darlegungs- und Beweislast liegt im Rahmen von § 60 InsO beim Anspruchsteller.

(4) Schaden

Ein Schaden liegt vor, wenn die Massegläubiger ihre Forderungen nicht aus der unzulänglichen Insolvenzmasse befriedigen können.

(5) Haftungsmasse

Wie beim Anspruch gemäß § 270 Abs. 1 S. 2 InsO iVm § 61 InsO gilt auch beim Anspruch gemäß § 270 Abs. 1 S. 2 InsO iVm § 60 InsO, dass der Schuldner nur mit seinem Privatvermögen und nicht mit der Insolvenzmasse haftet, weil diese durch die Pflichtverletzung geschädigt wird und sich nicht selbst haften kann.[488]

(6) Zusammenfassung

Mithin hat der Schuldner für die Verletzung insolvenzspezifischer Pflichten genauso wie ein umfassend informierter Insolvenzverwalter gemäß § 270 Abs. 1 S. 2 InsO iVm § 60 InsO mit seinem Privatvermögen einzustehen.

cc) Haftung gemäß §§ 280 Abs. 1, 311 Abs. 3, 241 Abs. 2 BGB

Weiterhin ist eine Haftung des Schuldners für die Inanspruchnahme von besonderem Vertrauen bei Vertragsschluss gemäß den §§ 280 Abs. 1, 311 Abs. 3 und 241 Abs. 2 BGB zu erwägen.

(1) Anwendbarkeit der Vorschriften

Gegen eine Anwendbarkeit des § 311 Abs. 3 BGB ließe sich einwenden, dass der Schuldner kein Dritter sein kann, weil er im eigenen Namen handelt und dabei sein eigenes Vermögen verpflichtet. Jedoch ist zwischen dem Schuldner in seiner Funktion als Amtsträger und als Privatperson zu unterscheiden. Verpflichtet der Schuldner die Insolvenzmasse, so kann er in Hinblick auf die Haftung mit seinem Privatvermögen gleichzeitig die Rolle eines wirtschaftlichen Dritten einnehmen.

(2) Inanspruchnahme besonderen Vertrauens

Fraglich ist, unter welchen Umständen der Schuldner bei Vertragsschluss besonderes Vertrauen in Anspruch nimmt.

Zu beachten ist, dass der Schuldner als Amtsträger mit der Verwaltung der Insolvenzmasse betraut ist. Indem er Masseverbindlichkeiten eingeht, nimmt er seine gesetzlich vorgesehenen Pflichten wahr. Aus diesem Umstand kann für sich genommen nicht auf die Inanspruchnahme von besonderem Vertrauen geschlossen werden.

Ferner ist zu berücksichtigen, dass der Schuldner neben dem Interesse an einer ordnungsgemäßen Amtsführung regelmäßig auch persönliche Interessen verfolgt. So hat der Schuldner vor Augen, seine wirtschaftliche Freiheit nach dem erfolgreichen Abschluss des Insolvenzverfahrens zurückzugewinnen. Außerdem kann sich der Schuldner gegenüber seinen Geschäftspartnern stets auf besonderen Kenntnisse und Fähigkeiten berufen, die ihn nach Auffassung des Insolvenzgerichts

---

488 So bezüglich der Haftung gegenüber den Insolvenzgläubigern *Schlegel*, Die Eigenverwaltung, S. 166.

als Eigenverwalter qualifizieren. Alles in allem ist das durchschnittliche Niveau an Vertrauen, welches der Schuldner gegenüber seinen Geschäftspartnern in Anspruch nimmt, verhältnismäßig hoch. Auch dieses Maß an Vertrauen reicht für sich genommen nicht aus, um eine Haftung aus culpa in contrahendo zu begründen. Dahinter steht die Erwägung, dass das Gesetz bereits umfassende insolvenzspezifische Haftungspflichten des Schuldners regelt. Deren Wertungen würden überlagert, wenn man aus dem bloßen Umstand, dass der Schuldner seine gesetzlichen Aufgaben sorgfältig wahrnimmt, zusätzlich eine Haftung aus einem vertragsähnlichen Schuldverhältnis konstruieren würde.[489]

Eine so weitreichende Haftung wird zwar mit dem Argument vertreten, dass der Schuldner grundsätzlich für die ordnungsgemäße Durchführung des Insolvenzverfahrens einzustehen habe. Dies setze ein hohes Maß an Vertrauen voraus.[490] Ferner lässt sich argumentieren, dass der Schuldner mit Eröffnung des Insolvenzverfahrens bereits gescheitert sei, weswegen ihm im Regelinsolvenzverfahren als Spiegelbild des allgemeinen Vertrauensverlusts die Verwaltungs- und Verfügungsbefugnis entzogen werde. Wenn man dem Schuldner mit der Eigenverwaltung trotzdem eine zweite Chance einräume, so bringe man ihm unweigerlich gesteigertes Vertrauen entgegen.

Jedoch trägt die insolvenzspezifische Haftung des Schuldners bereits in hinreichendem Maße dazu bei, den Schuldner zu einer ordnungsgemäßen Amtsführung anzuhalten und so das Vertrauen der Geschäftspartner zu rechtfertigen.

Außerdem verkennt die oben stehende Argumentation, dass die Gründe für eine Insolvenz vielfältig sein können. Beruht die Zahlungsunfähigkeit oder Überschuldung auf externen Schocks, etwa dem plötzlichen Wegfall eines Großkunden, so kann man dem Schuldner kein Versagen vorwerfen, weswegen die Eigenverwaltung in diesem Fall auch nicht als zweite Chance aufgefasst werden darf.

Unter diesen Umständen kann man von der Inanspruchnahme besonderen Vertrauens nur dann ausgehen, wenn der Schuldner in erheblichem Maße überobligatorisch tätig wird. Das ist der Fall, wenn er gegenüber seinen Geschäftspartnern deutlich macht, dass er sich auch jenseits des Insolvenzverfahrens persönlich verpflichtet fühlt.

Dabei lässt sich zum einen auf die zeitliche Dimension abstellen, also darauf, dass der Schuldner Zusagen über die Dauer des Insolvenzverfahrens hinaus macht. Das kann bspw. der Fall sein, wenn der Schuldner betont, dass insolvenzrechtliche Bindungen keine Rolle für ihn spielten, weil er seine Geschäfte ohnehin langfristig fortsetzen werde.

Zum anderen kann die qualitative Dimension maßgeblich sein. Als Bsp. sei angeführt, dass sich der Schuldner über eine kritische Stellungnahme des Sachwalters

---

489 *Bachmann* ZIP 2015, 101 (107).

490 So *König*, Die Haftung in der Eigenverwaltung, S. 56, wobei dieser ein vertragliches Schuldverhältnis ablehnt, ohne zu erklären, aus welchen abweichenden Gründen ein Schuldverhältnis aus culpa in contrahendo durchgreifen soll.

oder des Gläubigerausschusses hinwegsetzt und dabei unterstreicht, dass er unabhängig von insolvenzrechtlichen Bindungen für seine Überzeugungen einstehe.

(3) Pflichtverletzung

Eine Pflichtverletzung liegt wie bei einem Insolvenzverwalter und Sachwalter vor, wenn der Schuldner entgegen den §§ 280 Abs. 1 und 241 Abs. 2 BGB keine Rücksicht auf die Rechte und Interessen der Massegläubiger nimmt, insbesondere wenn er die Geschäftspartner durch fehlerhafte Angaben zur Liquidität der Insolvenzmasse,[491] den Chancen einer Sanierung oder den Eigenschaften des Vertragsgegenstands dazu verleitetet, einen Vertrag mit ihm zu schließen.

(4) Vertretenmüssen

Das Vertretenmüssen des Schuldners wird gemäß § 280 Abs. 1 S. 2 BGB vermutet. Eine Entlastung kann nur gelingen, wenn der Schuldner bei Vertragsschluss die im Verkehr erforderliche Sorgfalt gewahrt hat. Der Haftungsmaßstab ist dabei streng, weil der Schuldner zum einen freiwillig seine Amtspflichten überschreitet und zum anderen das zur Insolvenzmasse gehörende Vermögen von jeher kennt und verwaltet. Folglich haftet er so, als würde er den Vertragsschluss außerhalb des Insolvenzverfahrens wie eine Privatperson anberaumen.

(5) Schaden

Ein kausaler Schaden liegt wiederum vor, wenn die Massegläubiger ihre Verbindlichkeiten nicht aus der Insolvenzmasse befriedigen können, obwohl der Schuldner dieses Risiko verneint hat, oder wenn sich der Vertragsgegenstand entgegen den Angaben des Schuldners als mangelhaft und damit als minderwertig erweist.

(6) Zusammenfassung

Im Ergebnis haftet der Schuldner den Massegläubigern gemäß den §§ 280 Abs. 1, 311 Abs. 3 und 241 Abs. 2 BGB nur dann, wenn er bei Vertragsschluss deutlich macht, dass er über die Dauer des Insolvenzverfahrens hinaus oder entgegen insolvenzrechtlichen Bindungen bereit ist, für die von ihm begründeten Verbindlichkeiten persönlich einzustehen, und wenn er dabei die Geschäftspartner durch fehlerhafte Angaben zum Vertragsschluss verleitet.

dd) Haftung gemäß § 823 Abs. 2 BGB

Weiterhin ist eine Haftung gemäß § 823 Abs. 2 BGB zu betrachten. Diese setzt voraus, dass der Schuldner ein Schutzgesetz verletzt und den Massegläubigern dadurch Schaden zugefügt hat.

---

491 *König*, Die Haftung in der Eigenverwaltung, S. 56.

Wie bei einem Insolvenzverwalter oder Sachwalter ist zu beachten, dass es sich um keine Haftung für Masseverbindlichkeiten handelt, sondern um eine Haftung für eigene Pflichtverletzungen, die entsprechend § 31 BGB der Insolvenzmasse zugerechnet werden. Die Zurechnung entbindet den Schuldner dabei nicht von seiner persönlichen Verantwortung. Vielmehr hat er mit der Insolvenzmasse gemäß § 840 Abs. 1 BGB gesamtschuldnerisch einzustehen.

Anders als beim Sachwalter ergeben sich beim Schuldner zahlreiche Anknüpfungspunkte für eine Haftung, denn der Schuldner tritt bestimmungsgemäß gegenüber Dritten auf, indem er die Insolvenzmasse gemäß § 270 Abs. 1 S. 1 InsO verwaltet und über sie verfügt. Hervorzuheben ist wiederum der Straftatbestand des Betruges gemäß § 263 Abs. 1 StGB, der bei einer vermögensschädigenden Täuschung der Geschäftspartner verwirklicht ist. Aber auch allgemeine zivilrechtliche Schutzgesetze wie die verbotene Eigenmacht gemäß § 858 BGB oder die allgemeine Rücksichtnahmepflicht im Straßenverkehr gemäß § 1 Abs. 1 StVO kommen in Betracht.

ee) Haftung gemäß § 823 Abs. 1 BGB

Dasselbe gilt, wenn der Schuldner in Ausübung seines Amts rechtswidrig sowie vorsätzlich oder fahrlässig fremde Rechtsgüter oder Rechte verletzt. Auch dann haftet er gemäß den §§ 823 Abs. 1 und 840 Abs. 1 BGB persönlich und gesamtschuldnerisch mit der Insolvenzmasse, welcher sein Verhalten entsprechend § 31 BGB zugerechnet wird.[492]

ff) Haftung gemäß § 826 BGB

Schließlich gilt die gesamtschuldnerische Haftung gemäß § 840 Abs. 1 BGB auch für eine vorsätzliche sittenwidrige Schädigung iSd § 826 BGB, etwa wenn der Schuldner Geschäftspartner arglistig täuscht[493] oder mutwillig in einen Rechtsstreit zieht, obwohl er den Kostenerstattungsanspruch des anderen Teils nicht aus der Insolvenzmasse befriedigen kann.

3. Haftung der geschäftsleitenden Organe des Schuldners

Sofern es sich beim Schuldner um eine juristische Person oder Personengesellschaft, ist fürderhin eine Haftung seiner geschäftsleitenden Organe zu erwägen.

a) Rechtslage im Regelinsolvenzverfahren

Im Regelinsolvenzverfahren ist zu unterscheiden.

---

492 So auch *König*, Die Haftung in der Eigenverwaltung, S. 56 – 58, der jedoch nicht davon ausgeht, dass es sich um eine Haftung für eigenes Verhalten des Schuldners handelt, welches der Insolvenzmasse über § 31 BGB zugerechnet wird.

493 *Bachmann* ZIP 2015, 101 (107).

aa) Insolvenzspezifische Haftung

Eine insolvenzspezifische Haftung der geschäftsleitenden Organe des Schuldners kommt nicht in Betracht, da weder der Schuldner noch seine Organe weiterhin mit der Verwaltung der Insolvenzmasse betraut sind. Jedoch wird zu prüfen sein, ob in der Eigenverwaltung die Vorschriften über die Haftung des Insolvenzverwalters fruchtbar gemacht werden können.

bb) Haftung gemäß § 43 Abs. 2 GmbHG und § 93 Abs. 2 AktG

Ferner ist zu prüfen, ob die gesellschaftsrechtlichen Haftungsvorschriften in § 43 Abs. 2 GmbHG und § 93 Abs. 2 AktG gelten. Die Vorschriften sehen vor, dass Geschäftsführer und Vorstände im Innenverhältnis zu ihrer Gesellschaft zum Schadensersatz verpflichtet sind, wenn sie ihre gesellschaftsrechtlichen Pflichten verletzen und der Gesellschaft auf diese Weise Schaden zufügen.[494] Zu den haftungsrelevanten Pflichten gehört dabei auch die allgemeine Legalitätspflicht, wonach die geschäftsleitenden Organe sicherstellen müssen, dass die Gesellschaft alle der Rechtsordnung zugehörigen Normen befolgt.[495]

cc) Haftung gemäß § 64 GmbHG und §§ 92 Abs. 2, 93 Abs. 2, Abs. 3 Nr. 6 AktG

Weiterhin ist eine Haftung gemäß § 64 GmbHG und den §§ 92 Abs. 2 und 93 Abs. 2, Abs. 3 Nr. 6 AktG zu erwägen. Die Vorschriften regeln, dass der Geschäftsführer einer GmbH und der Vorstand einer AG zur Erstattung von Zahlungen verpflichtet sind, die sie nach Eintritt von Zahlungsunfähigkeit oder nach Feststellung von Überschuldung leisten; es sei denn, dass die Zahlungen mit der Sorgfalt eines ordentlichen Geschäftsleiters vereinbar sind. Die Vorschriften weisen bereits einen insolvenzrechtlichen Charakter auf. Sie sollen einerseits Druck auf die geschäftsleitenden Organe ausüben, um diese zur rechtzeitigen Stellung des Insolvenzantrags zu bewegen. Andererseits sollen sie die Gläubiger vor der Aufzehrung des schuldnerischen Vermögens durch unsachgerechte Auszahlungen schützen.[496] Streitig ist, ob es sich um einen Sonderfall der Organhaftung oder der vertraglichen Haftung handelt.[497]

---

494 Roth/Altmeppen/*Altmeppen* § 43 Rn. 27; *Hüffer/Koch*, AktG, § 93 Rn. 36, 65; MKAktG/*Spindler* § 93 Rn. 145; Baumbach/Hueck/*Zöllner/Noack* § 43 Rn. 1.

495 Roth/Altmeppen/*Altmeppen* § 43 Rn. 6; *Hüffer/Koch*, AktG, § 93 Rn. 6, 40; MKAktG/*Spindler* § 92 Rn. 74; Baumbach/Hueck/*Zöllner/Noack* § 43 Rn. 17, 23.

496 Roth/Altmeppen/*Altmeppen* § 64 Rn. 1; Baumbach/Hueck/*Haas* § 64 Rn. 3 f.; *Hüffer/Koch*, AktG, § 92 Rn. 32, § 93 Rn. 71; MKAktG/*Spindler* § 92 Rn. 22.

497 Für eine Organhaftung MKAktG/*Spindler* § 93 Rn. 11; für eine vertragliche Haftung BGHZ 41, 282 (287).

b) *Anpassung an die Eigenverwaltung*

Erneut sind die insolvenzspezifischen und allgemeinen zivilrechtlichen Anspruchsgrundlagen auf ihre Anwendbarkeit in der Eigenverwaltung zu untersuchen.

aa) *Haftung gemäß § 270 Abs. 1 S. 2 InsO iVm §§ 60 und 61 InsO*

Von der Rspr.[498] und Teilen der Lehre[499] wird eine Haftung der geschäftsleitenden Organe des Schuldners entsprechend den §§ 60 und 61 InsO erwogen.[500]

(1) Grammatikalische Argumente

Im siebten Teil der InsO finden sich keine Vorschriften über die Organhaftung. § 276a InsO enthält lediglich die Regelung, dass die aufsichtführenden Organe des Schuldners ihren Einfluss auf die Geschäftsleitung einbüßen.

(2) Systematische Argumente

Daher muss unter systematischen Gesichtspunkten geprüft werden, ob vermittels der Verweisung in § 270 Abs. 1 S. 2 InsO ein Rückgriff auf die §§ 60 und 61 InsO möglich ist.

Dagegen spricht maßgeblich, dass sich die §§ 60 und 61 InsO in unmittelbarer Anwendung an den Insolvenzverwalter richten, der die Verwaltungs- und Verfügungsbefugnis über die Insolvenzmasse als Amtsträger ausübt. Die geschäftsleitenden Organe des Schuldners sind dagegen keine Amtsträger, sondern nur ihren gesellschaftsrechtlichen Bindungen gegenüber dem Schuldner unterworfen, der seinerseits als Amtsträger fungiert und selbst gemäß § 270 Abs. 1 S. 2 InsO iVm den §§ 60 und 61 InsO haftet.[501]

Ferner spricht gegen eine Anwendung, dass die §§ 60 und 61 InsO die Haftung des Insolvenzverwalters für die Verletzung insolvenzspezifischer Pflichten regeln.

---

498 BGH ZIP 2018, 977 (977 ff.); AG Duisburg ZIP 2005, 2335 (2335).

499 *Bitter* ZIP 2018, 986 (988); *Cadmus*, Die Haftung der GmbH und ihres Geschäftsführers in der Eigenverwaltung, S. 87 ff.; *Flöther* ZInsO 2014, 465 (472); *Göb/Nebel* NZI 2018, 556 (558 f.); *Madaus* KTS 2015, 115 (124); *Schaal*, Die Haftung der Geschäftsführungsorgane einer insolvenzrechtlich eigenverwaltenden GmbH oder AG, S. 256; MKInsO/*Tetlaff* § 270 Rn. 176; *Thole/Brünkmans* ZIP 2013, 1097 (1103 ff.); *Weber* NZI 2018, 553 (553 ff.); ablehnend ohne nähere Ausführungen *Brinkmann* BB 2012, 1369 (1370); *Hofmann*, Eigenverwaltung, Rn. 518.

500 Der BGH nimmt eine analoge Anwendung der §§ 60 und 61 InsO an. Vorliegende Arbeit diskutiert dieselbe Frage entsprechend der oben herausgearbeiteten Systematik nicht unter dem Gesichtspunkt der Analogie, sondern der Reichweite der Verweisung in § 270 Abs. 1 S. 2 InsO.

501 *Friedrichs*, Das Schutzschirmverfahren, S. 97; aA *Cadmus*, Die Haftung der GmbH und ihres Geschäftsführers in der Eigenverwaltung, S. 110 ff, der die geschäftsleitenden Organe des Schuldners als Amtsträger einordnet.

Adressat dieser Pflichten ist der Schuldner, nicht hingegen seine geschäftsleitenden Organe.[502]

Außerdem hat der Gesetzgeber durchaus erkannt, dass es in der Eigenverwaltung einer Haftung der Beteiligten für insolvenzrechtliche Pflichtverletzungen bedarf. So hat er für den Sachwalter in den §§ 274 Abs. 1 und 277 Abs. 1 S. 2 InsO entsprechende Regelungen geschaffen. Von einer Vorschrift über die Haftung der geschäftsleitenden Organe des Schuldners hat er indessen abgesehen. Daraus lässt sich der Umkehrschluss ziehen, dass sich die geschäftsleitenden Organe nicht insolvenzspezifisch verantworten sollen.[503]

Bei der oben geführten Diskussion zur Haftung des Schuldners erschien dieser Umkehrschluss nicht zwingen. An dieser Stelle verhält es sich anders. Während eine Haftung des Schuldners nur von begrenzter praktischer Relevanz ist, weil das pfändbare Vermögen des Schuldners ohnehin in der Insolvenzmasse aufgeht, würde eine Haftung der geschäftsleitenden Organe des Schuldners den Zugriff auf größere Vermögensmassen ermöglichen. Hätte der Gesetzgeber eine so weitreichende Mehrung der Haftungsmasse gewollt, hätte er sich dazu geäußert.

Demgegenüber argumentiert die Rspr., der Gesetzgeber sei davon ausgegangen, dass es durch Anwendung der §§ 60 und 61 InsO auch in der Eigenverwaltung eine zusätzliche Haftungsmasse von erheblichem Umfang geben müsse. Man habe schlichtweg übersehen, dass der Schuldner ohnehin mit der Insolvenzmasse einzustehen habe. Hätte der Gesetzgeber diesen Irrtum erkannt, hätte er die geschäftsleitenden Organe des Schuldners ausdrücklich in Haftung genommen.[504]

Dagegen spricht aber, dass der Gesetzgeber gerade den Schuldner mit der Verwaltungs- und Verfügungsbefugnis über die Insolvenzmasse ausgestattet hat. Die geschäftsleitenden Organe des Schuldners hat er nicht mit eigenen insolvenzspezifischen Rechten betraut, weshalb sie auch nicht von insolvenzspezifischen Haftungspflichten betroffen sein können.

Soweit die Rspr. auf dieses Argument erwidert, dass § 274 Abs. 2 InsO eine Aufsicht über die „Geschäftsführung“ vorsehe,[505] also eine Aufsicht über bestimmte insolvenzspezifisch handelnde Organe, so verkennt sie dabei, dass mit „Geschäftsführung“ allein die entsprechende Tätigkeit gemeint ist. Andernfalls hätte der Gesetzgeber die präzisere Formulierung „Geschäftsleitung“ oder „Geschäftsführer und Vorstände“ gewählt.

Vielmehr muss bedacht werden, dass die Haftung der geschäftsleitenden Organe des Schuldners insolvenzrechtliche und gesellschaftsrechtliche Grundsätze durchbrechen würde. In der InsO ist ein Durchgriff auf die Organe des Schuldners an keiner Stelle vorgesehen. Auch im Gesellschaftsrecht wird das Vermögen der Gesellschaft vom Vermögen der Gesellschafter bzw. der geschäftsleitenden Organe

---

502 *Jacoby* FS Vallender 2015, 261 (266 f.).
503 OLG Düsseldorf NZI 2018, 65 (67); *Hill* ZInsO 2010, 1825 (1828).
504 BGH ZIP 2018, 977 (979).
505 BGH ZIP 2018, 977 (979); *Jacoby* FS Vallender 2015, 261 (268 f.).

getrennt. Ein Haftungsdurchgriff kommt nur aufgrund von Rechtsfiguren wie der Existenzvernichtungs-, der Unterbilanz-, oder der Handelndenhaftung in Betracht. Hätte der Gesetzgeber diese Prinzipien im Sonderfall der Eigenverwaltung durchbrechen wollen, hätte er sich ausdrücklich dazu geäußert.[506]

Ferner muss berücksichtigt werden, dass sich die geschäftsleitenden Organe des Schuldners – wie noch zu zeigen ist – bereits einer gesellschaftsrechtlichen Innenhaftung ausgesetzt sehen, bei welcher die Pflicht zur Durchsetzung des Gesellschaftsinteresses durch die Pflicht zur Förderung des Insolvenzzwecks ersetzt wird. Dabei erfasst die gesellschaftsrechtliche Haftung auch die allgemeine Legalitätspflicht des Schuldners, weswegen dessen geschäftsleitende Organe bei der Verletzung insolvenzrechtlicher Pflichten im Innenverhältnis herangezogen werden können.[507] Würden sie gleichzeitig im Außenverhältnis entsprechend den §§ 60 und 61 InsO einstehen müssen, käme es wegen derselben Pflichtverletzung zu einer doppelten gesetzlichen Haftung.

Ein weiteres systematisches Argument gegen eine Haftung der geschäftsleitenden Organe des Schuldners ergibt sich unter Gleichheitsgesichtspunkten. So könnten die Gläubiger nur bei Personengesellschaften und juristischen Personen auf das Vermögen der geschäftsleitenden Organe zurückgreifen, während bei natürlichen Personen ein solcher Rückgriff ausgeschlossen wäre.[508]

Die Systematik des Gesetzes steht damit einer Anwendung der §§ 60 und 61 InsO entgegen.

(3) Historische Argumente

Auch aus historischer Sicht ist nicht erkennbar, dass der Gesetzgeber den Grundsatz, dass nur der Schuldner als Amtsträger für die Verletzung insolvenzspezifischer Pflichten haftet, durchbrechen wollte. Sowohl in der VerglO als auch im RegE zur InsO und zum ESUG fehlt es an entsprechenden Erwägungen.[509] Auch mit Einführung des § 276a InsO ließ der Gesetzgeber bewusst die Gelegenheit verstreichen, die bereits diskutierte Haftung der geschäftsleitenden Organe ausdrücklich anzuordnen.

Das Argument, der Gesetzgeber habe die Funktion der geschäftsleitenden Organe des Schuldners durch Einführung des § 276a InsO an die Funktion eines Insolvenzverwalters angenähert,[510] überzeugt nicht. So hat der Gesetzgeber nur partielle Regelungen zum Einfluss der aufsichtführenden Organe des Schuldners getroffen, aber von einer umfassenderen Verlagerung der Kompetenzen gerade abgesehen.

---

506 AA *Bachmann* ZIP 2015, 101 (105), der ein Einfallstor für weitere Durchbrechungen sieht.
507 *König*, Die Haftung in der Eigenverwaltung, S. 89 f., 257 f.
508 *Bachmann* ZIP 2015, 101 (109); *Thole/Brünkmans* ZIP 2013, 1097 (1104).
509 RegE, BT-Drs. 12/2443, 222 – 226; RegE, BR-Drs. 127/11, 25, 56 – 62.
510 BGH ZIP 2018, 977 (979).

(4) Teleologische Argumente

Aus teleologischer Sicht ist zu berücksichtigen, dass den Gläubigern in der Eigenverwaltung gegenüber dem Regelinsolvenzverfahren Haftungsmasse entgeht, weil erstens kein Insolvenzverwalter bestellt wird, der persönlich haften könnte, und weil zweitens der Sachwalter nur in den wenigen oben aufgezeigten Fällen persönlich einzustehen hat. Man könnte es daher für erforderlich halten, dieses Minus durch eine Haftung der geschäftsleitenden Organe des Schuldners zu kompensieren.[511]

Demgegenüber ist zu bedenken, dass eine solche Haftung nicht nur zu einem Ausgleich, sondern unter Umständen sogar zu einer Vervielfältigung der Haftungsmasse führen könnte. Das wäre bspw. der Fall, wenn ein vielköpfiger Vorstand oder eine geschäftsleitende Gesellschaft belangt würden.

Zudem erfolgt eine gewisse Kompensation schon dadurch, dass die geschäftsleitenden Organe des Schuldners nach gesellschaftsrechtlichen und bürgerlichrechtlichen Vorschriften haften.[512] Außerdem bleibt es den Geschäftspartnern unbenommen, sich persönliche Garantien einräumen zu lassen.[513]

Des Weiteren ließe sich teleologisch argumentieren, dass in die Geschäftsleitung häufig ein CRO mit insolvenz- und sanierungsspezifischen Kenntnissen berufen wird, der quasi wie ein Insolvenzverwalter fungiert. Es könnte angemessen sein, einen solchen „Quasi-Insolvenzverwalter" unter disziplinarischen Gesichtspunkten einem Insolvenzverwalter gleichzustellen, indem man ihn einer insolvenzspezifischen Organhaftung unterwirft.[514]

Allerdings beträfe eine solche Organhaftung wiederum nur einen Teil der Fälle. Der Berater einer natürlichen Person könnte nicht in Haftung genommen werden, was zu einer nicht gerechtfertigten Ungleichbehandlung von Insolvenzverfahren führen würde. Weiterhin wäre zu befürchten, dass die Bestellung eines teuer zu vergütenden CRO nur deshalb gefördert würde, weil dieser als Garant für eine gesteigerte Haftungsmasse zur Verfügung stünde.

Schließlich ist zu berücksichtigen, dass die geschäftsleitenden Organe des Schuldners durch eine persönliche Außenhaftung davon abgeschreckt würden, die Eigenverwaltung im Namen des Schuldners zu beatrangen. Sie sähen sich persönlichen Risiken ausgesetzt, die sie gesondert versichern müssten.[515] Dies dürfte ihre Neigung, die Eigenverwaltung frühzeitig zu beantragen, erheblich schmälern.

---

511 *Bachmann* ZIP 2015, 101 (104); *König*, Die Haftung in der Eigenverwaltung, S. 252 f.; *Schaal*, Die Haftung der Geschäftsführungsorgane einer insolvenzrechtlich eigenverwaltenden GmbH oder AG, S. 256 ff.; *Thole* EWiR 2018, 339 (340).

512 *Bachmann* ZIP 2015, 101 (109).

513 *Bachmann* ZIP 2015, 101 (109).

514 *Bachmann* ZIP 2015, 101 (105); *Friedrichs*, Das Schutzschirmverfahren, S. 97; *Jaffé* FS Vallender 2015, 281 (288); *König*, Die Haftung in der Eigenverwaltung, S. 253 f.

515 *Thole* EWiR 2018, 339 (340).

(5) Ergebnis

Im Ergebnis sprechen die besseren systematischen, historischen und teleologischen Argumente gegen eine Haftung der geschäftsleitenden Organe des Schuldners gemäß § 270 Abs. 1 S. 2 InsO iVm den §§ 60 und 61 InsO.

bb) Haftung gemäß §§ 280 Abs. 1, 311 Abs. 3, 241 Abs. 2 BGB

Weiterhin ist zu prüfen, ob eine vertragsähnliche Haftung gemäß den §§ 280 Abs. 1, 311 Abs. 3 und 241 Abs. 2 BGB fruchtbar gemacht werden kann.[516]

(1) Inanspruchnahme besonderen Vertrauens

Die geschäftsleitenden Organe des Schuldners müssen bei Vertragsschluss besonderes Vertrauen in Anspruch genommen haben.

Auszugehen ist davon, dass den geschäftsleitenden Organen des Schuldners grundsätzlich ein erhöhtes Maß an Vertrauen entgegengebracht wird. So sind es letztlich die Vorstände und Geschäftsführer, die erstens die Eigenverwaltung beantragen und die zweitens ihre branchenspezifischen Kenntnisse und betriebswirtschaftlichen Fähigkeiten bei Vertragsschluss einbringen. Auf diese Weise nehmen sie zwar Pflichten wahr, die sie nach dem gesetzlichen Leitbild des Regelinsolvenzverfahrens nicht wahrnehmen müssten. Jedoch kann allein daraus nicht die Inanspruchnahme von besonderem Vertrauen abgeleitet werden.[517] Andernfalls würde die Wertung unterlaufen, dass die geschäftsleitenden Organe des Schuldners gerade nicht entsprechend § 61 InsO für jede von ihnen begründete Masseverbindlichkeit einzustehen haben.[518]

Ferner ist zu berücksichtigen, dass bereits der Schuldner besonderes Vertrauen beansprucht, wenn er über die Dauer des Insolvenzverfahrens hinaus oder entgegen insolvenzrechtlichen Bindungen persönliche Zusagen macht.[519] Unter diesen Bedingungen kommt eine Inanspruchnahme von besonderem Vertrauen auch durch die geschäftsleitenden Organe des Schuldners nur dann in Betracht, wenn noch weitergehende Umstände hinzutreten.

---

516 *Brinkmann* BB 2012, 1369 (1370); Gottwald/*Haas*, Insolvenzrechtshandbuch, § 90 Rn. 56; *Jacoby* FS Vallender 2015, 261 (287 f.).

517 BGH ZIP 2018, 977 (982); *Thole/Brünkmans* ZIP 2013, 1097 (1098 f.); aA *Friedrichs*, Das Schutzschirmverfahren, S. 101; aA auch *König*, Die Haftung in der Eigenverwaltung, S. 135, der den Maßstab weniger streng als bei einem Insolvenzverwalter ansetzt, weil die geschäftsleitenden Organe nicht als Amtsträger erkennbar seien. Vorliegende Arbeit geht indessen von rein gesellschaftsrechtlichen Bindungen der geschäftsleitenden Organe aus.

518 *Bachmann* ZIP 2015, 101 (107); aA *Cadmus*, Die Haftung der GmbH und ihres Geschäftsführers in der Eigenverwaltung, S. 111, der jedoch eine Haftung gemäß § 61 InsO unter Einordnung der geschäftsleitenden Organe als Amtsträger bejaht.

519 *Thole/Brünkmans* ZIP 2013, 1097 (1098 f.).

Dies erscheint nur in Ausnahmefällen denkbar, etwa wenn sich die geschäftsleitenden Organe des Schuldners nicht nur als Vorstände und Geschäftsführer, sondern auch als Privatpersonen äußern. Als Bsp. sei erwähnt, dass sich ein CRO darauf beruft, mit seinem guten Namen für das Gelingen einer Sanierung persönlich einstehen zu wollen.[520]

(2) Pflichtverletzung

Von einer Pflichtverletzung kann wie bei einem Insolvenzverwalter, Sachwalter oder Schuldner ausgegangen werden, wenn die geschäftsleitenden Organe während der Vertragsverhandlungen unzutreffende Angaben machen, etwa zur Lage der Insolvenzmasse, zu möglichen Sanierungschancen oder zum Vertragsgegenstand.

(3) Vertretenmüssen

Gemäß § 280 Abs. 1 S. 2 BGB wird vermutet, dass die geschäftsleitenden Organe des Schuldners die Pflichtverletzung zu vertreten haben. Sie können sich nur dann entlasten, wenn sie weder vorsätzlich noch fahrlässig gehandelt haben. Da die Organe von jeher mit der Verwaltung des schuldnerischen Vermögens betraut sind und sich freiwillig persönlich gutsagen, ist der Haftungsmaßstab so anzusetzen, als würden sie jenseits eines Insolvenzverfahrens handeln.

(4) Schaden

Ein kausaler Schaden tritt schon dann ein, wenn ein Geschäftspartner mit seiner Forderung gegen den Schuldner wegen Masseunzulänglichkeit ausfällt, obwohl die Organe dieses Risiko ausgeschlossen haben, oder wenn der Vertragsgegenstand entgegen entsprechenden Zusagen minderwertig ist.

(5) Zusammenfassung

Im Ergebnis haften die geschäftsleitenden Organe des Schuldners gemäß den §§ 280 Abs. 1, 311 Abs. 3 und 241 Abs. 2 BGB nur in dem seltenen Fall, dass sie bei Vertragsverhandlungen ihren persönlichen Ruf oder ihre private Meinung hervorheben und dabei falsche Angaben machen.

cc) Haftung gemäß § 823 Abs. 2 BGB

Soweit es um die Haftung der geschäftsleitenden Organe des Schuldners für die Verletzung von Schutzgesetzen gemäß § 823 Abs. 2 BGB geht, scheiden insolvenzspezifische Pflichten aus dem Kreis der relevanten Schutzgesetze aus. Andernfalls würde die Wertung unterlaufen, dass die Organe nicht entsprechend den §§ 60 und 61 InsO gegenüber Dritten verantwortlich sind.[521]

---

520 So für den Insolvenzverwalter *König*, Die Haftung in der Eigenverwaltung, S. 135.
521 *Thole/Brünkmans* ZIP 2013, 1097 (1099).

Anders verhält es sich mit der Pflicht gemäß § 15a InsO zur rechtzeitigen Stellung des Insolvenzantrags, da diese nicht den Schuldner, sondern dessen geschäftsleitende Organe persönlich trifft.[522] Wer nach Entstehen der Antragspflicht eine Forderung gegen die Insolvenzmasse erwirbt und später wegen Masseunzulänglichkeit ausfällt, kann den daraus resultierenden Schaden gemäß § 823 Abs. 2 BGB von den antragspflichtigen Organen des Schuldners erstattet verlangen.[523] In der Eigenverwaltung ergeben sich insoweit keine Abweichungen zum Regelinsolvenzverfahren, da die Pflicht zur rechtzeitigen Stellung des Insolvenzantrags nicht durch die nachgelagerte Anordnung der Eigenverwaltung berührt wird.

Auch die Verletzung allgemeiner Schutzgesetze kommt in Betracht. Hervorzuheben ist erneut der Straftatbestand des Betrugs gemäß § 263 Abs. 1 StGB, der ua durch falsche Angaben zur Lage der Insolvenzmasse,[524] zu möglichen Sanierungschancen oder zum Vertragsgegenstand verwirklicht wird. Ferner gelten auch Schutzgesetze wie die verbotene Eigenmacht gemäß § 858 BGB oder die allgemeine Rücksichtnahmepflicht im Straßenverkehr gemäß § 1 Abs. 1 StVO.

Das Fehlverhalten der geschäftsleitenden Organe wird analog § 31 BGB dem Schuldner und somit wiederum der Insolvenzmasse zugerechnet. Dies befreit die geschäftsleitenden Organe aber nicht von ihrer eigenen Verantwortung. Nur weil über das Vermögen des Schuldners ein Insolvenzverfahren eröffnet wurde, werden dessen Organe nicht ihrer Rücksichtnahmepflichten gegenüber Dritten enthoben. Auch jenseits des Insolvenzverfahrens ist eine persönliche Verantwortung der Organe neben ihrer juristischen Person oder Personengesellschaft allgemein anerkannt.[525]

Fraglich ist, ob die geschäftsleitenden Organe des Schuldners die allgemeine Verkehrssicherungspflicht trifft, Rechtsverletzungen anderer Vertreter des Schuldners zu verhüten, weswegen ihnen faktisch alle Pflichtverletzungen im Organisationsbereich ihrer Personengesellschaft oder juristischen Person zuzurechnen wären. Nach der Baustoff-Doktrin der Rspr. kommt es nur dann zu einer Haftung, wenn den geschäftsleitenden Organen die Schutzgüter Dritter persönlich anvertraut wurden.[526] Sofern man dieser Doktrin folgt, muss sie konsequenterweise auch in der Eigenverwaltung gelten, weil die gesellschaftsrechtlichen Bindungen der geschäftsleitenden Organe und damit ihre Verantwortung für den internen Organisationsbereich des Schuldners erhalten bleiben.[527]

Im Ergebnis haften die geschäftsleitenden Organe des Schuldners gemäß § 823 Abs. 2 BGB für Schäden aufgrund von Insolvenzverschleppung gemäß § 15a InsO und aufgrund der Verletzung allgemeiner Schutzgesetze.

---

522 *Friedrichs*, Das Schutzschirmverfahren, S. 94.

523 BGH ZIP 1994, 1103 (1103 ff.); MKBGB/*Arnold* § 42 Rn. 19.

524 *Cadmus*, Die Haftung der GmbH und ihres Geschäftsführers in der Eigenverwaltung, S. 116.

525 *Thole/Brünkmans* ZIP 2013, 1097 (1099).

526 BGH ZIP 1990, 35 (35 – 38).

527 *König*, Die Haftung in der Eigenverwaltung, S. 141 f.

dd) Haftung gemäß § 823 Abs. 1 BGB

Dasselbe gilt für eine Haftung gemäß § 823 Abs. 1 BGB. Verletzen die geschäftsleitenden Organe des Schuldners bei Verwaltung der Insolvenzmasse die Rechte oder Rechtsgüter Dritter vorsätzlich oder fahrlässig, so wird ihr Verhalten entsprechend § 31 BGB dem Schuldner zugerechnet. Gleichwohl haften die Organe persönlich,[528] und zwar gemäß § 840 Abs. 1 BGB gesamtschuldnerisch mit der juristischen Person oder Personengesellschaft.

ee) Haftung gemäß § 826 BGB

Ebenso verhält es sich, wenn die geschäftsleitenden Organe des Schuldners Geschäftspartner gemäß § 826 BGB vorsätzlich sittenwidrig schädigen, indem sie diese bspw. bei Vertragsverhandlungen täuschen[529] oder mutwillig in einen Rechtsstreit treiben, obwohl der prozessuale Kostenerstattungsanspruch nicht aus der Insolvenzmasse beglichen werden kann.[530]

ff) Haftung gemäß § 43 Abs. 2 GmbHG und § 93 Abs. 2 AktG

In der Literatur wird erwogen, die geschäftsleitenden Organe des Schuldners in der Eigenverwaltung gemäß § 43 Abs. 2 GmbHG und § 93 Abs. 2 AktG in Haftung zu nehmen.[531]

(1) Anwendbarkeit der Vorschriften

Fraglich ist, ob § 43 Abs. 2 GmbHG und § 93 Abs. 2 AktG in der Eigenverwaltung Anwendung finden.

α) Grammatikalische Argumente

Die InsO enthält keine Regelung, ob die geschäftsleitenden Organe des Schuldners persönlich haften. Auch § 43 Abs. 2 GmbHG und § 93 Abs. 2 AktG treffen keine Aussage, ob sie in der Eigenverwaltung Geltung beanspruchen.

---

528 *Cadmus*, Die Haftung der GmbH und ihres Geschäftsführers in der Eigenverwaltung, S. 116.

529 *Bachmann* ZIP 2015, 101 (107); *Koch*, Die Eigenverwaltung nach der Insolvenzordnung, S. 255; *König*, Die Haftung in der Eigenverwaltung, S. 143.

530 *Cadmus*, Die Haftung der GmbH und ihres Geschäftsführers in der Eigenverwaltung, S. 117.

531 *Brinkmann* BB 2012, 1369 (1369); *Flöther* ZInsO 2014, 465 (472); Gottwald/*Haas*, Insolvenzrechtshandbuch, § 90 Rn. 54; *Hofmann*, Eigenverwaltung, Rn. 518; *Koch*, Die Eigenverwaltung nach der Insolvenzordnung, S. 255; *Madaus* KTS 2015, 115 (124); *Thole/Brünkmans* ZIP 2013, 1097 (1099 f.).

β) Systematische Argumente

Auszugehen ist davon, dass die geschäftsleitenden Organe des Schuldners keine Amtsträger sind, sondern ihren gesellschaftsrechtlichen Bindungen gegenüber dem Schuldner unterworfen bleiben. Dies spricht für eine Haftung nach gesellschaftsrechtlichen Vorschriften.[532]

Dagegen lässt sich einwenden, dass der Schuldner in der Insolvenz gemäß § 1 Abs. 1 InsO nur noch den Interessen der Insolvenzgläubiger verpflichtet ist. An diese Aufgabe sind mittelbar auch die geschäftsleitenden Organe gebunden, weil der Schuldner durch diese im Rechtsverkehr handelt.[533] Demgegenüber schützt das Gesellschaftsrecht in erster Linie die Interessen der Gesellschafter, die Vermögen investieren und Gewinne erwarten dürfen. Im Ergebnis treten zwei verschiedene Zielrichtungen in Konflikt miteinander.[534]

Dieser Konflikt kann aber dadurch aufgelöst werden, dass die gesellschaftsrechtlichen Haftungsvorschriften insolvenzrechtlich ausgelegt werden. An die Stelle der Gewinnerzielungsabsicht tritt die bestmögliche Befriedigung der Insolvenzgläubiger.[535] Bildlich umschrieben müssen die geschäftsleitenden Organe des Schuldners so handeln, als wären sie die Organe einer Insolvenzverwaltungsgesellschaft, die mit der Verwaltung des schuldnerischen Vermögens betraut ist.[536]

Dies hat zur Folge, dass § 43 Abs. 2 GmbHG und § 93 Abs. 2 AktG in gewisser Weise zu insolvenzspezifischen Haftungsvorschriften umgedeutet werden, obwohl die §§ 60 und 61 InsO nach der Wertung des Gesetzgebers gerade nicht auf die geschäftsleitenden Organe des Schuldners anwendbar sind.

Hierbei ist aber zu bedenken, dass die §§ 60 und 61 InsO eine Außenhaftung gegenüber den Gläubigern und anderen Beteiligten regeln, während § 43 Abs. 2 GmbHG und § 93 Abs. 2 AktG nur eine Innenhaftung gegenüber dem Schuldner statuieren. Zwischen beiden Haftungsvorschriften besteht also keine Konkurrenz.

Vielmehr ergänzen sich die Vorschriften. Der Schuldner haftet den Gläubigern für deren individuelle Schäden gemäß den §§ 60 und 61 InsO persönlich. Wird durch die zugrundeliegende Pflichtverletzung zugleich das Gesellschaftsvermögen in Gestalt der Insolvenzmasse verkürzt, kann dieser Gesamtschaden durch den Rückgriff auf die geschäftsleitenden Organe des Schuldners ersetzt werden. Von diesem Regress profitiert mittelbar die gesamte Gläubigergemeinschaft.[537]

Anders verhält es sich, wenn durch die zugrundeliegende Pflichtverletzung nicht die Insolvenzmasse, sondern nur das Vermögen einzelner Massegläubiger

---

532 OLG Düsseldorf NZI 2018, 65 (68).

533 *König*, Die Haftung in der Eigenverwaltung, S. 159.

534 AA *Klöhn* ZGR 2008, 110 (155), der einen Gleichlauf der Interessen sieht.

535 *Bachmann* ZIP 2015, 101 (106); *Brinkmann* BB 2012, 1369 (1369); *König*, Die Haftung in der Eigenverwaltung, S. 160 f.

536 Freilich können Gesellschaften nach deutschem Recht nicht als Insolvenzverwalter bestellt werden.

537 BGH ZIP 2018, 977 (681 f.).

verkürzt wird. Dann erwächst dem Gesellschaftsvermögen kein Gesamtschaden, für den die geschäftsleitenden Organe des Schuldners in Rückgriff genommen werden könnten.[538] Diese Haftungslücke muss jedoch hingenommen werden, weil Dritte nicht in den Schutzbereich der gesellschaftlichen Haftungsvorschriften fallen.

Gegen eine Anwendung von § 43 Abs. 2 GmbHG und § 93 Abs. 2 AktG ließe sich wiederum einwenden, dass eine gesellschaftsrechtliche Haftung mit insolvenzrechtlichen Schutzmechanismen in Konflikt geraten könnte. So werden die Gläubiger bereits dadurch geschützt, dass offensichtlich insolvenzzweckwidrige Handlungen nichtig sind und manche Rechtsgeschäfte des Schuldners dem Zustimmungsvorbehalt oder zumindest der Aufsicht des Sachwalters unterliegen. Jedoch haben diese Schutzmechanismen nur im Außenverhältnis zwischen dem Schuldner und den übrigen Beteiligten des Insolvenzverfahrens Bedeutung, sodass es keine Konflikte mit einer gesellschaftsrechtlichen Innenhaftung gibt.[539]

Für solch eine Haftung spricht ferner, dass der Gesetzgeber mit § 276a InsO eine Vorschrift geschaffen hat, die sich darauf beschränkt, die aufsichtführenden Organe des Schuldners von ihrem gesellschaftsrechtlichen Einfluss auf die Geschäftsleitung zu entbinden. Daraus lässt sich im Umkehrschluss folgern, dass die übrigen gesellschaftsrechtlichen Bindungen erhalten bleiben sollen. Die fortdauernde Verantwortung der geschäftsleitenden Organe muss mit einer entsprechenden Haftung einhergehen, so wie sie § 43 Abs. 2 GmbHG und § 93 Abs. 2 AktG vorsehen.

γ) Historische Argumente

Bei Einführung der InsO und des ESUG hat der Gesetzgeber eine gesellschaftsrechtliche Haftung der geschäftsleitenden Organe des Schuldners an keiner Stelle thematisiert. Daraus könnte man den Schluss ziehen, dass eine solche Haftung bewusst ausgeschlossen werden sollte. Andererseits hat sich der Gesetzgeber bis auf die negative Regelung in § 276a InsO auch im Übrigen nicht mit der internen Organisation des Schuldners auseinandergesetzt, weswegen davon auszugehen ist, dass er diese Frage der Auslegung überlassen wollte.

δ) Teleologische Argumente

Gegen eine gesellschaftsrechtliche Haftung könnte der Normzweck von § 276a InsO sprechen. Die Vorschrift soll die Handlungsfreiheit der geschäftsleitenden Organe des Schuldners stärken, indem der Einfluss der aufsichtführenden Organe begrenzt wird.[540] Der auf diese Weise erzielte Gewinn an Freiheit würde durch eine gesellschaftsrechtliche Haftung wieder eingeebnet.

---

538 *Bitter* ZIP 2018, 986 (988); aA BGH ZIP 2018, 977 (681).
539 *König*, Die Haftung in der Eigenverwaltung, S. 161 – 170.
540 MKInsO/*Klöhn* § 276a Rn. 4 f.; Uhlenbruck/*Zipperer* § 276a Rn. 1.

Gegen diese Argumentation spricht aber, dass § 276a InsO nicht dazu dient, die geschäftsleitenden Organe zu Rechtsverstößen zu ermutigen. Vielmehr soll nur das Mitbestimmungsrecht der Gesellschafter begrenzt werden, weil diese in der Regel Interessen vertreten, die mit dem Insolvenzzweck nicht übereinstimmen.

Weiterhin ist zu berücksichtigen, dass die geschäftsleitenden Organe des Schuldners diejenigen Kenntnisse und Fähigkeiten in die Eigenverwaltung einbringen sollen, die sie durch ihre unternehmerische Tätigkeit gewonnen haben. Im Gegenzug ist es konsequent, wenn sie weiterhin so haften, als würden sie selbständig unternehmerisch tätig.[541] Nur so können die Gläubiger ebenso effektiv wie die Gesellschafter geschützt werden.

ε) Ergebnis

Während der Wortlaut und die Normgeschichte unergiebig sind, kommen die systematische und die teleologische Auslegung zu dem Ergebnis, dass § 43 Abs. 2 GmbHG und § 93 Abs. 2 AktG in der Eigenverwaltung anwendbar sind.

(2) Pflichtverletzung

Eine Haftung gemäß § 43 Abs. 2 GmbHG und § 93 Abs. 2 AktG setzt voraus, dass die geschäftsleitenden Organe des Schuldners gesellschaftsrechtliche Pflichten gegenüber ihrer juristischen Person oder Personengesellschaft verletzt haben. Dazu gehört neben gesellschaftsspezifischen Pflichten wie bspw. der Buchführungspflicht gemäß § 41 GmbHG und § 91 Abs. 1 AktG auch die Legalitätspflicht. Insoweit ergeben sich in der Eigenverwaltung keine Abweichungen, da der Schuldner als eigenständiger Rechtsträger erhalten bleibt und gesellschaftsrechtliche Bindungen im Innenverhältnis fortbestehen.[542]

Von der Legalitätspflicht sind neben allgemeinen zivilrechtlichen Pflichten auch diejenigen insolvenzspezifischen Pflichten des Schuldners umfasst, die ihn aufgrund der Eigenverwaltung treffen. Wie bereits ausgeführt, wird der Gesellschaftszweck durch den Insolvenzzweck verdrängt. So haben die geschäftsleitenden Organe des Schuldners bspw. sicherzustellen, dass der Schuldner gemäß § 281 Abs. 1 S. 1 InsO das Verzeichnis der Massegegenstände, das Gläubigerverzeichnis und die Vermögensübersicht erstellt.

(3) Vertretenmüssen

Die Haftung setzt gemäß § 43 Abs. 1 GmbHG und § 93 Abs. 1 S. 1 AktG voraus, dass die geschäftsleitenden Organe des Schuldners die Sorgfalt eines ordentlichen Geschäftsmannes missachtet haben. Dieser Maßstab umfasst bei der Wahrnehmung insolvenzspezifischer Pflichten dieselben Anforderungen, die an einen Insolvenzverwalter zu stellen sind, da die Eigenverwaltung gegenüber

541 *König*, Die Haftung in der Eigenverwaltung, S. 151.
542 *König*, Die Haftung in der Eigenverwaltung, S. 170 f.

dem Regelinsolvenzverfahren nicht nachteilig sein darf und der Schuldner auf die Kenntnisse und Fähigkeiten seiner Organe angewiesen ist. Fehlt es den Beteiligten an der erforderlichen Kompetenz, ist es ihnen zumutbar, sich diese zu verschaffen.

(4) Schaden

Ein kausaler Schaden liegt vor, wenn das Gesellschaftsvermögen durch die Pflichtverletzung geschmälert worden ist. Damit sind nur Gesamtschäden der Insolvenzmasse, aber keine Einzelschäden bestimmter Gläubiger erstattungsfähig. Etwas anderes gilt nur, wenn die Gläubiger einen Schadensersatzanspruch gegen die Insolvenzmasse haben, wodurch diese ihrerseits verkürzt wird.

(5) Zusammenfassung

Im Ergebnis haften die geschäftsleitenden Organe dem Schuldner gemäß § 43 Abs. 2 GmbHG und § 93 Abs. 2 AktG im Innenverhältnis für die Verletzung gesellschaftsrechtlicher Pflichten, die auch die Wahrnehmung insolvenzspezifischer Aufgaben einschließen. Demgegenüber können die Massegläubiger keine Einzelschäden geltend machen.

gg) Haftung nach den Grundsätzen der Drittschadensliquidation

Fraglich ist, ob eine Haftung der geschäftsleitenden Organe des Schuldners für Einzelschäden der Massegläubiger durch Anwendung der Grundsätze der Drittschadensliquidation auf die Ansprüche gemäß § 43 Abs. 2 GmbHG und § 93 Abs. 2 AktG erreicht werden kann.

Zu einer Drittschadensliquidation kommt es, wenn ein Gläubiger einen Anspruch gegen einen Schädiger, aber keinen eigenen Schaden hat, wohingegen ein Verletzter einen Schaden, aber keinen Anspruch hat. Dabei muss das Auseinanderfallen von Anspruch und Schaden auf eine zufällige Verlagerung der Gefahrtragung im Innenverhältnis von Gläubiger und Verletztem zurückzuführen sein. Sind diese Voraussetzungen erfüllt, wird der Schaden zum Anspruch gezogen, das heißt, der Gläubiger kann den Schaden geltend machen, muss ihn aber gemäß § 285 Abs. 1 BGB an den Verletzten abtreten.[543]

Grundsätzlich kommt die Drittschadensliquidation im Rahmen der mittelbaren Stellvertretung und der treuhänderischen Wahrnehmung fremder Interessen in Betracht, nämlich wenn der Vertretene einen Schaden erleidet, aber anders als der Vertreter nicht selbst in einer Rechtsbeziehung zu dem Schädiger steht.[544]

In vorliegendem Fall hat der Schuldner einen Anspruch gegen seine geschäftsleitenden Organe gemäß § 43 Abs. 2 GmbHG und § 93 Abs. 2 AktG wegen der

---

543 MKBGB/*Oetker* § 249 Rn. 289; Jauernig/*Teichmann* Vorbemerkung vor §§ 249 – 253 Rn. 19.

544 BGH NJW 1991, 2696 (2698); 1998, 1864 (1865); MKBGB/*Oetker* § 249 Rn. 296, 306.

Verletzung gesellschaftsrechtlicher Plichten einschließlich der insolvenzspezifische Aufgaben umfassenden Legalitätspflicht. Jedoch fehlt es dem Schuldner an einem Schaden, sofern aus der Pflichtverletzung nur individuelle Nachteile der Massegläubiger erwachsen. Problematisch ist, ob das Auseinanderfallen von Schaden und Anspruch in dieser Konstellation auf eine zufällige Gefahrverlagerung im Innenverhältnis zwischen dem Schuldner und den Massegläubigern zurückzuführen ist.

Dafür könnte sprechen, dass die Massegläubiger die geschäftsleitenden Organe nur deshalb nicht in Anspruch nehmen können, weil die insolvenzspezifischen Pflichten in der Eigenverwaltung unmittelbar den Schuldner und nicht dessen geschäftsleitende Organe treffen. Im Außenverhältnis zu den Massegläubigern stellt sich der Organisationsbereich des Schuldners jedoch als Einheit dar.

Gegen diese Argumentation muss indessen eingewendet werden, dass § 43 Abs. 2 GmbHG und § 93 Abs. 2 AktG auch außerhalb des Insolvenzverfahrens nur eine gesellschaftsinterne Haftung vorsehen. Sie dienen grundsätzlich nicht dazu, Dritten einen Anspruch gegen die geschäftsleitenden Organe zu verschaffen. Die Eigenverwaltung verlagert diese Risikoverteilung nicht, sondern vertieft sie nur um insolvenzspezifische Haftungsrisiken.

Damit sind die Grundsätze der Drittschadensliquidation in der vorliegenden Konstellation nicht einschlägig.

hh) Haftung aus einem Vertrag mit Schutzwirkung zugunsten Dritter

Rspr. und Literatur erwägen ferner, eine Außenhaftung gemäß § 43 Abs. 2 GmbHG und § 93 Abs. 2 AktG über die Grundsätze des Vertrages mit Schutzwirkung zugunsten Dritter zu konstruieren.[545]

Dabei greifen sie auf die außerhalb des Insolvenzverfahrens entwickelte Auffassung zurück, dass der Geschäftsführer einer GmbH, die ihrerseits Komplementärin einer GmbH & Co. KG ist und kein eigenständiges Unternehmen betreibt, unmittelbar der GmbH & Co. KG verantwortlich ist. Diese Auffassung wird damit begründet, dass der Geschäftsführer der GmbH zugleich die Geschicke der GmbH & Co. KG lenkt und eine unmittelbare Haftung des Geschäftsführers nur deshalb ausscheidet, weil formell die GmbH zwischengeschaltet ist.[546]

Gegen eine Übertragung dieser Auffassung auf die Außenhaftung der geschäftsleitenden Organe einer eigenverwaltenden juristischen Person oder Personengesellschaft spricht jedoch, dass die Massegläubiger außerhalb des Organisationsbereichs des Schuldners stehen. Sie treten mit dem Schuldner in vertragliche Beziehungen, sind aber nicht wirtschaftlich an ihm beteiligt. Dementsprechend sind

---

545 BGH ZIP 2018, 977 (681); *Jacoby* FS Vallender 2015, 261 (266 ff., 273); *König*, Die Haftung bei der Eigenverwaltung, S. 270 ff., 287 f.; *Schaal*, Die Haftung der Geschäftsführungsorgane einer insolvenzrechtlich eigenverwaltenden GmbH oder AG, S. 213.

546 BGHZ 100, 190 (193 f.); 197, 304 (304 ff.).

die geschäftsleitenden Organe des Schuldners auch nicht dazu berufen, die Interessen der Massegläubiger wahrzunehmen. Vielmehr haben sie in der Eigenverwaltung den Insolvenzzweck, also die Befriedigung der Insolvenzgläubiger, zu fördern.

Damit können auch die Grundsätze des Vertrages mit Schutzwirkung zugunsten Dritter nicht herangezogen werden.

ii) Haftung gemäß § 64 GmbHG und §§ 92 Abs. 2, 93 Abs. 2, Abs. 3 Nr. 6 AktG

In der Literatur wird weiterhin vertreten, dass die geschäftsleitenden Organe des Schuldners gemäß § 64 GmbHG sowie gemäß den §§ 92 Abs. 2 und 93 Abs. 2, Abs. 3 Nr. 6 AktG haften.[547]

Dafür spricht zunächst, dass die geschäftsleitenden Organe in der Eigenverwaltung ihren gesellschaftsrechtlichen Bindungen unterworfen bleiben. Deswegen spielt es auch keine Rolle, ob § 64 GmbHG und die §§ 92 Abs. 2 und 93 Abs. 2, Abs. 3 Nr. 6 AktG als Sonderfall der Organhaftung oder der vertraglichen Haftung einzustufen sind.

Ferner spricht für eine Anwendbarkeit, dass die Vorschriften einen insolvenzrechtlichen Charakter aufweisen, indem sie an Zahlungsunfähigkeit und Überschuldung anknüpfen. Außerdem stellen sie nicht auf Schäden der Gesellschaft ab, sondern auf den Verlust von Haftungsmasse für die künftigen Insolvenzgläubiger.[548]

Zu bedenken ist jedoch, dass die Vorschriften zwei konkrete Ziele verfolgen. Ein Ziel besteht darin, die verantwortlichen Organe zur Stellung des Insolvenzantrags zu bewegen. Dieses Ziel hat sich mit Anordnung der Eigenverwaltung bereits erübrigt.[549] Eine Anwendbarkeit der Vorschriften kann sich daher nur aus dem zweiten Ziel ergeben, nämlich die verantwortlichen Organe von der Aufzehrung der Insolvenzmasse abzuhalten.

Zu beachten ist dabei, dass das Gesetz zwischen Schutzmechanismen im Insolvenzverfahren und Schutzmechanismen im Vorfeld des Insolvenzverfahrens unterscheidet. § 64 GmbHG und die §§ 92 Abs. 2 und 93 Abs. 2, Abs. 3 Nr. 6 AktG richten sich an die geschäftsleitenden Organe des Schuldners, soweit diese das Gesellschaftsvermögen aufzuzehren versuchen, bevor die Schutzmechanismen des Insolvenzverfahrens eingreifen.[550] Sie richtet sich hingegen nicht an diejenigen Beteiligten, die im Insolvenzverfahren die Mechanismen zum Schutz der Insolvenzgläubiger anwenden sollen. Dies ist im Regelinsolvenzverfahren der

---

547 *Bachmann* ZIP 2015, 101 (107); *Koch*, Die Eigenverwaltung nach der Insolvenzordnung, S. 255; aA Gottwald/*Haas*, Insolvenzrechtshandbuch, § 90 Rn. 55; *Hüffer/ Koch*, AktG, § 92 Rn. 32; *Jacoby* FS Vallender 2015, 261 (276).

548 *König*, Die Haftung in der Eigenverwaltung, S. 211; dies bejahend, aber sodann kritisch *Thole/Brünkmans* ZIP 2013, 1097 (1100).

549 *Haas* ZHR 178 (2014) 603 (607).

550 *Brinkmann* BB 2012, 1369 (1369); *Haas* ZHR 178 (2014) 603 (607); *Thole/Brünkmans* ZIP 2013, 1097 (1100).

Insolvenzverwalter, auf den § 64 GmbHG und die §§ 92 Abs. 2 und 93 Abs. 2, Abs. 3 Nr. 6 AktG zweifelsfrei nicht anzuwenden sind. In der Eigenverwaltung sind es hingegen der Schuldner bzw. dessen geschäftsleitende Organe. Auch für diese muss eine Haftung ausscheiden.

Ferner spricht gegen eine Anwendung von § 64 InsO und den §§ 92 Abs. 2 und 93 Abs. 2, Abs. 3 Nr. 6 AktG, dass andernfalls jede Auszahlung des Schuldners kritisch hinterfragt werden müsste. Hätte der Gesetzgeber dies gewollt, hätte er die Kassenführung von vornherein dem Sachwalter anvertrauen können.

Sähe man dies anders, würden die geschäftsleitenden Organe in ihrer Mitwirkungsbereitschaft gehemmt, was dem Zweck der Eigenverwaltung zuwiderliefe.[551] So sollen die Organe gerade aktiv und unter Einbringung individueller Kenntnisse und Fähigkeiten am Geschäftsverkehr teilnehmen, obwohl die Insolvenzgründe bereits eingetreten sind. Es würde erdrückend auf sie wirken, wenn man jede ihrer Auszahlungen auf die Vereinbarkeit mit der Sorgfalt eines ordentlichen Geschäftsmannes überprüfen würde.

Dagegen wird eingewendet, dass die Insolvenzgläubiger in der Eigenverwaltung besonders schutzwürdig seien[552] und dass man zur Wahrung der Verhältnismäßigkeit den Haftungsmaßstab absenken könne, indem man an die Sorgfalt eines ordentlichen Eigenverwalters anknüpfe.[553] Dieser Ansatz zieht aber das Problem nach sich, wie dieser Sorgfaltsmaßstab bestimmt werden soll. Eine eindeutige Lösung ist unmöglich, weil sich die geschäftsleitenden Organe des Schuldners in einem Spagat aus insolvenzspezifischen und unternehmerischen Aufgaben bewegen. Jede Eingehung von wirtschaftlichen Risiken könnte man gleichzeitig als Gläubigergefährdung einstufen. Letztlich müssten sich die geschäftsleitenden Organe des Schuldners vor jeder Auszahlung beim Sachwalter oder gar beim Gläubigerausschuss rückversichern. Solch eine Verfahrensweise wäre nicht praktikabel.

Im Ergebnis scheidet eine Haftung der geschäftsleitenden Organe des Schuldners gemäß § 64 GmbHG und gemäß den §§ 92 Abs. 2 und 93 Abs. 2, Abs. 3 Nr. 6 AktG aus.

4. Haftung der Mitglieder des Gläubigerausschusses

Nachfolgend ist die Haftung der Mitglieder des Gläubigerausschusses zu diskutieren.

a) Rechtslage im Regelinsolvenzverfahren

Im Regelinsolvenzverfahren haften die Mitglieder des Gläubigerausschlusses gemäß § 71 InsO und gemäß den allgemeinen zivilrechtlichen Vorschriften.

551 *Bachmann* ZIP 2015, 101 (107); *Haas* ZHR 178 (2014) 603 (614 f.); *Thole/Brünkmans* ZIP 2013, 1097 (1100).
552 *König*, Die Haftung in der Eigenverwaltung, S. 215.
553 *Bachmann* ZIP 2015, 101(107).

aa) Haftung gemäß § 71 InsO

§ 71 InsO sieht nur eine Haftung gegenüber den Insolvenzgläubigern und den absonderungsberechtigten Gläubigern vor.[554] Eine analoge Erweiterung dieser Vorschrift auf eine Haftung gegenüber den Massegläubigern scheidet mangels Regelungslücke aus.[555] So stellt § 71 InsO lediglich sicher, dass die Mitglieder des Gläubigerausschusses gegenüber den von ihnen repräsentierten Insolvenzgläubigern und absonderungsberechtigten Gläubigern verantwortlich sind. Die Massegläubiger haben keinen Sitz im Gläubigerausschuss und werden folglich auch nicht repräsentiert[556] – so wie es bereits der RegE zu § 71 InsO bestätigt hat.[557]

bb) Haftung gemäß §§ 280 Abs. 1, 311 Abs. 3, 241 Abs. 2 BGB

Dafür kommt eine Haftung der Mitglieder des Gläubigerausschusses gemäß den §§ 280 Abs. 1, 311 Abs. 3 und 241 Abs. 2 BGB in Betracht.

(1) Inanspruchnahme besonderen Vertrauen

Die Mitglieder des Gläubigerausschusses müssen besonderes Vertrauen in Anspruch genommen haben. Zu beachten ist, dass sie gemäß § 69 InsO grundsätzlich nur im Innenverhältnis gegenüber den anderen Beteiligten des Insolvenzverfahrens tätig werden. So fassen sie Beschlüsse, die der Schuldner, der Sachwalter und das Insolvenzgericht zu beachten haben.[558] Setzen sich die Mitglieder des Gläubigerausschusses über diese Restriktionen hinweg und bringen sich mit ihrem Wissen aktiv in Vertragsverhandlungen des Schuldners ein, rechtfertigt bereits dieses überobligatorische Engagement – wie beim Sachwalter – das Entstehen eines Schuldverhältnisses im Sinne des § 311 Abs. 3 BGB.[559]

(2) Pflichtverletzung

Eine Pflichtverletzung ist in dieser Konstellation gegeben, wenn die Mitglieder des Gläubigerausschusses falsche Angaben zur Lage der Insolvenzmasse, zu möglichen Sanierungschancen oder zum Vertragsgegenstand machen. Dabei ist für jedes Mitglied gesondert zu prüfen, ob es die Information preisgibt oder sich die Preisgabe zumindest zu Eigen macht.[560]

---

554 BGH NZI 2015, 799 (801); *Cranshaw* ZInsO 2012, 1151 (1153).

555 Bezüglich des vorläufigen Gläubigerausschusses *Brinkmann* BB 2012, 1369 (1370).

556 Uhlenbruck/*Knof* § 71 Rn. 1.

557 RegE, BT-Drs. 12/2443, 132.

558 Uhlenbruck/*Knof* § 69 Rn. 1; MKInsO/*Schmid-Burgk* § 69 Rn. 9 – 11.

559 Uhlenbruck/*Knof* § 71 Rn. 1; aA BGH ZIP 1981, 1001 (1002) mit dem Argument, dass ein Verhalten jenseits gesetzlich definierter Grenzen kein schutzwürdiges Vertrauen begründen könne. Jedoch knüpft das Vertrauen hier nicht an die Handlungsbefugnis der Mitglieder des Gläubigerausschusses, sondern an deren überlegenes und nicht nachprüfbares Wissen um die internen Belange des Schuldners an.

560 So zumindest im Rahmen von § 71 InsO Uhlenbruck/*Knof* § 71 Rn. 7; MKInsO/*Schmidt-Burgk* § 71 Rn. 7.

(3) Vertretenmüssen

Das Vertretenmüssen wird gemäß § 280 Abs. 1 S. 2 BGB vermutet, wobei sich jedes Mitglied des Gläubigerausschusses gesondert entlasten kann, wenn es weder vorsätzlich noch fahrlässig gehandelt hat. Der Haftungsmaßstab ist streng, da überobligatorisches Handeln keinen Schutz verdient. So kann eine Entlastung nur gelingen, wenn das jeweilige Mitglied des Gläubigerausschusses die Fehlerhaftigkeit seiner Angaben mit keinem der ihm zur Verfügung stehenden Mitwirkungsrechte erkennen konnte.

(4) Schaden

Fällt ein Massegläubiger wegen Masseunzulänglichkeit mit seiner Forderung aus, obwohl ihm anderes versichert wurde, oder ist der Vertragsgegenstand entgegen den Behauptungen der Mitglieder des Gläubigerausschusses minderwertig, so liegt ein kausaler Schaden vor.

b) Anpassung an die Eigenverwaltung

Die allgemeinen Regelungen sind an die Eigenverwaltung anzupassen. Dabei ist eingangs festzuhalten, dass der siebte Teil der InsO keine besonderen Regelungen über die Haftung des Gläubigerausschusses enthält.

aa) Haftung gemäß § 270 Abs. 1 S. 2 InsO iVm § 71 InsO

Wie im Regelinsolvenzverfahren scheidet eine Anwendung von § 71 InsO aus, da der Gläubigerausschuss auch in der Eigenverwaltung nicht die Massegläubiger, sondern nur die absonderungsberechtigten Gläubiger und die Insolvenzgläubiger repräsentiert. Zwar lässt sich einwenden, dass die Massegläubiger in der Eigenverwaltung besonders schutzwürdig sind, weil nur der Gläubigerausschuss gemäß § 272 Abs. 1 Nr. 1 InsO das Recht hat, die Aufhebung der Eigenverwaltung bei drohender Masseunzulänglichkeit zu beantragen.[561] Jedoch hat der Gesetzgeber bewusst davon abgesehen, die Massegläubiger mit einem Antragsrecht auf Aufhebung der Eigenverwaltung oder mit einer Mitgliedschaft im Gläubigerausschuss auszustatten. Grund dafür ist, dass die Massegläubiger in der Regel freiwillig mit dem Schuldner in Kontakt treten, um gemeinsame geschäftliche Beziehungen zu pflegen. Dementsprechend verdienen sie keinen besonderen Schutz durch den Gläubigerausschuss, der nur Ansprüche aus der Zeit vor Eröffnung des Insolvenzverfahrens im Blick hat.

bb) Haftung gemäß §§ 280 Abs. 1, 311 Abs. 3, 241 Abs. 2 BGB

Dafür kommt eine Haftung gemäß den §§ 280 Abs. 1, 311 Abs. 3 und 241 Abs. 2 BGB in Betracht.

561 *Friedrichs*, Das Schutzschirmverfahren, S. 110.

(1) Inanspruchnahme besonderen Vertrauens

Wie im Regelinsolvenzverfahren ist der Gläubigerausschuss auch in der Eigenverwaltung nicht berechtigt, nach außen tätig zu werden. Treten seine Mitglieder dennoch gegenüber den Geschäftspartnern des Schuldners auf, überschreiten sie freiwillig ihren Pflichtenkreis und verdeutlichen auf diese Weise, dass sie ein überobligatorisches Interesse an dem Geschäft verfolgen. Sofern sie dabei Informationen über die Insolvenzmasse oder den Vertragsgenstand preisgeben, nehmen sie besonderes Vertrauen in Anspruch.

(2) Pflichtverletzung

Eine Pflichtverletzung liegt vor, wenn die Mitglieder des Gläubigerausschusses falsche Angaben zur Lage der Insolvenzmasse, zu möglichen Sanierungschancen oder zum Vertragsgegenstand machen.

(3) Vertretenmüssen

Auch hinsichtlich des Vertretenmüssens ergeben sich keine Besonderheiten. Gemäß § 280 Abs. 1 S. 2 BGB wird vermutet, dass sich die Mitglieder des Gläubigerausschusses für die Pflichtverletzung zu verantworten haben. Eine Exkulpation gelingt ihnen nur dann, wenn sie weder vorsätzlich noch fahrlässig gehandelt haben. Der Haftungsmaßstab ist genauso streng wie im Regelinsolvenzverfahren, da dem Gläubigerausschuss in der Eigenverwaltung dieselben Mitwirkungs- und Informationsrechte zustehen.

(4) Schaden

Fällt ein Massegläubiger mit seiner Forderung wegen Masseunzulänglichkeit aus oder ist der Vertragsgegenstand von minderem Wert, so liegt im Falle anderslautender Zusagen ein kausaler Schaden vor.

(5) Zusammenfassung

Die Mitglieder des Gläubigerausschusses haften den Massegläubigern gemäß den §§ 280 Abs. 1, 311 Abs. 3 und 241 Abs. 2 BGB vor allem dann, wenn sie in die Vertragsverhandlungen des Schuldners durch falsche Angaben eingreifen, es sei denn, die Fehlerhaftigkeit ihrer Angaben war auch bei Ausschöpfung der ihnen zur Verfügung stehenden Mitwirkungs- und Informationsrechten nicht erkennbar.

D. Betrachtung des Insolvenzeröffnungsverfahrens

Nach dem eröffneten Insolvenzverfahren ist nunmehr auf das Insolvenzeröffnungsverfahren einzugehen.

I. Anzuwendende Vorschriften

Eingangs ist zu untersuchen, welche Vorschriften zur Anwendung gelangen. Dabei gilt es wiederum die These zu überprüfen, dass in der vorläufigen Eigenverwaltung und im Schutzschirmverfahren dieselben materiell-rechtlichen und verfahrensrechtlichen Vorschriften wie im regulären Insolvenzeröffnungsverfahren gelten, wobei diese lediglich an eine abweichende Kompetenzverteilung anzupassen sind.

1. Betrachtung der vorläufigen Eigenverwaltung

Zunächst soll die vorläufige Eigenverwaltung betrachtet werden.

a) Unanwendbarkeit eigenverwaltungsspezifischer Vorschriften

Zu klären ist, ob neben § 270a InsO auch die übrigen Vorschriften des siebten Teils der InsO angewendet werden können.[562]

aa) Grammatikalische Argumente

Untersucht man zunächst § 270a Abs. 1 InsO auf vorrangige Wertungen, so fällt auf, dass die Norm hinsichtlich der Rechte und Pflichten des vorläufigen Sachwalters auf die §§ 274 und 275 InsO verweist. Ein Teil der Literatur schlussfolgert daraus, dass das gesamte Kompetenzgefüge des siebten Teils der InsO auf die vorläufige Eigenverwaltung vorverlagert werden müsse, denn die beiden für anwendbar erklärten Paragrafen enthielten ohnehin die entscheidenden Wertungen, die prägend für die Eigenverwaltung seien. Was der Schuldner in der Eigenverwaltung dürfe, müsse ihm demnach schon in der vorläufigen Eigenverwaltung erlaubt sein.[563] Dies gefährde auch nicht die Interessen der Insolvenzgläubiger, denn der Schuldner stehe unter der Aufsicht des vorläufigen Sachwalters. Die Anordnung von Sicherungsmaßnahmen durch das Insolvenzgericht sei hingegen untunlich, denn dann liefe die Aufsichtsfunktion des vorläufigen Sachwalters leer.[564]

---

562 *Nöll* ZInsO 2013, 745 (749) will zumindest § 270 InsO anwenden.
563 *Frind* ZInsO 2012, 1099 (1101).
564 *Frind* ZInsO 2012, 1099 (1101).

Gegen die Vorverlagerung des gesamten Regelwerks der Eigenverwaltung spricht jedoch, dass § 270a InsO nur auf zwei bestimmte Vorschriften verweist und die übrigen Paragrafen des siebten Teils der InsO gerade nicht in Bezug nimmt. Diese differenzierte Wertung darf nicht dadurch unterlaufen werden, dass sämtliche Normen des siebten Teils der InsO pauschal für anwendbar erklärt werden.[565]

In dieselbe Richtung weist der Umstand, dass § 270a Abs. 1 InsO nur die negative Formulierung enthält, dass die Rechte des Schuldners weder durch ein allgemeines Verfügungsverbot noch durch einen allgemeinen Zustimmungsvorbehalt beschränkt werden sollen.[566] Hätte der Gesetzgeber gewollt, dass in der vorläufigen Eigenverwaltung alle insolvenzspezifischen Regelungen aus der späteren Eigenverwaltung gelten, hätte er eine positive Formulierung gewählt. So heißt es in § 270 Abs. 1 S. 2 InsO ausdrücklich, dass der siebte Teil der InsO vorrangig auf die Eigenverwaltung anzuwenden ist, während in § 270a Abs. 1 InsO eine vergleichbare Bezugnahme fehlt. Damit kann letzterer Vorschrift nicht die Aussage entnommen werden, dass alle Normen des siebten Teils der InsO in der vorläufigen Eigenverwaltung gelten.

bb) Systematische Argumente

Allerdings könnte sich diese Rechtsfolge unmittelbar aus § 270 Abs. 1 S. 2 InsO ergeben. Hierbei ist jedoch zu bedenken, dass sich diese Norm darauf beschränkt, den siebten Teil der InsO auf das Verfahren nach Anordnung der Eigenverwaltung für anwendbar zu erklären. Wie sich aus den §§ 270 Abs. 1 S. 1 und 271 InsO ergibt, kann die Eigenverwaltung aber erst im eröffneten Insolvenzverfahren und nicht bereits im Insolvenzeröffnungsverfahren angeordnet werden.[567] Dahinter steht die Überlegung, dass der Schuldner die insolvenzspezifischen Verwaltungsrechte erst dann erhalten soll, wenn das Insolvenzgericht geprüft hat, ob die Voraussetzungen für die Eigenverwaltung erfüllt sind. Würde man dem Schuldner so weitgehende Rechte schon vorher zugestehen, würde die Prüfungskompetenz des Insolvenzgerichts unterlaufen, wodurch wiederum die Befriedigung der Insolvenzgläubiger gefährdet würde. Mithin erklärt § 270 Abs. 1 S. 2 InsO die Vorschriften des siebten Teils der InsO im Stadium der vorläufigen Eigenverwaltung noch nicht für anwendbar.

Schließlich könnte sich eine solche Rechtsfolge noch aus der systematischen Stellung von § 270a InsO ergeben. Dafür spricht, dass die Vorschrift in den siebten Teil der InsO eingebettet wurde und sich unmittelbar an § 270 InsO anschließt. Folglich könnte die vorläufige Eigenverwaltung als Teil eines einheitlichen Eigenverwaltungsverfahrens aufzufassen sein, welches insgesamt Vorrang vor allen allgemeinen Vorschriften des eröffneten und des Insolvenzeröffnungsverfahrens genießt.

---

565 *Friedrichs*, Das Schutzschirmverfahren, S. 85.

566 FKInsO/*Foltis* § 270a Rn. 2.

567 *Huhn*, Die Eigenverwaltung im Insolvenzverfahren, Rn. 21 f.; so bereits vor Einführung des ESUG *Ehricke* ZIP 2002, 782 (787).

Allerdings kann der systematischen Stellung des § 270a InsO kein großes Gewicht beigemessen werden, weil die Regelung erst nachträglich in die InsO eingeführt wurde. So findet sich für die vorläufige Eigenverwaltung kein geeigneterer Standort, wenn man weder einen neuen Teil in die InsO einführen noch die Nummerierung der §§ 270 ff. InsO verändern will. Nur weil die vorläufige Eigenverwaltung thematisch mit der Eigenverwaltung zusammenhängt, wurde sie überhaupt in den siebten Teil der InsO integriert; nur weil sie ein frühes Verfahrensstadium betrifft, wurde sie an dessen Anfang gestellt. Hätte der Gesetzgeber ein einheitliches Eigenverwaltungsverfahren schaffen wollen, in welchem die Grenze zwischen dem Insolvenzeröffnungsverfahren als Sicherungsverfahren und dem eröffneten Insolvenzverfahren als Verwertungsverfahren verwischt wird, hätte er dies deutlicher zum Ausdruck gebracht.

cc) Historische Argumente

Auch die Normgeschichte spricht gegen eine Anwendbarkeit des siebten Teils der InsO auf die vorläufige Eigenverwaltung. Im RegE zum ESUG heißt es lediglich, dass im Rahmen von § 270a InsO auf die Bestellung eines vorläufigen starken Insolvenzverwalters verzichtet werden soll, um zu verhindern, dass die Handlungsfreiheit des Schuldners im Insolvenzeröffnungsverfahren vorübergehend beeinträchtigt wird.[568] Eine eigene Kompetenzordnung wird hingegen nicht erläutert.

Ferner formuliert der RegE zum ESUG, dass „allenfalls" ein vorläufiger Sachwalter bestellt werden soll.[569] Auch daraus lässt sich ableiten, dass die vorläufige Eigenverwaltung noch keine echte Eigenverwaltung ist, denn letztere setzt die Bestellung eines Sachwalters nicht nur höchstens, sondern zwingend voraus.

Weitere Argumente lassen sich daraus ziehen, dass der Gesetzgeber die Eigenverwaltung in die Tradition des Vergleichsverfahrens gestellt hat. Auch dieses kannte ein Eröffnungsstadium, in welchem gemäß § 11 VerglO ein vorläufiger Vergleichsverwalter bestellt werden konnte. Für diesen galten gemäß § 11 Abs. 2 VerglO die §§ 38 bis 43 VerglO sinngemäß, wobei letztere Vorschriften interne Aufsichtsmaßnahmen wie Informationsrechte und Berichtspflichten gegenüber dem Insolvenzgericht enthielten. Gegenüber Dritten sah § 12 VerglO vor, dass das Gericht im Einzelfall bestimmte Sicherungsmaßnahmen wie Verfügungsbeschränkungen anordnen durfte. Damit stellte sich das Eröffnungsverfahren nach der VerglO nicht als Vorwegnahme des Vergleichsverfahrens dar, sondern als Äquivalent eines Konkurseröffnungsverfahrens, in welchem gemäß § 106 KO ebenfalls Sicherungsmaßnahmen festgesetzt werden konnten. Nimmt man ernst, dass der Gesetzgeber die Eigenverwaltung dem Vergleichsverfahren nachgebildet hat, so darf man die vorläufige Eigenverwaltung nicht als Vorwegnahme der echten Eigenverwaltung, sondern nur als Äquivalent des regulären Insolvenzeröffnungsverfahrens ansehen.

---

568 RegE, BR-Drs. 127/11, 57.
569 RegE, BR-Drs. 127/11, 57 f.

dd) Teleologische Argumente

Der Zweck des Insolvenzeröffnungsverfahrens ist die Sicherung des schuldnerischen Vermögens bis zur Entscheidung über den Insolvenzantrag. Es soll nur soweit in die Rechte des Schuldners eingegriffen werden, wie dies zum Schutz der Insolvenzgläubiger erforderlich erscheint. Demgegenüber ist der siebte Teil der InsO auf die Befriedigung der Insolvenzgläubiger durch Sanierung des schuldnerischen Vermögens ausgerichtet. Die beiden Verfahrensziele sind nicht miteinander vereinbar.

ee) Ergebnis

Mithin kommen alle Auslegungsmethoden zu dem Ergebnis, dass der siebte Teil der InsO jenseits der ausdrücklich in Bezug genommenen §§ 274 und 275 InsO nicht auf die vorläufige Eigenverwaltung anzuwenden ist.[570]

b) Anwendbarkeit der allgemeinen Vorschriften

Nunmehr ist zu erwägen, ob in der vorläufigen Eigenverwaltung auf die allgemeinen Vorschriften über das reguläre Insolvenzeröffnungsverfahren zurückgegriffen werden kann.

aa) Grammatikalische Argumente

Dafür spricht, dass § 270a Abs. 1 InsO keine positiven Regelungen über die Rechte und Pflichten des Schuldners enthält, sondern nur negativ formuliert, dass der Schuldner von bestimmten Sicherungsmaßnahmen verschont bleiben soll. Das Gesetz geht also grundsätzlich davon aus, dass es in der vorläufigen Eigenverwaltung zu Sicherungsmaßnahmen kommen kann.[571] Da sich in § 270a InsO keine entsprechende Rechtsgrundlage finden lässt, verbleiben nur die allgemeinen Vorschriften über das reguläre Insolvenzeröffnungsverfahren.[572]

bb) Systematische Argumente

Unter systematischen Gesichtspunkten lässt sich einwenden, dass nur § 270 Abs. 1 S. 2 InsO, nicht aber § 270a InsO eine Verweisung auf die allgemeinen Vorschriften enthält. Allerdings greift dieses Argument nicht durch, weil das Regime des siebten Teils der InsO vor Anordnung der Eigenverwaltung noch gar nicht zur

---

570 *Schlegel*, Die Eigenverwaltung in der Insolvenz, S. 131.
571 *Hübler*, Die Eigenverwaltung, S. 250.
572 *Siemon* EWiR 2013, 253 (254); *Undritz* BB 2012, 1551 (1553); aA BGH ZIP 2013, 525 (525), der einen Rückgriff auf die für § 21 InsO einschlägigen Rechtsmittel ablehnt und damit indirekt auch einen Rückgriff auf die auf § 21 InsO gestützten Sicherungsmaßnahmen verweigert.

Anwendung gelangt. Die allgemeinen Vorschriften werden von § 270a InsO nur deshalb nicht für anwendbar erklärt, weil sie gar nicht erst verdrängt werden.[573]

Vereinzelt wird in der Literatur vertreten, dass die Sicherungsmaßnahmen des regulären Insolvenzeröffnungsverfahrens in der vorläufigen Eigenverwaltung zwar anwendbar seien, aber leer liefen, weil sie nur ein Handeln des vorläufigen Insolvenzverwalters und nicht des Schuldners oder des vorläufigen Sachwalters vorsähen.[574] Diese Auffassung verkennt aber, dass die Bezugnahme auf die allgemeinen Vorschriften stets die Modifikation des Normadressaten erforderlich macht, weil andernfalls die überwiegende Zahl aller allgemeinen Vorschriften leer liefe und kein aufeinander abgestimmter Regelungsgehalt verbliebe. Dem Gesetzgeber kann nicht unterstellt werden, dass er in großem Umfang auf Vorschriften verweist, die letztlich nicht zur Anwendung gelangen.

Mithin spricht auch die Systematik des Gesetzes für die Anwendbarkeit der allgemeinen Vorschriften über das reguläre Insolvenzeröffnungsverfahren.

cc) Historische Argumente

Für diese Auslegung streitet ferner die Normgeschichte. Schon vor Einführung des ESUG gingen Rspr. und hL davon aus, dass die Vorschriften über das reguläre Insolvenzeröffnungsverfahren auch bei einem Antrag auf Eigenverwaltung gelten. In Kenntnis dieser Auffassung unterließ es der Gesetzgeber, eine entgegenstehende Regelung zu schaffen oder im RegE zum ESUG zumindest Kritik zu üben.[575] Stattdessen beschränkte man sich darauf, zwei besonders restriktive Sicherungsmaßnahmen, nämlich das allgemeine Verfügungsverbot und den allgemeinen Zustimmungsvorbehalt, in der vorläufigen Eigenverwaltung zu untersagen. Daraus lässt sich schlussfolgern, dass der Gesetzgeber die bisherige Auffassung gebilligt hat.

Ein weiteres historisches Argument lässt sich aus dem RegE zu § 270b InsO ableiten. Dort heißt es, dass nach Aufhebung des Schutzschirmverfahrens wieder die „allgemeinen Vorschriften der §§ 21 bis 25 InsO sowie des § 270a InsO“ gelten sollen.[576] Der Gesetzgeber ging also davon aus, dass im Falle eines Antrags auf Eigenverwaltung die Vorschriften des regulären Insolvenzeröffnungsverfahrens und der vorläufigen Eigenverwaltung nebeneinander anwendbar sind.

dd) Teleologische Argumente

Das Ziel der vorläufigen Eigenverwaltung ist es, die bestmögliche Befriedigung der Insolvenzgläubiger zu erreichen. Aus diesem Grund müssen in diesem

---

573 *Klinck* ZIP 2013, 853 (857); aA AG München ZIP 2012, 1470 (1470); *Vallender* GmbHR 2012, 445 (447); *Zipperer* EWiR 2012, 361 (361).

574 *Nöll* ZInsO 2013, 745 (748 – 750).

575 RegE, BR-Drs. 127/11, 57 f.

576 RegE, BR-Drs. 127/11, 60.

Verfahrensmodus dieselben Maßnahmen zur Sicherung der Insolvenzmasse wie im regulären Insolvenzeröffnungsverfahren bereitstehen, bspw. ein Verbot der Zwangsvollstreckung gemäß § 21 Abs. 2 Nr. 3 InsO oder ein Verbot der Verwertung von Absonderungsrechten gemäß § 21 Abs. 2 Nr. 5 InsO. Andernfalls wäre das Instrument der vorläufigen Eigenverwaltung für die Insolvenzgläubiger tendenziell mit gesteigerten Risiken behaftet und als nachteilig abzulehnen.[577] Sucht man in diesem Sinne nach einer geeigneten Rechtsgrundlage für Sicherungsmittel, mit denen in die Rechte des Schuldners und seiner Gläubiger eingegriffen werden kann, so verbleiben einzig die allgemeinen Vorschriften.[578]

ee) Ergebnis

Mithin ist unter allen Gesichtspunkten davon auszugehen, dass die Vorschriften über das reguläre Insolvenzeröffnungsverfahren auch in der vorläufigen Eigenverwaltung gelten.[579]

c) Verdrängung der allgemeinen Kompetenzordnung

Weiterhin ist zu untersuchen, wie die allgemeinen Vorschriften über das reguläre Insolvenzeröffnungsverfahren an die Rechtsfolgen des § 270a Abs. 1 S. 2 InsO angepasst werden können. Eine Auffassung erwägt, dass auch in der vorläufigen Eigenverwaltung ein vorläufiger Insolvenzverwalter bestellt werden könne, der unter anderem mit der Kompetenz zur Begründung von Masseverbindlichkeiten ausgestattet werden dürfe.[580]

aa) Grammatikalische Argumente

Für diese Auffassung spricht der Wortlaut von § 270a Abs. 1 S. 1 InsO, wonach von einem allgemeinen Verfügungsverbot zwar abgesehen werden „soll", aber nicht „muss", sodass im Ausnahmefall Raum für die Bestellung eines vorläufigen Insolvenzverwalters verbleiben könnte – gerade wenn Bedarf für die Begründung von Masseverbindlichkeiten besteht.[581]

Dagegen lässt sich ins Feld führen, dass § 270a Abs. 1 S. 2 InsO nur die Bestellung eines vorläufigen Sachwalters vorsieht, dem entsprechend den §§ 274 und 275 InsO bestimmte Kontrollrechte gegenüber dem Schuldner zugewiesen werden. Diese ausdifferenzierte Kompetenzverteilung darf nicht durch die Hinzuziehung von Akteuren aus dem regulären Insolvenzeröffnungsverfahren unterlaufen werden.

---

577 *Klinck* ZIP 2013, 853 (855); *Pleister/Tholen* ZIP 2013, 526 (526).

578 So bereits vor Einführung des ESUG *Doliwa*, Die geplante Insolvenz, S. 158 – 161.

579 FKInsO/*Foltis* § 270 Rn. 26 f., § 270a Rn. 3; *Pape* FS Haarmeyer 2013, 219 (227); so bereits vor Einführung des ESUG *Doliwa*, Die geplante Insolvenz, S. 158 – 161.

580 *Nöll* ZInsO 2013, 745 (748).

581 *Nöll* ZInsO 2013, 745 (748 – 750).

bb) Systematische Argumente

Aus systematischer Sicht ist zu beachten, dass die Formulierung des § 270a Abs. 1 InsO zwar missverständlich ist, aber letztlich keinen Raum für die Bestellung eines vorläufigen Insolvenzverwalters lässt: § 270a Abs. 1 S. 1 InsO legt die Voraussetzungen für die vorläufige Eigenverwaltung fest, nämlich dass der Antrag auf Eigenverwaltung nicht offensichtlich aussichtslos sein darf. § 270a Abs. 1 S. 2 InsO enthält die maßgebliche Rechtsfolge, nämlich dass der Schuldner und ein zu bestellender Sachwalter entlang der Kompetenzverteilung der §§ 274 und 275 InsO mit der Sicherung der künftigen Insolvenzmasse betraut werden. Die weitere Rechtsfolge in § 270a Abs. 1 S. 1 InsO, wonach weder ein allgemeines Verfügungsverbot noch ein allgemeiner Zustimmungsvorbehalt angeordnet werden soll, ist streng genommen überflüssig. Sie dient nur der Klarstellung, dass der Schuldner in der vorläufigen Eigenverwaltung seine Verwaltungs- und Verfügungsbefugnis nicht verlieren darf. Wird sie ihm dennoch entzogen, handelt es sich um keine vorläufige Eigenverwaltung mehr, sondern um ein reguläres Insolvenzeröffnungsverfahren. In diesem Fall kommt § 270a InsO gar nicht mehr zur Anwendung.

Ferner ist zu bedenken, dass die Bestellung eines vorläufigen Sachwalters nicht in den Maßnahmenkatalog des § 21 Abs. 2 InsO eingefügt wurde. Vielmehr hat der Gesetzgeber einen eigenen Paragrafen im siebten Teil der InsO geschaffen. Dies zeigt, dass es sich nicht nur um eine von mehreren gleichrangigen und miteinander kombinierbaren Sicherungsmaßnahmen, sondern um ein abgeschlossenes Kompetenzgefüge handelt.

cc) Historische Argumente

Aus historischer Perspektive ist maßgeblich, dass sich der Gesetzgeber im RegE zum ESUG nicht dazu geäußert hat, ob in der vorläufigen Eigenverwaltung ergänzend ein vorläufiger Insolvenzverwalter bestellt werden kann.[582] Stattdessen hat er die Vorteile betont, die es mit sich bringt, wenn der Schuldner von einem vorläufigen Sachwalter beaufsichtigt, aber ansonsten nicht in seiner Handlungsfreiheit beschränkt wird.[583] Dies belegt, dass der Gesetzgeber mit der vorläufigen Eigenverwaltung ein abgeschlossenes Kompetenzgefüge einführen wollte.

dd) Teleologische Argumente

Weiterhin spricht für eine Verdrängung der allgemeinen Kompetenzordnung, dass die vorläufige Eigenverwaltung ihren sanierungsfördernden Charakter einbüßen würde, wenn man dem Schuldner partiell die Verwaltungs- und Verfügungsbefugnis entzöge, um sie einem vorläufigen Insolvenzverwalter zu übertragen.[584] Der Kontakt zum Geschäftsverkehr risse ab, Vertrauen in die uneingeschränkte Eignung

582 RegE, BR-Drs. 127/11, 56 – 62.
583 RegE, BR-Drs. 127/11, 25.
584 So bereits vor Einführung des ESUG *Ehricke* ZIP 2002, 782 (784 f.).

des Schuldners ginge verloren und widersprüchliche Sanierungskonzepte könnten erarbeitet und umgesetzt werden.[585] Ferner dürften die zu erwartenden Kompetenzstreitigkeiten zwischen Schuldner, vorläufigem Sachwalter und vorläufigem Insolvenzverwalter zu Kostensteigerungen und Verfahrensverzögerungen führen.

ee) Ergebnis

Nach der grammatikalischen Auslegung kommt die ergänzende Bestellung eines vorläufigen Insolvenzverwalters in Betracht. Die systematische, historische und teleologische Auslegung sprechen jedoch einhellig dagegen. Im Ergebnis wird die Kompetenzordnung des regulären Insolvenzeröffnungsverfahrens vollständig von § 270a InsO verdrängt.

d) Anpassung an eigenverwaltungsspezifische Kompetenzordnung

Zu klären bleibt schließlich, wie die allgemeinen materiell-rechtlichen und verfahrensrechtlichen Vorschriften an die Kompetenzordnung des § 270a InsO angepasst werden können.

Eine Auffassung geht dahin, dass die allgemeinen Vorschriften genauso wie im regulären Insolvenzeröffnungsverfahren anzuwenden seien, wobei der einzige Unterschied darin bestehe, dass das Insolvenzgericht diejenigen Rechte und Pflichten, mit denen es einen vorläufigen Insolvenzverwalter ausstatten würde, entlang der Kompetenzverteilung in den §§ 274 und 275 InsO auf den Schuldner und den beaufsichtigend tätig werdenden vorläufigen Sachwalter zu übertragen habe.[586]

Eine andere Auffassung legt die Verweisung in § 270a Abs. 1 S. 2 InsO auf die §§ 274 und 275 InsO dahingehend aus, dass dem Schuldner in der vorläufigen Eigenverwaltung bereits die gleiche Funktion wie in der späteren Eigenverwaltung zugewiesen sei. Das heißt, wenn der Schuldner in der Eigenverwaltung ähnliche Rechte wie ein Insolvenzverwalter habe, dann folge daraus, dass er in der vorläufigen Eigenverwaltung ähnliche Rechte wie ein vorläufiger starker Insolvenzverwalter haben müsse.[587]

aa) Grammatikalische Argumente

Für die erste Auffassung von der Ermächtigung zu einzelnen Sicherungsmaßnahmen spricht, dass die von § 270a Abs. 1 S. 2 InsO in Bezug genommenen §§ 274 und 275 InsO in erster Linie regeln, welche Rechte und Pflichten dem Sachwalter im Innenverhältnis zum Schuldner zukommen. Die beiden Vorschriften treffen

---

585 *Hübler*, Die Eigenverwaltung, S. 188; so bereits vor Einführung des ESUG *Huhn*, Die Eigenverwaltung im Insolvenzverfahren, Rn. 444.

586 FKInsO/*Foltis* § 270a Rn. 4; MKInsO/*Hefermehl* § 55 Rn. 239.

587 AG Hannover ZInsO 2015, 1112 (1112); *Gutmann/Laubereau* ZInsO 2012, 1861 (1865); *Hirte* ZInsO 2012, 820 (821); so bereits vor Einführung des ESUG *Ehricke* ZIP 2002, 782 (787).

hingegen keine Aussage, wie sich der Schuldner und der Sachwalter gegenüber Dritten zu verhalten haben. Überträgt man diese Wertung auf die vorläufige Eigenverwaltung, so geben die §§ 274 und 275 InsO nur darüber Auskunft, wie der vorläufige Sachwalter den Schuldner bei der Sicherung der Insolvenzmasse zu beaufsichtigen hat. Welche Sicherungsrechte gegenüber Dritten zur Verfügung stehen, legen die §§ 274 und 275 InsO indessen nicht fest, sodass in dieser Frage nur die allgemeinen Vorschriften herangezogen werden können. Die erste Auffassung ist mit dem Wortlaut des Gesetzes also konform.[588]

Für die zweite Auffassung von der Gleichstellung des Schuldners mit einem vorläufigen starken Insolvenzverwalter wird vorgebracht, dass § 270 Abs. 1 S. 2 InsO und § 270a Abs. 1 S. 2 InsO übereinstimmend formulieren, das Insolvenzgericht habe „anstelle des Insolvenzverwalters" und „anstelle des vorläufigen Insolvenzverwalters" einen „Sachwalter" bzw. einen „vorläufigen Sachwalter" zu bestellen, um den Schuldner zu beaufsichtigen. Die parallele Formulierung könnte darauf hindeuten, dass in beiden Verfahrensstadien die Aufsicht über einen umfassend ermächtigten Schuldner gemeint ist. Dem muss jedoch entgegenhalten werden, dass der Gesetzgeber sprachlich zwischen dem „vorläufigen Sachwalter" und dem „Sachwalter" differenziert, sodass es durchaus Unterschiede im Umfang der Aufsicht und damit in der Rechtsstellung des Schuldners geben muss.

Im Ergebnis steht der Wortlaut des Gesetzes der zweiten Auffassung von der Gleichstellung des Schuldners mit einem vorläufigen starken Insolvenzverwalter entgegen, während sich Argumente für die erste Auffassung von der Ermächtigung des Schuldners zu einzelnen Sicherungsmaßnahmen ergeben.

bb) Systematische Argumente

Im Sinne der ersten Auffassung ist zu argumentieren, dass der Schuldner die Verwaltungs- und Verfügungsbefugnis in der Eigenverwaltung nicht aufgrund der §§ 274 und 275 InsO ausübt, sondern gemäß § 270 Abs. 1 S. 1 InsO aufgrund der Anordnung durch das Insolvenzgericht. Wenn der Schuldner im eröffneten Insolvenzverfahren keine insolvenzspezifischen Rechte aus den §§ 274 und 275 InsO herleiten kann, dann kann er dies erst recht nicht im Insolvenzeröffnungsverfahren.[589]

Ferner ist zu beachten, dass auch der vorläufige starke Insolvenzverwalter seine Rechte nicht kraft Gesetzes, sondern gemäß den §§ 21 Abs. 2 Nr. 1, Nr. 2 und 22 Abs. 1 S. 1 InsO durch Beschluss des Insolvenzgerichts übertragen erhält. Es wäre systemwidrig, wenn man den Schuldner in der vorläufigen Eigenverwaltung ohne vorhergehende Prüfung durch das Insolvenzgericht pauschal mit insolvenzspezifischen Rechten ausstatten würde.[590]

---

588 AG Hannover ZInsO 2016, 1535 (1535); *Buchalik/Kraus* ZInsO 2014, 2354 (3254); *Oppermann/Smid* ZInsO 2012, 862 (865).

589 AG Hannover ZInsO 2016, 1535 (1535); Braun/*Riggert* § 275 Rn. 6.

590 *Klinck* ZIP 2013, 853 (859); *Siemon* EWiR 2013, 253 (254); *Undritz* BB 2012, 1551 (1555).

Darauf lässt sich entgegnen, dass das Insolvenzgericht bei Bestellung des vorläufigen Sachwalters sehr wohl eine Prüfung vornimmt. Allerdings ist diese Prüfung nicht darauf ausgerichtet, wie die Insolvenzmasse vor Eröffnung des Insolvenzverfahrens gesichert werden kann, sondern allein darauf, ob hinreichende Aussicht auf Anordnung der Eigenverwaltung besteht. Aus diesem Grund spricht das Insolvenzgericht auch nicht aus, dass es dem Schuldner Sicherungsrechte einräumt, sondern allein, dass es einen vorläufigen Sachwalter bestellt.

Damit streitet auch die systematische Auslegung für die erste Auffassung von der Ermächtigung des Schuldners zu einzelnen Sicherungsmaßnahmen.

cc) Historische Argumente

Im Zuge der historischen Auslegung ist zu beachten, dass der Gesetzgeber die Eigenverwaltung in die Tradition des Vergleichsverfahrens gestellt hat. Gemäß § 12 VerglO konnte das Gericht im Einzelfall bestimmte Sicherungsmaßnahmen wie zB Verfügungsbeschränkungen anordnen. Hingegen war nicht vorgesehen, dass der vorläufige Vergleichsverwalter oder der Schuldner von vornherein sämtliche Sicherungsmaßnahmen ergreifen durften. Geht man davon aus, dass der Gesetzgeber dieses Prinzip nicht aufgeben wollte, spricht auch die Historie des Gesetzes für die erste Auffassung von der Ermächtigung des Schuldners zu einzelnen Sicherungsmaßnahmen.

dd) Teleologische Argumente

Gegen die zweite Auffassung von der Gleichstellung des Schuldners mit einem vorläufigen starken Insolvenzverwalter lässt sich vorbringen, dass die Insolvenzgläubiger effektiv vor Missbrauch geschützt werden müssen. Dies würde erschwert, wenn der Schuldner pauschal mit allen Rechten eines vorläufigen starken Insolvenzverwalters ausgestattet würde. Vielmehr muss dem Insolvenzgericht die Möglichkeit verbleiben, im Einzelfall zu entscheiden, wie weit der Schuldner hoheitliche Befugnisse ausüben darf.

Wäre diese Entscheidungsmöglichkeit abgeschnitten, stünde außerdem zu befürchten, dass das Insolvenzgericht tendenziell häufiger von der Anordnung der vorläufigen Eigenverwaltung absehen würden, weil ihm die weitere Feinsteuerung des Insolvenzeröffnungsverfahrens verwehrt wäre.

ee) Ergebnis

Als vorzugswürdig erweist sich damit nach allen Auslegungsmethoden die Auffassung, dass der Schuldner und der vorläufige Sachwalter anstelle eines vorläufigen Insolvenzverwalters mit einzelnen Sicherungsrechten ausgestattet werden können.

e) Ergebnis

Im Ergebnis bleibt festzuhalten, dass sich die eingangs aufgestellte These bestätigt hat. In der vorläufigen Eigenverwaltung kommen die allgemeinen Vorschriften des regulären Insolvenzeröffnungsverfahrens zur Anwendung, weil diese erst gar nicht durch den siebten Teil der InsO verdrängt werden. Abweichungen ergeben sich nur hinsichtlich der Kompetenzordnung. Sofern das Insolvenzgericht bestimmte Sicherungsrechte einem vorläufigen Insolvenzverwalter anvertrauen würde, hat es diese Rechte stattdessen entlang der Kompetenzverteilung in den §§ 274 und 275 InsO auf den Schuldner und den vorläufigen Sachwalter zu übertragen.

2. Betrachtung des Schutzschirmverfahrens

Nunmehr soll erörtert werden, welche Vorschriften im Schutzschirmverfahren anwendbar sind. Ein weiteres Mal gilt es die These zu überprüfen, dass die allgemeinen materiell-rechtlichen und verfahrensrechtlichen Vorschriften zur Anwendung gelangen und lediglich an eine abweichende Kompetenzordnung anzupassen sind.

a) Anwendbarkeit der allgemeinen Vorschriften

Eingangs muss erörtert werden, ob neben § 270b InsO auch die Vorschriften des § 270a InsO und damit ergänzend die allgemeinen Vorschriften über das reguläre Insolvenzeröffnungsverfahren Anwendung finden.

aa) Grammatikalische Argumente

Auffällig am Wortlaut des § 270b InsO ist, dass die Vorschrift zahlreiche Verweisungen enthält: Hinsichtlich der Rechtsstellung des vorläufigen Sachwalters nimmt sie auf § 270a InsO Bezug. Des Weiteren erklärt § 270b Abs. 2 S. 3 InsO bestimmte Sicherungsmaßnahmen aus dem regulären Insolvenzeröffnungsverfahren für anwendbar, auf die der Schuldner im Schutzschirmverfahren ein Anrecht haben soll. Ferner nimmt § 270b Abs. 3 S. 2 InsO ausdrücklich auf § 55 Abs. 2 InsO Bezug. Diese Regelungstechnik belegt, dass § 270b InsO das Insolvenzeröffnungsverfahren nicht selbst ausgestaltet, sondern nur Modifikationen der vorläufigen Eigenverwaltung vorsieht.

bb) Systematische Argumente

Für eine Anwendbarkeit der allgemeinen Vorschriften spricht weiterhin, dass sich das Schutzschirmverfahren systematisch als Unterfall der vorläufigen Eigenverwaltung darstellt.[591] Dies lässt sich anhand eines Vergleichs der Voraussetzungen und der Rechtsfolgen beider Verfahrensmodi nachweisen.

591 *Desch* BB 2011, 841 (841); FKInsO/*Foltis* § 270a Rn. 8; *Frind* NZI 2014, 977 (979); *Hofmann*, Eigenverwaltung, Rn. 404; *Thole/Brünkmans* ZIP 2013, 1097 (1097); *Undritz* BB 2012, 1551 (1552); *Willemsen/Rechel*, Kommentar zum ESUG, § 270 Rn. 3, § 270b Rn. 7; aA *Geißler* ZInsO 2013, 531 (535), der das Schutzschirmverfahren nur als Unterfall des regulären Insolvenzeröffnungsverfahrens betrachtet.

Alle Voraussetzungen der vorläufigen Eigenverwaltung sind auch solche des Schutzschirmverfahrens, während die Voraussetzungen des Schutzschirmverfahrens einseitig über diejenigen der vorläufigen Eigenverwaltung hinausgehen. So bedarf es für beide Verfahrensmodi eines Antrags auf Anordnung der Eigenverwaltung, der nicht offensichtlich aussichtslos sein darf. Das Schutzschirmverfahren setzt zusätzlich einen Antrag auf Anordnung des Schutzschirms sowie die Bescheinigung eines Sanierungsexperten voraus, dass noch keine Zahlungsunfähigkeit eingetreten ist und eine Sanierung nicht offensichtlich aussichtslos erscheint. Damit besteht ein Spezialitätsverhältnis in den Voraussetzungen.[592]

Ähnlich stellt es sich auf Rechtsfolgenseite dar. Beide Verfahrensmodi lassen grundsätzlich die gleichen Sicherungsmaßnahmen zu, wobei das Schutzschirmverfahren lediglich den Ermessensspielraum des Insolvenzgerichts gegenüber der vorläufigen Eigenverwaltung einengt. So beschränkt § 270a Abs. 1 InsO die Wirkungen der vorläufigen Eigenverwaltung darauf, dass das Insolvenzgericht diejenigen Sicherungsrechte, die es dem vorläufigen Insolvenzverwalter einräumen würde, dem Schuldner anzuvertrauen hat, der sich gemäß den §§ 274 und 275 InsO von dem vorläufigen Sachwalter beaufsichtigen lassen muss. Das Schutzschirmverfahren lässt grundsätzlich dieselben Möglichkeiten zu, denn zum einen nimmt § 270b Abs. 2, Abs. 3 InsO die allgemeinen Sicherungsrechte ausdrücklich in Bezug und zum anderen verweist § 270b Abs. 2 S. 1 InsO in Fragen der Kompetenzverteilung zwischen Schuldner und vorläufigem Sachwalter explizit auf § 270a Abs. 1 S. 2 InsO und damit auf die §§ 274 und 275 InsO. Der Mehrwert von § 270b Abs. 2, Abs. 3 InsO besteht darin, dass die Rechtsfolgen weiter konkretisiert werden. So erlangt der Schuldner im Schutzschirmverfahren als Bonus für die Einhaltung strengerer Voraussetzungen einen echten Anspruch auf die Auswahl des vorläufigen Sachwalters und die Anordnung bestimmter Sicherungsrechte. Mithin besteht auch in den Rechtsfolgen ein Spezialitätsverhältnis.[593]

Des Weiteren ist zu beachten, dass § 270b InsO im siebten Teil der InsO hinter § 270a InsO platziert ist. Es entspricht dem allgemeinen Sprachgebrauch, Ausnahmen unmittelbar hinter der dazugehörigen Regel zu positionieren.

Dagegen lässt sich wiederum einwenden, dass die Verweisung in § 270b Abs. 2 S. 3 InsO auf § 270a Abs. 1 InsO überflüssig wäre, wenn § 270a InsO schon deshalb zur Anwendung käme, weil § 270b InsO einen Unterfall dieser Vorschrift darstellt.

Allerdings kann die Verweisung in § 270b Abs. 2 S. 3 InsO auf § 270a Abs. 1 InsO auch als bloße Klarstellung verstanden werden, dass die vorläufige Eigenverwaltung und das Schutzschirmverfahren auf denselben Vorschriften aufbauen. Ohne diese Klarstellung könnten sich durchaus Missverständnisse ergeben, weil § 270b InsO eine Vielzahl eigener Rechtsfolgen enthält, deren Verhältnis zu § 270a InsO Fragen aufwerfen könnte.

---

592 FKInsO/*Foltis* § 270a Rn. 8; *Pape* FS Haarmeyer 2013, 219 (228).
593 FKInsO/*Foltis* § 270a Rn. 8.

cc) *Historische Argumente*

Gegen die Einordnung des Schutzschirmverfahrens als Unterfall der vorläufigen Eigenverwaltung könnte sprechen, dass der RegE zum ESUG das Schutzschirmverfahren als „eigenständiges Sanierungsverfahren“ bezeichnet. Dies deutet auf einen rechtlichen Charakter sui generis hin.[594] Allerdings führt der RegE nicht weiter aus, was unter einem „eigenständigen Sanierungsverfahren“ zu verstehen ist, sodass der Bezeichnung keine übermäßige Bedeutung beigemessen werden kann.[595]

Aussagekräftiger ist die Formulierung im RegE zu § 270b InsO, wonach das Insolvenzeröffnungsverfahren bei Beendigung des Schutzschirms nach den „allgemeinen Vorschriften der §§ 21 bis 25 InsO sowie des § 270a InsO fortzuführen“ ist und wonach dem Insolvenzgericht „wieder alle im Eröffnungsverfahren bestehenden Optionen zur Verfügung“ stehen sollen.[596] Dies verdeutlicht die Intention des Gesetzgebers, dass im Schutzschirmverfahren nur das insolvenzgerichtliche Ermessen eingeengt werden soll, ohne dass auf gänzlich andere Rechtsgrundlagen zurückzugreifen wäre.[597]

dd) *Teleologische Argumente*

In diese Richtung weist auch der Normzweck. So soll das Schutzschirmverfahren die ungestörte Ausarbeitung eines Insolvenzplans während einer dreimonatigen Schonfrist ermöglichen. Dabei stellt die Schonfrist keinen rechtsfreien Zeitraum dar, sondern muss die effektive Sicherung der Insolvenzmasse ermöglichen. Andernfalls wäre das Schutzschirmverfahren gegenüber der vorläufigen Eigenverwaltung tendenziell nachteilig. Die geeigneten Instrumente für eine effektive Massesicherung halten nur § 270a InsO und die §§ 21 ff. InsO bereit.

ee) *Ergebnis*

Mithin sprechen alle Auslegungsmethoden dafür, das Schutzschirmverfahren als Unterfall der vorläufigen Eigenverwaltung einzuordnen, weswegen § 270a InsO und damit auch die allgemeinen Vorschriften über das reguläre Insolvenzeröffnungsverfahren anzuwenden sind.

b) *Anpassung an das Schutzschirmverfahren*

Die allgemeinen Vorschriften müssen im nächsten Schritt an das Schutzschirmverfahren angepasst werden.

594 RegE, BR-Drs. 127/11, 58.
595 *Friedrichs*, Das Schutzschirmverfahren, S. 6.
596 RegE, BR-Drs. 127/11, 60.
597 FKInsO/*Foltis* § 270a Rn. 2.

aa) Grammatikalische Argumente

§ 270b InsO enthält als eigenständige Rechtsfolgen im Wesentlichen nur die Anordnung einer dreimonatigen Schonfrist und das Recht des Schuldners auf Auswahl des vorläufigen Sachwalters und Anordnung bestimmter Sicherungsmaßnahmen. Diese Regelungen sind speziell auf das Schutzschirmverfahren zugeschnitten und gehen den allgemeinen Vorschriften vor. Hinsichtlich der Rechtsstellung des Sachwalters gegenüber dem Schuldner wird dagegen uneingeschränkt auf § 270a Abs. 1 InsO verwiesen. Insoweit fehlt es an speziellen Wertungen.

bb) Systematische Argumente

Geht man davon aus, dass § 270b InsO einen Unterfall von § 270a InsO darstellt, so kann man die Regelungslücken des § 270b InsO hinsichtlich des möglichen Inhalts und Adressaten von Sicherungsmaßnahmen[598] und des Verfahrens durch den umfassenden Rückgriff auf § 270a InsO und die §§ 21 ff. InsO schließen. Einer weitergehenden Anpassung bedarf es mangels abweichender Wertungen in § 270b InsO nicht.

cc) Historische Argumente

Der Gesetzgeber hat die Einführung des Schutzschirmverfahrens ausschließlich mit der sanierungsfreundlichen Schonfrist und dem erweiterten Rechtskreis des Schuldners begründet, ohne sich zu äußern, welche Vorschriften im Einzelnen gelten sollen.[599] Auf diese Weise hat er erkennen lassen, dass er nur punktuelle Regelungen treffen wollte. In allen verbleibenden Rechtsfragen kann § 270a InsO unverändert herangezogen werden.

dd) Teleologische Argumente

Das Schutzschirmverfahren soll dem Schuldner Gelegenheit zur Vorbereitung eines Insolvenzplans verschaffen. Da auch § 270a InsO auf eine Sanierung im Zuge des Insolvenzplanverfahrens ausgerichtet ist, kann auf diese Vorschrift zurückgegriffen werden, ohne dass es verfahrensspezifischer Anpassungen bedarf.

ee) Ergebnis

Somit kommen im Schutzschirmverfahren jenseits der Sonderregelungen in § 270b InsO die Vorschriften über die vorläufige Eigenverwaltung unverändert zur Anwendung.

c) Ergebnis

Wiederum hat sich die eingangs aufgestellte These bestätigt. Das Schutzschirmverfahren ist ein Unterfall der vorläufigen Eigenverwaltung. Die einzige Besonderheit

598 *Frind* ZInsO 2012, 1099 (1104).
599 RegE, BR-Drs. 127/11, 58 – 60.

liegt darin, dass der Schuldner Anspruch auf eine Schonfrist hat, welche das Recht auf Anordnung bestimmter Sicherungsmaßnahmen und Auswahl des vorläufigen Sachwalters umfasst. Im Übrigen gelten unverändert die allgemeinen Vorschriften über die vorläufige Eigenverwaltung und mittelbar diejenigen über das regulären Insolvenzeröffnungsverfahren.

II. Rechtliche Stellung der Beteiligten

Im Folgenden ist zu untersuchen, wie sich die Beteiligten dogmatisch einordnen lassen. Dabei gilt es auch für das Insolvenzeröffnungsverfahren die These zu überprüfen, dass der Schuldner und der vorläufige Sachwalter als Amtsträger handeln, während die geschäftsleitenden Organe des Schuldners ihren gesellschaftsrechtlichen Bindungen unterworfen bleiben.

1. Betrachtung der vorläufigen Eigenverwaltung

Zunächst ist auf die vorläufige Eigenverwaltung einzugehen.

a) Rechtliche Stellung des vorläufigen Insolvenzverwalters

Um später leichter Rückschlüsse auf die rechtliche Stellung von Schuldner und vorläufigem Sachwalter ziehen zu können, soll eingangs die rechtliche Stellung des vorläufigen Insolvenzverwalters herausgearbeitet werden.

Folgt man im eröffneten Insolvenzverfahren der Theorie, wonach der Insolvenzverwalter der Träger eines privaten Amts ist, so muss man den vorläufigen Insolvenzverwalter ebenfalls als Amtsträger einordnen, weil er genauso durch Beschluss des Insolvenzgerichts bestellt wird, um im eigenen Namen fremde Vermögensinteressen treuhänderisch wahrzunehmen.[600] Der Umfang der Rechtsmacht des vorläufigen Insolvenzverwalters ergibt sich dabei anders als beim Insolvenzverwalter nicht aus dem Gesetz, sondern aus dem Beschluss des Insolvenzgerichts über seine Bestellung, mit welchem gemäß § 21 Abs. 1, Abs. 2 S. 1 Nr. 1 InsO zugleich ein Bündel verschiedener Sicherungsmaßnahmen angeordnet werden kann. Darüber hinaus knüpft § 22 InsO an die Bestellung des vorläufigen Insolvenzverwalters je nach deren Umfang verschiedene weitere Rechtsfolgen. Dabei ist der vorläufige Insolvenzverwalter stets auf den in § 21 Abs. 1 S. 1 InsO benannten Zweck des regulären Insolvenzeröffnungsverfahrens verpflichtet: die Sicherung der Insolvenzmasse bis zur Entscheidung des Insolvenzgerichts über die Eröffnung des Insolvenzverfahrens.[601]

---

600 *Friedrichs*, Das Schutzschirmverfahren, S. 68; Nerlich/Römermann/*Mönning* § 22 Rn. 16.

601 MKInsO/*Haarmeyer* § 21 Rn. 1; Uhlenbruck/*Vallender* § 21 Rn. 1.

b) Rechtliche Stellung des Schuldners

Es stellt sich nun die Frage, wie der Schuldner dogmatisch einzuordnen ist. Wiederum lässt sich zwischen der Amts-Theorie, die für den vorläufigen Insolvenzverwalter gilt, und der privatrechtlichen Theorie unterscheiden.

aa) Grammatikalische Argumente

§ 270a Abs. 1 InsO beschreibt die Funktion des Schuldners nicht positiv, sondern beschränkt sich auf die negative Formulierung, dass dem Schuldner bestimmte Rechte nicht genommen werden sollen. Der Wortlaut des Gesetzes ist damit offen.

bb) Systematische Argumente

Aus systematischer Sicht lassen sich Parallelen zwischen den verschiedenen Verfahrensmodi erwägen.

Zunächst könnte man einen Vergleich zwischen dem Stadium der vorläufigen Eigenverwaltung und dem Stadium der Eigenverwaltung ziehen, in welchem der Schuldner als Amtsträger fungiert. Dagegen spricht aber, dass die Vorschriften über die Eigenverwaltung vor Eröffnung des Insolvenzverfahrens noch nicht zur Anwendung gelangen. Außerdem unterscheiden sich die Verfahrensgrundsätze ganz erheblich. So stützt sich die Amts-Theorie in der Eigenverwaltung darauf, dass der Schuldner an den Insolvenzzweck gebunden ist, weswegen privatautonome Freiheiten verdrängt werden; ferner dass der Schuldner mit hoheitlichen Verwertungsbefugnissen ausgestattet wird, die über seine privaten Rechte hinausgehen. Demgegenüber ist der Schuldner in der vorläufigen Eigenverwaltung noch nicht an den Insolvenzzweck gebunden, weil sein Vermögen auch noch nicht beschlagnahmt und wirtschaftlich den Gläubigern zugewiesen ist. Außerdem ist der Schuldner auch noch nicht mit hoheitlichen Befugnissen ausgestattet, weil lediglich von Eingriffen in seine privaten Rechte abgesehen wird. Damit lässt sich eine Amtsträgerschaft des Schuldners nicht durch eine Parallele zur Eigenverwaltung herleiten.[602]

Jedoch könnte sich eine Parallele zwischen der vorläufigen Eigenverwaltung und dem regulären Insolvenzeröffnungsverfahren ergeben. Dafür spricht, dass in der vorläufigen Eigenverwaltung die Vorschriften des regulären Insolvenzeröffnungsverfahrens anwendbar sind. Außerdem sind der Schuldner und der vorläufige Insolvenzverwalter gleichermaßen dem Zweck verpflichtet, die Insolvenzmasse bis zur Entscheidung des Insolvenzgerichts über die Eröffnung des Insolvenzverfahrens zu sichern. Dazu kann das Insolvenzgericht den Schuldner in der vorläufigen

---

602 *Buchalik/Kraus* ZInsO 2014, 2354 (3255); *Friedrichs*, Das Schutzschirmverfahren, S. 70; HRI/*Hofmann* § 7 Rn. 31; *Klinck* ZIP 2013, 853 (857); *König*, Die Haftung in der Eigenverwaltung, S. 305 f.; *Thole/Brünkmans* ZIP 2013, 1097 (1098); *Undritz* BB 2012,1551 (1553 f.).

Eigenverwaltung mit bestimmten Sicherungsrechten ausstatten, die es im regulären Insolvenzeröffnungsverfahren dem vorläufigen Insolvenzverwalter anvertrauen würde. Auf diese Weise kann der Schuldner Rechtsfolgen auslösen, die in Rechte Dritter eingreifen oder nach Eröffnung des Insolvenzverfahrens fortwirken. Insoweit überschreitet er seinen privatautonomen Rechtskreis, was wiederum für seine Amtsträgerschaft spricht.[603]

Gegen diese Parallelwertung lässt sich argumentieren, dass das Gesetz keinen Rechtsakt vorsieht, mit dem der Schuldner in ein Amt bestellt wird. Während der Insolvenzverwalter, der vorläufige Insolvenzverwalter, der Sachwalter und der vorläufige Sachwalter durch Beschluss des Insolvenzgerichts ernannt werden, enthält § 270a Abs. 1 InsO keine entsprechende Regelung.

Allerdings ist zu beachten, dass der Schuldner auch in der Eigenverwaltung nicht ausdrücklich bestellt wird, sondern die Bestellung von der Anordnung der Eigenverwaltung umfasst ist. Genauso stillschweigend kann sich die Ernennung des Schuldners auch bei Anordnung der vorläufigen Eigenverwaltung vollziehen. Das Amt des Schuldners stellt sich demnach als Bündel der zu seinen Gunsten verfügten Sicherungsmaßnahmen dar.

Gegen diese Auffassung lässt sich einwenden, dass es zu einer Spaltung von hoheitlich legitimierten und privatautonomen Handlungen kommt. Bezieht sich der Schuldner auf die Ermächtigung zu Sicherungsmaßnahmen, handelt er mit hoheitlicher Legitimation. Im Übrigen wird er weiterhin kraft seiner Privatautonomie tätig. Diese Spaltung könnte den Schuldner in einen unauflösbaren Interessenkonflikt bringen.

Jedoch lässt sich eindeutig zwischen beiden Bereichen abgrenzen. Der Schuldner bleibt grundsätzlich privatautonom tätig und führt dabei sein Unternehmen fort. Nur wenn er ausnahmsweise von einer Sicherungsmaßnahme Gebrauch macht, handelt er hoheitlich legitimiert. Insoweit ist er gewarnt, dass er in die Rechte Dritter eingreift und dass die Rechtsfolgen seiner Handlungen über die Eröffnung des Insolvenzverfahrens hinauswirken. Dementsprechend muss er hinnehmen, dass er streng auf die Sicherung der Insolvenzmasse verpflichtet ist und sich als Amtsträger verantworten muss.

Gleichwohl bleiben Pflichtenkollisionen in bestimmten Situationen denkbar, bspw. wenn der Schuldner einerseits die Insolvenzmasse sichern soll, indem er anfechtbare Insolvenzforderungen nicht mehr begleicht, aber andererseits seinen Aufgaben als privater Arbeitgeber zur Abführung von Sozialversicherungsbeiträgen und Steuern nachkommen muss.[604]

Diese Pflichtenkollision betrifft jedoch ein allgemeines Problem des Insolvenzeröffnungsverfahrens, welches in der vorläufigen Eigenverwaltung nur besonders deutlich zutage tritt. Im regulären Insolvenzeröffnungsverfahren behilft man sich

---

603 *Friedrichs*, Das Schutzschirmverfahren, S. 70; *Klinck* ZIP 2013, 853 (856); *Undritz* BB 2012, 1551 (1553 f.).

604 *Buchalik/Kraus* ZInsO 2014, 2354 (3257 f.).

damit, dass dem Schuldner die Verwaltungs- und Verfügungsbefugnis und damit die Verantwortung als Arbeitgeber genommen wird. Für die vorläufige Eigenverwaltung wird überzeugend vorgeschlagen, den Schuldner durch Anordnung geeigneter Sicherungsmaßnahmen, bspw. eines Zahlungsaufschubs gegenüber bestimmten Gläubigergruppen, von seinen Aufgaben als privater Arbeitgeber zu entbinden.[605] Der Schuldner bleibt also grundsätzlich allen privatrechtlichen Bindungen unterworfen. Aufgrund hoheitlicher Legitimation kann er jedoch ausnahmsweise von bestimmten Verpflichtungen befreit werden.

Als weiteres Argument für die Spaltung von hoheitlichen und privatautonomen Befugnissen lässt sich anführen, dass der Schuldner in einem regulären Insolvenzeröffnungsverfahren im günstigsten Fall mit keinerlei Sicherungsmaßnahmen belastet würde. Das Insolvenzgericht könnte von der Bestellung eines vorläufigen Insolvenzverwalters oder der Anordnung sonstiger Sicherungsmaßnahen gänzlich absehen. Unter diesen Umständen würde der Schuldner ohne Zweifel weiterhin privatautonom handeln. Würde man den Schuldner in der vorläufigen Eigenverwaltung nun grundsätzlich als Amtsträger einordnen, würde man ihn dieser Möglichkeit berauben. Er wäre stets Amtsträger, nur weil er die vorläufige Eigenverwaltung beantragt hat. Der Verzicht auf die vorläufige Eigenverwaltung wäre für ihn günstiger, was dem sanierungsfreundlichen Wesen dieses Rechtsinstituts widerspräche.

Mithin streitet die Systematik des Gesetzes dafür, dass der Schuldner grundsätzlich privatautonom handelt und nur ausnahmsweise als Amtsträger fungiert, soweit ihn das Insolvenzgericht mit Sicherungsrechten ausstattet.

cc) Historische Argumente

Bei Einführung von § 270a InsO stellte der Gesetzgeber keine ausdrücklichen Überlegungen zur dogmatischen Einordnung des Schuldners an. Dafür lässt sich mit dem früheren Vergleichsverfahren argumentieren, in welchem der Schuldner seine privaten Rechte behielt und nur partiell durch einen vorläufigen Verwalter beaufsichtigt wurde. Diese Tradition führt der Gesetzgeber mit Einführung des § 270a InsO konsequent fort.

dd) Teleologische Argumente

Der Zweck jedes Insolvenzeröffnungsverfahrens ist die Sicherung der Insolvenzmasse bis zur Entscheidung des Insolvenzgerichts über die Eröffnung des Insolvenzverfahrens. Dabei birgt § 270a Abs. 1 InsO für die künftigen Insolvenzgläubiger nicht unerhebliche Risiken.[606] Das Insolvenzeröffnungsverfahren stellt eine Phase dar, die für die Insolvenzgläubiger besonders gefährlich ist, da Schutzmechanismen

605 AG Düsseldorf ZInsO 2014, 2389 (2389); AG Hamburg ZInsO 2014, 2390 (2390); *Buchalik/Kraus* ZInsO 2014, 2354 (3254).

606 *Frind* ZInsO 2015, 22 (23).

wie die Unwirksamkeit offensichtlich insolvenzzweckwidriger Rechtshandlungen noch nicht eingreifen. Der Schuldner könnte versucht sein, sein Vermögen beiseite zu schaffen, bevor ihm womöglich die Verwaltungs- und Verfügungsbefugnis entzogen wird. Dieser Gefahr lässt sich am effizientesten dadurch begegnen, dass man dem Schuldner von Anfang an die Objektivität und Verantwortung eines Amtsträgers abverlangt.

ee) Ergebnis

Der Wortlaut ist unergiebig. Während die Normgeschichte schwache Anhaltspunkte für die privatrechtliche Theorie enthält, spricht der Normzweck für die Amts-Theorie. Den Ausschlag muss daher geben, dass sich ausschließlich die differenzierende Auffassung zwangslos in die Systematik des Gesetzes einordnen lässt, wonach der Schuldner grundsätzlich privatrechtlich handelt und nur ausnahmsweise bei der Inanspruchnahme insolvenzgerichtlicher Ermächtigungen als Amtsträger tätig wird.

c) Rechtliche Stellung des vorläufigen Sachwalters

Weiterhin ist die rechtliche Stellung des vorläufigen Sachwalters zu klären.

aa) Grammatikalische Argumente

§ 270a InsO geht davon aus, dass der vorläufige Sachwalter „anstelle eines vorläufigen Insolvenzverwalters bestellt" wird. Die Formulierung deutet darauf hin, dass der vorläufige Sachwalter in ein Amt berufen wird.

bb) Systematische Argumente

Der vorläufige Sachwalter tritt als bislang unbeteiligte Person zu dem vorläufigen Insolvenzverfahren hinzu. Dabei kann er an keine bestehenden privatautonomen Befugnisse anknüpfen. Auch das spricht für seine Amtsträgerschaft.

cc) Historische Argumente

Aus dem RegE zum ESUG geht hervor, dass die Funktion des vorläufigen Sachwalters bewusst an die Funktion des Sachwalters angelehnt wurde, weswegen der Gesetzgeber auch die Verweisung auf die §§ 274 und 275 InsO eingeführt hat.[607] Die Normgeschichte stützt somit ebenfalls die Amts-Theorie.

dd) Teleologische Argumente

Weiterhin entspricht es dem Normzweck, den vorläufigen Sachwalter als Amtsträger einzuordnen, da er mit der Aufgabe betraut ist, die Interessen der künftigen

607 RegE, BR-Drs. 127/11, 57 f.

Insolvenzgläubiger durch die Aufsicht über den Schuldner zu wahren. Diese Aufgabe verlangt ihm die Objektivität und Verantwortung eines Amtsträgers ab.

ee) Ergebnis

Mithin fungiert der vorläufige Sachwalter unstreitig als Amtsträger.

d) Rechtliche Stellung der geschäftsleitenden Organe des Schuldners

Schließlich sind die geschäftsleitenden Organe des Schuldners rechtlich einzuordnen.

aa) Grammatikalische Argumente

Die geschäftsleitenden Organe werden in § 270a InsO nicht erwähnt, weswegen der Wortlaut des Gesetzes unergiebig ist.

bb) Systematische Argumente

Aus systematischer Sicht sind zwei Erst-Recht-Schlüsse zu beachten. Erstens handelt der Schuldner in der vorläufigen Eigenverwaltung privatautonom, weswegen auch seine Organe, die mit keinen besonderen Rechten oder Pflichten ausgestattet werden, privatautonom handeln müssen. Zweitens handeln die geschäftsleitenden Organe des Schuldners nach Eröffnung des Insolvenzverfahrens weiterhin entsprechend ihren gesellschaftsrechtlichen Bindungen, weswegen vor der Beschlagnahme des schuldnerischen Vermögens nichts anderes gelten kann.

Aus § 276a InsO lassen sich keine abweichenden Argumente gewinnen, da die Vorschrift so wie alle nicht ausdrücklich von § 270a InsO in Bezug genommenen Paragrafen des siebten Teils der InsO nur für die Eigenverwaltung, aber nicht für die vorläufige Eigenverwaltung gilt.[608]

cc) Historische Argumente

Der Gesetzgeber äußerte sich nicht ausdrücklich zur rechtlichen Stellung der geschäftsleitenden Organe des Schuldners. Insbesondere erklärte er nicht, wie sich § 276a InsO zum Insolvenzeröffnungsverfahren verhält. Allerdings erkannte der Gesetzgeber im RegE zum ESUG ausdrücklich „Einwirkungsmaßnahmen von Aufsichtsrat oder Gesellschafterversammlung auf die Geschäftsführung“[609] an, was dafür spricht, dass er gesellschaftsrechtliche Bindungen grundsätzlich angewendet wissen wollte.[610]

---

608 *Friedrichs*, Das Schutzschirmverfahren, S. 84; aA *König*, Die Haftung in der Eigenverwaltung, S. 313 f. ohne Begründung; *Ströhmann/Längsfeld* NZI 2013, 271 (275), die jedoch nur partiell § 276a InsO und nicht den gesamten siebten Teil der InsO untersuchen.

609 RegE, BT-Drs. 17/5712, 42.

610 *Friedrichs*, Das Schutzschirmverfahren, S. 85.

dd) *Teleologische Argumente*

Aus denselben Gründen wie in der Eigenverwaltung wäre eine Amtsträgerschaft der geschäftsleitenden Organe des Schuldners wünschenswert, um diese streng auf den Sicherungscharakter des Insolvenzeröffnungsverfahrens zu verpflichten. Indem die gesellschaftsrechtlichen Bindungen aufrechterhalten werden, kann jedoch zumindest eine Verantwortlichkeit im organisatorischen Innenbereich des Schuldners begründet werden.

ee) *Ergebnis*

Während der Wortlaut unergiebig ist, sprechen die Systematik und die Historie des Gesetzes für eine privatrechtliche Bindung der geschäftsleitenden Organe des Schuldners. Der Normzweck streitet zwar für eine Amtsträgerschaft, findet jedoch keine Anhaltspunkte im siebten Teil der InsO. Damit unterliegen die geschäftsleitenden Organe des Schuldners weiterhin ihren gesellschaftsrechtlichen Bindungen.[611]

e) *Ergebnis*

Im Ergebnis hat sich die These bestätigt, dass der Schuldner in der vorläufigen Eigenverwaltung als Amtsträger fungiert, jedoch nur insoweit, wie er von der Ermächtigung zu Sicherungsmaßnahmen Gebrauch macht. Im Übrigen handelt er privatautonom. Die geschäftsleitenden Organe des Schuldners bleiben ihren gesellschaftsrechtlichen Bindungen unterworfen, wohingegen der vorläufige Sachwalter Amtsträger ist.

2. Betrachtung des Schutzschirmverfahrens

Hinsichtlich der rechtlichen Einordnung des Schuldners, seiner geschäftsleitenden Organe und des vorläufigen Sachwalters ergeben sich im Schutzschirmverfahren keine Abweichungen,[612] da sich der besondere Umstand, dass dem Schuldner für drei Monate ein Recht auf Anordnung bestimmter Sicherungsmaßnahmen und auf Auswahl des vorläufigen Sachwalters zusteht, insoweit nicht auswirkt.

III. Begründung von Masseverbindlichkeiten

Da nunmehr die anwendbaren Vorschriften und die dogmatische Einordnung der Beteiligten geklärt sind, kann im Folgenden die Begründung von Masseverbindlichkeiten in der vorläufigen Eigenverwaltung und im Schutzschirmverfahren erörtert werden. Zu prüfen ist die These, dass Masseverbindlichkeiten unter denselben Voraussetzungen wie im regulären Insolvenzeröffnungsverfahren begründet werden können, wobei nur eine abweichende Kompetenzverteilung vorzunehmen ist.

---

611 *König*, Die Haftung in der Eigenverwaltung, S. 312.
612 *König*, Die Haftung in der Eigenverwaltung, S. 317 f.

1. Kosten des Insolvenzgerichts

Die Kosten des Insolvenzgerichts aus dem Insolvenzeröffnungsverfahren wurden der Übersichtlichkeit halber schon im Zuge des eröffneten Insolvenzverfahrens betrachtet.[613]

2. Vergütung und Auslagen des vorläufigen Sachwalters

Nachfolgend ist zu untersuchen, in wieweit die Vergütung und die Auslagen des vorläufigen Sachwalters als Masseverbindlichkeiten einzustufen sind.

a) Rechtslage im regulären Insolvenzeröffnungsverfahren

Im regulären Insolvenzeröffnungsverfahren ist es der vorläufige Insolvenzverwalter, der eine Vergütung und die Erstattung seiner Auslagen aus der künftigen Insolvenzmasse erhält.

aa) Entstehung des Vergütungsanspruchs

Für den vorläufigen Insolvenzverwalter gelten gemäß § 21 Abs. 2 Nr. 1 InsO die §§ 63 bis 65 InsO entsprechend. Dabei enthält § 63 Abs. 3 InsO eine spezielle Regelung, die auf den vorläufigen Insolvenzverwalter zugeschnitten ist.

§ 63 Abs. 3 S. 1 InsO stellt klar, dass die Vergütung selbst dann anfällt, wenn der vorläufige Insolvenzverwalter später zum Insolvenzverwalter ernannt wird.

Für die Berechnung der Vergütung ist gemäß § 63 Abs. 3 S. 2 InsO der Wert des Vermögens zugrunde zu legen, auf das sich die Tätigkeit des vorläufigen Insolvenzverwalters erstreckt hat, wobei der Zeitpunkt der Beendigung der vorläufigen Verwaltung maßgeblich ist. Da die Insolvenzmasse bis dahin noch nicht verwertet ist, handelt es sich um eine Prognose, in die einerseits der Saldo aus der laufenden Einnahmen-Ausgaben-Rechnung sowie andererseits der Wert noch nicht veräußerten Vermögens einzustellen ist, wie er sich aus dem Verzeichnis der Massegegenstände iSd § 151 InsO ergibt.[614] Nicht in Ansatz zu bringen sind Ansprüche aus Insolvenzanfechtung, da diese erst im eröffneten Insolvenzverfahren durch Erklärung des Insolvenzverwalters entstehen.[615] Für Aus- und Absonderungsrechte enthält § 11 Abs. 1 InsVV, der seine Rechtsgrundlage in § 21 Abs. 2 Nr. 1 InsO iVm § 65 InsO findet, eine spezielle Vorschrift. So sind Aus- und Absonderungsrechte nur dann zu berücksichtigen, wenn sich der vorläufige Insolvenzverwalter in erheblichem Umfang mit ihnen befasst hat und sie nicht nur aufgrund eines Besitzüberlassungsvertrags in seinem Gewahrsam waren.

---

613 Dazu C.III.1.

614 Uhlenbruck/*Vallender* § 22 Rn. 326; *Zimmer* ZInsO 2012, 1658 (1659).

615 BGH ZIP 2006, 625 (625); Uhlenbruck/*Vallender* § 22 Rn. 327.

Auf den ermittelten Wert sind gemäß § 63 Abs. 3 InsVV die in § 2 Abs. 1 InsVV festgelegten Regelsätze für die Vergütung eines Insolvenzverwalters anzuwenden und auf 25 % zu kürzen.[616] Ferner ist die Mindestvergütung gemäß § 3 Abs. 2 InsVV zu beachten, die ebenfalls auf ein Viertel zu reduzieren ist.[617] Im Ergebnis steht die Regelvergütung des vorläufigen Insolvenzverwalters fest.

Da gemäß § 11 Abs. 3 InsVV die Art, die Dauer und der Umfang der Tätigkeit zu berücksichtigen sind, muss die Regelvergütung im nächsten Schritt korrigiert werden. Hierbei sind vermittels § 10 InsVV die Zu- und Abschläge gemäß § 3 InsVV sowie die Vergütung für besondere Sachkunde gemäß § 5 InsVV zu berücksichtigen.[618] Nach diesen Anpassungen gelangt man zu der Vergütung des vorläufigen Insolvenzverwalters.

Für die Erstattung von Auslagen gelten über § 10 InsVV die §§ 4 und 8 Abs. 3 InsVV entsprechend, wobei zu beachten ist, dass sich die Auslagenpauschale aus der Regelvergütung des vorläufigen Insolvenzverwalters, nicht aus der des Insolvenzverwalters ableitet.[619]

bb) Einordnung als Masseverbindlichkeit

Dass es sich bei dem Anspruch des vorläufigen Insolvenzverwalters auf Vergütung und Erstattung seiner Auslagen um Masseverbindlichkeiten handelt, folgt aus § 54 Nr. 2 InsO. Dabei ist hinsichtlich der Auslagen für extern beauftragte Dienstleister sowie hinsichtlich der Vergütung für besondere Sachkunde dieselbe Abgrenzung zu den sonstigen Masseverbindlichkeiten wie bei einem Insolvenzverwalter vorzunehmen.[620]

Die Vergütung eines vorläufigen Insolvenzverwalters aus einem früheren Insolvenzeröffnungsverfahren, welches nicht zur Eröffnung gelangt ist, stellt in einem späteren Insolvenzverfahren keine Masseverbindlichkeit dar.[621]

b) Anpassung an die vorläufige Eigenverwaltung

Die Erkenntnisse sind auf die vorläufige Eigenverwaltung zu übertragen.

aa) Entstehung des Vergütungsanspruchs

Auf den vorläufigen Sachwalter sind gemäß § 270a Abs. 1 S. 2 InsO die § 274 und 275 InsO entsprechend anzuwenden, wobei § 274 Abs. 1 InsO wiederum auf die §§ 62 bis 65 InsO verweist. Über § 65 InsO gelangen auch die Vorschriften der InsVV zur Anwendung.

---

616 Uhlenbruck/*Vallender* § 22 Rn. 334; *Zimmer* ZInsO 2012, 1658 (1659).
617 BGH NZI 2010, 256 (256); Uhlenbruck/*Vallender* § 22 Rn. 41.
618 BGH NZI 2009, 554 (554); Uhlenbruck/*Vallender* § 22 Rn. 336.
619 BGH ZIP 2006, 1403 (1409); Uhlenbruck/*Vallender* § 22 Rn. 347.
620 Uhlenbruck/*Sinz* § 54 Rn. 24.
621 BGH NZI 2009, 53 (53); FKInsO/*Bornemann* § 54 Rn. 23; Uhlenbruck/*Sinz* § 54 Rn. 24.

Als problematisch erweist sich, dass für den vorläufigen Sachwalter keine speziellen Regelungen existieren. Um seine Vergütung dennoch bestimmen zu können, müssen die Vorschriften für den Sachwalter, den Insolvenzverwalter und den vorläufigen Insolvenzverwalter herangezogen und angepasst werden.[622]

(1) Anspruchsberechtigung

Zu Beginn ist festzuhalten, dass nur der vorläufige Sachwalter, nicht aber der Schuldner berechtigt ist, eine Vergütung zu beziehen. Insoweit kann auf die Argumente zurückgegriffen werden, die zum eröffneten Insolvenzverfahren herausgearbeitet wurden.[623]

Zwar lässt sich einwenden, dass dem Schuldner in der vorläufigen Eigenverwaltung noch kein Unterhalt zusteht, weswegen zur Kompensation seines Aufwands eine Vergütung angemessen sein könnte. Jedoch bedarf es eines Unterhaltsanspruchs nur deshalb nicht, weil das Vermögen des Schuldners vor Eröffnung des Insolvenzverfahrens noch nicht beschlagnahmt ist und der Schuldner – vorbehaltlich von Sicherungsmaßnahmen – Unterhalt kraft seiner Privatautonomie entnehmen darf.

(2) Selbständiger Vergütungsanspruch

Die Rspr. vertritt die Auffassung, dass dem vorläufigen Sachwalter kein eigenständiger Vergütungsanspruch zustehe. Vielmehr sei dem Sachwalter für seine Tätigkeit vor Eröffnung des Insolvenzverfahrens ein Zuschlag auf seinen Vergütungsanspruch zu gewähren. Werde jemand anderes zum Sachwalter bestellt, sei dem vorläufigen Sachwalter ein Abschlag auf die fiktive Vergütung als Sachwalter zu zahlen.[624]

Zur Begründung wird ausgeführt, dass die Vorschriften für den vorläufigen Sachwalter auf die Vorschriften für den Sachwalter in den §§ 274 und 275 InsO verweisen. Für den vorläufigen Sachwalter sei damit kein eigenständiges Regelungsgefüge vorgesehen, weswegen sich auch kein eigenständiger Vergütungsanspruch rechtfertigen lasse. Der vorläufige Sachwalter und der Sachwalter würden gleichermaßen beaufsichtigend tätig. Im Laufe des Verfahrens präge sich diese einheitliche Aufgabe nur unterschiedlich aus.[625]

Dieses Argument verkennt jedoch, dass die Sachlage die gleiche wie im Regelinsolvenzverfahren ist. Sowohl der vorläufige Insolvenzverwalter als auch der Insolvenzverwalter erhalten als Amtsträger das Recht, die Insolvenzmasse im eigenen Namen zu verwalten und über sie zu verfügen. Dabei wandelt sich die

---

622 LG Freiburg ZInsO 2016, 185 (185); FKInsO/*Foltis* § 270a Rn. 32; RSI/*Herbst* § 28 Rn. 138; *Mock* ZInsO 2014, 67 (67); *Zimmer* ZInsO 2012, 1658 (1661).

623 Dazu C.III.b)aa)(1)α).

624 BGH NZI 2016, 796 (797).

625 BGH NZI 2016, 796 (798).

Tätigkeit von einer reinen Vermögenssicherung im Insolvenzeröffnungsverfahren zu einer Vermögensverwertung im eröffneten Insolvenzverfahren. Dieselbe Entwicklung vollzieht auch der (vorläufige) Sachwalter. Im Insolvenzeröffnungsverfahren beaufsichtigt er den Schuldner bei der Vermögenssicherung. Im eröffneten Insolvenzverfahren überwacht er ihn bei der Vermögensverwertung und erlangt darüber hinaus eigene Verwaltungsrechte wie die Geltendmachung von Gesamtschäden, die Insolvenzanfechtung und die Führung der Insolvenztabelle. Diese Parallele spricht dafür, in der Eigenverwaltung genauso wie im Regelinsolvenzverfahren zwischen der Vergütung des vorläufigen Sachwalters und der Vergütung des Sachwalters zu differenzieren.[626]

Auch der Umstand, dass § 270a Abs. 1 S. 1 InsO pauschal auf die §§ 274 und 275 InsO verweist, ist bedeutungslos. So verweist § 21 Abs. 2 Nr. 1 InsO im regulären Insolvenzeröffnungsverfahren pauschal auf die §§ 56, 56a, 58 bis 66 InsO, ohne dass daraus geschlussfolgert würde, der vorläufige Insolvenzverwalter und der Insolvenzverwalter übten die gleiche Tätigkeit aus und seien einheitlich zu vergüten. Vielmehr eröffnet die Verweisung von § 270a Abs. 1 S. 1 InsO auf § 274 Abs. 1 InsO und damit wiederum auf die §§ 64 und 65 InsO die Definition einer eigenen Anspruchsgrundlage.[627]

Die Rspr. führt weiter aus, dass der Gesetzgeber die Vergütung des vorläufigen Sachwalters bei Einführung des ESUG weder in der InsO noch in der InsVV ausdrücklich geregelt habe. Auch bei Einführung des GlRStG, mit welchem die Vergütung des vorläufigen Insolvenzverwalters umfassend angepasst worden sei, habe man keine eigenständige Regelung geschaffen. Folglich sei der Gesetzgeber stillschweigend davon ausgegangen, dass sich die Vergütung des vorläufigen Sachwalters nur als Annex zur Vergütung des Sachwalters darstelle.[628]

Dieses Argument greift aber nicht durch. Der Gesetzgeber hat sich in keiner Hinsicht mit der Vergütung des vorläufigen Sachwalters befasst. Er hat weder einen eigenen Anspruch formuliert noch Zuschläge auf die Sachwaltervergütung vorgesehen. So ließe sich in der Argumentationsweise der Rspr. genauso gut formulieren, dass auf die Sachwaltervergütung kein Zuschlag gewährt werden könne, weil der Gesetzgeber einen solchen Zuschlag bei Einführung des GlRStG nicht angedacht habe.

Zu beachten ist vielmehr, dass die Auffassung der Rspr. zu Verwerfungen führt, wenn der vorläufige Sachwalter nicht zum endgültigen Sachwalter bestellt wird. Das Insolvenzgericht muss bei Eröffnung des Insolvenzverfahrens neu entscheiden, wen es als Sachwalter ernennt. In der Praxis mag oft der vorläufige Sachwalter herangezogen werden. Verbindlich festgeschrieben ist diese Vorgehensweise aber nicht. Aus diesem Grund hat es der Gesetzgeber im Regelinsolvenzverfahren für erforderlich gehalten, die Vergütungsansprüche des vorläufigen

626 *Keller* NZI 2016, 753 (754 f.).
627 *Keller* NZI 2016, 753 (754).
628 BGH NZI 2016, 796 (798).

Insolvenzverwalters und des Insolvenzverwalters zu trennen. Dasselbe muss in der Eigenverwaltung für die Vergütung des vorläufigen Sachwalters und des Sachwalters gelten.

Zudem macht es ein einheitlicher Vergütungsanspruch von vorläufigem Sachwalter und Sachwalter unmöglich, bei Zuschlägen zu differenzieren, ob sie spezifische Situationen des Insolvenzeröffnungsverfahrens oder des eröffneten Insolvenzverfahrens betreffen.[629] Wenn der vorläufige Sachwalter bspw. schon im Insolvenzeröffnungsverfahren einen Insolvenzplan ausarbeiten soll, so sollte dies für die Berechnung seiner Vergütung im eröffneten Insolvenzverfahren keine Rolle mehr spielen. Auch sollten Forderungen, die erst im eröffneten Insolvenzverfahren bekannt werden, für die Vergütung des vorläufigen Sachwalters keine Bedeutung haben. Diese Differenzierungen werden durch die Auffassung der Rspr. eingeebnet.

Des Weiteren muss sich die Rspr. die Kritik gefallen lassen, dass sie sich von gesetzgeberischen Wertungen löst. Indem ein Zuschlag von 25 % auf die Vergütung des Sachwalters gewährt wird,[630] setzt die Rspr. einen Zahlenwert fest, ohne ihn aus der InsVV herzuleiten. Eine solche Herleitung ist aber zwanglos möglich, wie noch zu zeigen sein wird.

Im Ergebnis ist es vorzugswürdig, dem vorläufigen Sachwalter einen eigenständigen Vergütungsanspruch zuzubilligen.

(3) Zweistufige Ermittlung der Vergütung

Bei Ermittlung der Vergütung muss beachtet werden, dass sowohl beim Insolvenzverwalter also auch beim vorläufigen Insolvenzverwalter und beim Sachwalter zwischen der Berechnung einer Regelvergütung und der Anpassung dieser Regelvergütung durch Zu- und Abschläge differenziert wird.[631] Da kein Grund ersichtlich ist, warum dieses Prinzip in der vorläufigen Eigenverwaltung durchbrochen werden sollte, muss es auch für den vorläufigen Sachwalter maßgeblich sein.

(4) Berechnung der Regelvergütung

Auf der ersten Stufe muss geklärt werden, auf welche Weise die Regelvergütung des vorläufigen Sachwalters zu berechnen ist. Wie bei den übrigen Beteiligten muss zunächst ein Vermögenswert ermittelt werden, auf den sodann ein Regelsatz anzuwenden ist.

α) Vermögenswert

Für die Ermittlung des Vermögenwertes kommen zwei Rechtsgrundlagen in Betracht. § 63 Abs. 1 S. 2 InsO, der für die Vergütung des Insolvenzverwalters und

629 *Keller* NZI 2016, 753 (755).
630 BGH NZI 2016, 796 (798).
631 *Mock* ZInsO 2014, 67 (67).

des Sachwalters maßgeblich ist, stellt auf den Wert der Insolvenzmasse bei Beendigung des Insolvenzverfahrens ab. Dagegen richtet sich § 63 Abs. 3 S. 2 InsVV, der für den vorläufigen Insolvenzverwalter gilt, nach dem Vermögen, auf das sich die Tätigkeit des vorläufigen Insolvenzverwalters während des Insolvenzeröffnungsverfahrens erstreckt hat. Da auch der vorläufige Sachwalter im Insolvenzeröffnungsverfahren tätig wird, liegt es nahe, für seine Vergütung § 63 Abs. 3 S. 2 InsO heranzuziehen.[632] Würde man indessen auf § 63 Abs. 1 S. 2 InsO abstellen, so würde der vorläufige Sachwalter für massesteigernde Maßnahmen vergütet, die erst der Sachwalter im eröffneten Insolvenzverfahren durchführt. Dies widerspräche dem Grundsatz der Äquivalenz von Aufgaben, Haftungsrisiken und Vergütung, weswegen letztlich nur § 63 Abs. 3 S. 2 InsO einschlägig sein kann.

Die Norm lässt sich ohne weiteres an die besondere Aufgabenzuweisung des vorläufigen Sachwalters anpassen, indem dasjenige Vermögen veranschlagt wird, auf das sich die Aufsicht des vorläufigen Sachwalters tatsächlich erstreckt hat.[633] Verheimlicht der Schuldner während des Insolvenzeröffnungsverfahrens Vermögen, hat sich der Sachwalter nicht damit auseinandergesetzt und verdient auch keine Vergütung.

Sofern Aus- und Absonderungsrechte betroffen sind, gilt § 11 Abs. 1 S. 2 und S. 3 InsVV entsprechend, denn auch diese Norm knüpft an das Insolvenzeröffnungsverfahren an, egal ob es regulär oder in Eigenverwaltung betrieben wird. Zwar lässt sich dagegen einwenden, dass sich der vorläufige Sachwalter als Aufsichtsperson gar nicht persönlich mit den durch Aus- und Absonderungsrechte belasteten Vermögensgegenständen befasst.[634] Allerdings hat er den Schuldner insoweit zu überwachen. Maßgeblich ist also, ob sich der Schuldner erheblich mit Vermögensgegenständen beschäftigt, die der Aus- und Absonderung unterliegen, und ob der vorläufige Sachwalter ihn dabei beaufsichtigt.[635]

β) Regelsatz

Auf den erhaltenen Vermögenswert muss sodann ein bestimmter Regelsatz angewendet werden. Dessen Höhe ist jedoch umstritten.

In erster Linie sollte Berücksichtigung finden, dass § 270a Abs. 1 S. 2 InsO nur über den Umweg des § 274 Abs. 1 InsO auf die §§ 63 bis 65 InsO verweist. Das Gesetz sieht dabei an zwei Gliedern der Verweisungskette eine entsprechende

---

632 AG Essen NZI 2014, 271 (271); *Haarmeyer/Mock*, InsVV, § 17 Rn. 1; *Mock* ZInsO 2014, 67 (68 f.); *Zimmer* ZInsO 2012, 1658 (1660); *ders.* ZInsO 2013, 2305 (2306).

633 *Friedrichs*, Das Schutzschirmverfahren, S. 89.

634 BGH NZI 2016, 796 (798), *Haarmeyer/Mock*, InsVV, § 17 Rn. 21; *Mock* ZInsO 2014, 67 (68 f.).

635 *Zimmer* ZInsO 2012, 1658 (1662); so auch *Keller* NZI 2016, 753 (754 f.), der darüber hinaus eine aufwandsteigernde Handlungspflicht des vorläufigen Sachwalters gegenüber Dritten anführt, die jedoch mangels entsprechender Kompetenzen des vorläufigen Sachwalters abzulehnen ist.

Anwendung vor, was dafür spricht, im Gegenzug eine zweifache Anpassung vorzunehmen: Zum einen gebietet § 274 Abs. 1 InsO eine Anpassung daran, dass es sich um die Eigenverwaltung und nicht um das Regelinsolvenzverfahren handelt. Zum anderen ist gemäß § 270a Abs. 1 S. 2 InsO zu berücksichtigen, dass nicht das eröffnete Insolvenzverfahren, sondern das Insolvenzeröffnungsverfahren betroffen ist. Dies bedeutet faktisch, dass der in § 2 Abs. 1 InsVV bestimmte Regelsatz, von dem bislang alle übrigen Regelsätze abgeleitet wurden, doppelt korrigiert werden muss. Der vorläufige Insolvenzverwalter erhält gemäß § 63 Abs. 3 S. 2 InsO nur 25 %, der Sachwalter gemäß § 12 Abs. 1 InsVV nur 60 % der Vergütung eines Insolvenzverwalters. Konsequenterweise verdient der vorläufige Sachwalter nur den Bruchteil des Bruchteils, also 15 % des Regelsatzes iSd § 2 Abs. 1 InsVV.[636] Genauso ist die Mindestvergütung gemäß § 2 Abs. 2 InsVV auf 15 % zu verkürzen.

Dieser Überlegung wird jedoch unter zwei Gesichtspunkten widersprochen. Eine Auffassung betont, dass der vorläufige Sachwalter in etwa so viele Aufgaben ausübe wie ein Sachwalter im eröffneten Insolvenzverfahren, weswegen beiden Beteiligten derselbe Regelsatz zustehe.[637] Allerdings trifft diese Behauptung nicht zu. Wie in jedem Insolvenzeröffnungsverfahren hat der vorläufige Sachwalter nur dafür zu sorgen, dass das Vermögen des Schuldners bis zur Entscheidung über den Insolvenzantrag gesichert wird, wohingegen erst nach Eröffnung des Insolvenzverfahrens mit der Verwertung des Vermögens begonnen werden darf. So muss der vorläufige Sachwalter weder die Insolvenzanfechtung betreiben noch die Insolvenztabelle führen. Ferner ist zu beachten, dass das Insolvenzeröffnungsverfahren in der Regel weniger lange als das eröffnete Insolvenzverfahren dauert. So lässt der Gesetzgeber in 270b Abs. 1 InsO erkennen, dass er selbst bei Vorbereitung einer Sanierung nicht mehr als drei Monaten zwischen Stellung und Entscheidung des Insolvenzantrags veranschlagt.[638] Dies alles rechtfertigt deutliche Abschläge.[639]

Dem lässt sich wiederum entgegengehalten, dass die vorläufige Eigenverwaltung und das Schutzschirmverfahren meist äußerst arbeitsintensive Aufgaben bergen, weil in dieser Phase des Verfahrens die Weichen für eine Sanierung gestellt werden. Dies mag zwar richtig sein, jedoch hat der Gesetzgeber die Durchführung einer Sanierung an keiner anderen Stelle des Gesetzes zum Anlass genommen, die Regelvergütung zu erhöhen. Aspekte wie die Fortführung des Geschäftsbetriebs oder die Ausarbeitung eines Insolvenzplans sollen gemäß § 3 Abs. 1 lit. b und lit. e

---

636 LG Bonn NZI 2014, 123 (123); LG Freiburg ZInsO 2016, 185 (185); AG Essen NZI 2014, 271 (271); AG Köln ZIP 2013, 426 (426); AG Wuppertal ZIP 2015, 541 (541); FKInsO/*Foltis* § 270a Rn. 38; Graf-Schlicker/*Graf-Schlicker* § 270a Rn. 11; *Haarmeyer/Mock*, InsVV, § 17 Rn. 21; *Mock* ZInsO 2014, 67 (68).

637 AG Göttingen ZIP 2013, 36 (36); AG Hamburg ZIP 2014, 569 (569); RSI/*Herbst* § 28 Rn. 139; *Madaus* KTS 2015, 115 (130); so auch *Friedrichs*, Das Schutzschirmverfahren, S. 89, der aber Abschläge fordert.

638 *Mock* ZInsO 2014, 67 (68).

639 *Zimmer* ZInsO 2012, 1658 (1661).

InsVV nur Anlass für einzelfallbezogene Zuschläge geben. Der Grund dafür liegt darin, dass der konkrete Aufwand einer Sanierung stark variieren kann, je nachdem ob eine übertragende Sanierung oder eine Sanierung im Wege eines Insolvenzplanverfahrens angestrebt wird.

Im Ergebnis ist davon auszugehen, dass es nicht unbillig ist, die Regelvergütung des vorläufigen Sachwalters gegenüber der eines Sachwalters auf 25 % zu kürzen, so wie auch die Regelvergütung des vorläufigen Insolvenzverwalters gegenüber der eines Insolvenzverwalters auf 25 % zu reduzieren ist. Dies deckt sich im Übrigen auch mit der Intension des Gesetzgebers, die Eigenverwaltung durch Kostenreduktion attraktiver zu machen.

Eine weitere Auffassung stellt heraus, dass dem vorläufigen Sachwalter in etwa dieselben Aufgaben wie einem vorläufigen Insolvenzverwalter zukämen, weswegen die Vergütung beider Beteiligter gleich hoch ausfallen müsse.[640] Darauf ist jedoch zu erwidern, dass die Aufgaben des vorläufigen Sachwalters insoweit hinter denen eines vorläufigen Insolvenzverwalters zurückbleiben, als der vorläufige Sachwalter den Schuldner nur entsprechend den §§ 274 und 275 InsO bei der Sicherung der Insolvenzmasse beaufsichtigt, während ein vorläufiger Insolvenzverwalter eigene Entscheidungsbefugnisse bei der Ausübung von Sicherungsrechten genießt.

Dagegen wird eingewendet, dass der vorläufige Sachwalter dem Schuldner beratend zur Seite stehen müsse, weswegen sein Aufwand nahezu auf den eines vorläufigen Insolvenzverwalters anwachse.[641] Allerdings besteht für solch eine Beratung keine gesetzliche Verpflichtung, weswegen sie auch nicht als obligatorisch angesehen werden darf und damit nicht maßgeblich für die Regelvergütung, sondern allenfalls für Zu- und Abschläge sein kann.

Demzufolge ist eine Kürzung der Regelvergütung des vorläufigen Sachwalters gegenüber der eines vorläufigen Insolvenzverwalters auf 60 % sachlich gerechtfertigt und angesichts des Strebens nach Kostenreduktion geradezu erforderlich.

Im Ergebnis verbleibt es dabei, dass die Regelvergütung des vorläufigen Sachwalters 15 % des Regelsatzes gemäß § 2 Abs. 1 InsVV beträgt.

(5) Anpassung der Regelvergütung

Auf der zweiten Stufe ist die Regelvergütung durch Zu- und Abschläge an den Einzelfall anzupassen. Dabei kann auf das Regelbeispiel in § 12 Abs. 2 InsVV nur insoweit zurückgegriffen werden, wie man in der vorläufigen Eigenverwaltung einen Zustimmungsvorbehalt für statthaft hält.[642]

---

640 FKInsO/*Foltis* § 270a Rn. 32; RSI/*Herbst* § 28 Rn. 139; HRI/*Hofmann* § 6 Rn. 81; *Pape* ZInsO 2013, 2129 (2134); *Zimmer* ZInsO 2012, 1658 (1661 f.); ähnlich BGH NZI 2016, 796 (798), der ohne dogmatische Herleitung des Zahlenwertes einen Zuschlag von 25 % auf die Sachwaltervergütung für angemessen erachtet.

641 *Zimmer* ZInsO 2012, 1658 (1662).

642 AG Essen ZIP 2015, 1796 (1796); aA *Mock* ZInsO 2014, 67 (68 f.) unter Ablehnung eines umfassenden Zustimmungsvorbehalts.

Weiterhin kommen die Regelbeispiele des § 3 InsVV zur Anwendung. Grund dafür ist, dass die Regelbeispiele auch für den Insolvenzverwalter, den vorläufigen Insolvenzverwalter und den Sachwalter gelten, was belegt, dass ihre Wertungen sowohl mit dem Verfahrensmodus der Eigenverwaltung als auch mit dem Stadium des Insolvenzeröffnungsverfahrens vereinbar sind.[643] Zu beachten ist jedoch, dass der konkrete Mehr- oder Minderaufwand des vorläufigen Sachwalters und nicht derjenige des Schuldners herangezogen werden muss, da die Zu- und Abschläge eine individuelle Kompensation für Aufwand und Haftungsrisiken darstellen.[644]

Des Weiteren muss solcher Aufwand unberücksichtigt bleiben, den der vorläufige Sachwalter jenseits seiner gesetzlichen Kompetenzen auf sich nimmt, bspw. wenn er selbst die Insolvenzgeldvorfinanzierung betreibt oder die Mitarbeiter des Schuldners über den Verfahrensstand unterrichtet.[645]

(6) Auslagen

Für die Erstattung von Auslagen gelten die §§ 4 und 8 Abs. 3 InsVV unverändert. Zu beachten ist lediglich die Besonderheit, dass der Pauschbetrag gemäß § 8 Abs. 3 InsVV aus der Regelvergütung des vorläufigen Sachwalters berechnet werden muss, da der Gesetzgeber die durchschnittlichen Auslagen, die einem Beteiligten anfallen, grundsätzlich proportional zu dessen Regelvergütung bewertet.

Ferner sind entsprechend § 4 Abs. 1 S. 3 InsVV die Auslagen für die Beauftragung sachkundiger Dritter zu erstatten. Bringt der vorläufige Sachwalter entsprechend § 10 InsVV iVm § 5 InsVV Sonderwissen in das Verfahren ein, ist er auch dafür zu entschädigen. Insoweit ist er genauso wie ein Sachwalter zu behandeln, mit dem er die Funktion eines aufsichtführenden Amtsträgers teilt.

bb) Einordnung als Masseverbindlichkeit

Der Anspruch des vorläufigen Sachwalters auf Vergütung und Erstattung seiner Auslagen ist gemäß § 270a Abs. 1 S. 2 InsO iVm § 274 Abs. 1 InsO iVm § 54 Nr. 2 InsO als Masseverbindlichkeit einzustufen, nämlich als Teil der Kosten des Insolvenzverfahrens.[646] So fungiert der vorläufige Sachwalter genauso wie ein vorläufiger Insolvenzverwalter als Amtsträger, dessen Vergütung durch vorrangigen Zugriff auf die Insolvenzmasse sichergestellt werden muss. Nur die Auslagen für externe Dienstleister und die Entschädigung für den Einsatz besonderer Sachkunde

---

643 LG Freiburg ZInsO 2016, 185 (185); AG Essen ZIP 2015, 1796 (1796); FKInsO/*Foltis* § 270a Rn. 38.

644 BGH NZI 2016, 796 (798); LG Freiburg ZInsO 2016, 185 (185); AG Essen NZI 2015, 274 (274).

645 BGH NZI 2016, 796 (800 f.); AG Essen ZIP 2015, 1796 (1796); aA *Keller* NZI 2016, 753 (756 f.), der aber nur damit argumentiert, dass die Praxis anders vorgehe.

646 *Haarmeyer/Mock*, InsVV, § 17 Rn. 26; *Zimmer* ZInsO 2012, 1658 (1660).

sind wie bei einem Insolvenzverwalter, einem vorläufigen Insolvenzverwalter und einem Sachwalter den sonstigen Masseverbindlichkeiten aus der Verwaltung der Insolvenzmasse gemäß § 55 Abs. 2 S. 1 InsO zuzuordnen.

c) Anpassung an das Schutzschirmverfahren

Im Schutzschirmverfahren ist wegen der Vergütung des vorläufigen Sachwalters gemäß § 270b Abs. 2 S. 1 InsO auf die Regelung in § 270a Abs. 1 S. 2 InsO zurückzugreifen. Da sich das Schutzschirmverfahren und die vorläufige Eigenverwaltung nur in Hinblick auf die Bindung des Insolvenzgerichts bei der Anordnung von Sicherungsmaßnahmen und der Auswahl des vorläufigen Sachwalters unterscheiden, ergeben sich keine Abweichungen bei der Vergütung und den Auslagen des vorläufigen Sachwalters.

3. Vergütung und Auslagen der Mitglieder des vorläufigen Gläubigerausschusses

Weiterhin beziehen die Mitglieder des vorläufigen Gläubigerausschusses eine Vergütung.

a) Rechtslage im regulären Insolvenzeröffnungsverfahren

Gemäß § 21 Abs. 2 Nr. 1a InsO gilt die Vorschrift des § 73 InsO über die Vergütung der Mitglieder des Gläubigerausschusses auch für die Mitglieder des vorläufigen Gläubigerausschusses.[647]

aa) Entstehung des Vergütungsanspruchs

Maßgeblich für die Höhe der Vergütung ist gemäß § 73 Abs. 1 InsO der konkrete Zeitaufwand und Umfang der Tätigkeit.[648] Weitere Einzelheiten regelt die InsVV, die vermittels § 21 Abs. 2 Nr. 1a InsO iVm § 73 Abs. 2 InsO iVm § 65 InsO zur Anwendung gelangt. So sieht § 17 Abs. 2 S. 1 InsVV vor, dass für die Mitwirkung bei der Bestellung des vorläufigen Insolvenzverwalters eine Pauschale von 300,00 EUR festzusetzen ist. Die Vergütung für alle übrigen Tätigkeiten richtet sich gemäß § 17 Abs. 2 S. 1 InsVV nach § 17 Abs. 1 InsVV. Demnach erhalten die Mitglieder des vorläufigen Gläubigerausschusses je nach Aufwand einen Regelstundensatz zwischen 35,00 EUR und 95,00 EUR, der im Einzelfall zu korrigieren ist. Eine solche Korrektur kommt bspw. in Betracht, wenn besondere Sachkunde eingebracht oder der Vorsitz übernommen wird.

Auslagen werden gemäß § 18 Abs. 1 InsVV nur insoweit erstattet, wie sie im Einzelfall erforderlich sind.

---

647 *Zimmer* ZInsO 2012, 1658 (1664).
648 Uhlenbruck/*Sinz* § 54 Rn. 25.

bb) Einordnung als Masseverbindlichkeit

Der Anspruch auf Vergütung und Erstattung der Auslagen ist gemäß § 54 Nr. 2 InsO als Masseverbindlichkeit einzustufen.

b) Anpassung an die vorläufige Eigenverwaltung

Die Erkenntnisse müssen an die vorläufige Eigenverwaltung angepasst werden.

aa) Entstehung des Vergütungsanspruchs

Für die Vergütung der Mitglieder des vorläufigen Gläubigerausschusses enthält der siebte Teil der InsO genauso wenig eine Regelung wie für die Vergütung der Mitglieder des Gläubigerausschusses.

(1) Grundsatz

Dennoch kann über die Verweisung in § 270 Abs. 1 S. 2 InsO auf die allgemeine Regelung in § 73 Abs. 1 InsO zurückgegriffen werden, wobei insoweit auf die Argumente im Zusammenhang mit der Vergütung der Mitglieder des Gläubigerausschuss rekurriert werden darf.[649] Demnach richtet sich die Vergütung grundsätzlich nach dem Zeitaufwand und dem Umfang der Tätigkeit.

Über § 270 Abs. 1 S. 2 InsO iVm § 73 Abs. 2 InsO iVm § 65 InsO kommt zudem § 17 Abs. 2 S. 1 InsVV zur Anwendung, wonach für ihre Mitwirkung bei Anordnung der Eigenverwaltung – § 270 Abs. 3 InsO – eine Pauschale von 300,00 EUR festzusetzen ist.[650]

Die Vergütung für alle nachfolgenden Tätigkeiten richtet sich gemäß § 270 Abs. 1 S. 2 InsO iVm § 73 Abs. 2 InsO iVm § 65 InsO iVm § 17 Abs. 2 S. 1 InsVV nach § 17 Abs. 1 InsVV. Demnach erhalten die Mitglieder des vorläufigen Gläubigerausschusses für die Mitwirkung einen Regelstundensatz zwischen 35,00 EUR und 95,00 EUR, der wiederum im Einzelfall, bspw. bei Einbringung besonderer Sachkunde oder Übernahme des Vorsitzes, korrigiert werden muss.[651]

Auslagen werden gemäß § 270 Abs. 1 S. 2 InsO iVm § 73 Abs. 2 InsO iVm § 65 InsO iVm § 18 Abs. 1 InsVV nur erstattet, soweit sie im Einzelfall erforderlich sind.[652]

(2) Vergütung für die Bestellung des vorläufigen Sachwalters

Es ließe sich überlegen, ob eine weitere Pauschale für die Mitwirkung bei Auswahl des vorläufigen Sachwalters in Betracht kommt, da § 17 Abs. 2 S. 1 InsVV für die Mitwirkung bei der Auswahl des vorläufigen Insolvenzverwalters eine solche

649 Dazu C.III.3.b)aa)(1).
650 *Friedrichs*, Das Schutzschirmverfahren, S. 77.
651 *Friedrichs*, Das Schutzschirmverfahren, S. 77.
652 *Friedrichs*, Das Schutzschirmverfahren, S. 77.

Pauschale vorsieht und beide Situationen vergleichbar sind. Allerdings hat der Verordnungsgeber eine abweichende Regelung getroffen. § 17 Abs. 2 S. 1 InsVV sieht eine Pauschale von 300,00 EUR entweder für die Mitwirkung bei Anordnung der Eigenverwaltung oder für die Mitwirkung bei Auswahl des vorläufigen Insolvenzverwalters vor. Eine doppelte Pauschale wird gerade nicht angeordnet. Somit geht der Gesetzgeber bewusst davon aus, dass ein einmaliger Fixbetrag von 300,00 EUR in beiden Verfahrensmodi genügt.[653]

bb) Einordnung als Masseverbindlichkeit

Der Anspruch auf Vergütung und Erstattung der Auslagen gehört gemäß § 270 Abs. 1 S. 2 InsO iVm § 54 Nr. 2 InsO zu den Kosten des Insolvenzverfahrens und damit zu den Masseverbindlichkeiten. Andernfalls hätten die Mitglieder des vorläufigen Gläubigerausschusses keinen Anreiz, sich in das Verfahren einzubringen.

c) Anpassung an das Schutzschirmverfahren

Im Schutzschirmverfahren gibt es keine Abweichungen gegenüber der vorläufigen Eigenverwaltung, da der vorläufige Gläubigerausschuss in beiden Verfahrensmodi die gleichen Kompetenzen hat. Dass bei der Mitwirkung an der Anordnung der Eigenverwaltung zusätzlich das Gutachten des Sanierungsexperten ausgewertet werden muss, wohingegen die Bestellung eines bestimmten Sachwalters nicht verhindert werden kann, rechtfertigt keine Erhöhung oder Absenkung der Pauschale von 300,00 EUR, denn unabhängig davon muss der vorläufige Gläubigerausschuss die Interessen der von ihm vertretenen Gläubiger immer umfassend ermitteln und auswerten.

4. Verbindlichkeiten aus der Verwaltung der Insolvenzmasse

Nachfolgend sind die Masseverbindlichkeiten aus der Verwaltung der Insolvenzmasse zu betrachten.

a) Rechtslage im regulären Insolvenzeröffnungsverfahren

Im regulären Insolvenzeröffnungsverfahren kann das Insolvenzgericht gemäß § 21 Abs. 1, Abs. 2 InsO Maßnahmen treffen, um die Insolvenzmasse bis zur Eröffnung des Insolvenzverfahrens zu sichern.

aa) Bestellung eines vorläufigen starken Insolvenzverwalters

Werden gleichzeitig gemäß § 21 Abs. 2 S. 1 Nr. 1 InsO die Bestellung eines vorläufigen Insolvenzverwalters und gemäß § 21 Abs. 2 S. 1 Nr. 2, 1. Var. InsO ein allgemeines Verwaltungs- und Verfügungsverbot für den Schuldner angeordnet,

---

653 Dies stillschweigend ausschließend *Friedrichs*, Das Schutzschirmverfahren, S. 77.

so bestimmt § 22 Abs. 1 S. 1 InsO, dass die Verwaltungs- und Verfügungsbefugnis über das Vermögen des Schuldners auf den vorläufigen „starken" Insolvenzverwalter übergeht. In der Folge regelt § 55 Abs. 2 S. 1 InsO, dass Verbindlichkeiten, die der vorläufige starke Insolvenzverwalter begründet, nach Eröffnung des Insolvenzverfahrens Masseverbindlichkeiten sind.

Dabei entstehen Masseverbindlichkeiten unter denselben Bedingungen wie im eröffneten Insolvenzverfahren, nämlich durch Handlungen des Insolvenzverwalters und aus der sonstigen Verwaltung der künftigen Insolvenzmasse.[654] Anknüpfungspunkt können also Rechtsgeschäfte, rechtsgeschäftsähnliche Handlungen, Prozesshandlungen und tatsächliche Handlungen des vorläufigen starken Insolvenzverwalters sein. Ferner werden öffentliche Abgaben und Ansprüche aus Störerhaftung erfasst.

Auf diese Weise wird ermöglicht, dass der vorläufige starke Insolvenzverwalter den Geschäftspartnern des Schuldners ausreichend Sicherheit bieten kann, um sie zu weiteren geschäftlichen Kontakten zu bewegen und eine Sanierung zu ermöglichen.[655]

bb) Bestellung eines vorläufigen schwachen Insolvenzverwalters

Ordnet das Insolvenzgericht neben der Bestellung eines vorläufigen Insolvenzverwalters nur einen Zustimmungsvorbehalt iSd § 21 Abs. 2 Nr. 2, 2. Var. InsO oder gar keine Sicherungsmaßnahmen an, so kann der vorläufige „schwache" Insolvenzverwalter keine Masseverbindlichkeiten eingehen. Grund dafür ist, dass die wirtschaftlichen Entscheidungen weiterhin vom Schuldner getroffen werden, während der vorläufige schwache Insolvenzverwalter nur überwachend tätig wird. § 55 Abs. 2 InsO ist indessen auf die Situation zugeschnitten, dass ein vorläufiger Insolvenzverwalter die Bewirtschaftung des schuldnerischen Vermögens übernimmt und sich dementsprechend gemäß § 21 Abs. 2 Nr. 1 InsO iVm §§ 60 und 61 InsO persönlich verantworten muss.[656]

Rspr. und hL erkennen allerdings an, dass das Insolvenzgericht den vorläufigen schwachen Insolvenzverwalter im Einzelfall ermächtigen kann, die Verwaltungs- und Verfügungsbefugnis über die künftige Insolvenzmasse auszuüben und in diesem Umfang entsprechend § 55 Abs. 2 InsO Masseverbindlichkeiten zu begründen. Als Rechtsgrundlage für derartige Einzelermächtigungen dienen die §§ 21 Abs. 1 und 22 Abs. 2 InsO, wonach das Insolvenzgericht die Rechte eines vorläufigen schwachen Insolvenzverwalters im Einzelfall festlegen kann, soweit sie zur Sicherung der Insolvenzmasse erforderlich sind. Dabei entspricht es dem Verhältnismäßigkeitsgrundsatz, wenn als Minus zur Bestellung eines vorläufigen starken Insolvenzverwalters ein vorläufiger schwacher Insolvenzverwalter bestellt

---

654 RegE, BT-Drs. 12/2443, 126; HKInsO/*Lohmann* § 55 Rn. 29 f.; Uhlenbruck/*Sinz* § 55 Rn. 94.

655 MKInsO/*Hefermehl* § 55 Rn. 219.

656 BGH ZIP 2009, 1477 (1477); MKInsO/*Hefermehl* § 55 Rn. 221.

wird, der nur punktuell mit den Rechten eines vorläufigen starken Insolvenzverwalters ausgestattet wird.[657]

Die Ermächtigung kann dabei auf einzelne Rechtsgeschäfte beschränkt werden, bspw. die Aufnahme eines Darlehens zur Vorfinanzierung von Insolvenzgeld. Sie kann aber auch Gruppen von Rechtsgeschäften erfassen, bspw. den Abschluss von Lieferverträgen mit einem bestimmten Hersteller oder für bestimmte Waren. Eine pauschale Ermächtigung ist hingegen unstatthaft, weil sonst die Bestellung eines vorläufigen starken Insolvenzverwalters und dessen weitreichende Haftung umgangen würden.[658]

cc) Ausnahme für Regressansprüche der Bundesagentur für Arbeit

§ 55 Abs. 3 InsO enthält eine Ausnahmeregelung für Lohnforderungen gegen den Schuldner, die wegen der Zahlung von Insolvenzgeld gemäß § 169 S. 1 SGB III auf die Bundesagentur für Arbeit übergegangen sind. Grundsätzlich wären diese Ansprüche gemäß § 55 Abs. 2 S. 2 InsO Masseverbindlichkeiten, wenn der vorläufige starke oder der im Einzelfall ermächtigte schwache Insolvenzverwalter die Arbeitsleistung in Anspruch genommen hat. In Ausnahme dazu stuft § 55 Abs. 3 InsO die auf die Bundesagentur für Arbeit übergegangenen Lohnforderungen zu Insolvenzforderungen herab.[659] Grund dafür ist, dass die Insolvenzmasse entlastet werden soll, um die Zahl von Verfahren zu verringern, die wegen Masseunzulänglichkeit eingestellt werden.[660]

dd) Ausnahme für Forderungen aus Steuerschuldverhältnissen des Schuldners

Umgekehrt regelt § 55 Abs. 4 InsO die Ausnahme, dass alle Ansprüche aus einem Steuerschuldverhältnis des Schuldners Masseverbindlichkeiten sind, wenn ein vorläufiger Insolvenzverwalter sie begründet oder ihrer Begründung auch nur zugestimmt hat.

Mit der Begründung von Masseverbindlichkeiten ist gemeint, dass der vorläufige Insolvenzverwalter in Hinblick auf das dem Steuerschuldverhältnis zugrunde liegende Rechtsgeschäft ermächtigt sein muss, Masseverbindlichkeiten einzugehen.[661] Die Zustimmung zur Begründung von Masseverbindlichkeiten meint den Fall, dass der vorläufige Insolvenzverwalter mit einem wirksamen Zustimmungsvorbehalt ausgestattet sein muss. Eine faktische Zustimmung reicht nicht aus. Grund dafür ist, dass nach der früheren Rspr. nur der vorläufige starke Insolvenzverwalter, nicht aber der

---

657 BGH ZIP 2002, 1625 (1625); MKInsO/*Hefermehl* § 55 Rn. 226; HKInsO/*Lohmann* § 55 Rn. 28.

658 MKInsO/*Hefermehl* § 55 Rn. 226.

659 *Geißler* ZInsO 2013, 531 (533); MKInsO/*Hefermehl* § 55 Rn. 236.

660 RegE, BT-Drs. 14/5680, 17, 25.

661 MKInsO/*Hefermehl* § 55 Rn. 239; Uhlenbruck/*Sinz* § 55 Rn. 113.

vorläufige schwache Insolvenzverwalter Steuerschulden als Masseverbindlichkeiten begründen konnte. Dies wurde als Mittel der Steuervermeidung ausgenutzt, indem die Bestellung eines vorläufigen starken Insolvenzverwalters durch die Bestellung eines vielseitig ermächtigten schwachen Insolvenzverwalters umgangen wurde. Diese Umgehung sollte mit Einführung von § 55 Abs. 4 InsO beseitigt werden. Eine Anwendung dieser Norm rechtfertigt sich also nur dort, wo tatsächlich eine Umgehung droht, also wenn der vorläufige schwache Insolvenzverwalter formell zu Sicherungsmaßnahmen ermächtigt ist und von dieser Ermächtigung auch Gebrauch macht.[662]

b) Anpassung an die vorläufige Eigenverwaltung

Die Erkenntnisse lassen sich auf die vorläufige Eigenverwaltung übertragen.

aa) Rückschlüsse aus § 270b Abs. 3 InsO

Dabei ist zunächst zu erörtern, inwieweit sich aus dem Umstand Rückschlüsse ziehen lassen, dass § 270a InsO anders als § 270b Abs. 3 InsO keine ausdrückliche Regelung über die Begründung von Masseverbindlichkeiten enthält.[663]

(1) Anwendbarkeit von § 270b Abs. 3 InsO

Zunächst fragt sich, ob § 270b Abs. 3 InsO in der vorläufigen Eigenverwaltung unmittelbar oder entsprechend angewendet werden kann.

Dagegen spricht, dass § 270a InsO keine Verweisung auf § 270b Abs. 3 InsO enthält. Auch aus der Systematik des Gesetzes folgt keine solche Bezugnahme, weil nicht § 270a InsO einen Unterfall von § 270b InsO, sondern umgekehrt § 270b InsO einen Unterfall von § 270a InsO darstellt.[664] Die Ausnahme darf nicht zur Regel ausgeweitet werden.[665]

In die gleiche Richtung weist die Normgeschichte. § 270b Abs. 3 InsO wurde auf Vorschlag des Rechtsausschusses des Bundestages mit der Begründung eingeführt, dass es in der kritischsten Phase der Sanierung möglich sein muss, Masseverbindlichkeiten zu begründen, etwa um ein Massedarlehen zu besichern. Dabei wurde einschränkend betont, dass dies nur solange gilt, wie noch keine Zahlungsunfähigkeit eingetreten und mithin das Schutzschirmverfahren noch statthaft ist.[666]

---

662 RegE, BT-Drs. 17/3030, 42; BFH NZI 2015, 240 (240); MKInsO/*Hefermehl* § 55 Rn. 239.

663 Offen *Jaffé* FS Vallender 2015, 281 (284).

664 AG Hannover ZInsO 2016, 1535 (1535); *Thole/Brünkmans* ZIP 2013, 1097 (1097); *Undritz* BB 2012, 1551 (1552); *Willemsen/Rechel*, Kommentar zum ESUG, § 270 Rn. 3, § 270b Rn. 7.

665 AG Fulda ZIP 2012, 1471 (1471 ff.); AG Hannover ZInsO 2016, 1535 (1535); *Undritz* BB 2012, 1551 (1552); *Zipperer* EWiR 2012, 361 (361).

666 Beschlussempfehlung des Rechtsausschusses des Bundestages, RegE, BT-Drs. 17/7511, 37.

Demzufolge hat der Gesetzgeber mit § 270b Abs. 3 InsO eine auf das Schutzschirmverfahren zugeschnittene Regelung geschaffen, die nicht auf andere Verfahrensmodi übertragen werden kann.

Damit ist § 270b Abs. 3 InsO in der vorläufigen Eigenverwaltung nicht anwendbar.[667]

(2) Ausschlusswirkung von § 270b Abs. 3 InsO

Fraglich ist ferner, ob aus der Existenz von § 270b Abs. 3 InsO im Umkehrschluss gefolgert werden kann, dass in der vorläufigen Eigenverwaltung mangels einer vergleichbaren Vorschrift keine Möglichkeit zur Begründung von Masseverbindlichleiten besteht.

Für solch eine Überlegung spricht auf den ersten Blick, dass § 270b InsO strengere Voraussetzungen als § 270a InsO enthält und dass entsprechend diesem Gefälle in den Tatbestandsmerkmalen auch ein Gefälle in den Rechtsfolgen erkennbar bleiben muss.[668]

Diese Argumentation ist durchaus schlüssig. Allerdings eröffnet ein zweiter Blick, dass das Gefälle in den Rechtsfolgen weniger deutlich ausgeprägt ist. So gewährt § 270b Abs. 3 InsO dem Schuldner einen Anspruch darauf, durch seine Handlungen Masseverbindlichkeiten begründen zu dürfen. Der Schuldner soll sich dem gerichtlichen Ermessen entziehen können, um Zeit für die ungestörte Ausarbeitung eines Insolvenzplans zu gewinnen.[669] § 270a InsO gewährt dem Schuldner keinen solchen Anspruch, sondern – wie noch darzulegen sein wird – die bloße Möglichkeit, zur Begründung von Masseverbindlichkeiten ermächtigt zu werden. Insoweit bleibt ein Gefälle in den Rechtsfolgen sichtbar.[670]

Der Normgeschichte lassen sich keine Argumente entnehmen. § 270b Abs. 3 InsO wurde durch den Rechtsausschuss des Bundestages nachträglich in den Entwurf des ESUG eingefügt, ohne dass Erwägungen angestellt wurden, wie die Norm auf § 270a InsO abzustimmen ist.[671] Am ehesten kann von einem fehlenden Problembewusstsein des Gesetzgebers ausgegangen werden.[672]

---

667 AA AG Fulda ZIP 2012, 1471 (1471 ff.); *Willemsen/Rechel*, Kommentar zum ESUG, § 270a Rn. 17, 21; offen *Pape* FS Haarmeyer 2013, 219 (227).

668 So OLG Jena NZI 2016, 784 (784); AG Fulda ZIP 2012, 1471 (1473); AG Hamburg ZIP 2012, 787 (787); *Nöll* ZInsO 2013, 745 (750); *Weissinger* NZI 2013, 343 (344); *Schelo* ZIP 2012, 712 (714); so auch AG Hannover ZInsO 2016, 1535 (1535), das die weiterreichende Schlussfolgerung zieht, dass eine Gesamtermächtigung nur im Schutzschirmverfahren, aber nicht in der vorläufigen Eigenverwaltung möglich sei.

669 *Desch* BB 2011, 841 (842, 845); *Flöther* ZIP 2012, 1833 (1837); *Geißler* ZInsO 2013, 531 (535 f.); *Klinck* ZIP 2013, 853 (854 f.); HKInsO/*Kreft* § 270a Rn. 18; *Oppermann/Smid* ZInsO 2012, 862 (863 f.); *Schelo* ZIP 2012, 712 (713); *Weissinger* NZI 2013, 343 (344).

670 *Klinck* ZIP 2013, 853 (859); *Undritz* BB 2012, 1551 (1555).

671 Beschlussempfehlung des Rechtsausschusses des Bundestages, BT-Drs. 17/7511, 37.

672 *Hübler*, Die Eigenverwaltung, S. 249; *Pleister/Tholen* ZIP 2013, 526 (526).

Dafür ist der Normzweck aussagekräftig. An dieser Stelle greift das Argument durch, dass eine Sanierung nur dann Erfolg verspricht, wenn Masseverbindlichkeiten bereits vor Eröffnung des Insolvenzverfahrens begründet werden können.[673] So werden Darlehen nur dann an den Schuldner ausgereicht, wenn der Rückzahlungsanspruch durch den Zugriff auf die künftige Insolvenzmasse gesichert wird. Derlei Darlehen sind erforderlich, um Liquiditätslücken zu schließen, die durch die plötzliche Fälligkeit bereits bestehender Darlehen und anderer Verbindlichkeiten aufreißen. Zudem muss Kapital für eine Restrukturierung des schuldnerischen Unternehmens gewonnen werden.

Unter diesen Umständen kann § 270b Abs. 3 InsO nicht die Wertung unterstellt werden, dass in der vorläufigen Eigenverwaltung die Begründung von Masseverbindlichkeiten ausgeschlossen ist.[674]

(3) Erst-Recht-Schluss aus § 270b Abs. 3 InsO

Weiterhin lässt sich überlegen, ob der Schuldner in der vorläufigen Eigenverwaltung auch ohne eine gerichtliche Ermächtigung Masseverbindlichkeiten begründen kann.

Diese Auffassung könnte auf den Erst-Recht-Schluss gestützt werden, dass in § 270b Abs. 3 S. 1 InsO eine gerichtliche Ermächtigung des Schuldners zur Begründung von Masseverbindlichkeiten vorgesehen ist, während § 270a InsO eine solche Ermächtigung nicht für notwendig erachtet. Möglicherweise geht der Gesetzgeber wie selbstverständlich davon aus, dass der Schuldner in der vorläufigen Eigenverwaltung befugt ist, die künftige Insolvenzmasse zu verpflichten.[675]

Dieser Ansatz verkennt jedoch, dass das Schutzschirmverfahren einen Unterfall der vorläufigen Eigenverwaltung darstellt.[676] § 270b Abs. 3 S. 1 InsO soll dem Schuldner im Gegenzug für die Wahrung strengerer Voraussetzungen einen Anspruch auf die Ermächtigung zur Begründung von Masseverbindlichkeiten gewähren.[677] Die Norm dient hingegen nicht dazu, eine originäre Kompetenz des Schuldners zur Begründung von Masseverbindlichkeiten durch einen Ermächtigungsvorbehalt einzuschränken.

---

673 LG Duisburg ZIP 2012, 2453 (2453 ff.); AG Hamburg ZIP 2012, 787 (787 ff.); AG Köln ZIP 2012, 719 (719 ff.); AG München ZIP 2012, 1470 (1470 ff.); *Buchalik/Kraus* ZInsO 2013, 815 (816); *Hübler*, Die Eigenverwaltung, S. 248; *Klinck* ZIP 2013, 853 (854 f.); *Pleister/Tholen* ZIP 2013, 526 (526); *Vallender* NZI 2013, 342 (343); *Willemsen/Rechel*, Kommentar zum ESUG, § 270a Rn. 18.

674 AG München ZIP 2012, 1470 (1470); *Hübler*, Die Eigenverwaltung, S. 248; *Oppermann/Smid* ZInsO 2012, 862 (866); Schmidt/*Undritz* § 270a Rn. 6; *Willemsen/Rechel*, Kommentar zum ESUG, § 270a Rn. 15; *Zipperer* EWiR 2012, 361 (361).

675 AG Montabaur ZIP 2013, 899 (899).

676 *Thole/Brünkmans* ZIP 2013, 1097 (1097); *Undritz* BB 2012, 1551 (1552); *Willemsen/Rechel*, Kommentar zum ESUG, § 270 Rn. 3, § 270b Rn. 7.

677 Kritisch *Klinck* ZIP 2013, 853 (856).

Im Ergebnis können aus § 270b Abs. 3 InsO keinerlei Rückschlüsse auf die Auslegung von § 270a InsO gezogen werden.

bb) Erfordernis der Ermächtigung

In der vorläufigen Eigenverwaltung sind die allgemeinen Vorschriften über das reguläre Insolvenzeröffnungsverfahren anwendbar, wobei diese an eine abweichende Kompetenzordnung anzupassen sind. So hat das Insolvenzgericht diejenigen Sicherungsmaßnahmen, die es im regulären Insolvenzeröffnungsverfahren einem vorläufigen Insolvenzverwalter anvertrauen würde, entlang der Kompetenzverteilung in den §§ 274 und 275 InsO dem Schuldner und dem vorläufigen Sachwalter zu übertragen.

Demzufolge gilt auch in der vorläufigen Eigenverwaltung das Prinzip, dass das Insolvenzgericht durch wirksamen Beschluss zur Begründung von Masseverbindlichkeiten ermächtigen muss.[678] Den Vertretern der Auffassung, dass es keiner Ermächtigung bedürfe,[679] ist auch an dieser Stelle entgegenzuhalten, dass die hoheitliche Befugnis zur Verpflichtung der künftigen Insolvenzmasse weder aus der Privatautonomie des Schuldners noch aus der Anordnung der vorläufigen Eigenverwaltung abgeleitet werden kann, sondern genauso wie im regulären Insolvenzeröffnungsverfahren ausschließlich aus einer Ermächtigung durch das Insolvenzgericht.[680]

cc) Adressat der Ermächtigung

Die allgemeinen Vorschriften ermöglichen entweder die Bestellung eines vorläufigen starken Insolvenzverwalters, der durch alle seine Handlungen Masseverbindlichkeiten begründet, oder die Bestellung eines vorläufigen schwachen Insolvenzverwalters, der im Einzelfall zur Eingehung von Masseverbindlichkeiten ermächtigt werden kann. Es ist zu erörtern, wer in der vorläufigen Eigenverwaltung an die Stelle des vorläufigen starken oder schwachen Insolvenzverwalters tritt.

(1) Ermächtigung des Schuldners

Zunächst ist zu prüfen, ob der Schuldner mit der Befugnis zur Begründung von Masseverbindlichkeiten ausgestattet werden kann.

---

678 AG Hannover ZInsO 2016, 1535 (1535); *Andres/Leithaus*, InsO, § 270a Rn. 9; *Hofmann*, Eigenverwaltung, Rn. 380; *König*, Die Haftung in der Eigenverwaltung, S. 301; *Madaus* KTS 2015, 115 (122); *Meller-Hannich* KTS 2017, 309 (312); *Schädlich* NZI 2016, 444 (444); *Vallender* GmbHR 2012, 445 (447); dies andeutend BGH NZI 2016, 443 (443).

679 AG Hannover ZInsO 2015, 1112 (1112); *Frind* ZInsO 2012, 1099 (1101 f.); *Gutmann/Laubereau* ZInsO 2012, 1861 (1865); *Oppermann/Smid* ZInsO 2012, 862 (865 f.); so bereits vor Einführung des ESUG *Ehricke* ZIP 2002, 782 (787).

680 OLG Jena NZI 2016, 784 (784); *Klinck* ZIP 2013, 853 (859).

Der Wortlaut des Gesetzes weist ihm dieses Recht nicht ausdrücklich zu. So enthält § 270a InsO keine positive Regelung, welche Kompetenzen der Schuldner innehat. Er wird lediglich vor der übermäßigen Beschränkung seiner – wie auch immer gearteten – Befugnisse geschützt. Teilweise wird darin eine Regelungslücke gesehen, die es durch Analogiebildung zu schließen gilt.[681]

Dies trifft aber nicht zu, denn § 270a Abs. 1 S. 2 InsO enthält in Kombination mit den Vorschriften über das reguläre Insolvenzeröffnungsverfahren die Anordnung, dass der Schuldner und der vorläufige Sachwalter entlang der Kompetenzverteilung in den §§ 274 und 275 InsO die Funktionen eines vorläufigen Insolvenzverwalters übernehmen. In der Eigenverwaltung gestaltet sich die Kompetenzverteilung derart, dass der Schuldner wirtschaftliche Entscheidungen einschließlich der Begründung von Masseverbindlichkeiten trifft und nach außen umsetzt, wobei ihn der Sachwalter lediglich beaufsichtigt. Demnach muss es dem Schuldner auch in der vorläufigen Eigenverwaltung obliegen, über die Eingehung von Masseverbindlichkeiten zu entscheiden und diese gegenüber Dritten zu begründen.[682]

Dabei lässt sich auch auf die Argumente des Gesetzgebers bei Einführung des ESUG rekurrieren, wonach die Kontinuität der Verwaltungs- und Verfügungsbefugnis des Schuldners in der Phase des Insolvenzeröffnungsverfahrens gewährleistet werden sollte.[683] Der Schuldner soll seine betriebswirtschaftlichen Fähigkeiten und branchenspezifischen Kenntnisse möglichst kontinuierlich einbringen. Dies gelingt ihm nur, wenn er im Geschäftsverkehr ohne Unterbrechung für die künftige Insolvenzmasse entscheiden und handeln darf.[684] Dass hierbei die Begründung von Masseverbindlichkeiten eine wichtige Rolle spielt, hat der Rechtsausschuss des Bundestages für das Schutzschirmverfahren ausdrücklich anerkannt, indem er § 270b Abs. 3 InsO eingefügt hat.[685] In der vorläufigen Eigenverwaltung kann nichts anderes gelten.

Damit ist der Schuldner der richtige Adressat für die Ermächtigung zur Begründung von Masseverbindlichkeiten.[686]

(2) Ermächtigung des vorläufigen Sachwalters

Fraglich ist, ob daneben auch der vorläufige Sachwalter mit der Befugnis zur Verpflichtung der künftigen Insolvenzmasse ausgestattet werden kann.

---

681 So wohl Schmidt/*Undritz* § 270a Rn. 6.

682 *König*, Die Haftung in der Eigenverwaltung, S. 301.

683 *Doliwa*, Die geplante Insolvenz, S. 159.

684 *Buchalik/Kraus* ZInsO 2013, 815 (816); *Jaffé* FS Vallender 2015, 281 (284); *Mönning* FS Wellensiek 2011, 641 (644); *Undritz* BB 2012, 1551 (1555); *Vallender* GmbHR 2012, 445 (447); so bereits vor Einführung des ESUG *Doliwa*, Die geplante Insolvenz, S. 159.

685 Beschlussempfehlung des Rechtsausschusses des Bundestages, BT-Drs. 17/7511, 37.

686 *Andres/Leithaus*, InsO, vor §§ 270a Rn. 9; *Hofmann*, Eigenverwaltung, Rn. 380.

In diese Richtung weist der Wortlaut von § 270a Abs. 1 S. 2 InsO, wonach „an die Stelle" des vorläufigen Insolvenzverwalters der vorläufige Sachwalter tritt.[687] Allerdings ist mit dieser Formulierung nicht gemeint, dass der vorläufige Sachwalter auch funktionell in die Position des vorläufigen Insolvenzverwalters einrückt, denn vermittels der Verweisung in § 270a Abs. 1 S. 2 InsO auf die §§ 274 und 275 InsO wird gerade eine abweichende Kompetenzverteilung festgelegt. Im eröffneten Insolvenzverfahren werden die §§ 274 und 275 InsO dahingehend verstanden, dass der Sachwalter den Schuldner nur im Innenverhältnis beaufsichtigt, ohne gegenüber Dritten Masseverbindlichkeiten begründen zu dürfen.[688] Demzufolge kann auch der vorläufige Sachwalter, für den die §§ 274 und 275 InsO entsprechend gelten, nicht mit weiterreichenden Befugnissen ausgestattet werden.[689]

Gegen eine Ermächtigung des Sachwalters spricht auch die Normgeschichte, denn ein treibendes Argument bei Einführung des ESUG war, dem Schuldner die Verwaltungs- und Verfügungsbefugnis im Insolvenzeröffnungsverfahren kontinuierlich zu belassen.[690] So neigte die Rspr. vor Erlass des ESUG dazu, dem Schuldner trotz eines Antrags auf Eigenverwaltung die Verwaltungs- und Verfügungsbefugnis durch Bestellung eines vorläufigen Insolvenzverwalters zu entziehen. Wurde die Eigenverwaltung dann mit Eröffnung des Insolvenzverfahrens angeordnet, zeigte sie keine Wirkung mehr, weil der Schuldner faktisch von dem vorläufigen Insolvenzverwalter aus der Geschäftsleitung verdrängt worden war. Dies sollte das ESUG ändern, indem es dem Schuldner die Chance gewährte, seine Verwaltungs- und Verfügungsbefugnis ununterbrochen zu bewahren. Diese Maßnahme ergibt aber nur dann einen Sinn, wenn der Schuldner den Geschäftspartnern zusichern kann, dass die von ihm begründeten Verbindlichkeiten nach Eröffnung des Insolvenzverfahrens aus der Insolvenzmasse befriedigt werden können. Bei alledem sollte der Sachwalter den Schuldner nur beaufsichtigen und sich anders als ein vorläufiger Insolvenzverwalter nicht zum Verhandlungspartner aufschwingen. So heißt es in der Beschlussempfehlung des Rechtsausschusses des Bundestages ausdrücklich, dass „der vorläufige Sachwalter [...] nicht mehr Kompetenzen haben [kann] als der Sachwalter bei der Eigenverwaltung".[691]

Unter teleologischen Gesichtspunkten lassen sich auch Argumente für eine Ermächtigung des Sachwalters finden. Die Insolvenzgläubiger sind gerade in der kritischen Phase des Insolvenzeröffnungsverfahrens besonders gefährdet, weil

---

687 AG Duisburg, Bes. v. 6.11.2012 – 62 IN 178/12 (nv); AG Hamburg ZIP 2012, 787 (787 f.); dies für naheliegend haltend *Obermüller* ZInsO 2011, 1809 (1816); aA *Undritz* BB 2012, 1551 (1553).

688 Dazu C.III.5.b)(3)–(5).

689 AG Essen ZIP 2015, 841 (841); AG Köln ZIP 2012, 788 (788); *Frind* ZInsO 2012, 1099 (1102 f.); *Hübler*, Die Eigenverwaltung, S. 252 f.; *Undritz* BB 2012, 1551 (1553); *Vallender* GmbHR 2012, 445 (448); unter Verweis auf die Systematik *Pape* FS Haarmeyer 2013, 219 (227).

690 Beschlussempfehlung des Rechtsausschusses des Bundestages, BT-Drs. 17/7511, 37.

691 Beschlussempfehlung des Rechtsausschusses des Bundestages, BT-Drs. 17/7511, 50.

unvermindert laufende Kosten wie Löhne und Mieten anfallen. Dies könnte es als vorzugswürdig erscheinen lassen, eine neutrale und insolvenzrechtlich geschulte Person wie den vorläufigen Sachwalter über die Eingehung weiterer Verbindlichkeiten entscheiden zu lassen.[692]

Jedoch würde dadurch die Privilegierung des Schuldners unterlaufen, wie sie in § 270a InsO zum Ausdruck kommt.[693] Der Schuldner soll seine betriebswirtschaftlichen Fähigkeiten und branchenspezifischen Kenntnisse kontinuierlich in das Verfahren einbringen und eine konsistente Strategie für eine Restrukturierung seines Unternehmens entwickeln können. Damit verträgt es sich nicht, wenn der vorläufige Sachwalter die entscheidenden Geschäfte ohne oder sogar gegen den Willen des Schuldners abschließen könnte.[694]

Ein hinreichender Schutz lässt sich schon dadurch gewährleisten, dass die Insolvenzgläubiger Mitwirkungsrechte erlangen, die sie über den vorläufigen Gläubigerausschuss verwirklichen können – allen voran das Recht, die Aufhebung der vorläufigen Eigenverwaltung zu fordern. Indem der vorläufige Sachwalter den Schuldner engmaschig beaufsichtigt, kann er die Gläubiger und das Insolvenzgericht zügig über drohende Nachteile unterrichten. Ein rückwirkender Schutz kann durch eine konsequente Haftung des Schuldners verwirklicht werden.

Die Ermächtigung des vorläufigen Sachwalters ist unter teleologischen Gesichtspunkten also nicht erforderlich und in der Systematik und Historie des Gesetzes nicht angelegt. Folglich kann nur der Schuldner zur Eingehung von Masseverbindlichkeiten ermächtigt werden.

dd) Umfang der Ermächtigung

Im Folgenden ist zu untersuchen, ob das Insolvenzgericht den Schuldner sowohl mit Gesamt- als auch mit Einzelermächtigungen ausstatten kann.

(1) Gesamtermächtigung

Gegen eine Gesamtermächtigung spricht, dass diese im regulären Insolvenzeröffnungsverfahren auf § 55 Abs. 2 InsO iVm §§ 21 Abs. 2 S. 2 und 22 Abs. 1 S. 1 InsO gestützt wird. In der vorläufigen Eigenverwaltung ist gemäß § 270a Abs. 1 S. 1 InsO aber ausdrücklich von Maßnahmen gemäß § 21 Abs. 2 Nr. 2 InsO abzusehen. Damit scheint ein Teil der erforderlichen Rechtsgrundlage nicht anwendbar.[695]

Diese Erwägung verkennt jedoch die Bedeutung von § 270a Abs. 1 S. 1 InsO. Die Norm soll nur eine Beschränkung der Rechte des Schuldners vermeiden. Sie soll nicht verhindern, dass der Schuldner weitere Rechte erhält.

---

692 AG Hamburg ZIP 2012, 787 (787); *Klinck* ZIP 2013, 853 (855).

693 *Frind* ZInsO 2012, 1099 (1100); *Klinck* ZIP 2013, 853 (860).

694 *Frind* NZI 2014, 977 (979); so bereits vor Einführung des ESUG *Ehricke* ZIP 2002, 782 (783 f.).

695 *Obermüller* ZInsO 2011, 1809 (1816).

Die Systematik ist freilich missverständlich, was aber nur der komplizierten Verweisungskette im regulären Insolvenzeröffnungsverfahren geschuldet ist. Erstens entzieht § 21 Abs. 2 Nr. 2 InsO dem Schuldner die Verwaltungs- und Verfügungsbefugnis; zweitens weist § 22 Abs. 1 InsO die Verwaltungs- und Verfügungsbefugnis dem vorläufigen starken Insolvenzverwalter zu; drittens erhebt § 55 Abs. 2 InsO die von dem vorläufigen starken Insolvenzverwalter begründeten Forderungen zu Masseverbindlichkeiten. Diese Regelungstechnik lässt sich an die vorläufigen Eigenverwaltung anpassen. Der erste und zweite Schritt können dahingehend modifiziert werden, dass das Insolvenzgericht dem Schuldner die Verwaltungs- und Verfügungsbefugnis über sein Vermögen neben seinen privatautonomen Rechten zusätzlich hoheitlich einräumt. Daran anknüpfend können im dritten Schritt die Forderungen aus hoheitlich legitimierten Verwaltungshandlungen als Masseverbindlichkeiten eingestuft werden.[696]

Dagegen wird eingewendet, dass § 270a InsO den § 55 Abs. 2 InsO anders als § 270b Abs. 3 S. 2 InsO nicht in Bezug nimmt.[697] Allerdings sind Rückschlüsse von § 270b InsO auf § 270a InsO – wie oben dargestellt – unzulässig.[698]

Vielmehr muss das teleologische Argument gelten, dass der Schuldner seine Kenntnisse und Fähigkeiten nur dann frei entfalten kann, wenn er spontan Verbindlichkeiten begründen darf, ohne zuvor eine Einzelermächtigung des Insolvenzgerichts einholen zu müssen.[699] Schenkt das Insolvenzgericht dem Schuldner hinreichend Vertrauen für eine Gesamtermächtigung, besteht kein Grund, warum es diese nicht aussprechen sollte. Im Zweifel würde das Insolvenzgericht eine Gesamtermächtigung ohnehin durch die großzügige Erteilung von Einzelermächtigungen umgehen. Effizienter für den Schutz der Insolvenzgläubiger ist es, wenn sich das Insolvenzgericht bei Anordnung einer Gesamtermächtigung die Bedeutung dieser weitereichenden Sicherungsmaßnahme einmalig vor Augen führt und sorgfältig gegen die Risiken abwägt.

Sofern man Bedenken hat, dass der Schuldner die künftige Insolvenzmasse auf diese Weise verschwenden könnte, sei darauf verwiesen, dass der Gesetzgeber diese Gefahr erkannt hat und ihr durch die Aufsicht des vorläufigen Sachwalters und das Recht des vorläufigen Gläubigerausschusses, die Aufhebung der vorläufigen Eigenverwaltung zu beantragen, begegnet ist. Zudem kann der Schuldner für sein Handeln rückwirkend haftbar gemacht werden.

Damit sind Gesamtermächtigungen vermittels modifizierter Anwendung von § 55 Abs. 2 InsO iVm §§ 21 Abs. 2 S. 2 und 22 Abs. 1 S. 1 InsO zulässig.[700]

---

696 Dies andeutend *Klinck* ZIP 2013, 853 (861); so auch *Oppermann/Smid* ZInsO 2012, 862 (866), die eine Analogie zu § 22 InsO für erforderlich halten.

697 AG Essen ZIP 2015, 841 (841); AG Hannover ZInsO 2016, 1535 (1535).

698 Dazu D.III.4.b)aa).

699 *Flöther* ZInsO 2014, 465 (470).

700 LG Duisburg ZIP 2012, 2453 (2453); AG München ZIP 2012, 1470 (1470); *Buchalik/Kraus* ZInsO 2013, 815 (817); *Hofmann*, Eigenverwaltung, Rn. 388; *Pape* FS Haarmeyer 2013, 219 (227 f.); *Weissinger* NZI 2013, 343 (344).

(2) Einzelermächtigungen

Einzelermächtigungen können auf § 55 Abs. 2 InsO iVm §§ 21 Abs. 1 und 22 Abs. 2 InsO gestützt werden.[701] Wie im regulären Insolvenzeröffnungsverfahren gilt der Erst-Recht-Schluss, dass zum Schutz der Insolvenzmasse als milderes gleich geeignetes Mittel auch Einzelermächtigungen möglich sein müssen, wenn sogar eine Gesamtermächtigung statthaft ist.[702]

ee) Bindungswirkung der Ermächtigung

Zu prüfen ist, ob die Ermächtigung durch das Insolvenzgericht eine Bindungswirkung entfaltet oder ob der Schuldner frei wählen kann, ob er von der Ermächtigung Gebrauch macht.

(1) Wahlrecht

Für ein freies Wahlrecht lässt sich die Parallele zum eröffneten Insolvenzverfahren ins Feld führen. In der Eigenverwaltung werden Masseverbindlichkeiten und Neuschulden nach dem Kriterium abgegrenzt, ob der Schuldner sein Handeln auf sein Amt bezieht. Dementsprechend könnte die Abgrenzung in der vorläufigen Eigenverwaltung danach erfolgen, ob der Schuldner eine Handlung auf die hoheitliche Ermächtigung zur Begründung von Masseverbindlichkeiten stützt.[703]

Dagegen wird eingewendet, dass der Schuldner im Falle eines Wahlrechts Befugnisse erhalte, die sonst nur dem Insolvenzgericht zustünden. So könne er sich faktisch selbst mit Einzelermächtigungen ausstatten.[704] Diese Argumentation verkennt jedoch, dass das Insolvenzgericht nur eine Handlungsermächtigung und keine Handlungsverpflichtung ausspricht. Auf diese Weise gibt es einen Rahmen vor, in dessen Grenzen sich der Schuldner frei bewegen darf.

Ferner ist zu bedenken, dass das Insolvenzgericht den Schuldner nicht zwingen kann, ein bestimmtes Rechtsgeschäft vorzunehmen. Konsequenterweise kann es den Schuldner auch nicht verpflichten, von einer bestimmten Ermächtigung Gebrauch zu machen, wenn dieser ein Rechtsgeschäft vornimmt, welches unter diese Ermächtigung subsumiert werden kann.

Für diese Argumentation spricht weiterhin, dass unter diese Ermächtigung nicht dem Schutz des Geschäftsverkehrs dient, sondern der Sicherung der künftigen Insolvenzmasse. Der Schuldner soll notwendige Masseverbindlichkeiten begründen können, um sein Unternehmen nachhaltig zu bewirtschaften. Indessen sollen die

---

701 *Hübler*, Die Eigenverwaltung, S. 256 – 258; *Meller-Hannich* KTS 2017, 309 (313); *Vallender* GmbHR 2012, 445 (447); NZI 2013, 342 (343); *Weissinger* NZI 2013, 343 (344).

702 AG Essen ZIP 2015, 841 (841); *Buchalik/Kraus* ZInsO 2013, 815 (817).

703 AA *Friedrichs*, Das Schutzschirmverfahren, S. 71, der unter Nichtbeachtung der Amts-Theorie meint, dass die Begründung von Insolvenzforderungen ausnahmsweise vereinbart werden müsse.

704 AG Hannover ZInsO 2016, 1535 (1535).

Geschäftspartner durch die Ermächtigung keine Anwartschaft erwerben, künftig auf die Insolvenzmasse zugreifen zu dürfen.[705]

Zu beachten ist auch, dass der Schuldner seine branchenspezifischen Kenntnisse und betriebswirtschaftlichen Fähigkeiten bei der Verwaltung der künftigen Insolvenzmasse einbringen soll. Die dazu erforderliche Handlungsfreiheit würde beeinträchtigt, wenn das Insolvenzgericht den Schuldner durch bestimmte Ermächtigungen binden könnte.[706]

Im Ergebnis erweist es sich als vorzugswürdig, dass der Schuldner wählen kann, ob er von einer Ermächtigung Gebrauch macht oder nicht.[707]

(2) Schutzwürdiges Vertrauen auf Haftung der künftigen Insolvenzmasse

Das freie Wahlrecht eröffnet die Konstellation, dass der Schuldner von der Ermächtigung zur Begründung von Masseverbindlichkeiten keinen Gebrauch macht, obwohl seine Geschäftspartner auf die Entstehung von Masseverbindlichkeiten vertrauen. Fraglich ist, ob zur Auflösung dieses Interessenkonflikts wie in der Eigenverwaltung auf die Grundsätze der verdeckten Stellvertretung entsprechend § 164 Abs. 1 BGB zurückgegriffen werden kann.

Eine Regelunglücke ist geben, da der Vertrauensschutz des Rechtsverkehrs nicht gesetzlich ausgestaltet ist. Diese Regelungslücke ist nur dann planwidrig, wenn der Rechtsverkehr tatsächlich Vertrauensschutz verdient. Dazu muss eine Interessenabwägung angestellt werden:

Schon die öffentliche Bekanntmachung der Ermächtigung des Schuldners zur Begründung von Masseverbindlichkeiten stellt einen Vertrauenstatbestand dar, denn das Insolvenzgericht trifft in der Regel nur solche Anordnungen, die für das Insolvenzeröffnungsverfahren erforderlich sind und von denen der Schuldner deshalb auch regelmäßig Gebrauch macht. Tut der Schuldner dies ausnahmsweise nicht und weist er auf diese abweichende Haltung nicht hin, so tritt das Interesse der künftigen Insolvenzgläubiger an der Sicherung des schuldnerischen Vermögens hinter das Interesse der Geschäftspartner auf Verpflichtung der künftigen Insolvenzmasse zurück.[708] Ein weiterer Grund dafür ist, dass die Geschäftspartner keine anderweitige Möglichkeit haben, den Willen des Schuldners zu erforschen, wohingegen der Schuldner seinen Willen gefahrlos gegenüber den Geschäftspartnern preisgeben kann. Damit erweist sich die Regelungslücke als planwidrig.

Zudem muss eine vergleichbare Interessenlage bestehen. Für die verdeckte Stellvertretung ist charakteristisch, dass Erklärungen für eine Person abgegeben werden, obwohl nach dem objektiven Empfängerhorizont eine andere Person

705 *Friedrichs*, Das Schutzschirmverfahren, S. 71.

706 *Friedrichs*, Das Schutzschirmverfahren, S. 71.

707 AA *Frind* NZI 2014, 977 (980).

708 Ähnlich *Friedrichs*, Das Schutzschirmverfahren, S. 71, der zumindest ein schutzwürdiges Interesse erkennt.

verpflichtet scheint. In hiesiger Konstellation handelt der Schuldner privatnützig, obwohl es sich für die Geschäftspartner so darstellt, als würde er als Amtsträger mit Wirkung für die künftige Insolvenzmasse handeln. Damit besteht eine vergleichbare Interessenlage.

Im Ergebnis erwerben auch diejenigen Geschäftspartner Masseverbindlichkeiten, die entsprechend dem Grundsatz der verdeckten Stellvertretung in § 164 Abs. 1 BGB darauf vertrauen, dass der Schuldner von seiner Ermächtigung zur Begründung von Masseverbindlichkeiten Gebrauch macht.

(3) Schutzwürdiges Vertrauen auf Haftung des freien Vermögens

Dasselbe muss auch für den umgekehrten Fall gelten, dass der Schuldner von seiner Ermächtigung zur Begründung von Masseverbindlichkeiten Gebrauch macht und die Geschäftspartner glauben, er verpflichte sich persönlich.

ff) Nichtigkeit insolvenzzweckwidriger Handlungen

Wie in der Eigenverwaltung sind auch in der vorläufigen Eigenverwaltung Rechtsgeschäfte zur Begründung offensichtlich insolvenzzweckwidriger Masseverbindlichkeiten nichtig.[709] Zwar ist der Schuldner in der vorläufigen Eigenverwaltung als Amtsträger tätig, soweit er Masseverbindlichkeiten begründet. Seine Rechtsmacht ist damit unbeschränkt. Jedoch verdienen die Geschäftspartner entsprechend den Grundsätzen vom Missbrauch der Vertretungsmacht, § 242 BGB, keinen Schutz, wenn sie die Insolvenzzweckwidrigkeit der Masseverbindlichkeiten kennen oder ohne Umstände erkennen können.

gg) Zustimmungsvorbehalt

Weiterhin gilt es zu untersuchen, ob Handlungen des Schuldners, die zur Begründung von Masseverbindlichkeiten führen, einem Zustimmungsvorbehalt durch den vorläufigen Sachwalter unterworfen werden können.

(1) Gesamtvorbehalt

Gegen einen umfassenden Zustimmungsvorbehalt iSd § 21 Abs. 2 Nr. 2 InsO spricht, dass dieser gemäß § 270a Abs. 1 S. 1 Nr. 2 InsO in der vorläufigen Eigenverwaltung gerade nicht angeordnet werden soll. Zwar wird nur ein Zustimmungsvorbehalt zugunsten eines vorläufigen Insolvenzverwalters ausgeschlossen. Jedoch macht es keinen Unterschied, ob der Schuldner die Zustimmung eines vorläufigen Insolvenzverwalters oder eines vorläufigen Sachwalters einholen muss. Vielmehr würde die Funktion des vorläufigen Sachwalters durch einen umfassenden Zustimmungsvorbehalt in unzulässiger Weise zu der eines vorläufigen Insolvenzverwalters umgedeutet.

709 *Hübler*, Die Eigenverwaltung, S. 253 f.; aA *König*, Die Haftung in der Eigenverwaltung, S. 310 f., der von einer rein privatrechtlichen Funktion des Schuldners ausgeht.

Vereinzelt wird dennoch vertreten, einen umfassenden Zustimmungsvorbehalt in Ausnahmefällen auf § 21 Abs. 2 Nr. 2 InsO zu stützen, weil § 270a Abs. 1 Nr. 2 InsO nur eine Sollvorschrift und kein zwingendes Verbot enthalte.[710] Diese Auffassung ist jedoch abzulehnen. Zwar handelt es sich in der Tat um eine Soll-Vorschrift, jedoch kommt als Alternative zum Absehen von einem absoluten Verfügungsverbot und von einem umfassenden Zustimmungsvorbehalt nur die gänzliche Ablehnung der vorläufigen Eigenverwaltung in Betracht. Andernfalls könnte zwischen dem regulären Insolvenzeröffnungsverfahren und der vorläufigen Eigenverwaltung beliebig abgestuft werden. Derlei Unklarheiten sollte das ESUG zur Stärkung der Schuldnerrechte aber gerade vermeiden.

Ferner ist zu beachten, dass § 270b Abs. 2 S. 1 InsO eine Verweisung auf den Gesamtvorbehalt iSd § 21 Abs. 2 Nr. 2 InsO nicht vorsieht, während auf andere in § 21 Abs. 2 InsO geregelte Sicherungsmaßnahmen sehr wohl verwiesen wird. Dies verdeutlicht, dass der siebte Teil der InsO vor Eröffnung des Insolvenzverfahrens grundsätzlich keinen Gesamtvorbehalt kennt.

Damit scheidet ein umfassender Zustimmungsvorbehalt im Ergebnis aus.

(2) Einzelvorbehalt

In Rspr. und Literatur wird weiter vorgeschlagen, einen partiellen Zustimmungsvorbehalt auf § 21 Abs. 1 InsO zu stützen.[711] Ein solcher wird nicht von vornherein durch § 270a Abs. 1 S. 1 InsO ausgeschlossen.

Aber auch gegen einen partiellen Zustimmungsvorbehalt sprechen systematische Erwägungen. § 270a Abs. 1 S. 2 InsO enthält mit der Verweisung auf die §§ 274 und 275 InsO eine abschließende Regelung, soweit es um die Verteilung der Kompetenzen zwischen Schuldner und vorläufigem Sachwalter geht.[712] So kommen nur diejenigen Regelungen zur Anwendung, die eine interne Mitwirkung an der Begründung von Verbindlichkeiten vorschreiben. Auf § 277 Abs. 1 InsO, der einen Zustimmungsvorbehalt mit Außenwirkung vorsieht, wird gerade nicht Bezug genommen.[713] Die Wertung, nur bestimmte Normen des siebten Teils der InsO für anwendbar zu erklären, darf nicht unterlaufen werden.[714]

Dem lässt sich wiederum die teleologische Erwägung entgegenhalten, dass die Insolvenzgläubiger im Insolvenzeröffnungsverfahren besonders schutzbedürftig sind.[715]

---

710 *Flöther* ZInsO 2014, 465 (470 f.); *Landfermann* WM 2012, 869 (871).

711 AG München ZIP 2012, 1470 (1470); *Obermüller* ZInsO 2011, 1809 (1815).

712 *Undritz* BB 2012, 1551 (1555 f.).

713 AG Hannover ZInsO 2015, 1111 (1111); *Desch* BB 2011, 841 (843); *Ehlers* ZInsO 2015, 1417 (1418); *Frind* ZInsO 2012, 1099 (1103); *ders.* NZI 2014, 977 (978); *Siemon* EWiR 2013, 253 (254); *Undritz* BB 2012, 1551 (1555); aA *Obermüller* ZInsO 2011, 1809 (1815), der sogar § 277 InsO ohne Begründung anwenden will.

714 Schmidt/*Undritz* § 270a Rn. 6; dies ignorierend *Zipperer* EWiR 2012, 361 (362); inkonsequent auch KPB/*Pape* § 270a Rn. 9.

715 *Klinck* ZIP 2013, 853 (861); HeidKInsO/*Kreft* § 270a Rn. 21; *Landfermann* WM 2012, 869 (871).

Durch die Ermächtigung zur Begründung von Masseverbindlichkeiten werden die Wirkungen der Eigenverwaltung in gewisser Weise vorweggenommen, was auch eine Vorwegnahme der Schutzmaßmechanismen erforderlich erscheinen lassen könnte.[716]

Jedoch soll der Schuldner durch § 270a InsO gerade privilegiert werden. Das Insolvenzgericht könnte seine Rechte unterlaufen, indem es ihn im ersten Schritt ermächtigt, Masseverbindlichkeiten zu begründen, diese aber im zweiten Schritt unter einen Zustimmungsvorbehalt stellt. Konsequenter erscheint es, die vorläufige Eigenverwaltung ggf. aufzuheben.[717]

Des Weiteren würde der Schuldner durch die Gefahr eines Zustimmungsvorbehalts von der frühzeitigen Stellung des Insolvenzantrags abgeschreckt. Möglicherweise könnte er sogar versucht sein, einen einmal gestellten Insolvenzantrag gemäß § 270a Abs. 2 InsO zurückzunehmen, wenn er mit einem Zustimmungsvorbehalt bedroht wird.

Damit ist auch ein partieller Zustimmungsvorbehalt unzulässig.[718]

hh) Ausnahme für Regressansprüche der Bundesagentur für Arbeit

Wie im regulären Insolvenzeröffnungsverfahren werden gemäß § 55 Abs. 3 InsO Lohnforderungen, die wegen der Zahlung von Insolvenzgeld gemäß § 169 S. 1 SGB III auf die Bundesagentur für Arbeit übergehen, ausnahmsweise nicht in den Rang von Masseverbindlichkeiten erhoben. Insoweit gibt es in der vorläufigen Eigenverwaltung keine Besonderheiten, weil das Argument, die Insolvenzmasse von Regressansprüchen zu entlasten, erst recht in einem Verfahrensmodus gelten muss, der auf Sanierung ausgerichtet ist.

ii) Ausnahme für Forderungen aus Steuerschuldverhältnissen

Zu erwägen ist, ob auch die Ausnahme gemäß § 55 Abs. 4 InsO zur Anwendung kommt, wonach von einem vorläufigen schwachen Insolvenzverwalter begründete oder genehmigte Ansprüche aus Steuerschuldverhältnissen in den Rang von Masseverbindlichkeiten aufrücken.

Führt man konsequent die Auffassung zu Ende, dass der Schuldner als Amtsträger handelt, wenn er wie ein vorläufiger Insolvenzverwalter von der Ermächtigung zur Begründung von Masseverbindlichkeiten Gebrauch macht, so muss man § 55 Abs. 4 InsO mit der Maßgabe für anwendbar halten, dass an die Stelle der Begründung von Verbindlichkeiten und der Zustimmung zu Verbindlichkeiten durch einen vorläufigen Insolvenzverwalter die Begründung von Verbindlichkeiten durch den Schuldner tritt, der insoweit zur Eingehung von Masseverbindlichkeiten ermächtigt sein muss.

---

716 *Zipperer* EWiR 2012, 361 (262).
717 *Frind* ZInsO 2012, 1099 (1103).
718 *Friedrichs*, Das Schutzschirmverfahren, S. 48.

Eine andere Auffassung vertritt, dass Steuerverbindlichkeiten des Schuldners in der vorläufigen Eigenverwaltung niemals Masseverbindlichkeiten sein könnten, weil der Schuldner grundsätzlich nicht in der Lage sei, Masseverbindlichkeiten zu begründen.[719] Diese Auffassung wird schon durch die Erkenntnis widerlegt, dass der Schuldner sehr wohl zur Eingehung von Masseverbindlichkeiten ermächtigt werden kann.

Eine weitere Auffassung erwägt, dass sämtliche Steuerverbindlichkeiten, die der Schuldner in der vorläufigen Eigenverwaltung begründet, Masseverbindlichkeiten seien, weil es für den Fiskus keine Rolle spiele, ob das Insolvenzeröffnungsverfahren durch einen vorläufigen Insolvenzverwalter oder durch den Schuldner betrieben werde.[720] Doch auch diese Auffassung verkennt, dass der Schuldner in der vorläufigen Eigenverwaltung grundsätzlich privatrechtlich handelt und nur in demjenigen Umfang Masseverbindlichkeiten begründen kann, in dem er gerichtlich ermächtigt worden ist.[721]

Schließlich wird diskutiert, dass Steuerschulden in der vorläufigen Eigenverwaltung immer dann Masseverbindlichkeiten seien, wenn anstelle eines vorläufigen Insolvenzverwalters der vorläufige Sachwalter diese begründe oder ihnen zustimme.[722] Jedoch wird diese Schlussfolgerung schon von ihren eigenen Vertretern zurückgewiesen, weil der vorläufige Sachwalter nicht mit einem vorläufigen Insolvenzverwalter vergleichbar ist. Während der vorläufige Insolvenzverwalter mit außenwirksamen Sicherungsmaßnahmen betraut ist, hat der vorläufige Sachwalter gemäß § 270a Abs. 1 S. 2 InsO iVm §§ 274 und 275 InsO nur interne Aufsichtsfunktionen inne.[723]

Damit hält nur die eingangs genannte Auffassung einer systematischen Betrachtung stand, wonach der Schuldner Steuern insoweit als Masseverbindlichkeiten begründet, wie er hinsichtlich des zugrunde liegenden Schuldverhältnisses zur Eingehung von Masseverbindlichkeiten ermächtigt ist.

In dieselbe Richtung weist die Normgeschichte. In seiner Stellungnahme zum RegE schlug der Bundesrat vor, § 55 Abs. 4 InsO für die vorläufige Eigenverwaltung dahingehend zu ergänzen, dass „Verbindlichkeiten des Insolvenzschuldners aus dem Steuerschuldverhältnis, die von einem vorläufigen Sachwalter oder vom Schuldner mit Zustimmung eines vorläufigen Sachwalters oder vom Schuldner während eines Eröffnungsverfahrens nach § 270a Abs. 1 begründet worden sind“, ebenfalls Masseverbindlichkeiten sein sollen, da der Fiskus sonst durch eine Zunahme von Insolvenzeröffnungsverfahren in Eigenverwaltung ungerechtfertigt

719 OLG Jena NZI 2016, 784 (784); *Meller-Hannich* KTS 2017, 309 (313).
720 LG Erfurt NZI 2016, 32 (33).
721 *Schädlich* NZI 2016, 444 (445).
722 OLG Jena NZI 2016, 784 (784); *Hobelsberger* DStR 2013, 2545 (2547); *Landfermann* WM 2012, 869 (871); *Sterzinger* NZI 2016, 32 (33).
723 OLG Jena NZI 2016, 784 (784); *Hobelsberger* DStR 2013, 2545 (2547); *Sterzinger* NZI 2016, 32 (33).

benachteiligt werde.[724] Demgegenüber betonte die Bundesregierung in ihrer Gegenäußerung, dass § 55 Abs. 4 InsO im Wesentlichen nur klarstelle, was § 55 Abs. 2 InsO bereits regele, nämlich dass Steuern insoweit Masseverbindlichkeiten seien, wie sie aus Schuldverhältnissen resultierten, aus denen auch sonst Masseverbindlichkeiten hervorgingen. Dieser Gleichlauf dürfe nicht verwässert werden.[725] Mit dieser Argumentation setzte sich die Bundesregierung letztendlich durch. Es entspricht also dem erklärten Willen des Gesetzgebers, den Schuldner nur dann, wenn er gegenüber Geschäftspartnern Masseverbindlichkeiten begründet, auch gegenüber dem Fiskus Masseverbindlichkeiten begründen zu lassen.[726]

Auch der Normzweck gelangt zu diesem Ergebnis. § 55 Abs. 4 InsO soll verhindern, dass dem Fiskus Steuern entgehen, weil die Bestellung eines vorläufigen starken Insolvenzverwalters durch die Bestellung eines umfassend ermächtigten vorläufigen schwachen Insolvenzverwalters umgangen wird. Die Eigenverwaltung könnte eine weitere Umgehungsmöglichkeit darstellen, die es durch Anwendung von § 55 Abs. 4 InsO zu beseitigen gilt. Dies ist aber nur insoweit erforderlich, wie der Schuldner Rechte wahrnimmt, die sonst ein vorläufiger Insolvenzverwalter innehätte, nämlich im Geschäftsverkehr Masseverbindlichkeiten zu begründen. Wenn der Schuldner nicht entsprechend ermächtigt ist, droht auch keine Umgehung.

Damit ist § 55 Abs. 4 InsO in der vorläufigen Eigenverwaltung mit der Maßgabe anzuwenden, dass an die Stelle der Begründung von Verbindlichkeiten und der Zustimmung zu Verbindlichkeiten durch einen vorläufigen Insolvenzverwalter die Begründung von Verbindlichkeiten durch den Schuldner tritt, der insoweit zur Eingehung von Masseverbindlichkeiten ermächtigt sein muss.

jj) Kassenführung durch den Sachwalter

Zu erwähnen ist weiterhin die Konstellation, dass der vorläufige Sachwalter gemäß § 270a Abs. 1 S. 2 InsO iVm § 275 Abs. 2 InsO die Kassenführung an sich zieht. In diesem Fall handelt er als Amtsträger bestimmungsgemäß gegenüber Dritten. Es ist konsequent, wenn er im Gegenzug gemäß § 55 Abs. 2 S. 2 InsO wie ein Sachwalter Masseverbindlichkeiten begründet, bspw. indem er Auszahlungen aufschiebt und dadurch Verzögerungsschäden verursacht.[727]

kk) Einholung von Sachkunde durch den Sachwalter

Ferner zu erwähnen ist, dass die Auslagen des vorläufigen Sachwalters für extern beauftragte Dienstleister, mit deren Hilfe er sich die nötige Sachkunde verschafft,

---

724 Stellungnahme des Bundesrates, BT-Drs. 17/5712, 52.

725 Gegenäußerung der Bundesregierung, BT-Drs. 17/5712, 68.

726 Offen *Harder* NZI 2016, 867 (868), der sich nicht festlegt, ob der Schuldner Masseverbindlichkeiten gar nicht oder im Umfang gerichtlicher Ermächtigungen begründen kann.

727 HRI/*Hofmann* § 7 Rn. 65, 89.

zu den sonstigen Masseverbindlichkeiten zählen. Dasselbe gilt für die Entschädigung des vorläufigen Sachwalters wegen des Einsatzes gesteigerter Sachkunde.[728]

c) Anpassung an das Schutzschirmverfahren

Nunmehr sind die Besonderheiten im Schutzschirmverfahren zu erörtern.

aa) Anspruch auf Ermächtigung

Für das Schutzschirmverfahren enthält § 270b Abs. 3 InsO folgende Regelung: „Auf Antrag des Schuldners hat das Gericht anzuordnen, dass der Schuldner Masseverbindlichkeiten begründet", wobei § 55 Abs. 2 InsO entsprechend gelten soll. Die Formulierung erlaubt kein richterliches Ermessen. Vielmehr bringt sie einen echten Anspruch zum Ausdruck.[729]

Entgegen dem klaren Wortlaut wird dennoch erwogen, den Anspruch des Schuldners zu beschränken, um die Insolvenzgläubiger zu schützen. Eine Aufsicht durch den vom Schuldner selbst ausgewählten vorläufigen Sachwalter reiche insoweit nicht aus.[730] In diesem Sinne wird vorgeschlagen, dass der Schuldner den Antrag auf Ermächtigung in gleicher Weise durch eine Liquiditätsrechnung unterlegen müsse wie ein vorläufiger schwacher Insolvenzverwalter im regulären Insolvenzeröffnungsverfahren.[731]

Dieses Argument mag zwar rechtspolitisch überzeugen, widerspricht aber der Intension des Gesetzgebers, den Schuldner im Schutzschirmverfahren zu privilegieren. So stellt § 270b Abs. 3 InsO keine inhaltlichen Anforderungen an den Antrag auf Ermächtigung. Anders verhält es sich mit dem Antrag auf Anordnung des Schutzschirmverfahrens. Dieser muss gewisse qualitative Hürden überwinden. Hält man sich diesen Unterschied vor Augen, scheint es konsequenter, das Schutzschirmverfahren im Krisenfall aufzuheben, statt dem Schuldner Liquiditätsrechnungen abzuverlangen, die nach der Systematik des § 270b InsO der vorläufige Sachwalter und nicht das Insolvenzgericht einzuholen hat.[732] Im Ergebnis steht dem Schuldner ein unbedingter Anspruch auf Ermächtigung zu.

bb) Umfang der Ermächtigung

Fraglich ist, ob es der Schuldner in der Hand hat, den Umfang der Ermächtigung – also Gesamt- oder Einzelermächtigungen – durch seinen Antrag zu bestimmen.

---

728 Dazu D.III.2.b)aa)(6) und D.III.2.b)bb).

729 *Geißler* ZInsO 2013, 531 (535); *Klinck* ZIP 2013, 853 (855); *Landfermann* WM 2012, 869 (873); *Madaus* KTS 2015, 115 (123); *Schelo* ZIP 2012, 712 (713); *Vallender* GmbHR 2012, 450 (453).

730 *Frind* ZInsO 2012, 1099 (1104).

731 *Hölzle* ZIP 2012, 158 (162).

732 *Vallender* GmbHR 2012, 450 (454).

Dagegen könnte die Verweisung in § 270b Abs. 3 S. 2 InsO auf § 55 Abs. 2 InsO sprechen, die möglicherweise zum Ausdruck bringt, dass der Schuldner so wie ein vorläufiger starker Insolvenzverwalter stets Masseverbindlichkeiten begründet. Jedoch soll die Verweisung nur klarstellen, dass eine Gesamtermächtigung grundsätzlich in Betracht kommt. Dies verbietet nicht die Schlussfolgerung, dass Einzelermächtigungen als mildere gleich geeignete Maßnahmen erst recht möglich sein müssen.

Dementsprechend äußerte der Rechtsausschuss des Bundestages in seiner Beschlussempfehlung ausdrücklich, der Schuldner habe „abzuwägen, ob es in der konkreten Situation sinnvoller ist, Einzelermächtigungen zur Begründung von Masseverbindlichkeiten anzuregen".[733] Der Formulierung „anregen" wird zwar zu entnehmen versucht, dass der Schuldner keinen Anspruch auf Einzelermächtigungen habe.[734] Das widerspricht jedoch dem Sinn und Zweck der Regelung. Dem Schuldner sollen umfassende Gestaltungsmöglichkeiten eingeräumt werden. Insoweit gelten die zur vorläufigen Eigenverwaltung entwickelten Argumente auch im Schutzschirmverfahren, da dieses einen Unterfall der vorläufigen Eigenverwaltung darstellt.

Somit genießt der Schuldner im Umfang seines Antrags einen echten Anspruch auf Anordnung von Gesamt- oder Einzelermächtigungen.[735]

cc) *Ausnahmen für Regressansprüche der Bundesagentur für Arbeit und für Ansprüche aus Steuerschuldverhältnissen*

Weiterhin wird erwogen, die Verweisung in § 270 Abs. 3 S. 2 InsO auf § 55 Abs. 2 InsO so zu verstehen, dass bewusst nicht auf § 55 Abs. 3 und Abs. 4 InsO verwiesen werde und damit Regressansprüche der Bundesagentur für Arbeit in den Kreis der Masseverbindlichkeiten eingeschlossen würden, wohingegen Steuerschulden nicht erfasst seien.[736]

Allerdings ist eine solche Auslegung nicht zwingend. § 270b Abs. 3 S. 2 InsO kann auch als bloße Klarstellung verstanden werden, dass Gesamtermächtigungen zulässig sind und dass der Schuldner Masseverbindlichkeiten sowohl durch Eingehung neuer Verträge als auch durch Aufnahme bestehender Verträge begründen kann.

Die Regelung wurde auf Vorschlag des Rechtsausschusses des Bundestages eingeführt. Dieser hat § 55 Abs. 3 und Abs. 4 InsO in seiner Stellungnahme zum RegE nicht erwähnt.[737] Damit kann dem Gesetzgeber auch nicht die bewusste Wertung

---

733 Beschlussempfehlung des Rechtsauschusses des Bundestages, BT-Drs. 17/7511, 37.

734 AG Hannover ZInsO 2016, 1535 (1535).

735 BGH NZI 2016, 443 (443); *Frind* NZI 2014, 977 (980); *Geißler* ZInsO 2013, 531 (535); *Landfermann* WM 2012, 869 (873); *Schädlich* NZI 2016, 444 (444); dies andeutend *Hölzle* ZIP 2012, 158 (162).

736 *Geißler* ZInsO 2013, 531 (536 f.).

737 Beschlussempfehlung des Rechtsausschusses des Bundestages, BT-Drs. 17/7511, 37.

unterstellt werden, dass § 55 Abs. 3 und Abs. 4 InsO im Schutzschirmverfahren ausnahmsweise nicht gelten soll.

Dafür streitet auch der Normzweck. Das Ansinnen, dem Schutzschirmverfahren zu Attraktivität zu verhelfen, würde unterlaufen, wenn die Insolvenzmasse ausgerechnet in diesem Verfahrensmodus mit Regressansprüchen der Bundesagentur für Arbeit belastet würde.[738]

Mithin sind § 55 Abs. 3 und Abs. 4 InsO auch im Schutzschirmverfahren anwendbar.

5. Verbindlichkeiten aus gegenseitigen Verträgen

Schließlich können Masseverbindlichkeiten aus gegenseitigen Verträgen resultieren.

a) Rechtslage im regulären Insolvenzeröffnungsverfahren

Im regulären Insolvenzeröffnungsverfahren werden Verbindlichkeiten aus gegenseitigen Verträgen des Schuldners gemäß § 55 Abs. 2 S. 2 InsO zu Masseverbindlichkeiten erhoben, soweit der vorläufige starke Insolvenzverwalter die Gegenleistung in Anspruch nimm, also die Gegenleistung nutzt, obwohl er dies hätte verhindern können.[739] Zudem kann ein vorläufiger schwacher Insolvenzverwalter im Einzelfall gemäß den §§ 21 Abs. 1 und 22 Abs. 2 InsO ermächtigt werden, gegenseitige Verträge fortzuführen.[740]

b) Anpassung an die vorläufige Eigenverwaltung

Auch in der vorläufigen Eigenverwaltung ist § 55 Abs. 2 S. 2 InsO anwendbar, wobei der Schuldner mit einer Gesamt- oder Einzelermächtigung zur Fortsetzung bestehender gegenseitiger Verträge ausgestattet werden kann. Der Grund dafür ist, dass der Schuldner bestehende Verträge erst recht fortsetzen können muss, wenn es möglich ist, ihn zur Eingehung gleichlautender neuer Verträge zu ermächtigen.

c) Anpassung an das Schutzschirmverfahren

Für Verbindlichkeiten aus gegenseitigen Verträgen ist zu beachten, dass § 270b Abs. 3 InsO dem Schuldner einen Anspruch einräumt, Masseverbindlichkeiten zu begründen. Insbesondere ordnet § 270b Abs. 3 S. 2 InsO die Geltung von § 55 Abs. 2 InsO an, womit auch § 55 Abs. 2 S. 2 InsO zur Anwendung gelangt, der die Fortsetzung bestehender gegenseitiger Verträge ausdrücklich regelt. Der Schuldner kann

---

738 *Geißler* ZInsO 2013, 531 (536 f.); HKInsO/*Kreft* § 270b Rn. 40; *Landfermann* WM 2012, 869 (873 Fn. 134).

739 BGH ZIP 2004, 326 (326); MKInsO/*Hefermehl* § 55 Rn. 229.

740 MKInsO/*Hefermehl* § 55 Rn. 229.

also verlangen, dass er zur Fortführung aller oder bestimmter[741] gegenseitiger Verträge ermächtigt wird.[742]

IV. Durchsetzung von Masseverbindlichkeiten

Da der siebte Teil der InsO keine abweichenden Regelungen gegenüber den allgemeinen Vorschriften enthält, können Masseverbindlichkeiten aus der vorläufigen Eigenverwaltung und dem Schutzschirmverfahren nach Eröffnung des Insolvenzverfahren auf dieselbe Art und Weise durchgesetzt werden wie Masseverbindlichkeiten, die in der Eigenverwaltung entstehen.

Rechnung zu tragen ist der abweichenden Kompetenzverteilung nur insoweit, als die Kosten des vorläufigen Sachwalters, die in der Eigenverwaltung an die Stelle der Kosten eines vorläufigen Insolvenzverwalters rücken, im Falle von Masseunzulänglichkeit im Rang von Kosten des Insolvenzverfahrens stehen, während die übrigen Masseverbindlichkeiten, zu deren Eingehung das Insolvenzgericht den Schuldner ermächtigt, den Rang von sonstigen Masseverbindlichkeiten haben.

V. Haftung für Masseverbindlichkeiten

Abschließend bleibt zu betrachten, welche Beteiligten für Masseverbindlichkeiten aus der vorläufigen Eigenverwaltung und dem Schutzschirmverfahren in Haftung genommen werden können. Zu überprüfen ist die These, dass der Schuldner und der vorläufige Sachwalter in die Verantwortung eines vorläufigen Insolvenzverwalters einrücken.

1. Haftung des vorläufigen Sachwalters

Eingangs ist auf die Haftung des vorläufigen Sachwalters einzugehen.

a) Rechtslage im regulären Insolvenzeröffnungsverfahren

Im regulären Insolvenzeröffnungsverfahren ist es der vorläufige Insolvenzverwalter, der den künftigen Massegläubigern haftet.

aa) Haftung gemäß § 21 Abs. 2 Nr. 1 InsO iVm § 61 InsO

Auf den vorläufigen Insolvenzverwalter ist gemäß § 21 Abs. 2 Nr. 1 InsO die Vorschrift über die Haftung des Insolvenzverwalters in § 61 InsO entsprechend anwendbar.

---

741 *Geißler* ZInsO 2013, 531 (536).
742 *Hübler*, Die Eigenverwaltung, S. 210.

(1) Begründung von Masseverbindlichkeiten

Die Haftung setzt voraus, dass der vorläufige starke oder schwache Insolvenzverwalter durch das Insolvenzgericht wirksam zur Begründung von Masseverbindlichkeiten ermächtigt worden ist und dass er von dieser Ermächtigung auch Gebrauch gemacht hat, indem er durch eine Rechtshandlung Masseverbindlichkeiten begründet hat.[743]

(2) Eintritt von Masseunzulänglichkeit

Können die Masseverbindlichkeiten nach Eröffnung des Insolvenzverfahrens nicht oder nicht vollständig befriedigt werden, so hat der vorläufige Insolvenzverwalter den Ausfall zu ersetzen. Dasselbe gilt in entsprechender Anwendung von § 61 InsO auch dann, wenn die Eröffnung des Insolvenzverfahrens mangels hinreichender Masse abgelehnt wird, denn für diesen Fall existiert keine eigenständige Haftungsnorm, obwohl die verhinderten Massegläubiger ebenso schutzbedürftig sind.[744]

(3) Kein Haftungsausschluss

Der vorläufige Insolvenzverwalter kann sich exkulpieren, wenn er nachweist, dass bei Eingehung der Masseverbindlichkeiten nicht erkennbar war, dass die künftige Insolvenzmasse zu deren Befriedigung nicht ausreichen wird. Der Haftungsmaßstab bleibt hinter dem eines Insolvenzverwalters zurück, weil der vorläufige Insolvenzverwalter den Geschäftsbetrieb des Schuldners gemäß § 22 Abs. 1 S. 2 Nr. 2 InsO aufrechterhalten muss und dabei mitunter nur auf unvollständige oder fehlerhafte Geschäftsunterlagen zurückgreifen kann. Aus diesen Gründen ist ihm eine angemessene Einarbeitungsphase zuzugestehen, in welcher er den Geschäftsbetrieb unter relativ großzügiger Begründung von Masseverbindlichkeiten fortführen darf.[745]

bb) Haftung gemäß § 21 Abs. 2 Nr. 1 InsO iVm § 60 InsO

Eine Haftung gegenüber den künftigen Massegläubigern gemäß § 21 Abs. 2 Nr. 1 InsO iVm § 60 InsO scheidet hingegen aus, soweit es um die rechtsgeschäftliche Begründung von Masseverbindlichkeiten geht. Insoweit wird die Vorschrift von § 61 InsO verdrängt.[746]

cc) Haftung gemäß §§ 280 Abs. 1, 311 Abs. 3, 241 Abs. 2 BGB

Wie der Insolvenzverwalter kann auch der vorläufige Insolvenzverwalter aus culpa in contrahendo gemäß den §§ 280 Abs. 1, 311 Abs. 3 und 241 Abs. 2 BGB haften.

---

743 MKInsO/*Schoppmeyer* § 61 Rn. 34; Uhlenbruck/*Sinz* § 61 Rn. 32, 35.
744 MKInsO/*Schoppmeyer* § 61 Rn. 37; Uhlenbruck/*Sinz* § 61 Rn. 32.
745 MKInsO/*Schoppmeyer* § 61 Rn. 35 f.; Uhlenbruck/*Sinz* § 61 Rn. 33 f.
746 *Friedrichs*, Das Schutzschirmverfahren, S. 120.

(1) Inanspruchnahme besonderen Vertrauens

Der vorläufige Insolvenzverwalter nimmt bei Vertragsschluss besonderes Vertrauen in Anspruch, wenn er sich für die Durchführung des Vertrags persönlich gutsagt und die Vertragsverhandlungen dadurch erheblich beeinflusst.[747]

(2) Pflichtverletzung

Macht er dabei fehlerhafte Angaben zum Vertragsgegenstand, zum Zustand der künftigen Insolvenzmasse[748] oder zu möglichen Sanierungschancen, begeht er eine Pflichtverletzung.

(3) Vertretenmüssen

Sein Vertretenmüssen wird gemäß § 280 Abs. 1 S. 2 BGB vermutet, wobei sich der vorläufige Insolvenzverwalter von der Haftung befreien kann, wenn er weder vorsätzlich noch fahrlässig iSd § 276 Abs. 1 BGB gehandelt hat.[749] Der Haftungsmaßstab ist wie der eines Insolvenzverwalters streng, da sich auch der vorläufige Insolvenzverwalter freiwillig gutsagt.

(4) Schaden

Ein kausaler Schaden liegt vor, wenn die Geschäftspartner entgegen anderslautenden Versicherungen wegen Masseunzulänglichkeit ausfallen oder wenn sich der Vertragsgegenstand trotz entsprechenden Zusagen als minderwertig erweist. Zu ersetzen ist jeweils das negative Interesse.[750]

dd) Haftung gemäß § 823 Abs. 2 BGB

Die Verletzung von Schutzgesetzen, die der vorläufige Insolvenzverwalter in Ausübung seines privaten Amts begeht, wird der Insolvenzmasse analog § 31 BGB zugerechnet. Jedoch wird der vorläufige Insolvenzverwalter dadurch nicht von der Pflicht befreit, Schäden als Gesamtschuldner iSd § 840 Abs. 1 BGB auch persönlich zu ersetzen. Als bedeutsame Konstellation sei wie im eröffneten Insolvenzverfahren der Straftatbestand des Betrugs gemäß § 263 Abs. 1 StGB durch Vorspiegelung falscher Tatsachen im Zuge eines Vertragsschlusses genannt. Aber auch zivilrechtliche Schutzgesetze wie bspw. die verbotene Eigenmacht gemäß § 858 BGB oder die allgemeine Rücksichtnahmepflicht im Straßenverkehr gemäß § 1 Abs. 1 StVO sind heranzuziehen, soweit der vorläufige Insolvenzverwalter in Ausübung seines Amts gegenüber Dritten auftritt.

---

747 OLG Schleswig NZI 2004, 92 (92); Uhlenbruck/*Vallender* § 22 Rn. 306.
748 OLG Schleswig NZI 2004, 92 (92).
749 OLG Schleswig NZI 2004, 92 (92).
750 OLG Schleswig NZI 2004, 92 (93).

ee) Haftung gemäß § 823 Abs. 1 BGB

Verletzt der vorläufige Insolvenzverwalter in Ausübung seines Amts Rechte oder Rechtsgüter anderer Personen rechtswidrig und schuldhaft, so haftet er auch dafür persönlich und gemäß § 840 Abs. 1 BGB gesamtschuldnerisch mit der Insolvenzmasse, der sein Verhalten analog § 31 BGB zugerechnet wird.

ff) Haftung gemäß § 826 BGB

Soweit der vorläufige Insolvenzverwalter die künftigen Massegläubiger vorsätzlich sittenwidrig schädigt, etwa indem er wissentlich und willentlich falsche Angaben macht, haftet er gemäß § 826 BGB.[751]

b) Anpassung an die vorläufige Eigenverwaltung

Die für den vorläufige Insolvenzverwalter gewonnenen Erkenntnisse können auf die Haftung des vorläufigen Sachwalters in der vorläufigen Eigenverwaltung übertragen werden.

aa) Haftung gemäß § 277 Abs. 1 S. 3 InsO iVm § 61 InsO

Der vorläufige Sachwalter haftet nicht gemäß § 277 Abs. 1 S. 3 InsO iVm § 61 InsO, denn Voraussetzung dieser Haftungsvorschrift ist, dass ein Zustimmungsvorbehalt zugunsten des vorläufigen Sachwalters angeordnet wird.[752] Wie bereits herausgearbeitet, ist ein solcher Zustimmungsvorbehalt unzulässig.[753]

Auch eine entsprechende Anwendung dieser Vorschriften scheidet aus, da es an einer vergleichbaren Interessenlage fehlt. § 277 Abs. 1 S. 3 InsO iVm § 61 InsO stellt darauf ab, dass der Sachwalter seine Zustimmung zu einer außenwirksamen Rechtshandlung des Schuldners erteilt und dass davon die Wirksamkeit dieser Rechtshandlung abhängt. Die internen Mitwirkungsrechte des vorläufigen Sachwalters gemäß § 270a Abs. 1 S. 2 InsO iVm §§ 274 und 275 InsO beeinflussen hingegen nicht die Wirksamkeit der Rechtshandlungen des Schuldners. Somit kann der Geschäftsverkehr auch nicht das für § 277 Abs. 1 S. 3 InsO iVm § 61 InsO charakteristische Vertrauen in die Entscheidung des vorläufigen Sachwalters entwickeln.[754]

bb) Haftung gemäß § 21 Abs. 2 Nr. 1 InsO iVm § 61 InsO

Auch eine Haftung gemäß § 21 Abs. 2 Nr. 1 InsO iVm § 61 InsO scheidet aus,[755] weil der vorläufige Sachwalter anders als der vorläufige Insolvenzverwalter nicht selbst zur Eingehung von Masseverbindlichkeiten ermächtigt werden kann.

---

751 Uhlenbruck/*Vallender* § 22 Rn. 307.

752 AA *Flöther* ZInsO 2014, 465 (471); HRI/*Hofmann* § 7 Rn. 86; die jeweils von der Möglichkeit eines Zustimmungsvorbehalts ausgehen.

753 Dazu D.III.4.b)gg).

754 HRI/*Hofmann* § 7 Rn. 87.

755 *Hill* ZInsO 2010, 1825 (1828); *Vallender* GmbHR 2012, 450 (454).

Eine entsprechende Anwendung ist mangels vergleichbarer Interessenlage ausgeschlossen, da die internen Mitwirkungsrechte des vorläufigen Sachwalters gemäß § 270a Abs. 1 S. 2 InsO iVm §§ 274 und 275 InsO, die auf den Schutz der künftigen Insolvenzgläubiger ausgerichtet sind, bei den Geschäftspartnern des Schuldners kein schutzwürdiges Vertrauen begründen können.

cc) Haftung gemäß § 270a Abs. 1 S. 2 iVm § 275 Abs. 2 InsO iVm § 61 InsO

Nur sofern der vorläufige Sachwalter ausnahmsweise die Kassenführung übernimmt und dabei durch eigene Rechtshandlungen Masseverbindlichkeiten begründet, haftet er im Falle von Masseunzulänglichkeit so wie der Sachwalter entsprechend § 61 InsO.

dd) Haftung gemäß § 270a Abs. 1 S. 2 InsO iVm § 274 Abs. 1 InsO iVm § 60 InsO

Eine Haftung des vorläufigen Sachwalters entsprechend § 274 Abs. 1 InsO iVm § 60 InsO wird von § 270a Abs. 1 S. 2 InsO ausdrücklich angeordnet. Jedoch können die künftigen Massegläubiger nicht von dieser Anspruchsgrundlage Gebrauch machen, weil § 61 InsO innerhalb seines (schmalen) Anwendungsbereichs, also im Falle der rechtsgeschäftlichen Begründung von Masseverbindlichkeiten, § 60 InsO verdrängt.[756]

ee) Haftung gemäß §§ 280 Abs. 1, 311 Abs. 3, 241 Abs. 2 BGB

Dafür haftet der vorläufige Sachwalter aus culpa in contrahendo gemäß den §§ 280 Abs. 1, 311 Abs. 3 und 241 Abs. 2 BGB.

(1) Inanspruchnahme besonderen Vertrauens

Der vorläufige Sachwalter muss bei Vertragsschluss besonderes Vertrauen in Anspruch genommen haben.

Wegen der Voraussetzungen der Vertrauensbildung lässt sich auf die Ausführungen zum Sachwalter verweisen, weil sich beide Beteiligte in der gleichen Situation befinden. Sie sind nicht dazu berufen, Vertragsverhandlungen gegenüber Dritten zu führen. Überschreiten sie ihre Pflichten freiwillig, nehmen sie gesteigertes Vertrauen in Anspruch.[757]

Dagegen wird eingewendet, dass der vorläufige Sachwalter in der besonders sensiblen Phase des Insolvenzeröffnungsverfahrens bestimmungsgemäß nach außen auftreten müsse, um mithilfe seines guten Namens geschäftliche Kontakte herzustellen.[758] Diese Auffassung findet jedoch keine Anhaltspunkte im Gesetz.

---

756 *Frind* NZI 2014, 977 (978); indirekt HRI/*Hofmann* § 7 Rn. 87.
757 *Frind* NZI 2014, 977 (978).
758 *Flöther* ZInsO 2014, 465 (467).

Vielmehr verweist § 270a Abs. 1 S. 2 InsO ausdrücklich auf dieselben internen Aufsichtspflichten, wie sie auch den Sachwalter treffen. Somit obliegt die Herstellung von geschäftlichen Kontakten allein dem Schuldner, der seine branchenspezifischen Kenntnisse und betriebswirtschaftlichen Fähigkeiten einbringen soll. Ist der Schuldner dazu ohne die Hilfe des vorläufigen Sachwalters nicht in der Lage, sollte die vorläufige Eigenverwaltung aufgehoben werden, da sich ihr wesentlicher Vorteil, die Nutzbarmachung der Kompetenzen des Schuldners, ohnehin erübrigt hat.

Überschreitet der vorläufige Sachwalter seine nach innen gerichteten Befugnisse, nimmt er also besonderes Vertrauen für sich in Anspruch.

(2) Pflichtverletzung

Eine Pflichtverletzung liegt wiederum darin, dass der vorläufige Sachwalter falsche Angaben zum Vertragsgegenstand, zu möglichen Sanierungschancen oder zur Lage der künftigen Insolvenzmasse macht.

(3) Vertretenmüssen

Das Vertretenmüssen, welches gemäß § 280 Abs. 1 S. 2 BGB vermutet wird, ist streng zu handhaben. Schließlich nimmt der vorläufige Sachwalter freiwillig besonderes Vertrauen in Anspruch, wenn er seine Kompetenzen überschreitet.[759]

(4) Schaden

Ein kausaler Schaden kann aus dem Ausfall der künftigen Massegläubiger wegen Masseunzulänglichkeit oder aus der Minderwertigkeit des Vertragsgegenstandes resultieren, sofern der vorläufige Sachwalter anderslautende Zusagen gemacht hat.

(5) Zusammenfassung

Der vorläufige Sachwalter haftet aus culpa in contrahendo gemäß den §§ 280 Abs. 1, 311 Abs. 3 und 241 Abs. 2 BGB, wenn er freiwillig mit den Geschäftspartnern des Schuldners in Kontakt tritt und ihnen durch falsche Angaben Schaden zufügt.

ff) Haftung gemäß § 823 Abs. 2 BGB

Wie der Sachwalter haftet auch der vorläufige Sachwalter gemäß § 823 Abs. 2 BGB für die Verletzung von Schutzgesetzen, wobei insbesondere der Straftatbestand des Betrugs gemäß § 263 Abs. 1 StGB an Relevanz gewinnen kann, wenn der vorläufige Sachwalter im Rahmen von Vertragsverhandlungen falsche Angaben macht. Dabei haftet er allein und nicht gesamtschuldnerisch mit der Insolvenzmasse, weil er nicht befugt ist, nach außen aufzutreten. Handlungen, die gesetzlich

759 *Frind* NZI 2014, 977 (978).

klar geregelte Kompetenzen überschreiten, werden der künftigen Insolvenzmasse mangels schutzwürdigen Vertrauens des Geschäftsverkehrs nicht analog § 31 BGB zugerechnet.

gg) Haftung gemäß § 823 Abs. 1 BGB

Auch eine persönliche Haftung des vorläufigen Sachwalters gemäß § 823 Abs. 1 BGB kommt in Betracht, wenn dieser fremde Rechte oder Rechtsgüter verletzt.

hh) Haftung gemäß § 826 BGB

Ferner haftet der vorläufige Sachwalter gemäß § 826 BGB persönlich, wenn er die Geschäftspartner des Schuldners wissentlich und willentlich falsch unterrichtet, etwa über den Zustand der künftigen Insolvenzmasse, über mögliche Sanierungschancen oder über den Vertragsgenstand.

c) Anpassung an das Schutzschirmverfahren

Im Schutzschirmverfahren gelten keine Abweichungen gegenüber der vorläufigen Eigenverwaltung, da keine besonderen Haftungsvorschriften existieren und der vorläufige Sachwalter gemäß § 270b Abs. 2 S. 1 InsO iVm § 270a Abs. 1 S. 2 InsO iVm §§ 274 und 275 InsO die gleichen nur nach innen gerichteten Aufgaben wahrnimmt.

2. Haftung des Schuldners

Nachfolgend ist die Haftung des Schuldners zu betrachten.

a) Rechtslage im regulären Insolvenzeröffnungsverfahren

Im regulären Insolvenzeröffnungsverfahren kann der Schuldner Masseverbindlichkeiten nicht selbständig begründen, sodass er – über die Insolvenzmasse hinaus – auch nicht persönlich haftet. Für die vorläufige Eigenverwaltung und das Schutzschirmverfahren lässt sich jedoch erwägen, die Vorschriften über die Haftung des vorläufigen Insolvenzverwalters entsprechend heranzuziehen.

b) Anpassung an die vorläufige Eigenverwaltung

Zunächst soll die Rechtslage in der vorläufigen Eigenverwaltung erörtert werden.

aa) Haftung gemäß § 270a Abs. 1 S. 2 InsO iVm § 21 Abs. 2 Nr. 1 InsO iVm § 61 InsO

Zunächst ist eine Haftung gemäß § 270a Abs. 1 S. 2 InsO iVm § 21 Abs. 2 Nr. 1 InsO iVm § 61 InsO zu erwägen.

(1) Anwendbarkeit der Vorschrift

Für eine Anwendbarkeit des § 21 Abs. 2 Nr. 1 InsO iVm § 61 InsO spricht, dass sowohl der vorläufige Insolvenzverwalter als auch der Schuldner als Amtsträger handeln, wenn sie Masseverbindlichkeiten begründen. Es erscheint konsequent, wenn sie im Gegenzug für die Verletzung der damit einhergehenden Sorgfaltspflichten wie Amtsträger einzustehen haben.

Zwar hat der Gesetzgeber in § 270a InsO für den Schuldner anders als für den vorläufigen Sachwalter keine insolvenzspezifische Haftung vorgesehen.[760] Daraus kann aber nicht der Umkehrschluss gezogen werden, dass der Schuldner haftungsfrei zu stellen ist. Wenn bereits die Begründung von Masseverbindlichkeiten durch den Schuldner nicht ausdrücklich geregelt ist, kann erst recht nicht erwartet werden, dass die entsprechende Haftung gesetzlich ausgestaltet ist. Vielmehr hat der Gesetzgeber die persönliche Haftung des Schuldners der Auslegung überlassen.

Ferner lässt sich einwenden, dass § 61 InsO im regulären Insolvenzeröffnungsverfahren vermittels § 21 Abs. 2 Nr. 1 InsO zur Anwendung gelangt, wohingegen § 270a Abs. 1 S. 2 InsO die Anwendung von § 21 Abs. 2 Nr. 1 InsO gerade ausschließt. Diese Argumentation verkennt jedoch, dass § 270a Abs. 1 InsO lediglich den Übergang der Verwaltungs- und Verfügungsbefugnis auf einen vorläufigen Insolvenzverwalter verhindern soll. Der materiell-rechtliche Gehalt des § 21 Abs. 2 Nr. 1 InsO soll nicht angetastet werden, solange sichergestellt ist, dass der Schuldner Adressat der entsprechenden Rechte und Pflichten ist.

Für eine Haftung spricht ferner, dass der Schuldner diszipliniert werden muss.[761] Andernfalls könnte er im Insolvenzeröffnungsverfahren sanktionslos Masseverbindlichkeiten begründen. Würde die Eröffnung des Insolvenzverfahrens in der Folge wegen Masselosigkeit abgelehnt, hätte niemand für die Verbindlichkeiten einzustehen, was dem Schutz der Geschäftspartner zuwiderliefe.

Im Ergebnis kann der Schuldner gemäß § 270a Abs. 1 S. 2 InsO iVm § 21 Abs. 2 Nr. 1 InsO iVm § 61 InsO haftbar gemacht werden.

(2) Begründung von Masseverbindlichkeiten

Das Insolvenzgericht muss den Schuldner wirksam ermächtigt haben, Masseverbindlichkeiten durch seine Rechtshandlungen zu begründen. Ferner muss der Schuldner von dieser Ermächtigung Gebrauch gemacht haben.

(3) Eintritt von Masseunzulänglichkeit

Die Haftung wird fällig, wenn sich die künftige Insolvenzmasse als unzulänglich erweist. Dasselbe muss gelten, wenn die Eröffnung des Insolvenzverfahrens wegen Masselosigkeit abgelehnt wird. In diesem Fall ist eine entsprechende Anwendung von § 21 Abs. 2 Nr. 1 InsO iVm § 61 InsO genauso wie im regulären

760 RegE, BR-Drs. 127/11, 25, 56 – 62.
761 Kritisch *König*, Die Haftung in der Eigenverwaltung, S. 334 f.

Insolvenzeröffnungsverfahren geboten, weil die Geschäftspartner in beiden Konstellationen gleichermaßen schutzbedürftig sind. Wenn sich der Schuldner in seiner Funktion als Amtsträger darauf beruft, die künftige Insolvenzmasse zu verpflichten, bietet er die Gewähr dafür, dass eine entsprechende Haftungsmasse entstehen wird. Schafft er es durch seine Verwaltungshandlungen nicht, das Insolvenzverfahren zur Eröffnung zu bringen, muss er sich dafür verantworten.

(5) Kein Haftungsausschluss

Der Schuldner kann sich entsprechend § 61 InsO entlasten, wenn er bei Vornahme der Rechtshandlung nicht erkennen konnte, dass die Insolvenzmasse nicht ausreichen wird, um alle Massegläubiger vollständig zu befriedigen. Der Haftungsmaßstab ist gegenüber dem eines vorläufigen Insolvenzverwalters strenger anzusetzen, da sich der Schuldner nicht in fremde Unternehmensstrukturen einarbeiten muss. Unter diesem Gesichtspunkt sind dieselben Kriterien wie bei der Haftung des Schuldners im eröffneten Insolvenzverfahren anzuwenden.

(6) Zusammenfassung

Der Schuldner haftet den künftigen Massegläubigern gemäß § 270a Abs. 1 S. 2 InsO iVm § 21 Abs. 2 Nr. 1 InsO iVm § 61 InsO für die Erfüllung der von ihm eingegangenen Masseverbindlichkeiten nach denselben Maßstäben wie in der Eigenverwaltung. Dabei muss er sich auch verantworten, wenn das Insolvenzverfahren nicht zur Eröffnung gelangt.

bb) Haftung gemäß § 270a Abs. 1 S. 2 InsO iVm § 21 Abs. 2 Nr. 1 InsO iVm § 60 InsO

Eine Haftung gemäß § 270a Abs. 1 S. 2 InsO iVm § 21 Abs. 2 Nr. 1 InsO iVm § 60 InsO ist hingegen ausgeschlossen, da § 61 InsO den § 60 InsO innerhalb seines Anwendungsbereichs, also im Falle der rechtsgeschäftlichen Begründung von Masseverbindlichkeiten, verdrängt.

cc) Haftung gemäß §§ 280 Abs. 1, 311 Abs. 3, 241 Abs. 2 BGB

Wie im eröffneten Insolvenzverfahren kann der Schuldner in der vorläufigen Eigenverwaltung gemäß den §§ 280 Abs. 1, 311 Abs. 3 und 241 Abs. 2 BGB für die Verletzung von vorvertraglichen Rücksichtnahmepflichten einzustehen haben.

(1) Inanspruchnahme besonderen Vertrauens

Der Schuldner muss besonderes Vertrauen in Anspruch genommen haben. Davon ist wie im eröffneten Insolvenzverfahren auszugehen, wenn er trotz des Umstands, dass er von der hoheitlichen Ermächtigung zur Begründung von Masseverbindlichkeiten Gebrauch macht, zusätzlich verdeutlicht, dass er sich auch persönlich für verantwortlich hält.

Da dem Schuldner seine Privatautonomie in der vorläufigen Eigenverwaltung grundsätzlich erhalten bleibt, sind die Voraussetzungen weniger streng zu beurteilen. Der Geschäftsverkehr darf davon ausgehen, dass der Schuldner als ordentlicher Kaufmann alle Geschäfte gleichermaßen sorgfältig abwickelt.[762] So ist die Begründung von Masseverbindlichkeiten vor Eröffnung des Insolvenzverfahrens noch in einen Kontext werbender unternehmerischer Tätigkeit eingebunden, bei der nur zusätzlich die Sicherung der künftigen Insolvenzmasse zu berücksichtigen ist.

(2) Pflichtverletzung

Eine Pflichtverletzung ist gegeben, wenn der Schuldner falsche Angaben zum Vertragsgegenstand, zum Zustand seines Vermögens[763] oder zu möglichen Sanierungschancen macht.

(3) Vertretenmüssen

Der Schuldner kann sich gemäß § 280 Abs. 1 S. 2 BGB exkulpieren, wenn er weder vorsätzlich noch fahrlässig gehandelt hat, wobei der Haftungsmaßstab streng ist. Der Schuldner hat es selbst in der Hand, sich von seiner persönlichen Verantwortung zu distanzieren. Tut er dies nicht, muss er sich so behandeln lassen, als würde er nicht als Amtsträger, sondern als Privatperson für die Folgen seiner Vertragsverhandlungen einstehen wollen.

(4) Schaden

Ein kausaler Schaden tritt ein, wenn die Geschäftspartner wegen Masseunzulänglichkeit ausfallen oder wenn sich der Vertragsgegenstand als minderwertig erweist, obwohl der Schuldner jeweils etwas anderes versichert hat.

(5) Zusammenfassung

Der Schuldner haftet seinen Geschäftspartnern gemäß den §§ 280 Abs. 1, 311 Abs. 3 und 241 Abs. 2 BGB persönlich, wenn er den Eindruck erweckt hat, sich trotz der Bezugnahme auf die hoheitliche Ermächtigung zur Begründung von Masseverbindlichkeiten auch privat verantwortlich zu fühlen.

dd) Haftung gemäß § 823 Abs. 2 BGB

Ebenso haftet der Schuldner gemäß § 823 Abs. 2 BGB für die Verletzung von Schutzgesetzen. Die künftige Insolvenzmasse hat gemäß § 840 Abs. 1 BGB nur dann gesamtschuldnerisch einzustehen, wenn ihr das Verhalten des Schuldners

762 Dies andeutend *König*, Die Haftung in der Eigenverwaltung, S. 322.
763 *König*, Die Haftung in der Eigenverwaltung, S. 322.

entsprechend § 31 BGB zugerechnet werden kann. Das ist der Fall, wenn der Schuldner im Zusammenhang mit der hoheitlichen Ermächtigung zur Begründung von Masseverbindlichkeiten oder zur Wahrnehmung anderer Sicherungsmaßnahmen tätig geworden ist. Im Übrigen handelt der Schuldner ausschließlich privatrechtlich, sodass sein Verhalten der künftigen Insolvenzmasse nicht zurechenbar ist.

Als Schutzgesetze kommen exemplarisch der Straftatbestand des Betrugs gemäß § 263 Abs. 1 StGB, aber auch allgemeine zivilrechtliche Schutzgesetze wie verbotene Eigenmacht gemäß § 858 BGB oder die allgemeine Rücksichtnahmepflicht im Straßenverkehr gemäß § 1 Abs. 1 StVO in Betracht.

ee) Haftung gemäß § 823 Abs. 1 BGB

Eine Haftung gemäß § 823 Abs. 1 BGB greift durch, wenn der Schuldner fremde Rechte oder Rechtsgüter vorsätzlich oder fahrlässig verletzt hat.[764] Sein Verhalten ist der Insolvenzmasse nur dann entsprechend § 31 BGB zurechenbar, wenn er im Zusammenhang mit der hoheitlichen Ermächtigung zur Begründung von Masseverbindlichkeiten oder zur Wahrnehmung sonstiger Sicherungsmaßnahmen tätig geworden ist. In diesem Fall liegt gemäß § 840 Abs. 1 BGB eine Gesamtschuld vor.

ff) Haftung gemäß § 826 BGB

Ebenso haftet der Schuldner gemäß § 826 BGB persönlich,[765] wenn er seine Geschäftspartner vorsätzlich sittenwidrig schädigt, indem er sie durch falsche Angaben täuscht oder mutwillig in kostenträchtige Rechtsstreitigkeiten verwickelt, ohne die angefallenen Kosten aus seinem Vermögen erstatten zu können.

c) Anpassung an das Schutzschirmverfahren

Im Schutzschirmverfahren gelten keine Besonderheiten gegenüber der vorläufigen Eigenverwaltung,[766] weil der Schuldner zu denselben Sicherungsmaßnahmen – insbesondere zur Begründung von Masseverbindlichkeiten – ermächtigt werden kann. An seiner persönlichen Verantwortung ändert sich dabei nichts.

3. Haftung der geschäftsleitenden Organe des Schuldners

Nachfolgend soll die Haftung der geschäftsleitenden Organe des Schuldners untersucht werden.

---

764 *König*, Die Haftung in der Eigenverwaltung, S. 323.

765 *König*, Die Haftung in der Eigenverwaltung, S. 323.

766 So auch *König*, Die Haftung in der Eigenverwaltung, S. 322 ff., der die vorläufige Eigenverwaltung und das Schutzschirmverfahren einheitlich untersucht.

a) *Rechtslage im regulären Insolvenzeröffnungsverfahren*

Im regulären Insolvenzeröffnungsverfahren haften die geschäftsleitenden Organe des Schuldners nicht nach insolvenzspezifischen Vorschriften, da sie auch nicht mit eigenen Rechten und Pflichten betraut sind.

b) *Anpassung an die vorläufige Eigenverwaltung*

Nachfolgend ist die vorläufige Eigenverwaltung zu betrachten.

aa) *Haftung gemäß §§ 60 und 61 InsO*

Fraglich ist, ob die geschäftsleitenden Organe des Schuldners in der vorläufigen Eigenverwaltung entsprechend den §§ 60 und 61 InsO haften. Dagegen spricht, dass sie sich schon in der Eigenverwaltung nicht in insolvenzspezifischer Weise verantworten müssen, weil sie nur ihren gesellschaftsrechtlichen Bindungen gegenüber dem Schuldner unterworfen bleiben.[767] Dasselbe muss in der vorläufigen Eigenverwaltung gelten, wo sie grundsätzlich kraft ihrer Privatautonomie handeln und nur partiell mit hoheitlichen Befugnissen ausgestattet werden können. Damit scheidet eine Haftung der geschäftsleitenden Organe des Schuldners entsprechend den §§ 60 und 61 InsO aus.[768]

bb) *Haftung gemäß §§ 280 Abs. 1, 311 Abs. 3, 241 Abs. 2 BGB*

Jedoch könnten die geschäftsleitenden Organe des Schuldners in der vorläufigen Eigenverwaltung gemäß den §§ 280 Abs. 1, 311 Abs. 3 und 241 Abs. 2 BGB verantwortlich sein.

(1) Inanspruchnahme besonderen Vertrauens

Die Anforderungen an die Inanspruchnahme besonderen Vertrauens liegen wie in der Eigenverwaltung hoch, da die geschäftsleitenden Organe des Schuldners bestimmungsgemäß für den Schuldner auftreten. Besonderes Vertrauen beanspruchen sie nur, wenn sie sich ausdrücklich als Privatpersonen äußern, etwa indem sie sich darauf berufen, als CRO mit ihrem guten Ruf für das Gelingen der vorläufigen Eigenverwaltung einstehen zu wollen.[769]

(2) Pflichtverletzung

Eine Pflichtverletzung liegt vor, wenn die geschäftsleitenden Organe des Schuldners bei Vertragsschluss falsche Angaben machen, etwa zum

767 Dazu C.V.III.b)aa).
768 *Friedrichs*, Das Schutzschirmverfahren, S. 97 f.; aA *Bitter* ZIP 2018, 986 (988), der Gleiches in der Eigenverwaltung vertritt.
769 HRI/*Hofmann* § 7 Rn. 208.

Vertragsgegenstand, zum Zustand der künftigen Insolvenzmasse oder zu möglichen Sanierungschancen.[770]

(3) Vertretenmüssen

Das Vertretenmüssen wird gemäß § 280 Abs. 1 S. 2 BGB vermutet. Die Anforderungen an eine Entlastung sind hoch, da die geschäftsleitenden Organe Zugang zu allen Informationsquellen des Schuldners haben und freiwillig besonderes Vertrauen beanspruchen.

(4) Schaden

Fallen die Geschäftspartner wegen Masseunzulänglichkeit aus oder erweist sich der Vertragsgegenstand als minderwertig, obwohl die geschäftsleitenden Organe etwa anderes zugesagt haben, liegt ein kausaler Schaden vor.

(5) Zusammenfassung

Die geschäftsleitenden Organe des Schuldners haften gemäß den §§ 280 Abs. 1, 311 Abs. 3 und 241 Abs. 2 BGB aus culpa in contrahendo, wenn sie sich als Privatpersonen äußern und dabei getätigte Zusagen nicht einhalten können.

cc) Haftung gemäß § 823 Abs. 2 BGB

Weiterhin haften die geschäftsleitenden Organe des Schuldners in der vorläufigen Eigenverwaltung für die Verletzung von Schutzgesetzen.[771] Dabei besteht gemäß § 840 Abs. 1 BGB eine Gesamtschuld zu der künftigen Insolvenzmasse, wenn die Verletzung in Ausübung einer hoheitlichen Ermächtigung geschieht, sodass eine Zurechnung entsprechend § 31 BGB erfolgen kann.

Als Schutzgesetz kommt ein weiteres Mal der Straftatbestand des Betrugs gemäß § 263 Abs. 1 StGB in Betracht, begangen durch falsche Angaben zum Zustand der künftigen Insolvenzmasse, zu möglichen Sanierungschancen oder zum Vertragsgegenstand.[772] Aber auch zivilrechtliche Individualschutzpflichten sind zu erwägen. Exemplarisch seien die verbotene Eigenmacht gemäß § 858 BGB oder die allgemeine Rücksichtnahmepflicht im Straßenverkehr gemäß § 1 Abs. 1 StVO genannt.

dd) Haftung gemäß § 823 Abs. 1 BGB

Dasselbe gilt in Hinblick auf die Haftung gemäß § 823 Abs. 1 BGB für die rechtswidrige und schuldhafte Verletzung fremder Rechtsgüter und Rechte.[773]

---

770 *Doliwa*, Die geplante Insolvenz, S. 233, 106 f.
771 *König*, Die Haftung in der Eigenverwaltung, S. 340.
772 *Doliwa*, Die geplante Insolvenz, S. 233.
773 *König*, Die Haftung in der Eigenverwaltung, S. 340.

ee) *Haftung gemäß § 826 BGB*

Auch eine Haftung aus vorsätzlicher sittenwidriger Schädigung gemäß § 826 BGB ist denkbar, wenn die geschäftsleitenden Organe des Schuldners bei Vertragsschluss wissentlich falsche Angaben machen.[774]

ff) *Haftung gemäß § 43 Abs. 2 GmbHG und § 93 Abs. 2 AktG*

Ferner kommt eine Haftung der geschäftsleitenden Organe des Schuldners gemäß § 43 Abs. 2 GmbHG und § 93 Abs. 2 AktG in Betracht.[775]

(1) Anwendbarkeit der Vorschriften

In der Eigenverwaltung sind die genannten Vorschriften anwendbar, weil die gesellschaftsrechtlichen Bindungen der geschäftsleitenden Organe gegenüber dem Schuldner fortbestehen und gesellschaftsrechtliche Ziele durch den Insolvenzzweck ersetzt werden können.[776] Dasselbe muss in der vorläufigen Eigenverwaltung gelten, in welcher der Schuldner grundsätzlich privatautonom handelt und nur partiell mit hoheitlichen Sicherungsrechten ausgestattet werden kann.[777] Dabei kommt es wie in der Eigenverwaltung nur zu einer Innenhaftung gegenüber dem Schuldner.[778]

(2) Pflichtverletzung

Für die Haftung sind sämtliche gesellschaftsrechtliche Pflichten der geschäftsleitenden Organe relevant. Zu diesen Pflichten gehört die allgemeine Legalitätspflicht, welche die geschäftsleitenden Organe zur Wahrung aller Normen der Rechtsordnung und damit auch zur Einhaltung insolvenzspezifischer Vorschriften anhält.

(3) Vertretenmüssen

Die Haftung greift nur ein, wenn die geschäftsleitenden Organe des Schuldners die Sorgfalt eines ordentlichen Geschäftsmannes iSd § 43 Abs. 1 GmbHG oder des § 93 Abs. 1 S. 1 AktG außer Acht gelassen haben. Bei der Wahrnehmung insolvenzspezifischer Pflichten ist der Maßstab wie für einen vorläufigen Insolvenzverwalter anzusetzen, da die vorläufige Eigenverwaltung andernfalls gegenüber dem regulären Insolvenzeröffnungsverfahren nachteilig wäre.

---

774 *Doliwa*, Die geplante Insolvenz, S. 233.
775 *Doliwa*, Die geplante Insolvenz, S. 231.
776 Dazu C.V.3.b)ff).
777 *Friedrichs*, Das Schutzschirmverfahren, S. 97; *König*, Die Haftung in der Eigenverwaltung, S. 352.
778 *Doliwa*, Die geplante Insolvenz, S. 231.

(4) Schaden

Ein Schaden tritt ein, wenn das Gesellschaftsvermögen als Ganzes verkürzt wird, das heißt, wenn es zu Gesamtschäden der künftigen Insolvenzmasse kommt. Pflichtverletzungen, die nur zu Einzelschäden bestimmter Gläubiger führen, lösen keine gesellschaftsinterne Haftung aus, es sei denn, die Gläubiger können ihrerseits einen Schadensersatzanspruch gegen die Insolvenzmasse geltend machen.

(5) Zusammenfassung

Die Massegläubiger können keinen eigenen Anspruch aus § 43 Abs. 2 GmbHG oder § 93 Abs. 2 AktG herleiten. Jedoch haften die geschäftsleitenden Organe im Innenverhältnis zum Schuldner für Gesamtschäden der künftigen Insolvenzmasse.

gg) Haftung gemäß § 64 GmbHG und §§ 92 Abs. 2, 93 Abs. 2, Abs. 3 Nr. 6 AktG

Schließlich ist eine Haftung der geschäftsleitenden Organe des Schuldners gemäß § 64 GmbHG sowie gemäß den §§ 92 Abs. 2 und 93 Abs. 2, Abs. 3 Nr. 6 AktG zu erwägen.

(1) Anwendbarkeit der Vorschriften

In der Eigenverwaltung ist eine Geltung dieser Vorschriften abzulehnen, weil sie nach Eröffnung des Insolvenzverfahrens, wenn der Schuldner sein Vermögen nicht mehr privatautonom, sondern als Amtsträger verwaltet, durch insolvenzrechtliche Schutzmechanismen verdrängt werden. Demgegenüber handelt der Schuldner in der vorläufigen Eigenverwaltung grundsätzlich privatautonom. Dies spricht dafür, dass seine geschäftsleitenden Organe in Haftungsfragen allen gesellschaftsrechtlichen Bindungen unterworfen bleiben.[779]

Ferner spricht für eine Haftung, dass in der vorläufigen Eigenverwaltung weitestgehend von Eingriffen in die Handlungsfreiheit des Schuldners abgesehen wird. Der Schuldner steht zwar unter der Aufsicht des Sachwalters.[780] Diese ist gemäß § 270a Abs. 1 S. 2 InsO iVm §§ 274 und 275 InsO aber nur auf eine interne Kontrolle ausgerichtet. Gegenüber Dritten wirkt sich die vorläufige Eigenverwaltung nur dann aus, wenn der Schuldner von der Ermächtigung zu Sicherungsmaßnahmen Gebrauch macht. Folglich verbleibt noch ausreichend Raum für die gesellschaftsrechtlichen Schutzmechanismen des § 64 GmbHG sowie der §§ 92 Abs. 2 und 93 Abs. 2, Abs. 3 Nr. 6 AktG.

Dagegen wird eingewendet, dass die Haftung für pflichtwidrige Zahlungen nur ein Instrument sei, die geschäftsleitenden Organe des Schuldners zur rechtzeitigen Stellung des Insolvenzantrags zu drängen. Mit Stellung des Insolvenzantrags habe

---

779 *Buchalik/Kraus* ZInsO 2014, 2354 (3256); *Friedrichs*, Das Schutzschirmverfahren, S. 95; HRI/*Hofmann* § 7 Rn. 207; *Thole/Brünkmans* ZIP 2013, 1097 (1101).

780 *Haas* ZHR 178 (2014) 603 (620 – 622).

sich die Haftung bereits erledigt.[781] Diese Einschränkung ist im Wortlaut des § 64 GmbHG und der §§ 92 Abs. 2 und 93 Abs. 2, Abs. 3 Nr. 6 AktG aber nicht verankert.[782] Vielmehr dienen die Vorschriften auch dem Schutz vor Aufzehrung der Insolvenzmasse,[783] wie bereits oben aufgezeigt wurde.[784]

In diesem Zusammenhang ist zu berücksichtigen, dass die Alternative zur vorläufigen Eigenverwaltung nicht nur die Bestellung eines vorläufigen Insolvenzverwalters, sondern auch der Verzicht auf jegliche Sicherungsmaßnahmen ist.[785] In letzterem Fall würden die geschäftsleitenden Organe des Schuldners unstreitig für sorgfaltswidrige Zahlungen haften. Allein der Umstand, dass die Eigenverwaltung angeordnet und dem Schuldner ein vorläufiger Sachwalter zur Seite gestellt wird, rechtfertigt nicht, dass diese Haftung entfällt.

Weiterhin ließe sich erwägen, dass es Sinn und Zweck der vorläufigen Eigenverwaltung ist, dem Schuldner bzw. dessen geschäftsleitenden Organen die Möglichkeit zu eröffnen, ihre branchenspezifischen Kenntnisse und betriebswirtschaftlichen Fähigkeiten aktiv in das Verfahren einzubringen. In diesem Bestreben könnten sie gehemmt werden, wenn sie für Zahlungen nach Eintritt von Zahlungsunfähigkeit oder nach Feststellung von Überschuldung haften müssten.[786] Andererseits werden alle diejenigen Zahlungen von der Haftung ausgenommen, die mit der Sorgfalt eines ordentlichen Geschäftsmanns vereinbar sind. Um die geschäftsleitenden Organe des Schuldners in ihrer Tätigkeit nicht zu lähmen, kann maßvoll auf die Sorgfalt eines unternehmerisch tätig werdenden Schuldners abgestellt werden.[787]

Zu beachten ist auch, dass die geschäftsleitenden Organe des Schuldners durch die Haftung diszipliniert werden. Im Gegenzug für das Recht, die Kontrolle über den Schuldner zu behalten, müssen sie intern die Verantwortung für dessen Handeln tragen.[788]

Zwar kann den geschäftsleitenden Organen des Schuldners ihre Verantwortung jederzeit durch Aufhebung der vorläufigen Eigenverwaltung entzogen werden, jedoch wirkt diese Maßnahme nicht zurück. Missbräuchliche Zahlungen größeren Umfangs könnten das gesamte Insolvenzverfahren gefährden, ohne dass sich jemand verantworten müsste.

Damit sind § 64 GmbHG sowie die §§ 92 Abs. 2 und 93 Abs. 2, Abs. 3 Nr. 6 AktG in der vorläufigen Eigenverwaltung anwendbar.[789]

---

781 *Blöse* GmbHR 2012, 471 (474).
782 *Friedrichs*, Das Schutzschirmverfahren, S. 95.
783 *Haas* ZHR 178 (2014) 603 (605).
784 Dazu C.V.3.b)ii).
785 *Doliwa*, Die geplante Insolvenz, S. 161.
786 *Haas* ZHR 178 (2014) 603 (625).
787 *Friedrichs*, Das Schutzschirmverfahren, S. 95.
788 *Friedrichs*, Das Schutzschirmverfahren, S. 95.
789 *König*, Die Haftung in der Eigenverwaltung, S. 349 – 252; aA *Haas* ZHR 178 (2014) 603 (627).

(2) Pflichtverletzung

Eine Pflichtverletzung liegt vor, wenn die geschäftsleitenden Organe des Schuldners nach Eintritt der Zahlungsunfähigkeit oder nach Feststellung der Überschuldung Zahlungen an Dritte leisten.

(3) Vertretenmüssen

Das Vertretenmüssen wird vermutet. Entlasten können sich die geschäftsleitenden Organe des Schuldners nur, wenn die Zahlungen mit der Sorgfalt eines ordentlichen Geschäftsmanns vereinbar sind. Wie bereits dargestellt, ist der Sorgfaltsmaßstab dahingehend anzupassen, dass auf einen unternehmerisch tätig werdenden Schuldner abzustellen ist. Dieser muss neben der Sicherung der Insolvenzmasse auch unternehmerische Entscheidungen treffen können, soweit diese sachlich begründbar und mit einem noch angemessenen Risiko behaftet sind.

(4) Schaden

Ein Schaden liegt in Höhe der unsachgerechten Auszahlung vor, durch welche die künftige Insolvenzmasse als Ganzes verkürzt wird.

(5) Zusammenfassung

Der Schuldner kann gemäß § 64 GmbHG und gemäß den §§ 92 Abs. 2 und 93 Abs. 2, Abs. 3 Nr. 6 AktG sorgfaltswidrige Auszahlungen von seinen geschäftsleitenden Organen erstattet verlangen. Von der dadurch vergrößerten künftigen Insolvenzmasse profitieren mittelbar auch die Massegläubiger.

c) Anpassung an das Schutzschirmverfahren

Wiederum gelten im Schutzschirmverfahren keine Besonderheiten gegenüber der vorläufigen Eigenverwaltung,[790] weil der Umstand, dass der Schuldner einen Anspruch auf die Ermächtigung zu bestimmten Sicherungsmaßnahmen und die Auswahl des vorläufigen Sachwalters hat, nichts an der Funktion seiner Organe ändert.

4. Haftung der Mitglieder des vorläufigen Gläubigerausschusses

Weiterhin ist eine Haftung der Mitglieder des vorläufigen Gläubigerausschusses zu erwägen.

790 So auch *König*, Die Haftung in der Eigenverwaltung, S. 339 ff., der die vorläufige Eigenverwaltung und das Schutzschirmverfahren einheitlich untersucht.

a) Rechtslage im regulären Insolvenzeröffnungsverfahren

Im regulären Insolvenzeröffnungsverfahren ergeben sich keine Abweichungen zur Haftung im Regelinsolvenzverfahren, da sich die Funktionen des vorläufigen und des endgültigen Gläubigerausschusses ähneln.

aa) Haftung gemäß § 21 Abs. 2 Nr. 1a InsO iVm § 71 InsO

Die Mitglieder des vorläufigen Gläubigerausschusses haften gemäß § 21 Abs. 2 Nr. 1a InsO iVm § 71 InsO wie die Mitglieder eines Gläubigerausschusses, also nur für die Verletzung von Pflichten gegenüber den von ihnen repräsentierten absonderungsberechtigten Gläubigern und Insolvenzgläubigern. Den Massegläubigern haften sie hingegen nicht.

bb) Haftung gemäß §§ 280 Abs. 1, 311 Abs. 3, 241 Abs. 2 BGB

Dafür haften die Mitglieder des vorläufigen Gläubigerausschusses den Geschäftspartnern des Schuldners gemäß den §§ 280 Abs. 1, 311 Abs. 3 und 241 Abs. 2 BGB.

(1) Inanspruchnahme besonderen Vertrauens

Wie die Mitglieder des Gläubigerausschusses nehmen auch die Mitglieder des vorläufigen Gläubigerausschusses besonderes Vertrauen in Anspruch, wenn sie über ihre nach innen gerichteten Pflichten hinaus freiwillig in geschäftlichen Kontakt mit Dritten treten.

(2) Pflichtverletzung

Eine Pflichtverletzung ist anzunehmen, wenn falsche Angaben zum Vertragsgegenstand, zur Lage der künftigen Insolvenzmasse oder zu möglichen Sanierungschancen gemacht werden.

(3) Vertretenmüssen

Das Vertretenmüssen wird gemäß § 280 Abs. 1 S. 2 BGB vermutet. Der Maßstab für eine Entlastung ist angesichts der freiwilligen Kompetenzüberschreitung streng.

(4) Schaden

Von einem kausalen Schaden ist auszugehen, wenn Verbindlichkeiten wegen Masseunzulänglichkeit nicht bedient werden können oder wenn sich der Vertragsgegenstand als minderwertig erweist, gleichwohl anderslautende Zusagen getätigt wurden.

(5) Zusammenfassung

Die Mitglieder des vorläufigen Gläubigerausschusses haften für fehlerhafte Angaben gemäß den §§ 280 Abs. 1, 311 Abs. 3 und 241 Abs. 2 BGB aus culpa in contrahendo, wenn sie freiwillig in Vertragsverhandlungen eingreifen.

b) Anpassung an die vorläufige Eigenverwaltung

In der vorläufigen Eigenverwaltung ergeben sich mangels gesonderter Kompetenzen keine Abweichungen gegenüber dem regulären Insolvenzeröffnungsverfahren.

aa) Haftung gemäß § 21 Abs. 2 Nr. 1a InsO iVm § 71 InsO

Eine Haftung gemäß § 21 Abs. 2 Nr. 1a InsO iVm § 71 InsO scheidet aus, das die Massegläubiger auch in der vorläufigen Eigenverwaltung nicht vom vorläufigen Gläubigerausschuss repräsentiert werden – selbst wenn die Geschäftspartner des Schuldners besonders schutzbedürftig sein mögen, weil es nur der vorläufige Gläubigerausschuss in der Hand hat, die Aufhebung der vorläufige Eigenverwaltung zu beantragen.[791]

bb) Haftung gemäß §§ 280 Abs. 1, 311 Abs. 3, 241 Abs. 2 BGB

Dafür haften die Mitglieder des vorläufigen Gläubigerausschusses gemäß den §§ 280 Abs. 1, 311 Abs. 3 und 241 Abs. 2 BGB aus culpa in contrahendo.

(1) Inanspruchnahme besonderen Vertrauens

Auch in der vorläufigen Eigenverwaltung nehmen sie besonderes Vertrauen in Anspruch, soweit sie freiwillig in geschäftlichen Kontakt mit Dritten treten.

(2) Pflichtverletzung

Eine Pflichtverletzung liegt wiederum vor, wenn sie falsche Angaben zum Vertragsgegenstand, zur Lage der künftigen Insolvenzmasse oder zu möglichen Sanierungschancen machen.

(3) Vertretenmüssen

Das Vertretenmüssen wird gemäß § 280 Abs. 1 S. 2 BGB vermutet, wobei der Maßstab für eine Exkulpierung aufgrund der freiwilligen Kompetenzüberschreitung streng ist.

(4) Schaden

Ein kausaler Schaden ist gegeben, wenn Verbindlichkeiten wegen Masseunzulänglichkeit nicht bedient werden können oder wenn sich der Vertragsgegenstand als minderwertig erweist, obwohl anderes versprochen wurde.

(5) Zusammenfassung

Auch in der vorläufigen Eigenverwaltung haften die Mitglieder des vorläufigen Gläubigerausschusses für fehlerhafte Angaben gemäß den §§ 280 Abs. 1, 311 Abs. 3

---

791 *Friedrichs*, Das Schutzschirmverfahren, S. 110.

und 241 Abs. 2 BGB, wenn sie freiwillig in Vertragsverhandlungen des Schuldners eingreifen.

c) Anpassung an das Schutzschirmverfahren

Für das Schutzschirmverfahren ergeben sich keine Abweichungen, da der vorläufige Gläubigerausschuss in diesem Verfahrensmodus die gleichen Rechte und Pflichten hat.

5. Haftung des bescheinigenden Sanierungsexperten

Abschließend ist zu problematisieren, ob die Massegläubiger den Sanierungsexperten in Haftung nehmen können, welcher dem Schuldner im Schutzschirmverfahren gemäß § 270b Abs. 1 S. 3 InsO bescheinigt, dass drohende Zahlungsunfähigkeit oder Überschuldung, aber noch keine Zahlungsunfähigkeit eingetreten ist und dass die angestrebte Sanierung nicht offensichtlich aussichtslos ist. Zunächst fällt auf, dass der siebte Teil der InsO die Haftung des Sanierungsexperten nicht besonders regelt.

a) Haftung analog § 21 Abs. 2 Nr. 1 InsO iVm § 60 InsO

Zu erwägen ist, ob die Vorschriften über die Haftung des vorläufigen Insolvenzverwalters in § 21 Abs. 2 Nr. 1 InsO iVm § 60 InsO entsprechend herangezogen werden können. Dies setzt eine planwidrige Regelungslücke und eine vergleichbare Interessenlage voraus.

Aus systematischer Sicht spricht gegen eine Regelungslücke, dass der siebte Teil der InsO nur bestimmte Beteiligte in bestimmten Fällen haften lässt, nämlich gemäß § 274 Abs. 1 InsO iVm § 60 InsO und gemäß § 277 Abs. 1 S. 3 InsO iVm § 61 InsO den Sachwalter, gemäß § 270a Abs. 1 S. 2 InsO iVm § 274 Abs. 1 InsO iVm § 60 InsO den vorläufigen Sachwalter sowie gemäß § 276 S. 2 InsO iVm § 71 InsO die Mitglieder des Gläubigerausschusses. Jedoch entbindet dieser Umstand grundsätzlich nicht davon, die ergänzende Anwendbarkeit der allgemeinen Vorschriften zu prüfen.

Ein stärkeres Argument gegen eine Regelungslücke ist, dass der Sanierungsexperte bereits dem Schuldner als seinem Vertragspartner haftet. Der Schuldner kann die vertraglichen Ansprüche im Interesse der Insolvenzmasse geltend machen.

Gegen eine Vergleichbarkeit von Sanierungsexperten und vorläufigem Insolvenzverwalter ist einzuwenden, dass der Sanierungsexperte nicht mit der Sicherung der künftigen Insolvenzmasse betraut ist. Er begutachtet das Vermögen des Schuldners, ohne Rechte an diesem zu begründen. Zudem wird der Sanierungsexperte anders als der vorläufige Insolvenzverwalter nicht vom Insolvenzgericht bestellt, sondern vom Schuldner durch privatrechtlichen Werkvertrag beauftragt.

Damit kann § 21 Abs. 2 Nr. 1 InsO iVm § 60 InsO nicht fruchtbar gemacht werden.

b) Haftung analog § 274 Abs. 1 InsO iVm § 60 InsO

§ 274 Abs. 1 InsO regelt in direkter Anwendung die Haftung des Sachwalters, die sich ebenfalls nach § 60 InsO richtet. Möglichweise kann diese Vorschrift auf die Haftung des Sanierungsexperten angewendet werden.

Doch auch insoweit spricht gegen eine planwidrige Regelungslücke, dass der siebte Teil der InsO nur die Haftung bestimmter Beteiligter in bestimmten Situationen vorsieht und dass der Sanierungsexperte bereits dem Schuldner vertraglich haftet.

Gegen eine vergleichbare Interessenlage spricht, dass der Sanierungsexperte anders als ein Sachwalter nicht hoheitlich bestellt wird. Zudem nimmt er nicht verbindlich auf das Insolvenzverfahren Einfluss, sondern bereitet nur mittelbar die Entscheidung des Insolvenzgerichts über die Anordnung des Schutzschirmverfahrens vor.

Damit kann auch § 274 Abs. 1 InsO iVm § 60 InsO nicht herangezogen werden.

c) Haftung gemäß § 280 Abs. 1 BGB

Der Sanierungsexperte haftet dem Schuldner aus dem mit ihm geschlossenen Werkvertrag gemäß § 280 Abs. 1 BGB für Pflichtverletzungen. Die Massegläubiger können daraus keine eigenen vertraglichen Ansprüche ableiten.[792] Jedoch profitieren sie mittelbar, wenn die künftige Insolvenzmasse gemehrt wird.

d) Haftung gemäß §§ 280 Abs. 1, 311 Abs. 3, 241 Abs. 2 BGB

Eine Haftung aus der Inanspruchnahme von besonderem Vertrauen wird für Gutachter allgemein anerkannt, jedoch nur für den Fall, dass der Gutachter den Vertragsschluss unmittelbar beeinflusst.[793] Der Sanierungsexperte wirkt jedoch nicht bestimmungsgemäß auf das Vorstellungsbild der Geschäftspartner des Schuldners ein, sondern bereitet nur die insolvenzgerichtliche Entscheidung über die Anordnung des Schutzschirmverfahrens vor.

e) Haftung aus einem Vertrag mit Schutzwirkung zugunsten Dritter

Ferner wird versucht, eine Haftung auf die Grundsätze des Vertrags mit Schutzwirkung zugunsten Dritter zu stützen. So seien die Insolvenz- und Massegläubiger in den Schutzbereich des Vertrags zwischen dem Schuldner und dem Sanierungsexperten einzubeziehen, weil sie der Gefahr eines falschen Gutachtens unmittelbar ausgesetzt seien.[794]

---

792 *Friedrichs*, Das Schutzschirmverfahren, S. 126.

793 MKBGB/*Emmerich* § 311 Rn. 182; Jauernig/*Stadler* § 311 Rn. 49.

794 *Brinkmann* BB 2012, 1313 (1315 f.); *Friedrichs*, Das Schutzschirmverfahren, S. 132 – 134.

Als Voraussetzungen eines Vertrags mit Schutzwirkung zugunsten Dritter werden nach Rspr. und hL angesehen, dass sich der Dritte in Leistungsnähe befindet, dass der Dritte in einer persönlichen Beziehung zum Gläubiger steht, dass der Schuldner die Einbeziehung des Dritten erkennen kann und dass die Haftung nicht subsidiär zurücktritt, weil der Dritte gleichwertige eigene Ansprüche gegen den Schuldner hat.[795]

Gegen eine Leistungsnähe der Insolvenz- und Massegläubiger spricht, dass das Gutachten des Sanierungsexperten den Geschäftspartnern des Schuldners nicht bekanntgegeben wird. Es dient nur als Entscheidungshilfe für das Insolvenzgericht, ohne dabei eine Bindungswirkung zu entfalten.

Gegen die Erkennbarkeit des in den Schutzbereich einzubeziehenden Personenkreises streitet, dass der Sanierungsexperte nicht prognostizieren kann, wie sich das Schutzschirmverfahren entwickelt, bspw. ob es zu einer Sanierung kommt und in welchem Umfang Masseverbindlichkeiten begründet werden. Der Sanierungsexperte wäre insofern dem weiteren Verhalten des Schuldners ausgeliefert. Solch ein unkalkulierbares Risiko kann ihm nicht zugemutet werden.

Weiterhin ist zu bedenken, dass die Gläubiger bei der Verletzung insolvenzspezifischer Pflichten vorrangig den Schuldner in Anspruch nehmen können. Sie sind also nicht zwingend schutzbedürftig.

Damit scheidet eine Haftung des Sanierungsexperten aus einem Vertrag mit Schutzwirkung zugunsten Dritter aus.

f) Haftung gemäß § 323 Abs. 1 S. 2 HGB

Teilweise wird versucht, die Haftung des Abschlussprüfers gemäß § 323 Abs. 1 S. 2 HGB für den Sanierungsexperten fruchtbar zu machen, da sich beide Beteiligte in der vergleichbaren Situation befänden, die Vermögenslage eines Unternehmers zu prüfen. Jedoch fehlt es an einer planwidrigen Regelungslücke, da der Sanierungsexperte dem Schuldner bereits aus dem mit ihm geschlossenen Werkvertrag haftet.[796] Auch eine vergleichbare Interessenlage ist nicht gegeben. § 323 Abs. 1 S. 2 HGB stellt eine nicht verallgemeinerbare Sondervorschrift für eine bestimmte Berufsgruppe dar. Zudem handelt es sich um eine Haftung gegenüber der juristischen Person oder Personengesellschaft, nicht gegenüber Dritten.

g) Haftung gemäß § 839a BGB

Eine Haftung des Sanierungsexperten als Gutachter iSd § 839a BGB scheitert daran, dass der Sanierungsexperte nicht gerichtlich bestellt, sondern vom Schuldner privatrechtlich beauftragt wird.[797]

---

795 BGH NJW 1996, 2927 (2928 f.); Jauernig/*Stadler* §328 Rn. 23 – 27.
796 *Brinkmann* BB 2012,1313 (1313 f.); *Friedrichs*, Das Schutzschirmverfahren, S. 95.
797 *Brinkmann* BB 2012, 1313 (1313).

Auch eine entsprechende Anwendung der Vorschrift kommt nicht in Betracht, denn es fehlt an einer planwidrigen Regelungslücke. Zwar wird für eine Regelungslücke vorgebracht, dass der Sanierungsexperte wie ein hoheitlich bestellter Gutachter eine gerichtliche Entscheidung vorbereite und der Gesetzgeber die Beauftragung des Sanierungsexperten nur deshalb in die Hand des Schuldners statt in die Hand des Insolvenzgerichts gelegt habe, weil er das Verfahren habe beschleunigen wollen.[798] Jedoch hat der Gesetzgeber dabei keinen haftungsfreien Raum geschaffen. Der Sanierungsexperte ist dem Schuldner bereits aus dem mit ihm geschlossenen Werkvertrag verantwortlich.[799] Einer deliktischen Haftung bedarf es daher nicht – zumal der mildere Haftungsmaßstab des § 839a BGB, den man konsequenterweise auch auf vertragliche Ansprüche übertragen müsste, den Sanierungsexperten unangemessen privilegieren würde.[800]

h) Haftung gemäß § 823 Abs. 2 BGB

Eine Haftung gemäß § 823 Abs. 2 BGB wird für den Fall erwogen, dass der Sanierungsexperte ein Schutzgesetz verletzt, indem er Beihilfe zur Insolvenzverschleppung leistet.[801] Ferner wird die Pflicht zur ordnungsgemäßen Erstattung des Gutachtens als Schutzgesetz herangezogen.[802] Daraus resultieren jedoch allenfalls Gesamtschäden der künftigen Insolvenzmasse, die durch Anordnung eines nachteiligen Schutzschirmverfahrens geschmälert wird. Einzelschäden der Massegläubiger sind nicht ersichtlich, da das Gutachten dazu dient, dem Insolvenzgericht und nicht den Geschäftspartnern des Schuldners eine Entscheidungsgrundlage zu geben.

i) Haftung gemäß § 823 Abs. 1 BGB

Auch auf Rechtsgüter und Rechte der Massegläubiger kann der Sanierungsexperte nicht schädigend einwirken, sodass er nicht nach § 823 Abs. 1 BGB einzustehen hat.

j) Haftung gemäß § 826 BGB

Eine Haftung gemäß § 826 BGB wegen vorsätzlicher sittenwidriger Schädigung erfordert, dass der Sanierungsexperte durch ein fehlerhaftes Gutachten die Massegläubiger bewusst und willentlich schädigt. Abgesehen davon, dass sich kaum nachweisen lässt, ob der Sanierungsexperte um die Fehlerhaftigkeit seines Gutachtens weiß,[803] steht

798 *Brinkmann* BB 2012, 1313 (1314).
799 *Friedrichs*, Das Schutzschirmverfahren, S. 131.
800 *Friedrichs*, Das Schutzschirmverfahren, S. 131.
801 *Friedrichs*, Das Schutzschirmverfahren, S. 125 – 136; *Willemsen/Rechel*, Kommentar zum ESUG, § 270 Rn. 3, § 270b Rn. 35 f.
802 *Friedrichs*, Das Schutzschirmverfahren, S. 129 f.
803 *Friedrichs*, Das Schutzschirmverfahren, S. 128.

die Identität der Massegläubiger bei Erstattung des Gutachtens noch gar nicht fest. Selbst der Umstand, ob der Schuldner die Ermächtigung zur Begründung von Masseverbindlichkeiten beantragt und das Insolvenzgericht dem Antrag stattgibt, ist zu diesem Zeitpunkt noch nicht absehbar. Unmittelbarer Schädigungsvorsatz gegenüber bestimmten Geschäftspartnern kann daher nicht angenommen werden.

E. Zusammenfassung

Vorliegende Arbeit hat einen Beitrag dazu geleistet, die Dogmatik der Eigenverwaltung, der vorläufigen Eigenverwaltung und des Schutzschirmverfahrens aufzuklären und daraus Schlussfolgerungen auf die Begründung und Durchsetzung von Masseverbindlichkeiten zu ziehen.

I. Unveränderte Geltung der allgemeinen Vorschriften

Hinsichtlich der anzuwenden Vorschriften wurde eingangs die These formuliert, dass im Regelinsolvenzverfahren und in der Eigenverwaltung dieselben materiell-rechtlichen und verfahrensrechtlichen Vorschriften zur Anwendung gelangen, wobei diese lediglich an die abweichende Kompetenzordnung des siebten Teils der InsO angepasst werden müssen. Die These hat sich bestätigt und kann folgendermaßen präzisiert werden:

In der Eigenverwaltung genießt der siebte Teil der InsO Vorrang vor den allgemeinen Vorschriften über das Regelinsolvenzverfahren. Jedoch beschränken sich die eigenverwaltungsspezifischen Normen darauf, abweichende Zuständigkeiten festzulegen, weswegen in allen materiell-rechtlichen und verfahrensrechtlichen Fragen gemäß § 270 Abs. 1 S. 2 InsO auf die allgemeinen Vorschriften zurückzugreifen ist. Diese müssen lediglich an die abweichende Kompetenzordnung angepasst werden. Dabei geben die §§ 274 bis 285 InsO spezielle Zuständigkeiten vor. Nur hilfsweise ist auf die allgemeine Wertung in § 270 Abs. 1 S. 1 InsO abzustellen, wonach der Schuldner unternehmerische Entscheidungen zu treffen und umzusetzen hat, wohingegen es dem Sachwalter obliegt, den Schuldner zu beaufsichtigen und den Gläubigern und dem Insolvenzgericht zu berichten. Der materiell-rechtliche und verfahrensrechtliche Gehalt der allgemeinen Vorschriften muss dabei möglichst unverändert zur Anwendung gelangen.

In der vorläufigen Eigenverwaltung werden die allgemeinen Vorschriften über das reguläre Insolvenzeröffnungsverfahren nicht verdrängt. Gemäß § 270a Abs. 1 S. 2 InsO müssen sie jedoch mit der Maßgabe angewendet werden, dass Sicherungsmaßnahmen, die das Insolvenzgericht im regulären Insolvenzeröffnungsverfahren einem vorläufigen Insolvenzverwalter anvertraut würden, entlang der Kompetenzverteilung in den §§ 274 und 275 InsO auf den Schuldner und den vorläufigen Sachwalter zu übertragen sind.

Das Schutzschirmverfahren ist ein Unterfall der vorläufigen Eigenverwaltung. Es gelten die gleichen Vorschriften, wobei die einzige Abweichung darin besteht, dass der Schuldner während einer dreimonatigen Schonfrist Anspruch auf die Auswahl des vorläufigen Sachwalters und die Anordnung bestimmter Sicherungsmaßnahmen hat.

II. Dogmatische Einordnung der Beteiligten

Weiterhin wurde die These formuliert, dass der Schuldner und der (vorläufige) Sachwalter in Zuständigkeits-, Vergütungs- und Haftungsfragen als Amtsträger arbeitsteilig an die Stelle des (vorläufigen) Insolvenzverwalters treten, während die geschäftsleitenden Organe des Schuldners ihren gesellschaftsrechtlichen Bindungen unterworfen bleiben. Auch diese These hat sich als zutreffend erwiesen, wobei im Einzelnen folgende Erkenntnisse gewonnen werden konnten:

In der Eigenverwaltung fungieren der Sachwalter und der Schuldner uneingeschränkt als Amtsträger. Die geschäftsleitenden Organe des Schuldners bleiben ihren gesellschaftsrechtlichen Bindungen unterworfen, wobei sie anstelle des ursprünglichen Gesellschaftszwecks den Insolvenzzweck zu fördern haben.

Auch in der vorläufigen Eigenverwaltung ist der vorläufige Sachwalter als Amtsträger einzuordnen. Der Schuldner handelt hingegen privatautonom. Nur soweit er die Ermächtigung des Insolvenzgerichts zur Durchführung von Sicherungsmaßnahmen in Anspruch nimmt, fungiert er ausnahmsweise als Amtsträger. Die geschäftsleitenden Organe des Schuldners bleiben wiederum ihren gesellschaftsrechtlichen Bindungen unterworfen.

Im Schutzschirmverfahren ergeben sich im Verhältnis zur vorläufigen Eigenverwaltung keinerlei Abweichungen.

III. Begründung, Durchsetzung und Haftung bezüglich Masseverbindlichkeiten

Schließlich wurde die These formuliert, dass Masseverbindlichkeiten in der Eigenverwaltung, in der vorläufigen Eigenverwaltung und im Schutzschirmverfahren unter denselben Bedingungen wie im Regelinsolvenzverfahren bzw. im regulären Insolvenzeröffnungsverfahren begründet und durchgesetzt werden können, wobei nur eine Anpassung an die abweichende Kompetenzordnung erforderlich ist. Auch diese These hat sich bestätigt. Im Einzelnen ließen sich folgende Anpassungen herausarbeiten:

1. Begründung von Masseverbindlichkeiten

Gerichtskosten sind unter denselben Bedingungen Masseverbindlichkeiten wie im Regelinsolvenzverfahren. Der einzige Unterschied besteht darin, dass der Vergütungsanspruch des bescheinigenden Sanierungsexperten den Gerichtskosten gleichsteht.

An die Stelle der Vergütung des (vorläufigen) Insolvenzverwalters tritt die Vergütung des (vorläufigen) Sachwalters, der (15 %) 60 % der fiktiven Regelvergütung eines Insolvenzverwalters erhält. Diese ist im Einzelfall durch Zu- und Abschläge zu korrigieren, wobei es anstelle des Mehr- und Minderaufwands an Verwaltung auf den konkreten Mehr- und Minderaufwand an Aufsicht ankommt.

Die Vergütung und Auslagen der Mitglieder des (vorläufigen) Gläubigerausschusses sind unter denselben Bedingungen wie im Regelinsolvenzverfahren als Masseverbindlichkeiten einzuordnen.

Anstelle des Insolvenzverwalters begründen der Sachwalter und der Schuldner durch ihre Rechtsgeschäfte, rechtsgeschäftsähnlichen Handlungen, Prozesshandlungen und tatsächlichen Handlungen Masseverbindlichkeiten, wobei der Sachwalter dies nur ausnahmsweise im Zuge der Insolvenzanfechtung, der Geltendmachung von Gesamtschäden und der Kassenführung darf, während der Schuldner in allen übrigen Fällen entsprechend befugt ist. Wie im Regelinsolvenzverfahren sind offensichtlich insolvenzzweckwidrige Handlungen nichtig. Masseverbindlichkeiten sind von Neuschulden danach abzugrenzen, worauf der Schuldner seine Handlung bezieht, wobei der Geschäftsverkehr entsprechend § 164 Abs. 1 InsO Vertrauensschutz genießt.

Anstelle eines vorläufigen Insolvenzverwalters kann in der vorläufigen Eigenverwaltung und im Schutzschirmverfahren der Schuldner durch Beschluss des Insolvenzgerichts ermächtigt werden, durch Rechtsgeschäft oder durch Fortsetzung gegenseitiger Verträge Masseverbindlichkeiten zu begründen. Zulässig sind Einzel- und Gesamtermächtigungen. Zustimmungsvorbehalte sind dagegen unstatthaft. Im Schutzschirmverfahren besteht der einzige Unterschied darin, dass der Schuldner im Umfang seines Antrags einen unbedingten Anspruch auf Ermächtigung genießt.

Ansprüche aus Leistungskondiktion sind Masseverbindlichkeiten, wenn sich die Leistungsbestimmung an den Schuldner als Amtsträger richtet. Ansprüche aus Eingriffskondiktion sind Masseverbindlichkeiten, wenn der Schuldner in Ausübung seines Amts in fremde Rechte eingreift.

Wie im Regelinsolvenzverfahren bezieht der Schuldner Unterhalt. Ein Unterschied besteht darin, dass zunächst von einer bescheidenen Lebensführung auszugehen ist, die sich an den Pfändungsfreigrenzen zu orientieren hat. Der ermittelte Wert ist sodann umso stärker an die bisherigen Lebensverhältnisse des Schuldners anzupassen, je weniger andere Anreize dieser für eine Mitwirkung an der Eigenverwaltung hat.

2. Befriedigung von Masseverbindlichkeiten

Wie im Regelinsolvenzverfahren können sich die Massegläubiger aus der Insolvenzmasse befriedigen. Der einzige Unterschied besteht darin, dass anstelle des Insolvenzverwalters der Schuldner Vermögensgegenstände freigeben kann, wobei das Insolvenzgericht insofern entsprechend § 181 BGB iVm § 277Abs. 1 S. 1 InsO einen Zustimmungsvorbehalt zugunsten des Sachwalters anordnen darf.

Hinsichtlich der einschlägigen Verfahrensvorschriften sowie hinsichtlich der Voraussetzungen und Rechtsfolgen von Masseunzulänglichkeit und Masselosigkeit gibt es keine Abweichungen.

3. Haftung für Masseverbindlichkeiten

Eine Haftung gemäß § 61 InsO greift ein, wenn Masseverbindlichkeiten nicht vollständig befriedigt werden können. Die Haftung trifft den Sachwalter gemäß § 277 Abs. 1 S. 3 InsO, sofern das Insolvenzgericht wirksam einen Zustimmungsvorbehalt angeordnet und der Sachwalter der Begründung von Masseverbindlichkeiten durch den Schuldner wirksam zugestimmt hat. Die Haftung trifft den Sachwalter gemäß § 270 Abs. 1 S. 2 InsO ferner, wenn er ausnahmsweise selbst Masseverbindlichkeiten begründet. Er kann sich jeweils exkulpieren, wenn er alle erforderlichen Angaben vom Schuldner eingeholt und auf ihre Plausibilität überprüft hat, um auf dieser Grundlage den Liquiditätsplan des Schuldners zu kontrollieren.

Der vorläufige Sachwalter haftet gemäß § 61 InsO nur in dem seltenen Fall, dass er im Zuge der Kassenführung eigene Masseverbindlichkeiten begründet. Genauso haftet der Schuldner gemäß § 61 InsO, wenn er Masseverbindlichkeiten eingeht.

Die geschäftsleitenden Organe des Schuldners sind der Haftung gemäß § 61 InsO hingegen nicht unterworfen, weil sie keine eigenen Masseverbindlichkeiten begründen können. Schließlich trifft die Haftung auch nicht die Mitglieder des (vorläufigen) Gläubigerausschusses, weil diese die Massegläubiger nicht repräsentieren.

Eine Haftung gemäß § 60 InsO greift bei der Verletzung insolvenzspezifischer Pflichtverletzungen ein. Der (vorläufige) Sachwalter und der Schuldner haften den Massegläubigern gemäß § 274 Abs. 1 InsO bzw. gemäß § 270 Abs. 1 S. 2 InsO jeweils iVm § 60 InsO für Einzel- und Gesamtschäden, sofern sie schuldhaft insolvenzspezifische Pflichten verletzen und dadurch die Massegläubiger gegenüber anderen Gläubigern benachteiligen oder die Insolvenzmasse bis zur Anzeige von Masseunzulänglichkeit als Ganzes verkürzen. Dabei muss der Haftungsmaßstab des Sachwalters dessen begrenzten Erkenntnisquellen Rechnung tragen, wohingegen das Verhalten des Schuldners strenger zu beurteilen ist.

Demgegenüber trifft die Haftung gemäß § 60 InsO nicht die geschäftsleitenden Organe des Schuldners, da diese keine eigenen insolvenzspezifischen Pflichten haben. Schließlich haften auch nicht die Mitglieder des (vorläufigen) Gläubigerausschusses, da sie die Massegläubiger nicht vertreten.

Eine Haftung gemäß den §§ 280 Abs. 1, 311 Abs. 3 und 241 Abs. 2 BGB setzt voraus, dass im Zuge von Vertragsverhandlungen Rücksichtnahmepflichten verletzt werden. Die Haftung trifft den (vorläufigen) Sachwalter, wenn dieser durch Eingreifen in die Vertragsverhandlungen des Schuldners seine nach innen gerichteten Kompetenzen überschreitet. Sie trifft ferner den Schuldner, sofern sich dieser über das Insolvenzverfahren hinaus verpflichtet zeigt. Weiterhin haften die geschäftsleitenden Organe des Schuldners, wenn sie unter Bezugnahme auf ihren persönlichen Ruf besonderes Vertrauen in Anspruch nehmen. Schließlich sind auch die Mitglieder des (vorläufigen) Gläubigerausschusses der Haftung unterworfen, soweit sie durch Eingriff in die Vertragsverhandlungen des Schuldners ihre Kompetenzen überschreiten.

Eine Haftung gegenüber den Massegläubigern für falsche Angaben bei Vertragsschuss sowie für die Verletzung allgemeiner Schutzgesetze, Rechtsgüter und Rechte lässt sich auf § 823 Abs. 1 BGB, § 823 Abs. 2 BGB und § 826 BGB stützen. Sie trifft sowohl den (vorläufigen) Sachwalter als auch den Schuldner, die geschäftsleitenden Organe des Schuldners und die Mitglieder des (vorläufigen) Gläubigerausschusses. Es handelt sich um eine Haftung für eigene Handlungen, die der Insolvenzmasse entsprechend § 31 BGB zugerechnet werden, sofern die Beteiligten im Rahmen ihrer gesetzlichen Kompetenzen handeln. In diesem Fall besteht gemäß § 840 Abs. 1 BGB eine Gesamtschuld mit der Insolvenzmasse.

Gemäß § 43 Abs. 2 GmbHG und § 93 Abs. 2 AktG haften die geschäftsleitenden Organe gegenüber dem Schuldner, wobei der Insolvenzzweck an die Stelle des Gesellschaftszwecks tritt. In der vorläufigen Eigenverwaltung und im Schutzschirmverfahren haften die geschäftsleitenden Organe gegenüber dem Schuldner zusätzlich gemäß § 64 GmbHG und gemäß den §§ 92 Abs. 2 und 93 Abs. 2, Abs. 3 Nr. 6 AktG für Auszahlungen, die ein ordentlicher Geschäftsmann, der einer werbenden Tätigkeit nachgeht, nicht begründet hätte.

Der Sanierungsexperte, der dem Schuldner im Schutzschirmverfahren die Bescheinigung iSd § 270b Abs. 1 S. 3 InsO erteilt, haftet den Massegläubigern nicht für die Verursachung von Einzelschäden.

Literaturverzeichnis

Altmeppen, Holger/Roth, Günther H.: Gesetz betreffend die Gesellschaften mit beschränkter Haftung: Kommentar, 8. Auflage, München 2015

Anders, Monika/Gehle, Burkhard: Das Assessorexamen im Zivilrecht, 13. Auflage, Köln 2017

Andres, Dirk/Leithaus, Rolf: Insolvenzordnung (InsO): Kommentar, 4. Auflage, Freiburg 2018

Antoniadis, Nikolaos: Kosten und Auslagen des gemeinsamen Vertreters von Anleihegläubigern im Insolvenzverfahren über das Vermögen des Emittenten – Nachrangige Insolvenzforderungen oder gar Masseverbindlichkeiten?, NZI 2014, 785 – 789

Bachmann, Gregor: Organhaftung in der Eigenverwaltung, ZIP 2015, 101 – 109

Ballerstedt, Kurt: Zur Haftung für culpa in contrahendo bei Geschäftsabschluß durch Stellvertreter, AcP 151 (1951), 501 – 531

Baumbach, Adolf/Hueck, Götz: GmbHG: Gesetz betreffend die Gesellschaften mit beschränkter Haftung, 21. Auflage, München 2017

Becker, Christoph: Insolvenzrecht, 3. Auflage, Köln 2010

Binz, Fritz/Hess, Harald: Der Insolvenzverwalter: Rechtsstellung, Aufgaben, Haftung, Heidelberg 2004

Binz, Karl Josef/Dörndorfer, Josef: Gerichtskostengesetz: Gesetz über Gerichtskosten in Familiensachen, Justizvergütungs- und -entschädigungsgesetz und weitere kostenrechtliche Vorschriften: Kommentar, 3. Auflage, München 2014

Bitter, Georg: Anmerkung zu BGH, Urt. v. 26.4.2018 – IX ZR 238/17, ZIP 2018, 986 – 988

Bley, Erich: Die Haftung des Gemeinschuldners für Masseansprüche, ZZP 62 (1941), 111 – 123

Bley, Erich (Begr.)/Mohrbutter, Jürgen: Vergleichsordnung: Großkommentar, Erster Band: §§ 1 – 81, 4. Auflage, Berlin 1979

Blöse, Jochen: Haftung der Geschäftsführer und Gesellschafter nach dem ESUG, GmbHR 2012, 462 – 471

Böhle-Stammschräder, Aloys (Begr.)/Kilger, Joachim: Vergleichsordnung, 11. Auflage, München 1986

Braun, Eberhard (Hrsg.): Insolvenzordnung (InsO): Kommentar, 7. Auflage, München 2016

Braun Eberhard/Heinrich, Jens: Auf dem Weg zu einer (neuen) Insolvenzplankultur in Deutschland – Ein Beitrag zu dem Regierungsentwurf für ein Gesetz zur weiteren Erleichterung der Sanierung von Unternehmen, NZI 2011, 505 – 517

Brei, Kathrin/Bultmann, Britta: Insolvenzrecht, Baden-Baden 2007

Brenner, Petra: Die Vergütung des gemeinsamen Vertreters nach § 7 VI SchVG außerhalb und in der Insolvenz des Emittenten, NZI 2014, 789 – 794

Brinkmann, Moritz: Haftungsrisiken im Schutzschirmverfahren und in der Eigenverwaltung (Teil 1), BB 2012, 1313 – 1319

Brinkmann, Moritz: Haftungsrisiken im Schutzschirmverfahren und in der Eigenverwaltung (Teil 2), BB 2012, 1369 – 1372

Brinkmann, Moritz/Zipperer, Helmut: Die Eigenverwaltung nach dem ESUG aus Sicht von Wissenschaft und Praxis, ZIP 2011, 1337 – 1346

Buchalik, Robert/Kraus, Alfred: Die Abführung von Sozialversicherungsbeiträgen im Eigenverwaltungseröffnungsverfahren: Zugleich Anmerkung zu AG Hamburg, Beschl. v. 14.7.2014 – 67b IN 196/14, ZInsO 2014, 2390 (in diesem Heft) und zu AG Düsseldorf, Beschl. v. 10.7.2014 – 504 IN 124/14, ZInsO 2014, 2389 (in diesem Heft), ZInsO 2014, 1354 – 2358

Buchalik, Robert/Kraus, Alfred: Zur Begründung von Masseverbindlichkeiten durch den eigenverwaltenden Schuldner im Verfahren nach § 270a InsO – Zugleich Anmerkung zu BGH, Bes. v. 7.2.2013 – IX ZB 43/12, ZInsO 2013, 815 – 819

Buth, Andrea K./Hermanns, Michael (Hrsg.): Restrukturierung, Sanierung, Insolvenz: Handbuch, 4. Auflage, München 2014 (zit.: RSI/*Bearbeiter)*

Cadmus, Ferdinand: Die Haftung der GmbH und ihres Geschäftsführers in der Eigenverwaltung, Köln 2016

Cranshaw, Friedrich L.: Haftung, Versicherung und Haftungsbeschränkung des (vorläufigen) Gläubigerausschusses?, ZInsO 2012, 1151 – 1160

Desch, Wolfram: Schutzschirmverfahren nach dem RegE-ESUG in der Praxis, BB 2011, 841 – 846

Doliwa, Cornelia J.: Die geplante Insolvenz: Unternehmenssanierung mittels Prepacked Plan und Eigenverwaltung, Baden-Baden 2012

Ehlers, Harald: Die besondere Verantwortlichkeit des (vorläufigen) Sachwalters, ZInsO 2015, 1417 – 1421

Ehricke, Ulrich: Sicherungsmaßnahmen bei Antrag auf Anordnung der Eigenverwaltung, insbesondere zur Person des vorläufigen Sachwalters, ZIP 2002, 782 – 789

Erdmann, Diethelm: Praktische Konsequenzen der Behandlung des Konkursverwalters als Organ der Konkursmasse, KTS 1967, 87 – 132

Erman, Walter (Begr.)/ Westermann, Harm Peter (Hrsg.): Bürgerliches Gesetzbuch: Handkommentar mit AGG, EGBGB (Auszug), ErbbauRG, LPartG, ProdHaftG, VBVG, VersAusglG und WEG, 15. Auflage, Köln 2017

Flöther, Lucas F.: Der vorläufige Sachwalter – Pilot, Co-Pilot oder fünftes Rad am Wagen?, ZInsO 2014, 465 – 472

Flöther, Lucas F.: Die aktuelle Reform des Insolvenzrechts durch das ESUG – Mehr Schein als Sein?, ZIP 2012, 1833 – 1842

Foerste, Ulrich: Insolvenzrecht, 7. Auflage, München 2018

Friedrichs, Philipp Julian: Das Schutzschirmverfahren nach § 270b InsO als Instrument zur nachhaltigen Stärkung der Eigenverwaltung: Eine kritische Untersuchung unter vergleichender Betrachtung der französischen procédure de sauvegarde, Frankfurt am Main 2013

Frind, Frank: Die Begründung von Masseverbindlichkeiten im Eigenverwaltungseröffnungsverfahren – Eine Chance für das Eigenverwaltungsverfahren durch strikte Anwendung der neuen gesetzlichen Regelungen, ZInsO 2012, 1099 – 1106

Frind, Frank: Haftungsgefahren für den vorläufigen Sachwalter in Eigenverwaltungs- und Schutzschirmverfahren, NZI 2014, 977 – 981

Frind, Frank: Umgang mit sanktionsbewährten öffentlich-rechtlichen Forderungen in der vorläufigen Eigenverwaltung: Zugleich Erwiderung auf Buchalik/Kraus, ZInsO 2014, 2354, ZInsO 2015, 22 – 26

Fröhlich, Andreas: Insolvenzmonitor 2014: Großverfahren im Überblick, ZInsO-Aktuell Heft 9/2015, III – VI

Geißler, Marcus H.: Die Ermächtigung des Schuldners im Schutzschirmverfahren nach § 270b Abs. 3 InsO – Systematik und Auswirkungen auf die Insolvenzgeldsicherung, ZInsO 2013, 531 – 538

Göb, Marc Alexander/Nebel, Thomas: Aktuelle gesellschaftsrechtliche Fragen in Krise und Insolvenz, NZI 2018, 556 – 561

Goette, Wulf (Hrsg.)/Habersack, Mathias (Hrsg.)/Kalss, Susanne (Hrsg.): Münchener Kommentar zum Aktiengesetz, Band 2: §§ 76 – 117, MitbestG, DrittelbG, 4. Auflage, München 2014 (zit.: MKAktG/*Bearbeiter*)

Gogger, Martin: Insolvenzrecht, 2. Auflage, München 2006

Gottwald, Peter (Hrsg.): Insolvenzrechtshandbuch, 5. Auflage, München 2015

Graf-Schlicker, Marie Luise: InsO: Kommentar zur Insolvenzordnung, 5. Auflage, Köln 2018

Grub, Volker: Überjustizialisierung und die Eigenverwaltung des Pleitiers, WM 1994, 880 – 801

Gulde, Volker: Die Anordnung der Eigenverwaltung durch das Insolvenzgericht im Eröffnungsbeschluss, Köln 2005

Gundlach, Ulf/Müller, Udo: Die Anordnung von Zustimmungsvorbehalten von Amts wegen bei der Eigenverwaltung, ZInsO 2010, 2181 – 2182

Gundlach, Ulf/Schmidt, Nikolaus: Anmerkung zu AG Duisburg, Bes. v. 1.9.2002 – 62 IN167/02, DStR 2002, 2092 – 2092

Gutmann, Torsten/Laubereau, Stephan: Schuldner und Bescheiniger im Schutzschirmverfahren, ZInsO 2012, 1861 – 1872

Haarmeyer, Hans/Mock, Sebastian: Insolvenzrechtliche Vergütung (InsVV), 5. Auflage, München 2014

Haas, Ulrich: § 64 S. 1 GmbHG im (vorläufigen) Eigenverwaltungs- und Schutzschirmverfahren, ZHR 178 (2014) 603 – 627

Harder, Phillip-Boie: Kein Fiskusprivileg in der Eigenverwaltung – Möglichkeit der Anfechtung von Steuerzahlungen im vorläufigen Eigenverwaltungsverfahren nach §§ 270, 270 a InsO: Zugleich Anmerkung zu OLG Jena, NZI 2016, 744 sowie LG Erfurt, NZI 2016, 32, NZI 2016, 867 – 870

Harder, Phillip-Boie: Steuerzahlungen in vorläufigen Insolvenzverfahren in Eigenverwaltung: Anmerkung zu AG Hamburg, NZI 2015, 177, NZI 2015, 162 – 163

Hartmann, Peter: Kostengesetze: Gerichtskostengesetz u.a., 48. Auflage, München 2018

Häsemeyer, Ludwig: Insolvenzrecht, 4. Auflage, Köln 2007

Hellwig, Konrad: Anspruch und Klagerecht: Beitrag zum bürgerlichen und zum Prozessrecht, Leipzig 1924

Hess, Harald/Hess, Friederike: Sanierungshandbuch, 4. Auflage, Köln 2009

Hess, Harald/Ruppe, Nicole: Die Eigenverwaltung in der Insolvenz einer AG oder GmbH, NZI 2002, 577 – 581

Hill, Norbert: Das Eigenverwaltungsverfahren des Diskussionsentwurfs des BMJ im Spannungsfeld zwischen Sanierungsinteresse und Gläubigerschutz, ZInsO 2010, 1825 – 1829

Hirte, Heribert: Anmerkung zu BGH, Bes. v. 14.07.2016 – IX ZB 46/15, FD-InsR 2016, 380874

Hirte, Heribert: ESUG: Brauchen die Mitglieder des vorläufigen Gläubigerausschusses überhaupt eine Versicherung?, ZInsO 2012, 820 – 821

Hobelsberger, Alexander: Umsatzsteuerpflicht und -haftung in der vorläufigen Eigenverwaltung, DStR 2013, 2545 – 2550

Hofmann, Matthias: Anmerkung zu BGH, Bes. v. 14.7.2016 – IX ZB 46/15, EWiR 2016, 599 – 600

Hofmann, Matthias: Eigenverwaltung, 2. Auflage, Köln 2016

Hölzle, Gerrit: Die „erleichterte Sanierung von Unternehmen“ in der Nomenklatur der InsO – ein hehres Regelungsziel des RefE-ESUG, NZI 2011, 124 – 131

Hölzle, Gerrit: Eigenverwaltung im Insolvenzverfahren nach ESUG – Herausforderungen für die Praxis, ZIP 2012, 158 – 164

Hölzle, Gerrit/Pink, Andreas: Mezzanine-Programme und Gestaltungspotenzial der Sanierungseigenverwaltung im ESUG, ZIP 2011, 360 – 368

Hörnig, Normen: Fortbestand akzessorischer Sicherheiten: Eine gesellschaftsrechtliche Lösung am Beispiel der Bürgschaft bei Wegfall des Hauptschuldners, Tübingen 2018

Hübler, Jana Julia: Die Eigenverwaltung des Schuldners als Instrument der Unternehmenssanierung im Insolvenzverfahren: Beitrag des ESUG zur Erhöhung der Bedeutung der Eigenverwaltung, Frankfurt am Main 2013

Hüffer, Uwe (Begr.)/Koch, Jens (Bearb.): Aktiengesetz, 13. Auflage, München 2018

Huhn Christoph: Die Eigenverwaltung im Insolvenzverfahren, Köln 2003

Jacoby, Florian: Das private Amt, Tübingen 2007

Jacoby, Florian: Die Haftung des Sanierungsgeschäftsführers in der Eigenverwaltung, in: *Graf-Schlicker, Marie Luise/Prütting, Hanns/Uhlenbruck, Wilhelm (Hrsg.)*, FS für Heinz Vallender zum 65. Geburtstag, Köln 2015, 261 – 280

Jaeger, Ernst (Begr.): Konkursordnung: Großkommentar, 9. Auflage, Berlin 1997

Jaffé, Michael: Ein Rückblick für den Fortschritt, in: *Graf-Schlicker, Marie Luise/Prütting, Hanns/Uhlenbruck, Wilhelm (Hrsg.)*, FS für Heinz Vallender zum 65. Geburtstag, Köln 2015, 281 – 290

Jahr, Günther: Fremdzurechnung bei Verwaltergeschäften, in: *Bökelmann, Erhard/Henckel, Wolfram/Jahr, Günther (Hrsg.)*, FS für Friedrich Weber zum 70. Geburtstag am 19. Mai 1975, Berlin 1975, 276 – 305

Jauernig, Othmar: Ist die Rechtsmacht des Konkursverwalters durch den Konkurszweck begrenzt?, in: *Bökelmann, Erhard/Henckel, Wolfram/Jahr, Günther (Hrsg.)*, FS für Friedrich Weber zum 70. Geburtstag am 19. Mai 1975, Berlin 1975, 307 – 322

Jauernig, Othmar (Begr.): Bürgerliches Gesetzbuch: mit Rom-I-, Rom-II-, Rom-III-VO, EG-UntVO/HUntProt und EuErbVO, 17. Auflage, München 2018

Keller, Ulrich: Die Vergütung des vorläufigen Sachwalters nach den Vorstellungen des BGH, NZI 2016, 753 – 757

Keller, Ulrich: Insolvenzrecht, München 2006

Kilger, Joachim/Schmidt, Karsten: Insolvenzgesetze: KO/VglO/GesO, 17. Auflage, München 1997

Kirchhof, Hans-Peter (Hrsg.): Münchener Kommentar zur Insolvenzordnung, Band 1: §§ 1–79, Insolvenzrechtliche Vergütungsverordnung (InsVV), 3. Auflage, München 2013 (zit.: MKInsO/*Bearbeiter*)

Kirchhof, Hans-Peter (Hrsg.): Münchener Kommentar zur Insolvenzordnung, Band 2: §§ 80–216, 3. Auflage, München 2013 (zit.: MKInsO/*Bearbeiter*)

Kirchhof, Hans-Peter (Hrsg.): Münchener Kommentar zur Insolvenzordnung, Band 3: §§ 217–359 InsO, Art. 103a-110 EGInsO, Konzerninsolvenzrecht, Insolvenzsteuerrecht, 3. Auflage, München 2013 (zit.: MKInsO/*Bearbeiter*)

Kirchhof, Hans-Peter (Hrsg.): Münchener Kommentar zur Insolvenzordnung, Band 4: EuInsVO 2000, Art. 102 und 102a EGInsO, EuInsVO 2015, Länderberichte, 3. Auflage, München 2013 (zit.: MKInsO/*Bearbeiter*)

Klinck, Fabian: Die Begründung von Masseverbindlichkeiten durch den Schuldner im Eigenverwaltungs-Eröffnungsverfahren, ZIP 2013, 853 – 862

Klöhn, Lars: Interessenkonflikte zwischen Aktionären und Gläubigern der Aktiengesellschaft im Spiegel der Vorstandspflichten: Ein Beitrag zur Leitungsaufgabe des Vorstands gemäß § 76 AktG, ZGR 2008, 110 – 158

Kluth, Michael: Die Rechtsstellung des Insolvenzverwalters oder die „Insolvenz" der Verwaltertheorien, NZI 2000, 351 – 356

Knops, Kai-Oliver/Bamberger, Georg/Maier-Reimer, Georg: Recht der Sanierungsfinanzierung, Berlin 2005

Koch, Asja: Die Eigenverwaltung nach der Insolvenzordnung, Frankfurt am Main 1998

König, Dominik: Die Haftung bei der Eigenverwaltung: Eine Untersuchung der Haftung des eigenverwaltenden Schuldners einschließlich der Haftung der Geschäftsleiter bei der Eigenverwaltung von Gesellschaften, Tübingen 2015

Kreft, Gerhart (Hrsg.): Heidelberger Kommentar zur Insolvenzordnung, 8. Auflage, Heidelberg 2016 (zit.: HeidKInsO/*Bearbeiter*)

Kübler, Bruno M. (Hrsg.): Handbuch Restrukturierung in der Insolvenz: Eigenverwaltung und Insolvenzplan, 2. Auflage, Köln 2015 (zit.: HRI/*Bearbeiter*)

Kübler, Bruno M./Prütting, Hanns (Hrsg.): InsO: Kommentar zur Insolvenzordnung, 76. Ergänzungslieferung, Köln 2018 (zit.: KPB/*Bearbeiter)*

Landfermann, Hans-Georg: Das neue Unternehmenssanierungsgesetz (ESUG): Überblick und Schwerpunkte: Teil I, WM 2012, 821 – 831

Landfermann, Hans-Georg: Das neue Unternehmenssanierungsgesetz (ESUG): Überblick und Schwerpunkte: Teil II, WM 2012, 869 – 878

Lorenz, Stephan: Grundwissen – Zivilrecht: Die Sicherheitsübereignung, JuS 2011, 493 – 496

Madaus, Stephan: Anmerkung zu AG Freiburg, Bes. v. 11.5.2015 – 58 IN 37/15, NZI 2015, 606 – 607

Madaus, Stephan: Anmerkung zu BGH, Bes. v. 5.3.2015 – IX ZB 77/14, NZI 2015, 413 – 415

Madaus, Stephan: Zustand und Perspektiven der Eigenverwaltung in Deutschland, KTS 2015, 115 – 142

Maurer, Hartmut: Allgemeines Verwaltungsrecht, 17. Auflage, München 2009

Meller-Hannich, Caroline: Ausgewählte Probleme der Eigenverwaltung – Vortrag bei der KTS-Tagung der Insolvenzrechtslehrer am 30.9.2016 (aktualisierte Schriftfassung mit Stand April 2017), KTS 2017, 309 – 331

Meyer, Dieter: GKG/FamGKG: Kommentar zum Gerichtskostengesetz (GKG) und zum Gesetz über Gerichtskosten in Familiensachen (FamGKG), 16. Auflage, Berlin 2018

Mock, Sebastian: Die Vergütung des vorläufigen Sachwalters, ZInsO 2014, 67 – 71

Mönning, Rolf-Dieter: Der Zwang zur Kooperation: Kompetenzen in der Eigenverwaltung, in: *Flitsch, Michael/ Hagebusch, Alfred/Oberle, Thomas/Seagon, Christopher/Schreiber, Werner (Hrsg.)*, FS für Jobst Wellensiek zum 80. Geburtstag, München 2011, 641 – 664

Musielak, Hans-Joachim/Voit, Wolfgang: Zivilprozessordnung: mit Gerichtsverfassungsgesetz: Kommentar, 15. Auflage, München 2018

Nerlich, Jörg/Römermann, Volker (Hrsg.): Insolvenzordnung (InsO): Kommentar, 34. Ergänzungslieferung, München 2018

Nöll, Mario: Masseschuldbegründung durch den Schuldner im vorläufigen Eigenverwaltungsverfahren nach § 270a InsO – Schutzschirm zum Nulltarif?, ZInsO 2013, 745 – 754

Obermüller, Manfred: Das ESUG und seine Auswirkungen auf das Bankgeschäft, ZInsO 2011, 1809 – 1821

Obermüller, Manfred/Kuder, Karen: Insolvenzrecht in der Bankpraxis, 9. Auflage, Köln 2016

Oppermann, Stefan/Smid, Stefan: Ermächtigung des Schuldners zur Aufnahme eines Massekredits zur Vorfinanzierung des Insolvenzgeldes im Verfahren nach § 270a InsO, ZInsO 2012, 862 – 869

Palandt, Otto (Begr.): Bürgerliches Gesetzbuch, 77. Auflage, München 2018

Pape, Gerhard: Das janusköpfige Insolvenzeröffnungsverfahren bei der Eigenverwaltung, in: *Grote, Hugo/Obermüller, Manfred/Pape, Gerhard (Hrsg.)*, FS für Hans Haarmeyer zum 65. Geburtstag, Köln 2013, 219 – 232

Pape, Gerhard: Eigenverwaltungsverfahren im Spiegel der Rechtsprechung nach Inkrafttreten des ESUG, ZInsO 2013, 2129 – 2138

Pape, Gerhard/Uhlenbruck, Wilhelm: Insolvenzrecht, 2. Auflage, München 2010

Paulus, Christoph G.: Deutschlands langer Weg in die insolvenzrechtliche Moderne – auf der Suche nach einer Sanierungskultur (rescue culture), WM 2001, 2205 – 2211

Pleister, Christian/Tholen, Laurenz: Anmerkung zu BGH, Bes. v. 7.2.2013 – IX ZB 43/12, ZIP 2013, 526

Prütting, Hanns/Huhn, Christoph: Kollision von Gesellschaftsrecht und Insolvenzrecht in der Eigenverwaltung?, ZIP 2002, 777 – 782

Ringstmeier, Andreas/Homann, Stefan: Nebeneinander von Gesellschaftsrecht und Insolvenzrecht bei der Eigenverwaltung, NZI 2002, 406 – 409

Säcker, Franz Jürgen/Rixecker, Roland/Oetker, Hartmut/Limperg, Bettina (Hrsg.): Münchener Kommentar zum Bürgerlichen Gesetzbuch, Band 1: Allgemeiner Teil: §§ 1–240, ProstG, AGG, 7. Auflage, München 2015

Säcker, Franz Jürgen/Rixecker, Roland/Oetker, Hartmut/Limperg, Bettina (Hrsg.): Münchener Kommentar zum Bürgerlichen Gesetzbuch, Band 2: Schuldrecht Allgemeiner Teil, 7. Auflage, München 2016

Säcker, Franz Jürgen/Rixecker, Roland/Oetker, Hartmut/Limperg, Bettina (Hrsg.): Münchener Kommentar zum Bürgerlichen Gesetzbuch, Band 6: Schuldrecht – Besonderer Teil IV: §§ 705–853, Partnerschaftsgesellschaftsgesetz, Produkthaftungsgesetz, 7. Auflage, München 2017

Säcker, Franz Jürgen/Rixecker, Roland/Oetker, Hartmut/Limperg, Bettina (Hrsg.): Münchener Kommentar zum Bürgerlichen Gesetzbuch, Band 10: Erbrecht: §§ 1922–2385, §§ 27–35 BeurkG, 7. Auflage, München 2017

Schaal, Friederike: Die Haftung der Geschäftsführungsorgane einer insolvenzrechtlich eigenverwaltenden GmbH oder AG, Tübingen 2017

Schädlich, Jörg: Anmerkung zu BGH, Bes. v. 25.3.2016 – IX ZR 157/14, NZI 2016, 444 – 445

Schelo, Sven: Der Neue § 270b InsO – Wie stabil ist das Schutzschirmverfahren in der Praxis? Oder: Schutzschirmverfahren versus vorläufige Eigenverwaltung, ZIP 2012, 712 – 715

Schlegel, Stephan: Die Eigenverwaltung in der Insolvenz, Berlin 1999

Schmidt, Andreas (Hrsg.): Hamburger Kommentar zum Insolvenzrecht: InsO – EuInsVO – EGInsO (Auszug) – InsVV – VbrInsVV – InsOBekV – Insolvenzstrafrecht, 6. Auflage, Köln 2016 (zit.: HambKInsO/*Bearbeiter*)

Schmidt, Karsten (Hrsg.): Insolvenzordnung: InsO mit EuInsVO, 19. Auflage, München 2016

Schneider, Norbert/Volpert, Joachim/Fölsch, Peter (Hrsg.): Gesamtes Kostenrecht: Justiz Anwaltschaft Notariat, 2. Auflage, Baden-Baden 2017 (zit.: NK-GK/*Bearbeiter*)

Schneider, Steffen/Höpfner, Alexander: Die Sanierung von Konzernen durch Eigenverwaltung und Insolvenzplan: Insolvenzrechtliche und steuerliche Aspekte nach heutiger Rechtslage und nach RegE-ESUG, BB 2012, 87 – 92

Schönke, Adolf/Schröder, Horst (Begr.): Strafgesetzbuch: Kommentar, 29. Auflage, München 2014

Seidel, Thorsten/Hinderer, Hermann Ali: Haftung des Insolvenzverwalters bei Masseunzulänglichkeit, NJOZ 2010, 2048 – 2056

Seidel, Thorsten/Hinderer, Hermann Ali: Haftung des Insolvenzverwalters bei Masseunzulänglichkeit, NZI 2010, 545 – 749

Siemon, Klaus: Anmerkung zu BGH, Bes. v. 7.2.2013 – IX ZB 43/12, EWiR 2013, 253 – 254

Smid, Stefan: Handbuch Insolvenzrecht, 6. Auflage, Berlin 2012

Smid, Stefan: Zu einigen Fragen der Eigenverwaltung, DZWiR 2002, 493 – 500

Staudinger, Julius von (Begr.): Kommentar zum Bürgerlichen Gesetzbuch: mit Einführungsgesetz und Nebengesetzen, Buch 1: §§ 21–79 (Allgemeiner Teil 2), Berlin 2005

Staudinger, Julius von (Begr.): Kommentar zum Bürgerlichen Gesetzbuch: mit Einführungsgesetz und Nebengesetzen, Buch 2: §§ 311, 311a, 312, 312a-i (Vertragsschluss), Berlin 2013

Staudinger, Julius von (Begr.): Kommentar zum Bürgerlichen Gesetzbuch: mit Einführungsgesetz und Nebengesetzen, Buch 2: §§ 840–853 (Unerlaubte Handlungen 5), Berlin 2015

Sterzinger, Christian: Anmerkung zu LG Erfurt, Urt. v. 16.10.2015 – 8 O 196/15, NZI 2016, 33 – 34

Ströhmann, Martin G./Längsfeld, Alexander M.H.: Die Geschäftsführungsbefugnis in der GmbH im Rahmen der Eigenverwaltung: Welche Neuerungen brachte § 276a InsO?, NZI 2013, 271 – 278

Stürner, Rolf: Aktuelle Probleme des Konkursrechts, ZZP 94 (1981) 263 – 310

Thole, Christoph: Anmerkung zu BGH, Urt. v. 26.4.2018 – IX ZR 238/17, EWiR 2018, 339 – 340

Thole, Christoph/Brünkmans, Christian: Die Haftung des Eigenverwalters und seiner Organe, ZIP 2013, 1097 – 1107

Uhlenbruck, Wilhelm/Hirte, Heribert/Vallender, Heinz (Hrsg.): Insolvenzordnung: Kommentar, 14. Auflage, München 2015

Undritz, Sven-Holger: Ermächtigung und Kompetenz zur Begründung von Masseverbindlichkeiten beim Antrag des Schuldners auf Eigenverwaltung, BB 2012, 1551 – 1556

Urlaub, Jasmin: Notwendige Änderungen im Gesetz zur weiteren Erleichterung der Sanierung von Unternehmen (ESUG) zur Verhinderung von Missbräuchen, ZIP 2011, 1040 – 1045

Vallender, Heinz: Anmerkung zu BGH, Bes. v. 7.2.2013 – IX ZB 43/12, NZI 2013, 342 – 343

Vallender, Heinz: Das neue Schutzschirmverfahren nach dem ESUG, GmbHR 2012, 450 – 455

Vallender, Heinz: Die Eigenverwaltung in neuem Gewand nach dem ESUG, GmbHR 2012, 445 – 450

Vallender, Heinz: Insolvenzkultur gestern, heute und morgen, NZI 2010, 838 – 844

Weber, Ludwig J.: Analoge Anwendung der Haftungsnormen aus §§ 60, 61 InsO auf die Geschäftsleiter von eigenverwalteten Schuldnern: Anmerkung zu BGH, NZI 2018, 519, NZI 2018, 553 – 556

Weinbörner, Udo: Das neue Insolvenzrecht mit EU-Übereinkommen: Gesetzestexte, Materialien und umfassende Erläuterungen zur Reform, Freiburg im Breisgau 1997

Weissinger, Matthias: Anmerkung zu BGH, Bes. v. 7.2.2013 – IX ZB 43/12, NZI 2013, 343 – 244

Willemsen, Reinhard/Rechel, Janine: Kommentar zum ESUG: Die Änderungen der InsO, Frankfurt am Main 2012

Wimmer, Klaus (Hrsg.): Frankfurter Kommentar zur Insolvenzordnung: mit EuInsVO, InsVV und weiteren Nebengesetzen, 9. Auflage, Köln 2017 (zit.: FKInsO/*Bearbeiter*)

Zimmer, Frank Thomas: Probleme des Vergütungsrechts (bei Nichteröffnung des Insolvenzverfahrens) vor und nach ESUG – Plädoyer für das Eröffnungsverfahren als notwendige Vorstufe eines Insolvenzverfahrens im Sinne einer Vorgesellschaft, ZInsO 2012, 1658 – 1667

Zimmer, Frank Thomas: Wann kann ein (vorläufiger) Sachwalter Gläubiger einer sonstigen Masseverbindlichkeit i.S.d. § 55 InsO sein? – Eigenverwaltung und Insolvenzvergütungsrecht, ZInsO 2013, 2305 – 2311

Zipperer, Helmut: Anmerkung zu AG Hamburg, Bes. v. 4.4.2012 – 67gIN 74/12, EWiR 2012, 361 – 362

Zöller, Richard (Begr.): Zivilprozessordnung: mit FamFG (§§ 1–185, 200–270, 433–484) und Gerichtsverfassungsgesetz, den Einführungsgesetzen, mit internationalem Zivilprozessrecht, EU-Verordnungen, Kostenanmerkungen: Kommentar, 32. Auflage, Köln 2017

www.ingramcontent.com/pod-product-compliance
Ingram Content Group UK Ltd.
Pitfield, Milton Keynes, MK11 3LW, UK
UKHW021930290926
8980IPUK00016B/1545

9 783631 772188